Synology NAS
Die praktische Anleitung

von

Dennis Rühmer

An den Leser

Liebe Leserin, lieber Leser,

wahrscheinlich nutzen Sie bereits privat oder beruflich einen Cloud-Dienst, um Ihre Dateien, Musikstücke, Filme, Dokumente oder gar sensible Firmendaten zu sichern. Die Angebote von Dropbox und Co. sind bequem in der Nutzung und immer verfügbar. Andererseits braucht es auf allen Geräten eine Internetverbindung, der kostenlos verfügbare Speicher ist schnell voll und wo die Daten gespeichert werden, weiß man oft gar nicht so genau. Mit den NAS-Geräten von Synology beseitigen Sie diese Nachteile – ohne auf die Vorteile verzichten zu müssen.

Egal, ob Sie bereits ein Gerät zu Hause haben oder eine Neuanschaffung planen: Mit diesem Ratgeber sind sie bestens gerüstet. Dennis Rühmer zeigt Ihnen anschaulich, welche Geräte sich eignen und wie Sie Ihren Netzwerkspeicher richtig einrichten, verwalten und nutzen. Synchronisieren Sie Ihre Geräte und erfahren Sie alles über die sogenannten RAID-Verbunde, damit Ihre Daten auch einen Festplattenausfall überstehen. Durch die vielen Abbildungen und übersichtlichen Schritt-für-Schritt-Anleitungen in diesem Buch finden Sie sich auch ohne Vorkenntnisse schnell zurecht und betreiben schon bald Ihre eigene Cloud. Wenn Sie möchten, ist Ihr Server sogar über das Internet erreichbar – so können Sie auch unterwegs an Dokumenten arbeiten, Fotos direkt sichern oder Videos schauen. Auch wenn Sie sich für die fortgeschrittenen Funktionen der NAS-Geräte interessieren, wird Ihnen dieser Ratgeber helfen. Themen wie Sicherheit und die Nutzung von zusätzlichen Diensten aus dem App Store des Herstellers werden verständlich erklärt.

Dieses Buch wurde mit größter Sorgfalt geschrieben und hergestellt. Sollten Sie dennoch Fragen, Kritik oder inhaltliche Anregungen haben, freue ich mich, wenn Sie mit mir in Kontakt treten. Zunächst aber wünsche ich Ihnen viel Freude mit diesem Buch und Ihrem Synology NAS.

Ihr Erik Lipperts
Lektorat Vierfarben

erik.lipperts@rheinwerk-verlag.de

Auf einen Blick

1	Das richtige Gerät für Ihre Bedürfnisse wählen	11
2	So finden Sie die richtige Festplatte	29
3	Ihre Daten im RAID-Verbund besser schützen	45
4	Das Gerät erstmalig einrichten und in Betrieb nehmen	55
5	Erstbegehung: Lernen Sie das System kennen	89
6	Netzwerkfreigaben im Heimnetz verwalten	101
7	Der eigene Kalender und das eigene Adressbuch	127
8	Wie Sie mithilfe der Wolke Ihre Daten überall synchronisieren	143
9	Musik abspielen mit der Audio Station	161
10	Fotos organisieren mit der Photo Station	177
11	Videos verwalten mit der Video Station	191
12	Alles an (s)einem Platz – zentrale Backups erstellen	203
13	Ab ins Netz – die DiskStation über das Internet erreichen	223
14	Alles unter dem eigenen Dach – Ihre eigene E-Mail	241
15	Ein zentrales Download-Gerät mit der Download Station	261
16	Kameraüberwachung mit der Surveillance Station	271
17	Fernsehen auf allen Geräten mit der Video Station	297
18	Schritt für Schritt zu mehr Sicherheit im Heimnetz	307
19	Weitere Einstellungen und Komfortfunktionen	331

Impressum

Wir hoffen, dass Sie Freude an diesem Buch haben und sich Ihre Erwartungen erfüllen. Ihre Anregungen und Kommentare sind uns jederzeit willkommen. Bitte bewerten Sie doch das Buch auf unserer Website unter **www.rheinwerk-verlag.de/feedback**.

An diesem Buch haben viele mitgewirkt, insbesondere:

Lektorat Erik Lipperts, Simone Bechtold
Korrektorat Annette Lennartz, Bonn
Herstellung Norbert Englert
Einbandgestaltung Julia Schuster
Coverfotos Synology; Shutterstock: 360057065 © ImageFlow; iStock: 845919950 © shapecharge
Typografie und Layout Vera Brauner
Satz Markus Miller, München
Druck Media-Print Informationstechnologie, Paderborn

Dieses Buch wurde gesetzt aus der ITC Charter (10,5 pt/15 pt) in Adobe InDesign CC 2018.
Gedruckt wurde es auf ungestrichenem Offsetpapier (90 g/m²).
Hergestellt in Deutschland.

Das vorliegende Werk ist in all seinen Teilen urheberrechtlich geschützt. Alle Rechte vorbehalten, insbesondere das Recht der Übersetzung, des Vortrags, der Reproduktion, der Vervielfältigung auf fotomechanischen oder anderen Wegen und der Speicherung in elektronischen Medien.

Ungeachtet der Sorgfalt, die auf die Erstellung von Text, Abbildungen und Programmen verwendet wurde, können weder Verlag noch Autor, Herausgeber oder Übersetzer für mögliche Fehler und deren Folgen eine juristische Verantwortung oder irgendeine Haftung übernehmen.

Die in diesem Werk wiedergegebenen Gebrauchsnamen, Handelsnamen, Warenbezeichnungen usw. können auch ohne besondere Kennzeichnung Marken sein und als solche den gesetzlichen Bestimmungen unterliegen.

Bibliografische Information der Deutschen Nationalbibliothek:
Die Deutsche Nationalbibliothek verzeichnet diese Publikation in der Deutschen Nationalbibliografie; detaillierte bibliografische Daten sind im Internet über *http://dnb.d-nb.de* abrufbar.

ISBN 978-3-8421-0419-8

1. Auflage 2018; 1., korrigierter Nachdruck 2019
© Rheinwerk Verlag, Bonn 2018

Vierfarben ist eine Marke des Rheinwerk Verlags. Der Name Vierfarben spielt an auf den Vierfarbdruck, eine Technik zur Erstellung farbiger Bücher. Der Name steht für die Kunst, die Dinge einfach zu machen, um aus dem Einfachen das Ganze lebendig zur Anschauung zu bringen.

Informationen zu unserem Verlag und Kontaktmöglichkeiten finden Sie auf unserer Verlagswebsite **www.rheinwerk-verlag.de**. Dort können Sie sich auch umfassend über unser aktuelles Programm informieren und unsere Bücher und E-Books bestellen.

Inhalt

Kapitel 1: Das richtige Gerät für Ihre Bedürfnisse wählen ... 11

Die J-Serie – perfekt für Einsteiger ... 12
Die Value-Serie – perfekt für Aufsteiger ... 13
Die Plus-Serie – perfekt für Profis ... 16
Die Unterschiede der Modelle innerhalb einer Serie ... 16
Modellübersicht: Geräte für zwei Festplatten ... 19
Modellübersicht: Geräte für vier Festplatten ... 24

Kapitel 2: So finden Sie die richtige Festplatte ... 29

Gründe für den Einsatz mehrerer Festplatten ... 29
Normale Desktop-Festplatten eignen sich nicht für NAS-Geräte ... 33
Die Bedeutung der Bauform und der Rotationsgeschwindigkeit ... 38
Geeignete Modelle für zu Hause und das Büro ... 40
Die Wahl der richtigen Speicherkapazität ... 41

Kapitel 3: Ihre Daten im RAID-Verbund besser schützen ... 45

Festplatten im RAID-Verbund – Datenschutz durch Redundanz ... 45
Jeder für sich, nur Strom für uns alle – die Basic-Einstellung ... 47
Lasst uns zusammenlegen – der Modus JBOD ... 48
Gemeinsam sind wir schnell – der Modus RAID 0 ... 49
Doppelt hält besser – der Modus RAID 1 ... 50
Klug gerechnet, viel gespart – der Modus RAID 5 ... 50
Doppelt klug gerechnet – der Modus RAID 6 ... 51

Nicht kleckern, sondern klotzen – der Modus RAID 10 52
Automatisch wird alles gut – der SHR-Modus 52

Kapitel 4: Das Gerät erstmalig einrichten und in Betrieb nehmen 55

Einen geeigneten Aufstellort wählen 55
Der Einbau der Festplatten 57
Die DiskStation zum ersten Mal einschalten 59
Die Installation des Betriebssystems 60
Die Grundeinrichtung des Systems 63
Die ersten Schritte im neuen System 71
Den Speicherplatz einrichten 74
Eine eigene Konfiguration des Speicherplatzes einstellen 75
Benutzerkonten anlegen 79
Die Benachrichtigungsfunktion einrichten 85

Kapitel 5: Erstbegehung: Lernen Sie das System kennen 89

Die Hauptelemente auf dem Desktop 89
Die Systemsteuerung – das Kontrollzentrum der DiskStation 95
Ihre Quelle für neue Softwarefunktionen – das Paket-Zentrum 97
Die File Station – der Datei-Explorer der DiskStation 98
Hat für (fast) alles eine Antwort parat – die DSM Hilfe 100

Kapitel 6: Netzwerkfreigaben im Heimnetz verwalten 101

Nur für Sie selbst – die Freigabe des home-Ordners 102
Für mehrere Personen – gemeinsame Ordner 114
Die Arbeit mit der File Station 119

Kapitel 7: Der eigene Kalender und das eigene Adressbuch ... 127

Der eigene Kalender ... 127
Einrichtung des eigenen Kalenders in externen Programmen ... 133
Das eigene Adressbuch ... 137
Einrichtung des Adressbuchs in externen Programmen ... 138

Kapitel 8: Wie Sie mithilfe der Wolke Ihre Daten überall synchronisieren ... 143

Die Installation des Cloud Station Servers auf der DiskStation ... 145
Der Cloud Station Server im Detail ... 148
Installation und Nutzung von Cloud Station Drive
auf Notebook und Desktop-PC ... 150
DS cloud auf Smartphone und Tablet ... 155
Weitere Einstellungen des Cloud Station Servers ... 158

Kapitel 9: Musik abspielen mit der Audio Station ... 161

Der Medienserver verteilt Musik an andere Geräte ... 161
Die Audio Station spielt die gemeinsame Musik ... 166
Per App auf die Musiksammlung zugreifen ... 173
Auch die File Station hat musikalische Qualitäten ... 174

Kapitel 10: Fotos organisieren mit der Photo Station ... 177

Die Photo Station installieren und einrichten ... 177
Fotos zur Photo Station hochladen ... 183
Fotos mit der Photo Station betrachten ... 187

Inhalt

Kapitel 11: Videos verwalten mit der Video Station ... 191

Die Installation der Video Station ... 191
Die Videosammlung richtig sortieren ... 194
Die Videosammlung der Video Station hinzufügen ... 195
Videos wiedergeben ... 201

Kapitel 12: Alles an (s)einem Platz – zentrale Backups erstellen ... 203

Daten anderer Rechner mit Cloud Station Server sichern ... 204
Den Inhalt der Backups verwalten und Daten wiederherstellen ... 207
Die Daten der DiskStation auf einer externen Festplatte sichern ... 210
Hyper Backup installieren und einrichten ... 211
Den Inhalt eines Backups betrachten und Daten wiederherstellen ... 220

Kapitel 13: Ab ins Netz – die DiskStation über das Internet erreichen ... 223

IP-Adressen und Domainnamen – die Hausnummern im Internet ... 224
Ihre DiskStation bekommt ihre eigene Domain ... 225
Fit für die verschlüsselte Datenübertragung ... 229
Ihre DiskStation wird über das Internet erreichbar ... 232
Die DiskStation bekommt ihr eigenes Zertifikat ... 236
Alle Dienste über das Internet erreichbar machen ... 240

Kapitel 14: Alles unter dem eigenen Dach – Ihre eigene E-Mail ... 241

Vorteile und Nachteile eines eigenen E-Mail-Servers ... 241
Die Installation und Einrichtung des E-Mail-Servers ... 243

Den Router für den eigenen Mail-Server einrichten 254
Die Mail Station auf der DiskStation einrichten 255
Ein externes E-Mail-Programm konfigurieren 256

Kapitel 15: Ein zentrales Download-Gerät mit der Download Station 261

Die Download Station installieren und einrichten 262
Download-Aufgaben hinzufügen und ausführen 267

Kapitel 16: Kameraüberwachung mit der Surveillance Station 271

Die Installation der Surveillance Station 272
Die Surveillance Station einrichten 274
Die Chronik verwenden 285
Die Bewegungserkennung einstellen 286
Bestens informiert mit Benachrichtigungen 288
Zugriff von unterwegs über die App 291
Die Überwachung automatisch schalten – der Home Mode 292

Kapitel 17: Fernsehen auf allen Geräten mit der Video Station 297

Voraussetzungen für den Fernsehempfang 297
Die Video Station auf den Fernsehempfang vorbereiten 300
Einen Sendersuchlauf durchführen 301
Das Live-Programm ansehen und Aufnahmen planen 303

Kapitel 18: Schritt für Schritt zu mehr Sicherheit im Heimnetz ... 307

Grundlegende Sicherheitseinstellungen ... 307
Rat vom Sicherheits-Berater einholen ... 313
Einen Virenscanner installieren ... 316
Den Netzwerkverkehr zur DiskStation automatisch verschlüsseln ... 320
Die Netzwerk-Ports des DSM-Systems ändern ... 321
Verschlüsselung gemeinsamer Ordner ... 322
Zwei-Faktor-Authentifizierung für das Administratorkonto ... 327

Kapitel 19: Weitere Einstellungen und Komfortfunktionen ... 331

Die Programme der DiskStation aktuell halten ... 331
Der Chat-Service der DiskStation ... 332
Die Notiz-Verwaltung ... 336
Persönliche Einstellungen und Komfortmerkmale ... 339
Einen benutzerdefinierten Alias verwenden ... 341
Aktualisieren von DSM und Sichern der Systemkonfiguration ... 343
Das Info-Center ... 344
Energie sparen mit der DiskStation ... 346
Die DiskStation mit einer festen IP-Adresse betreiben ... 348

Stichwortverzeichnis ... 351

Kapitel 1
Das richtige Gerät für Ihre Bedürfnisse wählen

Haben Sie die Qual der Wahl und das richtige NAS-Gerät noch nicht gefunden? Dieses Kapitel hilft Ihnen dabei.

Haben Sie noch kein NAS-Gerät von Synology in Ihrem Besitz? Dann sind Sie in diesem Kapitel sehr gut aufgehoben, denn hier zeige ich Ihnen, welche NAS-Modelle von Synology für den Einsteiger und den Einsatz zu Hause oder im Büro besonders gut geeignet sind. Wenn Sie bereits ein NAS-Gerät besitzen, dann können Sie dieses Kapitel überspringen und mit dem folgenden Kapitel fortfahren.

Die NAS-Geräte von Synology für den Heimgebrauch und für kleinere Unternehmen heißen kurz *DiskStation* und tragen Modellbezeichnungen, die naheliegend mit einem *DS* beginnen. Es folgt eine drei- oder vierstellige Modellnummer, die auf die Gerätegeneration hinweist. So stammt das Gerät *DS218* beispielsweise aus dem Modelljahr 2018 und ist damit neuer als das Gerät *DS216* aus dem Jahr 2016. Wenn Sie Wert auf ein möglichst aktuelles Gerät legen, sollten Sie also besonders auf die Jahreszahl in der Modellbezeichnung achten, wobei natürlich nicht zwangsläufig in jedem Jahr neue Geräte erscheinen. Nach der Modellnummer führen einige Geräte ein weiteres Kürzel, das auf die Geräteserie hinweist. Von Synology gibt es diverse Geräteserien, die sich für unterschiedliche Einsatzgebiete eignen. Der Hersteller hat sowohl ganz kleine Geräte für den Einstieg als auch ausgewachsene Lösungen für große Unternehmen im Angebot, die mit einer Vielzahl von Festplatten einen umfangreichen Datenbestand verwalten können. Für den Heimanwender sowie für Selbstständige und kleinere Unternehmen sind vor allem diese drei Serien interessant: die *J-Serie*, die *Value-Serie* und die *Plus-Serie*. Diese Serien werde ich Ihnen in den folgenden Abschnitten getrennt vorstellen.

Die J-Serie – perfekt für Einsteiger

Am Anfang steht die *J-Serie*, die sich vor allem an Einsteiger richtet. Man erkennt sie am Buchstaben *j* am Ende der Modellbezeichnung. Aktuelle Modelle der J-Serie sind beispielsweise die DiskStations DS418j und DS218j. Als Einsteigermodelle bieten die Geräte der J-Serie den kleinsten Leistungsumfang aller DiskStations. Das gilt sowohl für die enthaltenen Funktionen als auch für die Arbeitsgeschwindigkeit. Eine geringe Arbeitsgeschwindigkeit macht sich besonders dann bemerkbar, wenn das Gerät von mehreren Benutzern gleichzeitig genutzt wird und mehrere Anfragen gleichzeitig bearbeiten muss. Zusätzlich zeigt sich die J-Serie von allen Serien am wenigsten flexibel und hat die meisten Einschränkungen, beispielsweise kann nur eine beschränkte Anzahl an Benutzerkonten verwaltet werden. Es gibt darüber hinaus kaum Möglichkeiten zur Erweiterung des Funktionsumfangs. Der Serie fehlt auch etwa die Funktion der Hardwaretranscodierung von Videos (mehr dazu bei den größeren Serien).

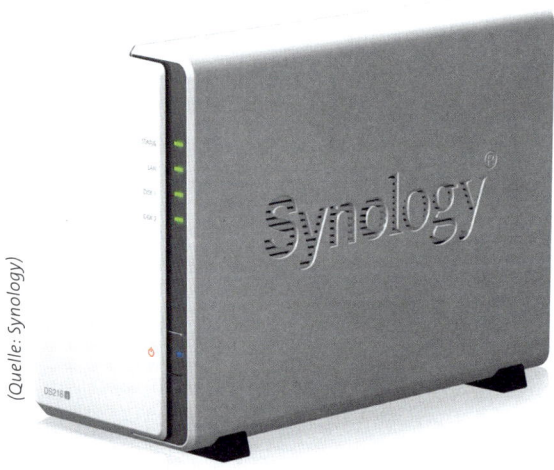

(Quelle: Synology)

Perfekt für den Einstieg eignet sich die J-Serie mit einer simplen Ausstattung und einem günstigen Preis.

Die J-Serie hat jedoch den Vorteil eines sehr niedrigen Preises. Damit ist sie vor allem für Nutzer interessant, die die NAS-Geräte erst einmal kennenlernen möchten und dafür keine Unsummen ausgeben wollen. Trotz der vorhandenen Unterschiede zu den größeren Serien ist der gebotene Funktions- und Leistungsumfang auf einem angemessenen Niveau und absolut ausreichend, wenn das entsprechende Gerät nur von einer kleinen Nutzergruppe (beispielsweise einem Zwei- oder Dreipersonenhaushalt) verwendet wird und sich auf seine Kernaufgabe, die Bereitstellung von Speicherplatz im Heimnetzwerk, beschränken soll. Möchten Sie also zusammen mit Ihrem Ehepartner Ihre Film- und Musiksammlung zentral speichern, um sie auf allen Mediengeräten im Haushalt bequem wiedergeben zu können, oder möchten Sie ab und an Fotos mit Freunden und Bekannten teilen, dann erfüllt ein Gerät der J-Serie diese Anforderungen spielerisch; ein besser ausgestattetes Gerät ist nicht nötig. Auch wenn das Gerät zusätzlich als Zielgerät für Backups der Arbeitsrechner dienen soll, dann wird es diese Anforderungen erfüllen.

Die Geräte der J-Serie bieten bereits einen beachtlichen Funktionsumfang, der weit über die simple Bereitstellung von Speicherplatz hinausgeht. Möchten Sie diese Funktionen jedoch sehr intensiv nutzen, dann reicht die Arbeitsgeschwindigkeit der verbauten Hardware für eine zügige Abwicklung aller Aufgaben eventuell nicht mehr aus: Die Nutzer müssen Wartezeiten in Kauf nehmen, das Gerät antwortet auf Anfragen nur träge, und die Geschwindigkeit der Datenübermittlung sinkt. Das macht sich umso stärker bemerkbar, je größer die Anzahl der Nutzer und je intensiver die Nutzung ist. Als Familie mit mehr als drei Nutzern oder als technisch interessierter Nutzer sollten Sie sich also auch die besser ausgestatteten Serien ansehen.

Die Value-Serie – perfekt für Aufsteiger

Besser ausgestattet als die J-Serie ist die *Value-Serie*. Geräte dieser Serie tragen keine weitere Bezeichnung nach der Modellnummer, bekannte Vertreter sind etwa die Modelle *DS118* und *DS218*. Die Modelle der Value-Serie sind besser ausgestattet und können größeren Anforderungen gerecht werden als die J-Serie. Für eine vierköpfige Familie ist ein Gerät dieser Serie deutlich besser geeignet als ein kleineres Modell. Geräte der Value-Serie haben eine deutlich leistungsfähigere Hardware als die J-Serie, unter anderem einen schnelleren Prozessor sowie mehr Arbeitsspeicher.

Innerhalb der Value-Serie gibt es die Untergruppe der *Play-Modelle* mit dem Zusatz *play* in der Modellbezeichnung. Ihre Ausstattung ist auf dem Niveau der normalen Value-Serie, sie bieten jedoch zusätzlich die Funktion der *Hardwaretranscodierung* von Videos in Echtzeit und sind damit besonders für Multimediaaufgaben interessant.

(Quelle: Synology)

Die Value-Serie ist deutlich leistungsfähiger als die J-Serie.

Die Hardwaretranscodierung von Videos benötigen Sie immer dann, wenn das Abspielgerät eine bestimmte Videodatei nicht wiedergeben kann, weil es mit dem Format, in dem die Datei vorliegt, nichts anfangen kann. Dafür gibt es eine Vielzahl möglicher Gründe: Es kann beispielsweise sein, dass die Videodatei mit einem Videocodec codiert wurde, den das Abspielgerät nicht unterstützt. Das passiert zum Beispiel, wenn das Abspielgerät älteren Datums ist und die Videodatei mit einem sehr neuen Codec codiert ist. Auch alte Fernseher mit einer Mediaplayer-Funktion sind oftmals nicht in der Lage, mit aktuellen Datenformaten umzugehen. Ein schönes Beispiel findet sich beim modernen terrestrischen Fernsehen nach dem DVB-T2-Standard: Hier kommt der Videocodec *HEVC* (für *High Efficiency Video Codec*) zum Einsatz. Ältere Fernseher können mit diesem Format nichts anfangen. Haben Sie mit einem *PVR* (also einem *Personal Video Recorder*) eine Aufnahme erstellt, dann kann diese vom Mediaplayer eines älteren Fernsehers nicht wiedergegeben werden.

Die Funktion der Hardwaretranscodierung ist aber nicht nur dann nützlich, wenn es Probleme durch mangelnde Formatunterstützung gibt. Manchmal passiert es, dass das Wiedergabegerät mit der Videodatei schlicht überfordert ist, weil die Auflösung oder die Datenrate der Datei so hoch ist, dass das Wiedergabegerät die benötigte Rechenleistung für eine flüssige Wiedergabe nicht aufbringen kann. Wann immer es Probleme mit der Wiedergabe von Videodateien aus dem Netzwerk gibt, wird die Funktion der Hardwaretranscodierung interessant. Sie wandelt die problematische Videodatei in Echtzeit (also ohne Verzögerungen) in ein Format um, das das Wiedergabegerät problemlos verarbeiten kann. So lassen sich Videos mit einem anderen Videocodec codieren oder in der Datenrate oder Auflösung reduzieren, sodass sie auf dem Zielgerät störungsfrei wiedergegeben werden können. Die Reduktion der Datenrate eignet sich auch, wenn Sie unterwegs ein Video anschauen möchten und es über das Internet auf das Zielgerät übertragen. Wenn die Geschwindigkeit der Datenübertragung zu niedrig ist, hilft es, die Datenrate des Videos zu reduzieren. Wenn Sie Videodateien in der Vergangenheit manuell umcodieren mussten und sich darüber geärgert haben, dann ist diese Funktion für Sie bestimmt interessant, denn das manuelle Umcodieren gehört damit genauso der Vergangenheit an wie die Fehlermeldung »Dateiformat nicht unterstützt, Datei kann nicht wiedergegeben werden«.

Natürlich ist diese Funktion nur dann nötig und sinnvoll, wenn es in Ihrem Gerätepark etwas widerwillige Geräte gibt, die mit Ihren Videodateien nichts anfangen können. Bedenken Sie insbesondere, dass moderne (Abspiel-)Geräte auch eine entsprechend moderne Unterstützung an Wiedergabeformaten haben. Wenn ein problematisches Gerät ohnehin demnächst ersetzt werden soll, dann ist die Funktion der Hardwaretranscodierung vielleicht nicht von höchster Priorität. Gleiches gilt, wenn es nur um einige wenige problematische Dateien geht, denn diese können Sie auch schnell manuell am Computer mit entsprechender Software umcodieren (hierzu zählen die kostenlosen Programme *HandBrake* oder *XMedia Recode*) und liegen anschließend im korrekten Format vor, sodass sie gar nicht mehr bei jeder Wiedergabe umcodiert werden müssen. Entscheiden Sie also anhand Ihrer Anforderungen, ob diese Funktion für Sie wichtig ist oder ob ein Gerät der klassischen Value-Serie ohne den Play-Zusatz nicht völlig ausreicht.

Die Plus-Serie – perfekt für Profis

Als Nächstes stelle ich Ihnen die *Plus-Serie* vor. Diese bietet von den drei genannten Serien den größten Funktions- und Leistungsumfang. Geräte der Plus-Serie erkennen Sie am + am Ende der Modellbezeichnung, Vertreter sind etwa die Geräte DS918+ sowie DS218+. Modelle der Plus-Serie können eine Vielzahl von Aufgaben gleichzeitig bewältigen. Sie eignen sich vor allem für einen großen Benutzerkreis sowie für technisch sehr anspruchsvolle Nutzer. Die Serie erfüllt beinahe schon die Aufgaben eines ausgewachsenen Servers und ist daher auch für kleinere Unternehmen interessant. Die Modelle der Plus-Serie zeigen sich sehr flexibel, so bieten viele Modelle die Möglichkeit, den Arbeitsspeicher durch zusätzliche Module zu erweitern. Die zuvor bei der Play-Serie genannte Funktion der Videotranscodierung in Echtzeit wird ebenfalls unterstützt. Für Einsteiger wird ein Gerät der Plus-Serie allerdings überdimensioniert sein.

(Quelle: Synology)

Perfekt geeignet für gehobene Ansprüche ist die Plus-Serie. Sie bietet eine umfangreiche Ausstattung mit vielen Anschlussmöglichkeiten.

Die Unterschiede der Modelle innerhalb einer Serie

Innerhalb der Serien unterscheiden sich die Geräte teilweise darin, wie viele Festplatten sie aufnehmen können. Die kleinsten Geräte können mit nur einer Festplatte betrieben werden, daneben gibt es Geräte für zwei oder vier Laufwerke. Geräte, die nur eine einzelne Festplatte unterstützen, erscheinen zwar zunächst günstig, sie sind aber auch sehr unflexibel und in Sachen Datensicherheit nachteilig. Bedenken Sie, dass eine Festplatte ein technisches Gerät ist, das einem mechanischen und auch elektrischen Verschleiß unterliegt und eines (hoffentlich fernen) Tages ausfallen wird. Wenn die Festplatte ausfällt, kann auf die darauf gespeicherten Daten nicht mehr zugegriffen werden. Wenn es in diesem Fall kein Backup gibt, sind die Daten häufig unwiederbringlich verloren und können unter Umständen nur von einer Spezialfirma für einen sehr hohen Preis zurückgewonnen werden. Mehr zu dieser Problematik finden Sie in Kapitel 2, das sich explizit mit Festplatten auseinandersetzt. Bei einem NAS-Gerät, das den Datenbestand von mehreren Personen zentral verwaltet, ist der Verlust besonders ärgerlich.

Wenn das NAS-Gerät zwei oder mehr Festplatten enthält, kann es die Daten parallel auf mehreren Festplatten abspeichern. Für den Nutzer vergrößert sich der zur Verfügung stehende Speicherplatz zwar nicht (oder nicht in vollem Maße, wie Kapitel 3 zu RAID-Verbünden zeigt), aber der Ausfall einer Festplatte führt nicht mehr zum Datenverlust – schließlich sind die Daten noch auf den anderen Festplatten vorhanden.

(Quelle: Synology)

Neben Geräten für zwei Festplatten gibt es auch NAS-Geräte für vier Festplatten, die einen entsprechend größeren Speicherplatz bieten.

Deswegen ist es sinnvoll, sich von Anfang an für ein NAS-Gerät zu entscheiden, das zwei oder mehr Festplatten aufnehmen kann. Der Aufpreis zu einem Gerät, das nur eine Festplatte unterstützt, ist moderat und vor dem Hintergrund der zusätzlichen Sicherheit der eigenen Daten eine sinnvolle

Investition. Natürlich kommen zum reinen Gerätepreis noch die Kosten der Festplatten, sodass ein komplett bestücktes Zwei-Festplatten-Gerät am Ende deutlich teurer ist als ein Gerät mit nur einer Festplatte. Für den Einstieg kann ein Gerät mit zwei Festplattenplätzen auch nur mit einer Festplatte betrieben werden – ein zweiter Datenspeicher lässt sich jederzeit nachrüsten. Das gilt auch dann, wenn die Datensicherheit nicht so wichtig ist, und es mehr auf einen möglichst großen Speicherplatz ankommt. In diesem Fall sind NAS-Systeme, die mit mehreren Festplatten umgehen können, deutlich flexibler. Daher werde ich mich hier auf Geräte mit mehreren Festplattenplätzen konzentrieren.

Bei einem Gerät mit zwei Festplatten wird die zweite Festplatte üblicherweise eine exakte Kopie der ersten Festplatte enthalten, sodass beim Ausfall einer Festplatte der Fortbestand der Daten gesichert ist. Die Speicherkapazität des NAS-Geräts entspricht also der Kapazität einer einzelnen Festplatte. Erweiterungen sind nur durch Austausch beider Festplatten möglich. NAS-Geräte mit vier Einbauschächten für Festplatten sind hier flexibler. Wie Kapitel 3, »Ihre Daten im RAID-Verbund besser schützen«, zeigt, gibt es auch Möglichkeiten zur Erhöhung der Datensicherheit mit drei (oder vier) Festplatten, ohne dass auf allen Festplatten 1:1-Kopien angelegt werden müssen, sodass insgesamt mehr Speicherplatz zur Verfügung steht. Ein Gerät mit bis zu vier Festplattenplätzen kann für den Anfang auch mit nur einer oder zwei Festplatten betrieben und später – bei gestiegenem Speicherbedarf – entsprechend ergänzt werden. Nachteilig ist bei einem Gerät mit vier Festplatten natürlich der höhere Strombedarf.

Wägen Sie also genau ab, für welches Gerät Sie sich entscheiden. Bei moderaten Anforderungen empfehle ich Ihnen, sich für ein Modell mit zwei Festplatten zu entscheiden, die Sie bei gestiegenen Anforderungen an den Speicherplatz durch größere Platten ersetzen können. Dies dient auch gleich als »Verjüngungskur« der Festplatten. Geräte mit vier Festplatten eignen sich vor allem dann, wenn Sie bereits absehen können, dass der Speicherbedarf sehr groß ist und nicht von einem Gerät mit zwei Festplatten erfüllt werden kann. Dies trifft vor allem auf den gewerblichen Einsatz zu, aber auch im privaten Umfeld, wenn Ihre Familie eine besonders umfangreiche Filmsammlung zentral abspeichern möchte.

Modellübersicht: Geräte für zwei Festplatten

Nachfolgend möchte ich Ihnen interessante Geräte der verschiedenen Serien vorstellen, die sich für den Einsatz zu Hause oder in kleineren Unternehmen besonders eignen und die mit bis zu zwei Festplatten ausgerüstet werden können. Interessante Geräte sind – bei aufsteigender Leistungsfähigkeit – die Modelle DS218j, DS218play, DS218, DS218+ und DS718+.

Das Modell DS218j stammt aus der J-Serie und hat von allen Geräten den kleinsten Funktions- und Leistungsumfang. Bei diesem Gerät müssen Sie auf die bereits erwähnte Funktion der Hardwaretranscodierung von Videomaterial in Echtzeit verzichten. Eine weitere Einschränkung liegt in der maximalen Größe eines Speichervolumens: Das Modell DS218j kann zwar problemlos auch mit 10 oder 12 TB fassenden Festplatten umgehen, es kann beide Festplatten jedoch nur zu einem maximal 16 TB fassenden Volumen kombinieren. Wenn Sie zwei Festplatten einbauen, die jeweils 12 TB Speicherkapazität bieten, und zur Erhöhung der Datensicherheit auf beide Festplatten die gleichen Daten speichern, dann steht Ihnen insgesamt ein Speicherbereich von 12 TB zur Verfügung. Von der Limitierung auf 16 TB sind Sie dann nicht betroffen. Wenn Sie jedoch viel Speicherplatz benötigen und auf beiden Festplatten verschiedene Daten speichern möchten, dann lässt sich ein maximal 16 TB großer zusammenhängender Speicherplatz einstellen. Mit zwei 12 TB fassenden Festplatten geraten Sie hier an das Limit und müssen zwei getrennte Speicherbereiche erstellen, was zu Komforteinschränkungen führen kann. Überlegen Sie also, ob Ihnen der Datenschutz oder die maximale Speicherkapazität wichtiger ist. Üblicherweise wird der Datenschutz vorgezogen, sodass die Limitierung ohne Wirkung ist und ignoriert werden kann.

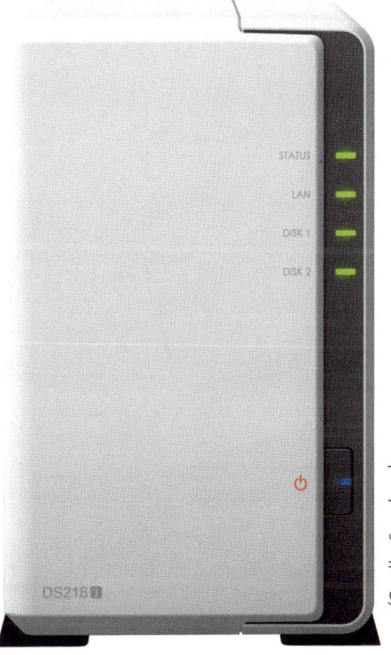

(Quelle: Synology)

Mit zwei Einschüben und einer alltagstauglichen Ausstattung eignet sich die DS218j besonders gut für den Einstieg.

Die Beschränkung der maximalen Volumengröße auf 16 TB gibt es nur bei der DS218j, alle anderen hier vorgestellten Modelle können Volumen mit bis zu 108 TB erzeugen. Die DS218j hat von allen genannten Modellen mit 512 MB auch den kleinsten Arbeitsspeicher, was für einfache Aufgaben im Alltag jedoch ausreichend ist. Zusätzlich kommen weitere Einschränkungen bei den Softwarefunktionen hinzu, die sich bei moderater privater Nutzung jedoch kaum auswirken. Die DS218j eignet sich dank ihres günstigen Straßenpreises von ca. 180 € vor allem für Einsteiger und Nutzer, bei denen absehbar ist, dass nur eine leichte Nutzung ohne größere Anforderungen erfolgen wird.

Wenn Sie sich für die Hardwaretranscodierung von Videomaterial interessieren, dann ist die DS218play aus der Value-Serie für Sie interessant. Gegenüber der DS218j ist die DS218play deutlich besser ausgestattet und bietet mit 1 GB einen deutlich größeren Arbeitsspeicher. Dieser ermöglicht die parallele Abarbeitung von mehreren Aufgaben und ist somit deutlich praxisgerechter. Technisch interessierte Nutzer werden sich darüber freuen, dass dieses Gerät das moderne Dateisystem *Btrfs* nutzt, das gegenüber dem bisher genutzten *Ext4*-Dateisystem einige Vorzüge bietet. Für die DS-218play spricht vor allem der relativ günstige Straßenpreis von etwa 230 €, sodass sie sich als gutes Einsteigergerät anbietet, das auch Anforderungen im Multimediabereich erfüllt.

(Quelle: Synology)

Dank der eingebauten Hardwaretranscodierung ist die DS218play besonders im Multimediabereich interessant – umso mehr, wenn auch ältere Abspielgeräte zum Einsatz kommen.

Ein deutliches Mehr an Ausstattung bietet die DS218 aus der Value-Serie. Der Aufpreis zum Modell DS218play fällt mit 30 € sehr moderat aus, dafür ist der Funktionsumfang deutlich größer. Die DS218 bietet unter anderem einen 2 GB großen Arbeitsspeicher. Dieser Arbeitsspeicher erlaubt die gleichzeitige Nutzung von mehreren Anwendungen, womit sich diese DiskStation auch für mehr als drei Nutzer eignet. Die DS218 ist ein sehr interessantes Gerät für den Vierpersonenhaushalt und eine gute Wahl, wenn Sie absehen können, dass sie im Alltag oft verwendet werden wird. Dieses Modell ermöglicht als erstes der hier vorgestellten Geräte den Austausch einer Festplatte im laufenden Betrieb, diese Funktion wird jedoch eher den professionellen Nutzer ansprechen. Auch die Funktion der Videotranscodierung wird geboten.

Technisch anspruchsvollere Nutzer werden das Modell DS218+ aus der Plus-Serie in die engere Wahl ziehen. Dieses Gerät bietet auch bei gehobenen Anforderungen eine absolut ausreichende Leistung. Die DS218+ eignet sich gut für größere Familien oder wenn absehbar ist, dass eine intensive Nutzung im Alltagsleben stattfinden wird. Die Plus-Serie bietet einige Erweiterungen gegenüber der Value-Serie: Beispielsweise ist der Arbeitsspeicher erweiterbar. Dafür bietet das Gerät einen frei zugänglichen Speichersockel, wie man ihn von Notebooks oder kompakten Arbeitsrechnern her kennt, in den ein Speichermodul eingebaut werden kann.

Die DS218 bietet eine gehobene Ausstattung – dazu zählen auch USB3-taugliche Anschlüsse auf der Rückseite.

(Quelle: Synology)

(Quelle: Synology)

Die DS218+ eignet sich für Nutzer mit hohen Anforderungen. Sie macht auch im Mehrpersonenhaushalt oder im Verein eine gute Figur.

Den Einbau können Sie selbst durchführen, er dauert nur wenige Minuten. Dadurch kann der Arbeitsspeicher auf bis zu 6 GB erweitert werden.

Das ist einerseits interessant, wenn viele Aufgaben gleichzeitig abgearbeitet werden sollen und das Gerät von vielen Nutzern gleichzeitig beansprucht wird. Andererseits ist ein größerer Speicher auch für die Funktion der Virtualisierung nützlich. Dank dieser Funktion können Sie auf der DiskStation eine virtuelle Maschine einrichten. Dabei handelt es sich quasi um einen virtuellen Computer. Hierauf können Sie ein beliebiges Betriebssystem, etwa Windows oder Linux, installieren. Der virtuelle Computer kann beliebige Aufgaben ausführen, häufig wird eine virtuelle Maschine beispielsweise für Serveraufgaben verwendet. Spieler können zur Kommunikation untereinander einen Teamspeak-Server einrichten. Auf den virtuellen Computer wird über eine Netzwerkverbindung zugegriffen, dabei wird der Desktop (also die Benutzeroberfläche) einfach auf einem anderen Gerät angezeigt. Der virtuelle Rechner wird über die Tastatur und die Maus dieses Rechners gesteuert. Diese Arbeitsweise wird als »remote« bezeichnet, das bedeutet, dass man quasi »aus der Ferne« darauf zugreift. Eine überwältigende Leistungsfähigkeit darf man von dieser Funktion aber nicht erwarten, insbesondere mit aufwendigen Betriebssystemen wie Windows wird die Arbeit am virtuellen Rechner recht zäh, weswegen diese Funktion eher als Notlösung anzusehen ist.

Die DS218+ bietet drei schnelle USB-Anschlüsse nach dem USB3-Standard. Hier können externe Festplatten angeschlossen werden, die sich entweder für Backup-Zwecke oder zur Vergrößerung des Speicherplatzes verwenden lassen. Das Gerät bietet auch die Nutzung des sogenannten MailPlus-Servers. Dies ist eine Softwarekomponente von Synology, die es dem Nutzer ermöglicht, seinen eigenen E-Mail-Server zu betreiben. Somit schaffen Sie sich quasi ihr »eigenes« Pendant zu einem E-Mail-Anbieter wie GMX, freenet oder t-online, mit eigenen Adressen und einer direkten Datenverarbeitung bei Ihnen zu Hause. Für normale Nutzer ist dies aber eher eine unnötige Spielerei. Zum einen bieten auch alle kleineren Modelle den normalen Mail-Server ohne Plus-Zusatz an, der nahezu alle im Alltag wichtigen Funktionen bietet, zum anderen macht ein Mail-Server im Privathaushalt oftmals nur wenig Freude. Richtig sinnvoll wird der MailPlus-Server erst im gewerblichen Einsatz, denn verbunden mit einer eigenen Domain ermöglicht er die Übernahme des gesamten eigenen E-Mail-Verkehrs, ohne dass weitere (Server-)Komponenten erforderlich sind.

Einen Rückschritt gibt es bei der Plus-Serie gegenüber den kleineren Modellen bei der Funktion der Hardwaretranscodierung, denn diese Modelle ermöglichen keine Transcodierung von Inhalten einer Farbauflösung von 10 Bit. Diese hohe Farbauflösung ist besonders für Nutzer mit umfangreichen Filmsammlungen und hohen Qualitätsansprüchen interessant. Sie werden im Regelfall jedoch auch auf entsprechendes Equipment zur Wiedergabe setzen und weniger Bedarf an einer Transcodierungslösung haben. Eine weitere Einschränkung bei der Videotranscodierung: Die hier beschriebenen Geräte der Plus-Serie können 4K-Videos nur mit einer Bildrate von 30 Bildern pro Sekunde (*frames per second*, fps) verarbeiten, während die kleineren Modelle 60 Bilder pro Sekunde verarbeiten können. Gegenüber der DS218 ist der Preis des Modells DS218+ etwas höher und liegt bei rund 320 €, die sich bei entsprechenden Anforderungen jedoch schnell bezahlt machen.

Noch professioneller kommt das Modell DS718+ daher, in dem eine leistungsfähige CPU mit vier Kernen arbeitet. Wie das kleinere Modell DS218+ bietet dieses Gerät einen Arbeitsspeicher von 2 GB, der sich durch ein Modul erweitern lässt. Ebenso bietet die DS718+ einen eSata-Anschluss, der Ihnen vielleicht vom Desktop-Computer her bekannt ist. An diesen Anschluss lassen sich üblicherweise externe Festplatten anschließen, an der DS718+ kann dieser Anschluss auch für die Verbindung mit einer externen Erweiterungseinheit verwendet werden. Eine solche Erweiterungseinheit ist zum Beispiel das Gerät DX517 von Synology. Es nimmt bis zu fünf weitere Festplatten auf, was den

(Quelle: Synology)

Die DS218+ und die DS718+ bieten auf der Rückseite jeweils einen eSata-Anschluss (rote Buchse) für externe Festplatten. Beim größeren Modell kann hier auch eine Erweiterungseinheit angeschlossen werden, die bis zu fünf weitere Festplatten aufnehmen kann.

23

Kapitel 1 – Das richtige Gerät für Ihre Bedürfnisse wählen

(Quelle: Synology)

Mit ihrer umfassenden Ausstattung eignet sich die DS718+ auch für den professionellen Einsatz in einem kleinen Unternehmen.

maximal zur Verfügung stehenden Speicherplatz deutlich erhöht (aber auch einen entsprechenden Stromverbrauch zur Folge hat).

Neben diesem Anschluss bietet die DS718+ einen zweiten LAN-Anschluss für die Verbindung mit dem Netzwerk. Dieser kann unterschiedlich eingesetzt werden. Zum einen können beide Anschlüsse quasi parallel geschaltet werden: Hierdurch lässt sich die maximal mögliche Datenübertragungsrate verdoppeln. Man spricht von *Link Aggregation*, dazu ist jedoch auch ein Netzwerk-Switch nötig, der diese Funktion unterstützt. Durch die Link Aggregation profitiert nicht nur ein einzelner Nutzer, diese Funktion kommt auch dann zum Tragen, wenn mehrere Nutzer auf die DiskStation zugreifen. Man kann die zweite LAN-Schnittstelle aber auch zur Erhöhung der Ausfallsicherheit benutzen, was besonders in einer Firmenumgebung interessant ist. Zusätzlich bietet dieses Modell eine dreijährige Herstellergarantie, während bei den übrigen bisher betrachteten Modellen die Garantiezeit lediglich zwei Jahre beträgt. Natürlich hat diese gehobene Ausstattung ihren Preis: Die DS718+ kostet ohne Festplatten bereits 420 €. Damit eignet sie sich für besonders ambitionierte Privatanwender, vor allem jedoch für den geschäftlichen Einsatz in Büros, kleinen Unternehmen oder Vereinen.

Modellübersicht: Geräte für vier Festplatten

Wenn Sie sich für ein Gerät interessieren, in das bis zu vier Festplatten eingebaut werden können, dann könnte eines der Geräte DS418j, DS418, DS-418play und DS918+ für Sie interessant sein.

Modellübersicht: Geräte für vier Festplatten

Die DS418j bietet einen günstigen Einstieg mit vier Einbauschächten für Festplatten. Die Ausstattung genügt moderaten Anforderungen.

(Quelle: Synology)

Die DS418j aus der J-Serie ist das Einsteigermodell mit einem DualCore-Prozessor und 1 GB an Arbeitsspeicher. Im Unterschied zur DS218j, die nur zwei Festplatten unterstützt, gibt es beim Modell DS418j keine relevante Einschränkung bezüglich der maximalen Größe eines Speichervolumens. Die DiskStation der J-Serie unterscheidet sich von den übrigen Modellen neben der geringeren Arbeitsgeschwindigkeit vor allem dadurch, dass sie nur einen einzelnen Netzwerkanschluss hat und dass die Festplatten nicht im laufenden Betrieb ausgetauscht werden können. Gegenüber den größeren Geräten sind einige Ausstattungsmerkmale begrenzt. So lassen sich bei der DS418j im Unterschied zu den anderen Modellen beispielsweise »nur« 1.024 lokale Benutzerkonten anlegen (bei den übrigen Geräten sind es 2.048), und es können nur zehn Teilnehmer gleichzeitig am Chat-Server verbunden sein (andere Modelle: 500 bis 1.500), diese Einschränkungen sind jedoch für einen Einsteiger sowie für Familien kaum relevant. Wie das Modell DS218j bietet auch das Gerät DS418j keine Hardwaretranscodierung von Videos in Echtzeit. Insgesamt gilt: Als Einsteiger mit nur geringen Anforderungen an ein NAS-Gerät, aber mit der Forderung an eine möglichst hohe Speicherkapazität ist dieses günstige Gerät mit einem Anschaffungspreis von 300 € eine Überlegung wert.

Kapitel 1 – Das richtige Gerät für Ihre Bedürfnisse wählen

(Quelle: Synology)

Wenn zum Benutzerkreis auch Technikfreunde mit höheren Anforderungen zählen, sollten Sie sich das Modell DS418 anschauen.

Bei den vorgestellten Modellen ist das Gerät DS418 zwischen der DS418j und der DS418play angesiedelt. Diese DiskStation bietet einen deutlich größeren Arbeitsspeicher (2 GB), sodass mehr Aufgaben parallel abgearbeitet werden können. Damit eignet sich dieses Modell nicht nur für die intensive Nutzung durch wenige Nutzer, sondern auch für die leichte Nutzung durch viele Nutzer. Im Unterschied zum Vertreter der J-Serie bietet das Gerät die Möglichkeit, Festplatten im laufenden Betrieb zu tauschen. Interessant dürfte für manche Anwender die Funktion der Hardwaretranscodierung von Videomaterial sein. Auf diesem Gebiet bietet die DS418 ausgesprochen viele Funktionen und verarbeitet 4K-Videos sogar mit bis zu 60 fps, alle folgenden Modelle erlauben nur bis zu 30 fps. Insgesamt ist die DS418 auch bezüglich der übrigen Daten deutlich performanter als das kleinere Modell aus der J-Serie. Wenn Sie das Gerät viel nutzen möchten, dann ist dieses Modell dem zuerst genannten Gerät vorzuziehen. Allerdings ist auch der Anschaffungspreis deutlich höher und liegt bei etwa 400 € (ohne Festplatten).

(Quelle: Synology)

Wenn drei oder mehr Personen die DiskStation regelmäßig und intensiv nutzen, kann die DS418play ihre Stärken ausspielen.

Modellübersicht: Geräte für vier Festplatten

Haben Sie noch höhere Anforderungen an das NAS-Gerät, weil Sie mehr damit machen möchten als nur Dateien im Netzwerk abzulegen, dann ist das Modell DS418play besser geeignet. Dieses Modell bietet neben einem leistungsfähigen Prozessor von Intel unter anderem die Unterstützung des Btrfs-Dateisystems. Der Preis der DiskStation 418play ist bei rund 430 € (ohne Festplatten) angesiedelt. Besonders bei einem großen Nutzerkreis kann die Option, den Arbeitsspeicher per Modul zu erweitern, vorteilhaft sein. Wie bereits erwähnt, sind die Fähigkeiten zur Hardwaretranscodierung von Videos bei der DS418play jedoch etwas kleiner als beim Modell DS418 der Value-Serie.

(Quelle: Synology)

An der Spitze der hier vorgestellten Geräte steht die DS918+. Zur Ausstattung gehören zwei Netzwerkanschlüsse, die auch zur Erhöhung der Datentransferleistung verwendet werden können.

Das Spitzenmodell der hier vorgestellten Geräte bildet die DS918+ aus der Plus-Serie mit einem Preis von rund 530 €. Diese DiskStation hat einen Arbeitsspeicher von 4 GB, der sich auf bis zu 8 GB erweitern lässt. Dies und die übrigen Leistungsdaten prädestinieren die DS918+ für den Einsatz in einem kleinen Unternehmen oder Büro. Das Gerät ermöglicht die Virtualisierung, hier kann also ein virtueller Computer eingerichtet werden, der beispielsweise für Serveraufgaben genutzt wird. Die DS918+ bietet als einziges der hier vorgestellten Modelle mit vier Festplattenplätzen einen eSata-Anschluss, an den sich zur Vergrößerung des Speicherplatzes eine externe Erweiterungseinheit anschließen lässt. Eine weitere Besonderheit der DS918+: Sie bietet zwei zusätzliche Einbauplätze für SSD-Festplatten im M.2-Format. Diese SSD-Festplatten dienen allerdings nicht der Vergrößerung der Speicherkapazität. Stattdessen bilden sie einen besonders schnellen Zwischenspeicher für häufig angefragte Daten. Anstatt diese Daten über die im Vergleich zur SSD deutlich langsameren Festplatten zu laden, können sie von den sehr schnellen SSDs gelesen werden. Hier ergänzen sich Merkmale wie die Möglichkeit der Link Aggregation oder der große Arbeitsspeicher, sodass dieses Gerät auch viele Nutzer mit ausreichender Geschwindigkeit bedienen kann. Der normale Heimanwender wird es hingegen schwer haben, dieses Gerät im Alltag komplett auszureizen.

Kapitel 2
So finden Sie die richtige Festplatte

Ein neues NAS-Gerät ist schön und gut, noch besser wird es, wenn auch eine Festplatte eingebaut ist. Welche soll es sein?

Eine zentrale Rolle kommt in einem NAS-Gerät natürlich der Festplatte zu. Sie bildet das zentrale Gedächtnis, alle Daten werden auf sie geschrieben, und ohne Festplatte macht ein NAS-Gerät nicht allzu viel Sinn. Am Markt gibt es Modelle von verschiedenen Herstellern zu kaufen, die sich in verschiedenen Parametern unterscheiden. Dabei kommt es nicht nur auf den Speicherplatz an: Die Wahl der richtigen Festplatte will durchdacht sein, wobei es in einem NAS-Gerät oft nicht bei der einen Festplatte bleibt. Im Regelfall sind gleich mehrere dieser Speichergeräte im Einsatz. Im ersten Abschnitt dieses Kapitels erfahren Sie, warum das so ist.

Gründe für den Einsatz mehrerer Festplatten

Wenn Sie für einen üblichen Arbeits- oder Spielrechner eine neue Festplatte kaufen möchten, interessieren Sie sich wahrscheinlich vorrangig für die Speicherkapazität. Je größer die Speicherkapazität ist, desto mehr Daten können auf der Festplatte gespeichert werden. Im Laufe der Zeit stieg die Speicherkapazität von Festplatten kontinuierlich. Während man sich vor zehn Jahren noch über Geräte freute, die 500 GB speichern konnten, so sind heute bereits Modelle mit einem Fassungsvermögen von 14 TB und mehr erhältlich. Die Hersteller sind zuversichtlich, dass sich die Menge an Daten, die eine Festplatte aufnehmen kann, auch in Zukunft weiter erhöhen lässt. Nichtsdestotrotz sind bereits 14 TB eine beachtliche Größe. Wenn man überlegt, dass selbst ein Spielfilm in voller HD-Auflösung (und Videodaten gehören zu den Elementen mit dem größten Speicherbedarf) in guter Qualität rund 5 bis 10 GB belegt, wird deutlich, wie groß diese Festplatten wirklich sind. Je nachdem, wie groß Ihr gesamter Datenbestand ist, könnten Sie also mit einer einzelnen Festplatte auskommen.

Doch beachten Sie, dass eine übliche Festplatte ein komplexes technisches Gerät ist, das neben elektronischen Komponenten auch mechanische Elemente enthält, die verschleißen können.

An dieser Stelle sei gesagt, dass Festplatten – wie jedes technische Gerät – eine begrenzte Lebensdauer haben und salopp gesagt »kaputtgehen« können. Ein Defekt an einer Festplatte kann zum kompletten Ausfall des Speichergeräts führen, womit eventuell auch alle Daten verloren sind – wenn Sie keine Sicherheitskopie (also ein Backup) angelegt haben. Zwar treten Defekte an Festplatten nur recht selten auf, aber es wäre trotzdem leichtsinnig, Ihren Datenbestand nur einer einzigen Festplatte anzuvertrauen.

Eine Festplatte ist ein komplexes Gerät mit vielen Bauteilen – auch ein kleiner Defekt kann zu einem ärgerlichen Datenverlust führen. (Quelle: Shutterstock, 308542649 © Garsya)

INFO

Wie funktioniert eine Festplatte?

Auf einer klassischen Festplatte werden Daten magnetisch gespeichert. Die Festplatte enthält runde Speichermedien, die sich von einem magnetisch aktiven Schreibkopf beschreiben lassen und die anschließend von einem magnetisch sensitiven Lesekopf wieder ausgelesen werden. Lese- und Schreibköpfe sind an einem Arm befestigt, der über die Oberfläche der Scheiben geführt wird. Die Speicherscheibe (man nennt sie *Platter*) wird in Rotation gesetzt. Lese- und Schreibkopf folgen einer Spur, entlang der die Daten geschrieben und gelesen werden. Das Ganze lässt sich also mit einem Plattenspieler vergleichen. Während allerdings beim Plattenspieler die Abtastnadel in direkten Kontakt mit der Schallplatte gebracht wird, schweben die Lese- und Schreibköpfe in der Festplatte in einem Abstand über der Plattenoberfläche. Der Abstand ist dabei so klein, dass sich im Spalt bereits ein Staubkorn verklemmen könnte. Die Oberfläche der Platter ist so empfindlich, dass sie durch ein hartes Staub- oder Sandkorn zerkratzt und damit zerstört werden kann.

Übrigens ist in der Festplatte nicht nur eine dieser Platter eingebaut, es befinden sich mehrere dieser Scheiben übereinander. Auf diese Weise lässt sich die Speicherkapazität einer Festplatte leicht steigern. Jede Scheibe hat einen eigenen Schreib- und Lesekopf. Alle Köpfe sind gemeinsam an einem Arm befestigt und werden so gemeinsam über die Festplatte geführt. Möchte man eine bestimmte Datei lesen oder schreiben, dann wird der Lesekopf blitzschnell zur gewünschten Stelle bewegt. Dabei wird automatisch der richtige Platter ausgewählt, und die Daten werden von der Elektronik der Festplatte verarbeitet.

Dies ist natürlich nur eine ganz kurze Einführung, aber Sie sehen, dass es sich um komplexe Geräte handelt, in denen viele Einzelkomponenten zusammenarbeiten.

Kapitel 2 – So finden Sie die richtige Festplatte

> **INFO**
>
> **Wodurch kann eine Festplatte kaputtgehen?**
>
> Verschiedene Fehler können zu einem Ausfall einer Festplatte führen. Der schlimmste Fehler ist der sogenannte *Headcrash*, der meist durch mechanische Einwirkungen, wie etwa einen Sturz, entsteht. Hierbei schlagen die Leseköpfe auf der Plattenoberfläche auf und zerkratzen sie. Dadurch (und durch eventuell abgelöstes Material) wird die Festplatte unbrauchbar. Etwas Ähnliches kann passieren, wenn es zu einem Staubeinschluss im Gehäuse der Festplatte kommt. Ein weiterer externer Einfluss sind extreme Temperaturen, die dazu führen können, dass die magnetische Schicht ihre Eigenschaften verliert. Außerdem kann durch starke Hitzeeinwirkung oder durch eine Überspannung die Elektronik der Festplatte beschädigt werden. Weitere mechanische Ursachen für einen Totalausfall sind der Defekt des Spindelmotors oder ein Versagen der Positioniereinheit der Leseköpfe. Bei älteren Festplatten kann es außerdem zu einem Verharzen von Schmierstoffen kommen, sodass die beweglichen Elemente verkleben.

Um die Wahrscheinlichkeit eines totalen Datenverlusts zu reduzieren, hilft eine vollständige *Redundanz*, indem Sie Ihre Daten nicht nur einer einzelnen Festplatte anvertrauen, sondern sie gleichzeitig auf zwei Festplatten ablegen, sodass jedes Gerät den kompletten Datenbestand enthält. Beim Ausfall eines Geräts sind keine Daten verloren. Sie können die defekte Festplatte durch eine neue ersetzen und die Daten wieder duplizieren. Diese Vorgehensweise macht insbesondere bei NAS-Geräten, die zentral den Datenbestand (möglicherweise mehrerer Personen) speichern, Sinn. Natürlich benötigen Sie dafür ein Gerät, das mit mehreren Festplatten umgehen kann, weswegen ich von Geräten mit nur einem Festplattenplatz abrate. Übrigens müssen Sie bei dieser Art der Datenspeicherung nicht jede Datei per Hand zweimal abspeichern, es gibt Lösungen, die dies automatisieren. Die Rede ist von sogenannten *RAID-Verbünden*. Hierbei werden Festplatten automatisch zu einem Verbund zusammengeschlossen, und ein Controller kümmert sich um die Verwaltung der Daten. Dem Nutzer gegenüber präsentiert sich ein solcher RAID-Verbund einfach wie eine einzelne Festplatte. In Kapitel 3 wird beschrieben, wie Sie einen solchen RAID-Verbund auch aus mehr als zwei Festplatten aufbauen können. Dabei müssen Sie nicht die doppelte Anzahl an Festplatten zum Schutz vor Datenverlust einsetzen, sondern können auch mit nur einer »Reservefestplatte« arbeiten. Nutzen Sie aber am besten mindestens zwei Festplatten, um einen Datenverlust zu vermeiden.

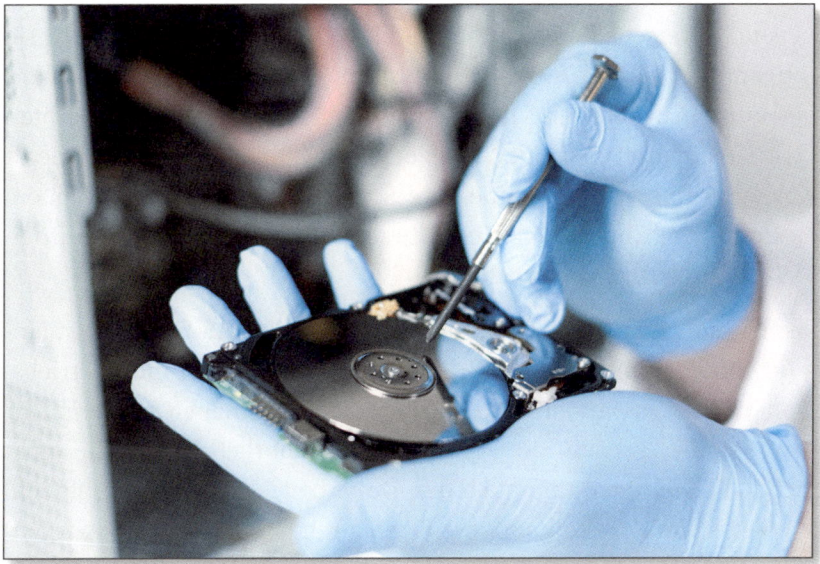

Auf einer defekten Festplatte lassen sich die Daten nur mit erheblichem Aufwand wiederherstellen. Dafür sind Profis gefragt, die sich den Service auch entsprechend bezahlen lassen. (Quelle: Shutterstock, 683838874 © tommaso79)

Normale Desktop-Festplatten eignen sich nicht für NAS-Geräte

Wenn Sie sich das Angebot an Festplatten bei einem großen Computerhändler ansehen, werden Sie feststellen, dass es eine ganze »Modellflut« verschiedener Hersteller gibt. Während man früher quasi nur zwischen

Festplatten für Endkunden und solchen für den professionellen Einsatz in Rechenzentren unterschieden hat, gibt es mittlerweile Modellvarianten, die für einen bestimmten Einsatzzweck ausgelegt sind: beispielsweise Modelle mit möglichst geringem Stromverbrauch, solche für den Bereich der Videoüberwachung, besonders große (aber langsamere) Festplatten für Backup-Zwecke oder besonders leistungsfähige (aber weder leise noch sparsame) Geräte. Dass es so viele verschiedene Typen gibt, ist berechtigt, denn jeder Einsatzbereich stellt andere Anforderungen an Festplatten. Grundlegend unterscheiden sich die Festplatten jedoch nicht: Solange sie die richtigen elektrischen Anschlüsse mitbringen, können sie untereinander ausgetauscht werden und lassen sich auch in verschiedenen Geräten einsetzen. Sie könnten also eine ganz normale Festplatte in Ihr NAS-Gerät einbauen. Allerdings ist dies keine gute Idee, denn verglichen mit einem Desktop-Computer sind die Arbeitsbedingungen für eine Festplatte in einem NAS-Gerät deutlich anspruchsvoller.

Zunächst einmal ist der Arbeitstag für Festplatten im NAS-Gerät meist länger als für Modelle im Desktop-PC. PC-Festplatten sind für eine Betriebsdauer von bis zu zehn Stunden pro Tag ausgelegt. In einem NAS-Gerät (für die ganze Familie) arbeitet die Festplatte aber deutlich länger. Sie muss entsprechend robust sein und auch den Dauerbetrieb klaglos überstehen. Zudem arbeiten im Regelfall mehrere Festplatten auf engem Raum zusammen. In den kompakten NAS-Geräten lässt sich die Abwärme der Festplatten allerdings etwas schwieriger abführen als in einem Desktop-PC. NAS-Festplatten müssen also auch mit höheren Temperaturen zurechtkommen. In der Festplatte rotieren die Speicherscheiben kontinuierlich bei hoher Drehzahl, und der Ausleger mit den Schreib- und Leseköpfen wird blitzartig zu den gewünschten Bereichen verschoben. Dadurch entstehen Vibrationen. Arbeiten mehrere Festplatten auf engem Raum, dann übertragen sich die Vibrationen der einzelnen Festplatten aufeinander. Die Festplatte hat es beim Lesen und Schreiben der Daten also etwas schwerer – etwa so, als ob Sie während einer holprigen Autofahrt etwas lesen oder schreiben wollten. NAS-Festplatten müssen so gebaut sein, dass ihnen die Vibrationen während des Betriebs nichts ausmachen und dass sie selbst möglichst wenig Vibration erzeugen.

Normale Desktop-Festplatten eignen sich nicht für NAS-Geräte

Je mehr Festplatten auf engem Raum gemeinsam arbeiten, desto mehr Vibrationen entstehen. NAS-Festplatten müssen mit diesen Vibrationen umgehen können. (Quelle: Shutterstock, 381522646 © Mikhail Starodubov)

Zudem gehen NAS-Festplatten mit Lesefehlern anders um: Während des Betriebs kann unter Umständen ein Speicherbereich nicht auf Anhieb gelesen werden. Eine normale Festplatte im Desktop-PC hat in diesem (seltenen) Fall genügend Zeit, den Lesefehler zu korrigieren, indem sie die problematische Stelle mehrfach liest. Arbeitet die Festplatte im NAS-Gerät in einem Verbund mehrerer Festplatten (also im RAID-Verbund), dann hat sie nicht so viel Zeit. Eine andere (redundante) Festplatte kann die Daten möglicherweise schneller liefern. NAS-Festplatten signalisieren dem übergeordneten Controller daher deutlich schneller einen Lesefehler als Desktop-Festplatten. Wäre die Festplatte im RAID-Verbund lange mit der Fehlerkorrektur beschäftigt, würde der Controller dies nicht tolerieren und sie als defekt aus dem Verbund entfernen. Da NAS-Festplatten insgesamt also robuster (und damit auch etwas teurer) sind als ihre Desktop-Kollegen, geben die Hersteller häufig auch länger Garantie auf diese Modelle. Zusammengefasst kann man also sagen: NAS-Festplatten sind »normale« Festplatten, aber besonders robust. Es ist also eine gute Idee, für NAS ausgelegte Festplatten in ein NAS-Gerät einzubauen.

Kapitel 2 – So finden Sie die richtige Festplatte

> **INFO**
>
> **Funktioniert eine NAS-Festplatte auch in einem Desktop-PC?**
>
> Aber ja! Da es sich im Prinzip um eine »normale« Festplatte handelt, kann eine NAS-Festplatte auch problemlos in einem üblichen Desktop-PC betrieben werden – so lange der elektrische Anschluss passt. Zwar ist die oben erwähnte kurze Zeitspanne für die Fehlerkorrektur im Desktop-Bereich eher unüblich, dies wirkt sich aber im Alltag nicht kritisch aus. Insbesondere in Computergehäusen, die passiv gekühlt sind und auf Lüfter verzichten, kann der Einsatz der robusten NAS-Festplatte sogar vorteilhaft sein, weil sie mit den tendenziell höheren Betriebstemperaturen weniger Probleme hat und im Betrieb leiser ist.

> **INFO**
>
> **Eignet sich auch eine Archive-Festplatte?**
>
> Vielleicht sind Ihnen auch schon sogenannte Archive- oder Backup-Festplatten begegnet und Sie überlegen, ob diese für ein NAS-Gerät geeignet sind, schließlich übernimmt das NAS-Gerät doch häufig Archiv- und Backup-Funktionen. Der Einsatz dieser Modelle in einem NAS-Gerät ist allerdings keine gute Idee. Diese speziellen Festplatten haben einen besonderen internen Aufbau und wenden beim Schreiben von Daten einen Kniff an. Die Spuren auf den Datenscheiben, die die Daten magnetisch aufnehmen, sind bei Archive-Festplatten sehr eng angeordnet und überlappen sich teilweise. Das Prinzip der überlappenden Speicherung (*Shingled Magnetic Recording, SMR*) hat einen Vorteil: Durch die dichte Speicherung lassen sich leicht und günstig besonders viele Daten abspeichern.
>
> Allerdings hat dieses Prinzip auch Nachteile, denn bei einer Änderung der Daten muss der Schreibkopf auch angrenzende Spuren teilweise neu schreiben. Archive-Festplatten haben also eine niedrigere Schreibgeschwindigkeit als normale Geräte und eignen sich nicht für den normalen Einsatz, insbesondere nicht im NAS-Bereich. Sie sind für den Backup-Bereich sehr gut geeignet, im Privatbereich also etwa in einem eigenen, externen Gehäuse. Beim Anlegen eines Backups ist die niedrige Schreibgeschwindigkeit auch nicht tragisch.

Normale Desktop-Festplatten eignen sich nicht für NAS-Geräte

INFO

Sind SSDs nicht eine wunderbare Lösung?

Eines Tages vielleicht, derzeit allerdings noch nicht. SSDs sind absolut geräuschlos, haben einen sehr geringen Stromverbrauch, kaum Wärmeentwicklung sowie keine Probleme mit Vibrationen. Außerdem sind sie sehr schnell. Allerdings lassen sich diese Vorteile in einem NAS-Gerät im Heimbereich kaum ausnutzen. Das Heimnetzwerk arbeitet üblicherweise mit einer Geschwindigkeit von 1 Gbit/s, überträgt also maximal 125 MB/s. Selbst wenn man mehrere Netzwerkleitungen parallel nutzt, kann man die Geschwindigkeit von SSDs (die problemlos 500 MB/s verarbeiten können) nicht ausreizen. Erst Netzwerke mit einer Geschwindigkeit von 5 oder 10 Gbit/s sind hierfür geeignet. Derzeit eignen sich die sehr teuren SSDs also noch nicht für den Heimbereich, denn selbst der Vorteil der geringen Geräuschentwicklung ist nicht so groß, wie man zunächst denken könnte. Dank des Netzwerkanschlusses kann das NAS-Gerät überall im Haus oder der Wohnung aufgestellt werden. Solange ein Netzwerkanschluss in der Nähe ist, kann es also auch im Keller oder im Flur arbeiten, wo Geräuschentwicklung kein Problem ist. SSDs eignen sich in NAS-Geräten derzeit vor allem für Sonderaufgaben, etwa als besonders schneller Zwischenspeicher für häufig benötigte Daten.

(Noch) nicht die beste Wahl für NAS-Geräte ist der Einsatz von SSDs. (Quelle: Shutterstock, 73951603 © Scanrail1)

Kapitel 2 – So finden Sie die richtige Festplatte

Die Bedeutung der Bauform und der Rotationsgeschwindigkeit

Wenn man sich dafür entschieden hat, eine spezielle NAS-Festplatte in sein NAS-Gerät einzubauen, gibt es immer noch zahlreiche Modelle zur Auswahl. Interessant ist zunächst die Bauform, also die Baugröße, bei Festplatten traditionell in Zoll angegeben. Heutzutage sind zwei Größen üblich: 3,5 Zoll und 2,5 Zoll. Die größeren Geräte sind normalerweise Desktop-Computern vorbehalten, die kleineren werden überwiegend in Notebooks eingesetzt. Sie benötigen weniger Platz im Gehäuse, arbeiten leiser und haben einen deutlich niedrigeren Strombedarf, sind dafür aber auch etwas langsamer als die großen Kollegen und bieten vor allem weniger Speicherplatz. Auch im NAS-Bereich gibt es Festplatten beider Bauformate. Das kleine Bauformat bringt im Einsatz in üblichen NAS-Geräten jedoch kaum Vorteile. Da das NAS-Gerät dank des Netzwerkanschlusses überall aufgestellt werden kann, fällt es kaum ins Gewicht, dass die Platte leiser arbeitet. Zwar ist der energiesparende und damit tendenziell kühlere Betrieb vorteilhaft, die niedrige Geschwindigkeit und vor allem die kleinere Speicherkapazität sind aber deutliche Nachteile. Wenn man jetzt noch den höheren Preis der 2,5-Zoll-Modelle bedenkt, wird schnell deutlich, warum im NAS-Bereich meist 3,5 Zoll große Festplatten eingesetzt werden und die kleineren Modelle nur für Sonderlösungen sinnvoll sind, wenn etwa das NAS-Gerät möglichst klein sein oder unbedingt im Wohnzimmer betrieben werden soll. Übrigens sind nur wenige 2,5 Zoll große NAS-Festplatten auch für den Betrieb in einer Gruppe auf engem Raum ausgelegt, ihnen fehlt also häufig die Unempfindlichkeit gegenüber Vibrationen.

Größenvergleich: 2,5 Zoll große Festplatten sind deutlich kleiner als 3,5 Zoll große Modelle. Sie haben aber diverse Nachteile und finden sich nur selten in NAS-Geräten. (Quelle: Shutterstock, 438683623 © ShutterStockStudio)

Die Bedeutung der Bauform und der Rotationsgeschwindigkeit

Neben der Baugröße unterscheiden sich NAS-Festplatten auch in der Rotationsgeschwindigkeit. Es gibt Modelle mit 5.400 und 7.200 Umdrehungen pro Minute (U/min). Dies bezeichnet die Geschwindigkeit, mit der die Speicherscheiben im Gehäuse der Festplatte rotieren. Ist die Rotationsgeschwindigkeit größer, dann steigt die maximale Datentransferrate der Festplatte, gleichzeitig verkürzt sich die Zugriffszeit. Zwar erscheint beides zunächst vorteilhaft, allerdings können die schnelleren Festplatten ihre Vorteile in einer üblichen Heimnetzwerkumgebung nur bedingt ausspielen. Auch Modelle mit »nur« 5.400 U/min erreichen Datentransferraten von 150 MB/s und können eine einzelne Netzwerkverbindung der Geschwindigkeit 1 Gbit/s (das entspricht 125 MB/s) auslasten. Erst wenn man mehrere Netzwerkleitungen parallel schaltet, können die schnelleren Festplatten ihre Vorteile demonstrieren. Auch die schnellere Zugriffszeit ist zu Hause kaum von Relevanz, sie wird eher bei intensivem Zugriff durch mehrere Personen interessant. Dafür zeigen sich eher die Nachteile hochtouriger Festplatten: Sie haben einen höheren Stromverbrauch und werden deutlich wärmer. Wenn Sie also nicht auf hohe Geschwindigkeiten angewiesen sind, dann genügen im Heimbereich günstige Modelle mit 5.400 U/min. Sollten Sie allerdings ein günstiges Angebot mit geringem Stromverbrauch und 7.200 U/min finden, greifen Sie ruhig zu. Auch wenn Sie im Heimbereich nicht alle Vorteile nutzen können, spricht generell nichts dagegen, diese Modelle zu Hause einzusetzen.

Normalerweise werden Modelle mit der höheren Rotationsgeschwindigkeit allerdings eher im professionellen Umfeld angesiedelt. Solche Festplatten (meist mit dem Zusatz »Pro«, »Enterprise« oder »Plus«) sind oft auch für NAS-Geräte mit mehr als acht Festplatten geeignet. Sie sind also noch unempfindlicher gegenüber Vibrationen als die Modelle mit der niedrigen Drehzahl, die oft nur für Verbünde mit maximal acht Festplatten ausgelegt sind.

Für den Heimeinsatz sind Profi-Festplatten meist nicht nötig, lassen sich aber auch problemlos einsetzen. (Quelle: Shutterstock, 500843494 © Mehmet Cetin)

Außerdem können die professionellen Modelle ein noch höheres Datentransfervolumen vertragen, sie sind also noch robuster. Der Hersteller *Seagate* legt seine NAS-Serie *IronWolf Pro* beispielsweise für eine Datentransferleistung von 300 TB pro Jahr aus, während die normale IronWolf-NAS-Serie für den Heimgebrauch für ein Datentransfervolumen von 180 TB pro Jahr ausgelegt ist, was für den Heimeinsatz bereits mehr als genug Reserve bietet.

> **INFO**
>
> **Was sind Festplatten mit Heliumfüllung?**
>
> Festplatten mit besonders hoher Speicherkapazität werden häufig mit einer Heliumfüllung angeboten. Üblicherweise sind Festplatten mit normaler Luft gefüllt: Die Schreibköpfe schweben während des Betriebs auf einem Luftpolster über den sich schnell drehenden Speichermedien. Das leichte Element Helium ist für diesen Zweck sogar noch besser geeignet als übliche Raumluft, denn es setzt der Bewegung einen geringeren Widerstand entgegen. So lassen sich in der Festplatte mehr Speicherscheiben übereinander stapeln, was die Speicherkapazität erhöht. Durch die Heliumfüllung sinken Stromverbrauch, Wärmeerzeugung und Geräuschpegel. Allerdings sind die Heliumatome sehr klein, und das Gas kann schnell aus der Festplatte entweichen. Festplatten mit Heliumfüllung haben daher eine gute Dichtung, die den Preis erhöht.

Geeignete Modelle für zu Hause und das Büro

Nachdem Sie nun über die Vor- und Nachteile der verschiedenen Festplatten Bescheid wissen, können Sie Ihren Favoriten auswählen. Die vier großen Festplattenhersteller *HGST*, *Seagate*, *Toshiba* und *Western Digital* bieten NAS-Festplatten an. Seagate und Western Digital haben jeweils eine Serie für den Heimgebrauch und eine Modellreihe für den professionellen Einsatz im Programm. Für welchen Hersteller Sie sich entscheiden, ist eine Frage des persönlichen Geschmacks. Die einzelnen Geräte (vergleichbarer Spezifikationen) unterscheiden sich nur im Detail. Beispielsweise ist das Gerät eines Herstellers etwas leiser, dafür ist das Modell des anderen Herstellers etwas schneller. Insgesamt liefern alle Hersteller jedoch eine sehr hohe Qualität, und Sie können alle Geräte bedenkenlos einsetzen.

Der Hersteller HGST bietet die Modellreihe *Deskstar NAS* an. Sie umfasst Modelle mit einer Rotationsgeschwindigkeit von 7.200 U/min. Derzeit gibt es die Serie mit einer Speicherkapazität zwischen 4 und 10 TB. Vom Hersteller Seagate gibt es für den Privatgebrauch die Serie *IronWolf* mit einer Rotationsgeschwindigkeit von 5.400 U/min sowie für den professionellen Einsatz die Serie *IronWolf Pro* mit einer Rotationsgeschwindigkeit von 7.200 U/min. Normale IronWolf-Modelle gibt es mit einer Speicherkapazität zwischen 1 und 12 TB. Von Toshiba gibt es die Serie N300, die eine Rotationsgeschwindigkeit von 7.200 U/min verwendet. Sie eignet sich sowohl für den Heim- als auch für den semiprofessionellen Einsatz. Die Serie bietet Speicherkapazitäten von 6 bis 10 TB. Am längsten im Geschäft mit NAS-Festplatten ist der Hersteller Western Digital mit seiner Serie *WD Red*. Für den professionellen Einsatz gibt es die Serie *Red Pro*. Die für den Privatgebrauch ausreichende normale Red-Serie ist mit Speicherkapazitäten zwischen 1 TB und 10 TB erhältlich.

Wenn Sie unsicher sind, ob Ihr favorisiertes Modell problemlos mit Ihrem NAS-Gerät zusammenarbeitet, dann können Sie dies im Internet mit der Kompatibilitätsliste von Synology überprüfen. Sie erreichen die Liste unter der Adresse *www.synology.com/de-de/compatibility*.

Bei den NAS-Festplatten sehr bekannt ist die Produktreihe »Red« von Western Digital. (Quelle: Shutterstock, 513694360 © Roland_Magnusson)

Die Wahl der richtigen Speicherkapazität

Wenn Hersteller und Serie feststehen, müssen Sie sich als Letztes noch Gedanken um die Speicherkapazität und die Anzahl an Festplatten machen. Am einfachsten ist es, wenn Sie zwei baugleiche Festplatten einbauen. Damit vermeiden Sie jegliche Probleme, die durch unterschiedliche Festplatten entstehen können. Trotzdem ist es möglich, verschiedene Festplatten zu einem Verbund zusammenzufassen. Das gilt nicht nur für verschiedene Baureihen und Hersteller, sondern auch für verschiedene Speicherkapazitäten. Dabei verschenken Sie jedoch unter Umständen einen Teil des Speicherplatzes (mehr dazu in Kapitel 3, »Ihre Daten im RAID-Verbund besser schützen«). Deswegen ist es – insbesondere bei Neuanschaffungen – die beste Idee, baugleiche Festplatten zu verwenden. Bietet Ihr NAS-Gerät zwei Einbauschächte für Festplatten, dann wählen Sie also ein passendes Paar aus. Bei größeren Geräten mit mehr Steckplätzen können Sie zunächst mit zwei Festplatten beginnen und nach und nach weitere Festplatten einbauen, wenn die Festplatten voll sind. Auch hier gilt, dass Sie mit zwei baugleichen Festplatten beginnen sollten. Beim Nachkauf wählen Sie am besten dieselbe Baureihe. Sollte diese zwischenzeitlich nicht mehr hergestellt werden, können Sie auch auf eine andere Baureihe (oder sogar auf einen anderen Hersteller) ausweichen.

Je mehr Speicherscheiben in einer Festplatte verbaut sind, desto größer ist die Speicherkapazität. (Quelle: Shutterstock, 111748055 © FrameAngel)

Bei der Wahl der Speicherkapazität sollten Sie sich am Bedarf orientieren und einen ordentlichen Zuschlag für die Zukunft vorsehen, denn es ist ziemlich sicher, dass Ihre Datenmenge im Laufe der Zeit wachsen wird. Während heutzutage die Kapazität von 4 TB noch groß erscheinen mag, ist dies in ein paar Jahren vermutlich schon wenig. Grundsätzlich gilt, dass Sie auf alle Fälle zu einer größeren Speicherkapazität greifen sollten, wenn Sie viele Videodateien, beispielsweise Spielfilme und TV-Serien, haben. Diese Dateien zählen zu den Medien mit dem größten Speicherbedarf, 1 TB ist hier relativ schnell gefüllt, erst recht, wenn Sie viel aus dem Fernsehen aufnehmen möchten. Auch Fotografen, die im RAW-Format fotografieren, haben einen eher größeren Speicherbedarf. Wesentlich geringer ist der Speicherbedarf der Musiksammlung. Hier reichen bereits 256 GB für eine sehr große Sammlung, selbst verlustlos komprimierte Musikdateien im FLAC-Format haben – verglichen mit Videos und Fotos – nur moderate Dateigrößen. Auch für Familien sind große Festplatten gefragt. Gleiches gilt, wenn das NAS-Gerät als zentrales Backup-Gerät für alle Computer (und Smartphones) im Haushalt dienen soll.

Achten Sie auch auf den Preis, und orientieren Sie sich an den Kosten pro Terabyte Speicherplatz. Häufig ist es so, dass der Preis pro Terabyte für mittelgroße Kapazitäten am günstigsten ist. Festplatten mit sehr hoher Speicherkapazität sind – auch bezogen auf den Preis pro Terabyte – oft deutlich teurer. Bedenken Sie auch, dass Festplatten verschleißen und eines Tages ausgetauscht werden müssen. Es ist keine gute Idee, für viel Geld eine große Festplatte zu kaufen, um »für die nächsten zwanzig Jahre« gerüstet zu sein. Wenn eine Festplatte nach einigen Jahren ausfällt, aber immer nur wenig belegt war, war das aus ökonomischer Sicht Verschwendung. Allerdings sollten Sie auch berücksichtigen, dass jede Festplatte eine Leistungsaufnahme von einigen Watt hat (man kann grob von 4 bis 5 Watt im Betrieb ausgehen, bei hochtourigen Modellen auch mehr). Daher ist es – was den Energiebedarf angeht – günstiger, mit wenigen großen als mit vielen kleinen Festplatten zu arbeiten.

Welcher Wert für Sie der richtige ist, lässt sich pauschal nicht beantworten, da dies stark vom Einsatzzweck abhängt. Ganz grundlegend betrachtet sind Festplattenkapazitäten unter 4 TB für ein NAS-Gerät eher ungewöhnlich und nur für sehr leichte Nutzungszwecke geeignet. Früher oder später wird es hier Engpässe geben. Für den Einsteiger und Normalnutzer ist der Bereich ab 4 TB interessant, mit 6 bis 8 TB sind Sie zu Beginn gut bedient. Größere Kapazitäten machen vor allem dann Sinn, wenn das NAS-Gerät in Mehrpersonenhaushalten intensiv genutzt wird, wenn eine umfangreiche Mediensammlung mit vielen Videoinhalten verwaltet werden soll oder wenn Sie das Gerät professionell im Unternehmen einsetzen möchten.

Kapitel 3
Ihre Daten im RAID-Verbund besser schützen

Doppelt hält besser, oder gemeinsam stehen wir das durch ...

Sie wissen bereits, dass Festplatten leider nicht ewig halten und dass durch einen Defekt ein Datenverlust droht. Ferner haben Sie schon gelernt, dass die Wahrscheinlichkeit eines Datenverlustes minimiert wird, indem Daten gleichzeitig mehreren Festplatten anvertraut werden. Es gibt verschiedene Möglichkeiten, dies zu tun. In diesem (recht theoretischen) Kapitel zeige ich Ihnen, wie Ihre DiskStation Ihnen hilft, einen Datenverlust zu verhindern. Keine Sorge, falls Sie etwas nicht sofort verstehen sollten: Neben den vielen Möglichkeiten, die sich insbesondere dem fortgeschrittenen Nutzer bieten, haben die Einsteigergeräte auch eine praktische Automatikfunktion eingebaut, die automatisch möglichst alltagstaugliche Einstellungen wählt – mehr dazu im Abschnitt über den SHR-Modus auf Seite 52. Wenn Sie sich nicht sonderlich für die technischen Details interessieren oder bei der Wahl noch etwas unsicher sind, dann können Sie direkt zu diesem Abschnitt gehen.

Festplatten im RAID-Verbund – Datenschutz durch Redundanz

Bei dem Ausfall einer Festplatte ist meistens der komplette Datenbestand verloren, deswegen sind – und bleiben – regelmäßige Sicherheitskopien unerlässlich. Das gilt auch für Ihre DiskStation. Neben regelmäßigen Backups gibt es noch eine weitere Methode, die zusätzliche Sicherheit bietet: Das ist die Vereinigung mehrerer Festplatten in einem sogenannten *RAID-Verbund*. RAID steht für *Redundant Array of Independent Disks* und besagt, dass durch voneinander unabhängige Festplatten eine Redundanz erzeugt wird. Bereits zwei Festplatten lassen sich zu einem Verbund gruppieren. Beide Festplatten speichern den gleichen Datenbestand, jede Datei ist also zweimal vorhanden. Fällt eine Festplatte aus, ist die Datei immer noch auf der zweiten Festplatte vorhanden. Durch diese Sicherungsmaßnahme sind die Daten im Fall eines einzelnen Festplattendefekts also nicht verloren. Deswegen ist es bei wichtigen und häufig benötigten Daten eine gute Idee, einen RAID-Verbund aufzubauen.

Ein RAID-Verbund erspart trotzdem niemals das Anlegen von Backups. Auch wenn Sie einen RAID-Verbund betreiben, kann es zu einem Datenverlust kommen. Ganz trivial ist der Fall beim versehentlichen Löschen von wichtigen Daten. Im RAID-Verbund werden dadurch alle Kopien gelöscht, und die Daten sind verloren. Ohne ein Backup können diese nicht wiederhergestellt werden. Zusätzlich schützt ein RAID-Verbund nicht vor Unfällen oder Katastrophen: Kommt es bei einem Gewitter durch einen Blitzeinschlag zu einer Überspannung im Stromnetz, können alle Festplatten des Verbunds auf einmal kaputtgehen, und der gesamte Datenbestand ist verloren. Gleiches gilt natürlich bei Diebstahl, einem Brand oder einem Wasserschaden. Deswegen sollten Sie auf alle Fälle regelmäßige Backups einplanen.

Die Vorteile eines RAID-Verbunds liegen eher darin, dass der Zugriff auf Ihre Daten bei einem Festplattenausfall auch weiterhin möglich bleibt. Gerade im Firmenumfeld ist es wichtig, dass kontinuierlich Zugriff auf Daten besteht. Fällt eine Festplatte aus, kann trotzdem weitergearbeitet werden. Es muss lediglich eine Ersatzfestplatte eingebaut werden, diese wird im RAID-Verbund automatisch mit den benötigten Daten gefüllt. Während dieses Prozesses ist die Zugriffsgeschwindigkeit auf die Daten deutlich niedriger, allzu oft sollte dieser Fall aber nicht eintreten.

Im Privathaushalt ist die Möglichkeit, einen Spielfilm trotz eines Festplattendefekts störungsfrei zu Ende sehen zu können, eher zweitrangig. Aber auch im Privatbereich stehen bei einem Festplattenausfall weiterhin alle Daten in ihrer aktuellen Form zur Verfügung, und Sie können weiterhin damit arbeiten. Das kann gerade dann nützlich sein, wenn das letzte Backup aus Bequemlichkeitsgründen schon ein paar Tage zurückliegt. Je nachdem, wie wichtig Ihnen die Daten sind, können Sie durch einen RAID-Verbund möglicherweise die Häufigkeit von Backups reduzieren, das gilt insbesondere, wenn das NAS-Gerät gut geschützt wird und zum Beispiel bei einem Gewitter vom Strom- und Datennetz getrennt wird.

Es ist daher eine gute Idee, auch im Privatbereich als zusätzliche Sicherungsebene einen RAID-Verbund einzurichten. Es gibt viele verschiedene Varianten von RAID-Verbünden. Viele davon kommen jedoch erst zum Tragen, wenn man mehr als zwei Festplatten kombinieren möchte. Auch Ihre Synology DiskStation unterstützt verschiedene RAID-Typen. Synology hat eine Automatikfunktion integriert, die abhängig von der Anzahl installierter Festplatten automatisch einen RAID-Typ auswählt, der für die Mehrzahl aller Anwendungsfälle gut funktioniert. Für Einsteiger ist die Nutzung dieser Automatik – sie nennt sich übrigens *Synology Hybrid RAID* (*SHR*) – die beste Lösung, denn sie ist flexibel, wenn Festplatten mit unterschiedlicher Speicherkapazität eingesetzt werden. Durch dieses Verfahren kann die gesamte Speicherkapazität der eingebauten Festplatten genutzt werden, die bei normalen, recht starren RAID-Verbünden ungenutzt bleibt.

Dieses Kapitel hat daher hauptsächlich informativen Charakter. Ich möchte Ihnen hier die Möglichkeiten vorstellen, die sich mit RAID-Verbünden realisieren lassen. Wenn Sie sich also für allzu technische Daten und Begriffe nicht sonderlich begeistern können, dann können Sie dieses Kapitel getrost überspringen und sich bei Ihrer DiskStation für einen SHR-Verbund entscheiden, mit dem Sie kaum etwas falsch machen. Der technisch interessierte Leser oder der fortgeschrittene Anwender findet jedoch so manche Erklärung und kann somit seine DiskStation den eigenen Wünschen entsprechend einrichten.

Jeder für sich, nur Strom für uns alle – die Basic-Einstellung

Ihre DiskStation schreibt Ihnen natürlich nicht vor, dass Sie Ihre Festplatten in einen RAID-Verbund integrieren müssen. Sie können auch alle Festplatten als unabhängige Einzelgeräte betreiben. Hierfür gibt es den Modus *Basic*. Die Festplatten präsentieren sich Ihnen als eigenständige Geräte, genauso, wie Sie es vom Desktop-PC her gewohnt sind. Beim Abspeichern von Daten haben Sie die Wahl, auf welcher Festplatte diese abgelegt werden sollen. Fällt eine Festplatte aus, dann sind nur die darauf abgelegten Daten verloren, auf alle übrigen Festplatten und die dort gespeicherten Daten kann ohne Einschränkung zugegriffen werden. Diese Methode eignet sich dann, wenn die Schutzschicht durch einen RAID-Verbund nicht nötig ist, weil die gespeicherten Daten nicht von besonderer Wichtigkeit sind oder ein Backup anderweitig geplant ist und Ihnen trotzdem die strikte Trennung der Speicherbereiche wichtig ist. Die Bezeichnung Basic sollte also nicht als »für Anfänger geeignet« interpretiert werden. Stattdessen wird dieser Modus von fortgeschrittenen Nutzern und stets mit Bedacht gewählt.

Lasst uns zusammenlegen – der Modus JBOD

Einen ersten Schritt in Richtung Verbund geht der Modus *Just a Bunch Of Disks* – kurz *JBOD*. Hier behält jede Festplatte ihre Daten für sich, allerdings legen die Festplatten ihren Speicherplatz sprichwörtlich zusammen: Beim JBOD präsentiert sich Ihnen ein einzelner Speicherbereich, dessen Größe sich aus der Summe der Speicherkapazitäten der Festplatten ergibt. Der Controller entscheidet, wo eine Datei abgelegt wird. Oft werden alle Festplatten nacheinander gefüllt, sodass eine Datei möglicherweise tatsächlich über mehrere Festplatten verteilt ist. Der Nutzer hat keine Auswahlmöglichkeit, welche Festplatte die Datei aufnehmen wird. Daher wird hier nicht mehr von Festplatten gesprochen, sondern von einem Volume, also einem Verbund, auf dem die Datei abgelegt wird. Dieses Konzept ist – wenn Sie bisher nur mit Desktop-Rechnern gearbeitet haben – möglicherweise neu für Sie.

Der Umgang mit einem JBOD ist in der Praxis einfacher als im Basic-Modus, denn es gibt quasi nur noch einen Speicherort, allerdings geht dies auf Kosten der Datensicherheit. Bei einem Ausfall können Daten betroffen sein, die nur teilweise auf der ausgefallenen Festplatte liegen. Sie sind dann trotzdem verloren. Der Einsatz eines JBOD-Verbunds will in der Praxis wohlüberlegt sein und sollte nur bei unkritischen oder anderweitig gesicherten Daten genutzt werden. Er sollte außerdem nur dann aktiviert werden, wenn Ausfallzeiten – etwa bei der Wiederherstellung von Backups – nicht relevant sind. JBOD-Verbünde sind also nicht für Einsteiger geeignet.

Gemeinsam sind wir schnell – der Modus RAID 0

Jetzt lernen Sie den ersten »richtigen« RAID-Verbund kennen. Hierbei handelt es sich um den RAID-Typ 0 (die einzelnen Typen werden stets durch eine oder mehrere Ziffern gekennzeichnet). Obwohl bisher so viel von der Sicherheit der Daten oder besser dem Ausfallschutz die Rede war, hat RAID 0 gar nicht die Erhöhung der Sicherheit zum Ziel. Stattdessen geht es hier lediglich um die Erhöhung der Arbeitsgeschwindigkeit. Für einen RAID-0-Verbund werden mindestens zwei Festplatten benötigt. Alle Festplatten werden zu einem Volume zusammengeschaltet, dessen Speicherkapazität der Summe aller angeschlossenen Festplatten entspricht. Soll eine Datei auf diesem Volume abgelegt werden, dann wird sie in einzelne Blöcke zerteilt – wie bei einem Puzzlespiel. Alle Blöcke werden nun auf die verbundenen Festplatten verteilt. Es wird schnell ersichtlich, dass die Daten somit wesentlich schneller geschrieben werden können. Auf die gleiche Weise steigt die Lesegeschwindigkeit: Anstatt eine Datei sequenziell von einer Festplatte zu lesen, liefern mehrere Festplatten einzelne Stücke der Datei, die schnell wieder zur Gesamtheit zusammengesetzt werden können.

Der Datensicherheit ist dieses Verfahren aber keinesfalls zuträglich, ganz im Gegenteil: Wenn auch nur eine Festplatte ausfällt, ist der gesamte Datenbestand verloren. Schließlich befinden sich die einzelnen »Puzzleteile« jeder Datei quer über alle Festplatten verstreut. Fällt eine Festplatte aus, fehlen einige Puzzleteile, sodass sich die Daten nicht wiederherstellen lassen.

Einen RAID-0-Verbund sollten Sie nur einrichten, wenn der Zugriff auf die Daten besonders schnell erfolgen muss oder wenn viele Personen gleichzeitig auf die Daten zugreifen und die Sicherheit der Daten anderweitig sichergestellt ist.

Doppelt hält besser – der Modus RAID 1

Der Modus RAID 1 ist die einfachste Variante, die einen Sicherheitsgewinn beim Ausfall einer Festplatte bietet. Zu einem RAID-1-Verbund werden mindestens zwei Festplatten kombiniert, wobei die Anzahl nach oben nicht begrenzt ist. Alle Festplatten enthalten Kopien des vollständigen Datenbestandes, es werden also alle Daten gleichzeitig auf alle Festplatten geschrieben. So können alle bis auf eine Festplatte ausfallen, ohne dass es zu einem Datenverlust kommt.

Ein RAID-1-Verbund ist eine sehr sinnvolle (und die einzig mögliche) Variante zur Erhöhung der Sicherheit vor Datenverlust beim Festplattendefekt in einem NAS-Gerät mit zwei Festplatten. Ein RAID-1-Verbund kann wie gesagt auch in Geräten mit mehr als zwei Festplatten eingerichtet werden und bietet entsprechend einen sehr großen Schutz vor einem Datenverlust durch Festplattendefekte.

Die gesamte nutzbare Speicherkapazität entspricht der Kapazität einer Festplatte. Sind fünf Festplatten zu je 4 TB zusammengeschlossen, beträgt die Speicherkapazität trotzdem nur 4 TB. Allerdings bietet ein RAID-1-Verbund (je nach Controller) eine deutlich höhere Geschwindigkeit beim Lesen der Daten, die ja von mehreren Festplatten gleichzeitig geliefert werden können.

Klug gerechnet, viel gespart – der Modus RAID 5

Ein RAID-5-Verbund erfordert mindestens drei Festplatten, so kann er nur in entsprechend großen DiskStations eingerichtet werden. Beim RAID-5-Verbund werden die Daten nicht einfach 1:1 auf alle Festplatten kopiert, sondern es werden mathematische Kniffe hinzugezogen.

Die Daten werden zunächst wie beim RAID 0 in »Puzzleteilen« über alle Festplatten verteilt, zusätzlich werden aber Daten zur Rekonstruktion (sogenannte *Paritätsdaten*) abgespeichert. Dabei werden diese Daten so verteilt, dass stets (maximal) eine beliebige Festplatte ausfallen kann, ohne dass es zu einem Datenverlust kommt. Alle Daten bleiben komplett verfügbar.

Wenn eine Festplatte ausfällt, wird sie einfach durch eine neue Festplatte ersetzt. Der RAID-Controller errechnet dann aus den vorhandenen Daten die Daten, die sich ursprünglich auf der ausgefallenen Festplatte befunden haben. Im Anschluss ist die vollständige Sicherheit wiederhergestellt, und das System verkraftet den Ausfall einer (!) weiteren Festplatte.

Gegenüber einem RAID-1-Verbund ist die Speicherkapazität deutlich größer, denn es wird lediglich die Kapazität einer Festplatte für den Datenschutz gebraucht. Wenn also drei Festplatten à 4 TB eingebaut sind, stehen für die Datenspeicherung 8 TB zur Verfügung. Die restlichen 4 TB dienen dem Datenschutz. Anders gesagt: $(N - 1) \times S$ ergibt den nutzbaren Speicherplatz, wobei N die Anzahl der Festplatten und S die Kapazität der kleinsten verbundenen Festplatte bezeichnet. Diese Art der Datenspeicherung hat natürlich auch Nachteile: Es darf nur maximal eine Festplatte ausfallen, und die Wiederherstellung dauert (nachdem eine neue Festplatte eingebaut wurde) sehr lange, durchaus mehrere Tage. Während dieser Zeit ist der Zugriff auf den Datenbestand deutlich verlangsamt. Außerdem bedeutet die Wiederherstellung für die anderen Festplatten eine große Beanspruchung, was die Gefahr für den Ausfall einer weiteren Festplatte erhöht.

Ein RAID-5-Verbund ist für zu Hause eine sehr gute Wahl, wenn Sie ein Gerät mit mindestens drei Festplatten betreiben. Auch bei einem RAID-5-Verbund sollte es aber zusätzliche Backups geben.

Doppelt klug gerechnet – der Modus RAID 6

Wenn es Ihnen nicht genügt, dass bei einem RAID-5-Verbund nur maximal eine Festplatte ausfallen darf, können Sie zu einem RAID-6-Verbund greifen. Hier werden entsprechend mehr Paritätsdaten geschrieben, sodass bis zu zwei Festplatten ausfallen können. Ein solcher Verbund erfordert mindestens vier Festplatten, die Kapazität berechnet sich mit $(N - 2) \times S$, dabei steht N für die Anzahl der Festplatten, während S für die Kapazität der kleinsten eingebauten Festplatte steht. Im Heimbetrieb ist diese Variante nur selten vorteilhaft, sie bietet sich eher an, wenn viele Festplatten verbunden sind oder es sehr wichtig ist, dass alle Daten ständig verfügbar sind.

Nicht kleckern, sondern klotzen – der Modus RAID 10

Der Typ RAID 10 sollte nicht als »Zehn« verstanden werden, sondern als Kombination von RAID 1 und RAID 0. Es werden mindestens vier Festplatten benötigt, die Anzahl muss gerade sein. Wie bei RAID 0 werden die Daten in Puzzleteilen zunächst auf zwei Festplatten verteilt. Von diesen Festplatten werden anschließend wie bei RAID 1 Kopien angelegt. Alle Daten befinden sich also auf mindestens zwei Festplatten. Deswegen kann theoretisch die Hälfte aller Festplatten ausfallen, ohne dass es zum Datenverlust kommt – so lange dabei aber jeweils eine Kopie erhalten bleibt. Es ist also kein beliebiger Ausfall von mehreren Festplatten tolerierbar. Die Speicherkapazität beträgt $(N / 2) \times S$. Bei sechs Festplatten zu je 8 TB beträgt die nutzbare Kapazität also 24 TB. Einen RAID-10-Verbund nutzt man am besten in einem Verbund mit sehr vielen Festplatten, im Heimbetrieb trifft man diese Variante eher selten an.

Automatisch wird alles gut – der SHR-Modus

Beim Synology Hybrid RAID (SHR) wird versucht, automatisch einen RAID-Typ zu verwenden, der am besten zur Anzahl und Größe der eingesetzten Festplatten passt. Das SHR ist also kein eigenständiger RAID-Typ, sondern eher eine Zusatzfunktion, die vor allem Einsteigern die »Qual der Wahl« nimmt. Das SHR bietet einige interessante Vorteile, weswegen es nicht nur für den Einsteiger eine sinnvolle Option ist. Besitzen Sie beispielsweise eine DiskStation mit zwei identischen Festplatten, dann verwendet ein SHR-Verbund intern automatisch einen RAID-Verbund nach Typ 1 und schützt somit vor dem Ausfall einer Festplatte. Haben Sie mehr als zwei identische Festplatten installiert, wird automatisch ein RAID-5-Verbund erstellt, bei dem eine Festplatte ausfallen kann. Interessant wird das System, wenn Sie mehrere Festplatten unterschiedlicher Größe verbaut haben, was etwa bei der Erweiterung der DiskStation vorkommen kann. In diesem Fall wählt das System nicht nur geschickt den RAID-Typ aus, sondern vermag auch den »überschüssigen« Speicherplatz zu nutzen, der bei einem normalen RAID-

Verbund ansonsten nicht nutzbar wäre. Ein Beispiel: Sie haben vier Festplatten installiert, je zwei zu 10 und 3 TB. Mit einem SHR-Verbund sind nun 16 TB nutzbar. 10 TB werden für die Paritätsdaten genutzt, eine Festplatte kann ohne Datenverlust ausfallen. In einem normalen RAID-5-Verbund wären nur 9 TB nutzbar. 3 TB würden für die Parität genutzt, der Rest läge ungenutzt brach. Ein SHR-Verbund ist also die Universalempfehlung. Sie ist auch die Voreinstellung der DiskStation, sodass bei der Standardinstallation keine weiteren Schritte nötig sind.

Bei DiskStations mit mindestens vier Festplatten gibt es noch eine Erweiterung in Form des SHR2-Verbundes. Dieser verwendet eine höhere Paritätsdatenmenge an Daten. Seine Grundkonfiguration kann am ehesten mit einem RAID-6-Verbund verglichen werden.

Kapitel 4
Das Gerät erstmalig einrichten und in Betrieb nehmen

Nun wird es höchste Zeit, Ihre DiskStation in Betrieb zu nehmen. Sind Sie bereit? Dann geht es jetzt los!

In diesem Kapitel geht es ans Auspacken, Aufstellen und Einrichten Ihrer Synology DiskStation – dazu gehört natürlich auch der Einbau der Festplatten. Planen Sie für die Einrichtung genügend Zeit ein (mindestens zwei Stunden), und halten Sie auch Stift und Papier bereit.

Einen geeigneten Aufstellort wählen

Zum Lieferumfang gehören neben dem Hauptgerät noch das (bei allen Heimmodellen) externe Netzteil mit separatem Stromkabel, je nach Modell ein oder zwei Netzwerkkabel, Schrauben für die Montage der Festplatten, bei geeigneten Geräten ein Schlüssel zum Verschließen der Festplatteneinschübe und eine Kurzanleitung.

Wählen Sie als Erstes einen geeigneten Aufstellort für die DiskStation. Dort muss es einen Strom- und Netzwerkanschluss geben, letzterer möglichst mit einer Übertragungsrate von mindestens 1 Gbit/s. Zur Einrichtung benötigt die DiskStation unbedingt einen Internetzugang, über den sie das Betriebssystem herunterlädt. Je nachdem, wie groß Ihr Heimnetzwerk ist, können Sie die DiskStation entweder an einen Netzwerk-Switch oder auch direkt an Ihren Router anschließen.

Kapitel 4 – Das Gerät erstmalig einrichten und in Betrieb nehmen

> **INFO**
>
> **Router und Switch müssen schnell genug sein**
>
> Beim Router lohnt es sich, etwas genauer hinzusehen: Vor allem günstige Router bieten oftmals keine Netzwerkanschlüsse mit einer Geschwindigkeit von 1 Gbit/s, sondern nur solche, die mit maximal 100 Mbit/s arbeiten und die DiskStation deutlich ausbremsen. Wenn Ihr Router zu den langsamen Geräten gehört und die übrigen Netzwerkgeräte eine Übertragungsrate von 1 Gbit/s ermöglichen (was auf fast alle modernen Notebooks und Desktop-Computer zutrifft), sollten Sie für einen niedrigen zweistelligen Eurobetrag zunächst einen Netzwerk-Switch der Geschwindigkeitsklasse 1 Gbit/s erwerben, an den Sie alle Geräte inklusive des Routers anschließen. Auf diese Weise können alle dazu fähigen Geräte mit 1 Gbit/s kommunizieren, und der langsame Router wird die schnelle Kommunikation nicht ausbremsen. Aber selbst wenn Ihr Router die gewünschte Geschwindigkeit bietet, sind die eingebauten Netzwerkschnittstellen häufig zunächst auf eine geringere Datenübertragungsrate eingestellt. Das ist zum Beispiel bei vielen Fritz!Box-Modellen der Fall und liegt daran, dass Schnittstellen, die auf 1 Gbit/s eingestellt sind, einen etwas höheren Stromverbrauch haben. Hier sollten Sie also einmal nach dem Rechten sehen.

Wenn diese elektrischen Voraussetzungen erfüllt sind, dann achten Sie noch darauf, dass der Aufstellungsort möglichst eben und staubfrei ist – ansonsten würden die Lüfter der DiskStation rasch verschmutzen. Der Aufstellungsort sollte zur Vermeidung von Hitzestaus (die Festplatten erzeugen schließlich Abwärme) gut belüftet sein, ein enger, geschlossener Schrank ist also keine gute Wahl. Damit es im Inneren der DiskStation nicht zu unnötigen Vibrationen kommt, sollte der gewünschte Stellplatz außerdem möglichst stabil sein. Ein offenes, festes Regal ist also am besten geeignet. Da sowohl die Festplatten als auch die Lüfter im Betrieb Geräusche produzieren, ist das Wohnzimmer kein idealer Aufstellungsort für ein NAS-Gerät. Da Netzwerkkabel in einer üblichen Installation bis zu 100 Meter lang sein können und es auch sehr dünne Exemplare zur Verlegung unter Teppichen und Fußleisten gibt, findet sich bestimmt auch eine Alternative außerhalb des Wohnbereichs – zum Beispiel im Flur, im trockenen Keller oder auf dem Dachboden.

Der Einbau der Festplatten

Bevor Sie das Gerät am gewünschten Ort aufstellen (zur Ersteinrichtung kann es natürlich auch am Schreibtisch in Betrieb genommen werden), müssen Sie zunächst die Festplatten einbauen. Keine Sorge, das geht ganz einfach: Entfernen Sie zunächst das Verpackungsmaterial von den Festplatten. Berühren Sie nach Möglichkeit weder Bauteile noch Kontakte, und behandeln Sie die Geräte vorsichtig.

> **ACHTUNG**
>
> **Sind noch Daten auf den Festplatten?**
> Beim folgenden Einrichtungsvorgang werden alle eventuell noch vorhandenen Daten auf den Festplatten komplett gelöscht. Wenn die Festplatten nicht fabrikneu sind und wichtige Daten enthalten, die nicht anderweitig gesichert wurden, dann müssen Sie jetzt unbedingt ein Backup anlegen, ansonsten sind Ihre Daten nach der Einrichtung verloren.

Der Einbau in die DiskStation unterscheidet sich von Modell zu Modell:

- Bei Geräten der J-Serie besteht das Gehäuse aus zwei Halbschalen, die Sie zum Einbau der Festplatten auseinanderziehen. Im Inneren sehen Sie die Einbauschächte für die Festplatten. Die Festplatten schieben Sie einfach in diese Einbaurahmen hinein, sie ruhen dort auf kleinen Gummipuffern, die der Entkopplung dienen. Dabei zeigt der Metalldeckel der Festplatte nach oben. Achten Sie darauf, dass Sie die Festplatte richtig herum einschieben: Das Anschlussfeld an der kurzen Seite muss beim Hineinschieben in die passenden Steckkontakte der DiskStation greifen.

Die Verbindung wird einfach durch vorsichtiges Einschieben bis zum Anschlag hergestellt, es müssen keine Kabel angeschlossen werden. Anschließend müssen Sie die Festplatte seitlich festschrauben. Die geeigneten Schrauben befinden sich im Lieferumfang der DiskStation. Nach dem Einbau schließen Sie das Gehäuse der DiskStation wieder durch einfaches Zusammenstecken.

- Bei den etwas teureren DiskStations erfolgt der Einbau schraubenlos in Einbaurahmen, die sich aus dem Gerätegehäuse herausziehen lassen. Je nach Modell müssen Sie zunächst einen Entriegelungsknopf drücken, der mit PUSH beschriftet ist (und der sich eventuell hinter einem abnehmbaren Zierdeckel an der Gerätefront verbirgt). Bei den Modellen der Plus-Serie können Sie den Einbaurahmen am unteren Ende durch Nachvorneziehen entriegeln. Entnehmen Sie den Einbaurahmen, und betrachten Sie die langen Seitenflächen. Dort ist jeweils eine schmale Kunststoffleiste eingeclipst. An der offenen Vorderseite lässt sich diese mit dem Fingernagel ausclipsen, das müssen Sie auf beiden Seiten tun. Legen Sie anschließend die Festplatte in den Halterahmen. Der Metalldeckel zeigt nach oben, die Unterseite der Festplatte zeigt mit der Platine zum Bodenteil des Einbaurahmens, die Anschlüsse der Festplatte zeigen zum offenen Ende. Richten Sie die Festplatte so aus, dass ihre Schraublöcher mit den Löchern am Rahmen fluchten, in denen zuvor die Kunststoffleiste eingeclipst war, und bringen Sie diese anschließend wieder im Halterahmen an. Das war es schon fast, denn nun müssen Sie nur noch den Halterahmen wieder in die DiskStation zurückschieben und je nach Modell wieder verriegeln (und gegebenenfalls wieder den Zierdeckel anbringen).

Bei den Modellen der Plus-Serie können Sie den Halterahmen anschließend mit dem Schlüssel aus dem Lieferumfang des Geräts abschließen. Der Halterahmen kann somit nicht mehr einfach aus dem Gerät herausgezogen werden. Das ist natürlich kein Schutz vor einem Diebstahl der relativ kompakten DiskStation, aber bisweilen ein guter Schutz vor allzu forschungsfreudigen Kindern.

> **INFO: Die Reihenfolge ist beliebig**
>
> Die Reihenfolge ist beim Einbau der Festplatten egal, das gilt nicht nur, wenn diese alle identisch sind, sondern auch, falls Sie Festplatten unterschiedlicher Größe einbauen möchten (was eher zu vermeiden ist, da ansonsten in einer RAID-Konfiguration möglicherweise ein Teil des Speicherplatzes ungenutzt bleibt).

Die DiskStation können Sie jetzt am gewünschten Ort aufstellen. Schließen Sie zunächst das Netzwerkkabel an. Hat das Gerät mehrere Netzwerkanschlüsse, dann schließen Sie bitte zunächst nur ein Kabel am Anschluss Nummer 1 an. Beachten Sie außerdem, dass (sofern Sie die gleichzeitige Nutzung mehrerer Anschlüsse planen) Ihr Switch die gewünschten Funktionalitäten ebenfalls unterstützen muss. Für die Inbetriebnahme sind in einem üblichen Einsteiger-Heimnetzwerk zunächst keine weiteren Vorkehrungen nötig.

Die DiskStation zum ersten Mal einschalten

Schließen Sie danach den Stromstecker des Netzteils an die DiskStation an. Als Letztes stecken Sie den Netzstecker des Netzteils in eine Steckdose. Da sich das Netzteil im Betrieb erwärmt, sollten Sie auf eine gute Belüftung achten. Ein Hitzestau kann zum vorzeitigen Ausfall des Geräts oder sogar zum Brand führen.

Jetzt sind Sie soweit, dass Sie Ihre DiskStation zum ersten Mal in Betrieb nehmen können. Drücken Sie die Power-Taste an der Frontseite des Geräts. Beim Startvorgang wird der Lüfter auf der Geräterückseite aktiv, und die Festplatten werden eine nach der anderen hochgefahren. Das Starten des gesamten Systems kann durchaus zwei Minuten dauern. Wenn das Gerät bereit ist, dann ertönt ein kurzer Piepton, und die Betriebs-LED leuchtet konstant. Ihr Gerät ist jetzt bereit für die Einrichtung, die Sie per Browser von einem beliebigen Desktop-PC oder Notebook aus vornehmen können.

Das Gerät muss dafür über das Netzwerk mit der DiskStation verbunden sein.

> **TIPP**
>
> **Das Gerät wieder ausschalten**
>
> Ausschalten können Sie die DiskStation später per Software oder auch direkt am Gerät: Halten Sie dazu die Power-Taste für eine längere Zeit gedrückt, bis das Gerät den Wunsch mit einem Piepton quittiert. Die DiskStation wird darauf heruntergefahren und nach kurzer Zeit abgeschaltet. Niemals sollten Sie im laufenden Betrieb den Netzstecker ziehen, fahren Sie vorher die DiskStation stets korrekt herunter.

Die Installation des Betriebssystems

Am PC (oder Notebook) erfolgt die Einrichtung der DiskStation in einem gewöhnlichen (aber bitte aktuellen) Internetbrowser. Dabei ist es völlig egal, unter welchem Betriebssystem das Gerät arbeitet. Deaktivieren Sie – sofern Sie diese einsetzen – Skriptblocker, damit diese nicht unerwünscht mit der Konfigurationsseite der DiskStation interferieren. Öffnen Sie Ihren Internetbrowser und darin die Seite *find.synology.com*. Diese Seite führt in Ihrem Browser ein kleines (und völlig harmloses) Skript aus, das in Ihrem Heimnetzwerk nach einer Synology DiskStation sucht. Eine kleine Animation zeigt, dass diese Suche durchgeführt wird. Kurze Zeit später wird Ihnen mitgeteilt, dass Ihre DiskStation gefunden wurde. Achten Sie darauf, dass Ihnen in dieser Information auch die IP-Adresse der DiskStation mitgeteilt wird. Diese kann Ihnen später eventuell nützlich sein, es schadet also nicht, sich diese jetzt zu notieren. Die Seite informiert Sie auch darüber, dass Ihre DiskStation noch nicht installiert ist. Höchste Zeit, das zu ändern, klicken Sie also direkt auf **Verbinden**.

Die Installation des Betriebssystems

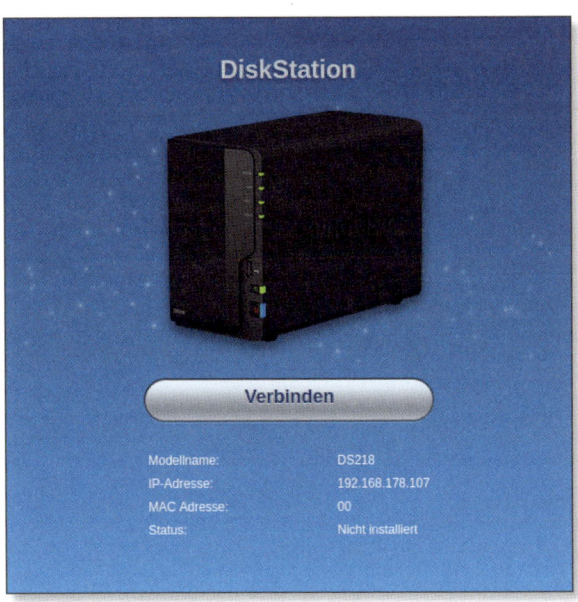

Ihre DiskStation wurde im Browser gefunden und kann nun eingerichtet werden.

TIPP

Kein Erfolg bei der Suche?

Wenn sich die DiskStation auch nach mehreren Versuchen und nach ausreichender Startzeit bis zum Piepton des Geräts nicht finden lässt, dann prüfen Sie als Erstes die Netzwerkverbindung. Prüfen Sie auch, ob Sie andere Geräte des Netzwerkes erreichen können, beispielsweise direkt Ihren Router. Wenn alles in Ordnung ist, dann finden Sie auf der Webseite, die den Fehlschlag des Suchvorgangs anzeigt, einen Link zum *Synology Web Assistant*. Klicken Sie den Link an. Sie gelangen zur Synology-Website und können dort nach Eingabe der Modellnummer Ihrer DiskStation dieses Programm herunterladen. Es sucht unabhängig vom Internetbrowser in Ihrem Heimnetzwerk nach der DiskStation. Wird es fündig, öffnet es den Browser mit der korrekten Adresse Ihres Geräts. Die Einrichtung kann beginnen.

Zu Beginn werden Sie erst einmal von einem entsprechenden Bildschirm willkommen geheißen, zum Start klicken Sie auf **Einrichten**. Jetzt beginnt die Installation des Betriebssystems mit dem Namen *DiskStation Manager*, kurz *DSM*. Das System wird in der aktuellsten Version direkt aus dem Internet geladen und vollkommen automatisch installiert. Fortgeschrittene Nutzer haben auch die Möglichkeit, das Betriebssystem von einer lokalen Datei zu installieren. Der Einsteiger klickt jedoch einfach auf die grüne Schaltfläche **Jetzt installieren** und erhält zunächst einen Warnhinweis, der darüber informiert, dass (wie bereits erwähnt) alle Daten auf den Festplatten gelöscht werden. Dieser Hinweis erscheint auch, wenn die Festplatten fabrikneu sind und noch keine Daten enthalten. Aktivieren Sie das Kontrollkästchen vor **Ich verstehe, dass sämtliche Daten auf diesen Festplatten entfernt werden.**, und klicken Sie auf **OK**.

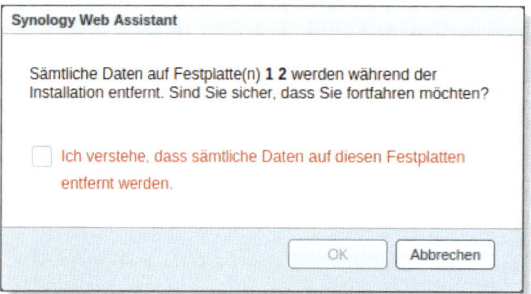

Letzte Warnung: Alle Daten auf den Festplatten werden gelöscht.

Nun startet die automatische Installation, deren Fortschritt auf dem Bildschirm angezeigt wird. Sie erhalten Meldungen, wie zum Beispiel **Systempartition wird formatiert**, **Installation des DiskStation Managers…** sowie **Abschließen der Installation**. Während der Installation blinken die Festplatten-LEDs auf der Frontseite des Geräts. Die DiskStation erzeugt auf den Festplatten automatisch einen Speicherbereich für das Betriebssystem und installiert dieses darin. Der gesamte Vorgang dauert etwa zehn Minuten. Während dieser Zeit sollten Sie nicht nur die DiskStation, sondern auch den Rechner, den Sie zur Einrichtung nutzen, nicht ausschalten. Verhindern Sie auch einen möglichen Standby-Modus. Gegen Ende der Installation wird die DiskStation neu gestartet, was Sie am kurzen Aufdrehen des Lüfters erkennen. Ihnen wird ein Countdown angezeigt, und das Betriebssystem wird auf der DiskStation konfiguriert. Je nach Modell ertönt zum Abschluss ein Piepton.

Die Grundeinrichtung des Systems

Die Installation läuft und dauert etwa zehn Minuten.

Die Grundeinrichtung des Systems

Nachdem die Installation komplett ist, öffnet sich automatisch eine Seite zur Einrichtung des Administratorkontos. Der Administrator ist in der Computerwelt der Verwalter eines Systems. Er hat (im Regelfall) Zugriff auf alle Einstellungen und Daten und installiert beispielsweise neue Software, passt diese an die gewünschten Funktionen an, vergibt Zugriffsrechte und legt neue Benutzerkonten an. Für Ihre DiskStation sind Sie natürlich der Administrator und erhalten einen entsprechenden Zugang, also ein Administratorkonto, bestehend aus einem Benutzernamen und einem Kennwort. Mit diesen Zugangsdaten haben Sie Zugriff auf alle Daten und Einstellungen.

Bevor Sie die Zugangsdaten für das Administratorkonto eintragen, müssen Sie jedoch zunächst den Server- oder auch Hostnamen vergeben. Über diesen Namen können Sie später Ihre DiskStation im Netzwerk finden und ansprechen. Der Servername ist vergleichbar mit dem Rechnernamen eines normalen Desktop-Rechners. Er sollte keine Sonderzeichen beinhalten, einzig der Bindestrich ist erlaubt. Für den Alltag ist es günstig, wenn der Servername auf die Funktion des Geräts hinweist. Mögliche Kandidaten sind also etwa »diskstation« oder »nas« sowie »nas-geraet«. Beachten Sie, dass alle Vorschläge mit Kleinbuchstaben und ohne Umlaute geschrieben wurden, dies vermeidet mögliche Probleme.

Nun geht es an die Vergabe der Zugangsdaten für den Administrator. Da über das Administratorkonto alles gelöscht und »verstellt« werden kann, ist es aus sicherheitstechnischer Sicht etwas heikel. Unbefugte Personen dürfen niemals Zugriff zum Administratorkonto bekommen. Deswegen ist es sinnvoll, wenn als erste Sicherheitsmaßnahme der Benutzername des Administrators nicht auf seine Rolle hinweist. Geben Sie dem Administratorkonto also keinesfalls den Namen »administrator« oder »admin« und bitte auch nicht »root«. Diese Kombinationen probieren Angreifer stets als Erstes aus. Am besten eigenen sich Kunst- und Fantasiebegriffe wie etwa »wolkenschieber« oder »rosenriecher«. Für den Benutzernamen sollten Sie ausschließlich Kleinbuchstaben verwenden, Sonderzeichen und Leerzeichen sind nicht zulässig. Vergeben Sie anschließend ein besonders sicheres Kennwort für das Konto. Die DiskStation informiert Sie über die geschätzte Passwortstärke.

> **ACHTUNG**
>
> **Das Administratorkonto dient nur der Verwaltung**
>
> Das Administratorkonto sollten Sie nur zur Verwaltung des Systems verwenden. Auch wenn es möglich ist, sollte dieses Konto aus Sicherheitsgründen niemals für die alltägliche Arbeit verwendet werden. Als Administrator legen Sie unter dem Administratorkonto (eventuell abgesehen von Konfigurationsdateien oder Wartungshinweisen) auch keine persönlichen Daten ab. Für den Alltag werden Sie später ein eigenes Benutzerkonto anlegen, das nur die für den Alltag notwendigen Zugriffsrechte erhält.

Die Grundeinrichtung des Systems

Richten Sie das Administratorkonto ein, und vergeben Sie einen Servernamen für das System.

> **TIPP**
>
> **So wählen Sie ein sicheres Kennwort aus**
>
> Ein sicheres Kennwort sollte eine ausreichende Länge von mindestens zwölf Zeichen haben. Diese sollten komplett zufällig gewählt sein und sowohl Groß- und Kleinbuchstaben als auch Ziffern und Sonderzeichen enthalten. Ein Passwort sollte niemals in einem Wörterbuch vorkommen, auch Kombinationen aus zwei oder drei Wörtern sind nicht sicher genug. Extrem schlecht sind Ausdrücke wie »123456«, schlecht ist ebenfalls die Kombination »Tisch2bein«, etwas besser schon »3Tisch4bein5?«, recht gut hingegen »fjh3Kjn4/EDä#tt«. Wichtig ist, dass Sie das Passwort nicht vergessen, eine gute Hilfe finden Sie in Software-Passwortmanagern wie *KeePass*.

Am Schluss der Seite finden Sie die Option zur Freigabe des Netzwerkstandortes. Hierbei handelt es sich um eine Komfortfunktion, die Zugriffe auf die DiskStation vereinfacht und über die Seite *find.synology.com* genauso funktioniert, wie zuvor gezeigt. Allerdings ist diese Funktion jetzt nicht mehr unbedingt nötig, denn über den Servernamen (und notfalls die IP-Adresse) lässt sich Ihre DiskStation jetzt mindestens genauso einfach ansprechen. Sie können das Kästchen also deaktivieren. Klicken Sie anschließend auf **Weiter**. Ihre DiskStation wird daraufhin den Speicherplatz einrichten. Warten Sie einen Moment, bis Sie die Meldung »Herzlichen Glückwunsch« erhalten haben. Jetzt geht es an die Einrichtung im Detail. Klicken Sie auf **Weiter**.

Wie soll die regelmäßige Wartung und Aktualisierung des Betriebssystems erfolgen: manuell oder automatisch?

Nun erhalten Sie Optionen zur Aktualisierung und Wartung. Das Betriebssystem DSM der DiskStation erhält regelmäßig Sicherheits- und Wartungs-Updates. Wie möchten Sie diese installieren? Soll die Installation automatisch ohne Ihr Zutun verlaufen, oder möchten Sie diese lieber manuell vornehmen und den Zeitpunkt dafür manuell bestimmen? Anfänger sollten die Installation zunächst automatisch vornehmen lassen, so besteht nicht die Gefahr, dass wichtige Updates übersehen werden. Außerdem ist diese Option sehr komfortabel.

Die Grundeinrichtung des Systems

> **INFO**
>
> **Keine Sorge: Updates unterbrechen Ihre Arbeit nicht**
>
> Ihre DiskStation ist ab Werk so konfiguriert, dass Sie die tägliche Arbeit nicht einfach mit Updates unterbricht. Generell kümmert sich die DiskStation stets in Schwachlastzeiten um Updates: Die Überprüfung auf neue Updates wird in der Voreinstellung am frühen Morgen, die automatische Installation während der Nacht vorgenommen. Beide Zeitpunkte können auf Wunsch verändert werden, etwa für eine Urlaubsreise.

Auf der aktuellen Konfigurationsseite können Sie festlegen, ob Sie *Smart-Warnungen* erhalten möchten. Hiermit ist ein automatisches Kontroll- und Warnsystem gemeint, das fortlaufend einige Betriebsparameter der Festplatten überwacht und bei Überschreiten von Warngrenzen Meldungen ausgibt. Das System kann zwar nicht alle Fehler erkennen, und eine Festplatte kann trotzdem ohne Vorwarnung ausfallen, da es aber ohne weitere Nachteile arbeitet, empfiehlt es sich, diese Form der Routineprüfung und Selbstüberwachung eingeschaltet zu lassen. Das System versucht, einen drohenden Festplattendefekt möglichst frühzeitig zu erkennen. Dazu werden beispielsweise die Betriebstemperatur und die Anzahl von Lesefehlern gemessen.

Ebenso ist es vorteilhaft, wenn Sie durch die DiskStation bei einer höheren Zahl von fehlerhaften Sektoren gewarnt werden. Hierbei handelt es sich um Speicherbereiche auf der Festplatte, die nicht mehr korrekt gelesen werden oder auf die nicht mehr korrekt geschrieben werden kann. Während eine geringe Zahl auch bei einer intakten Festplatte auftreten kann, sind höhere Werte oft ein Zeichen für einen drohenden Ausfall. Die vorgeschlagene Grenze von 50 fehlerhaften Sektoren ist durchaus praxistauglich. Klicken Sie anschließend auf **Weiter**.

Jetzt geht es um die sogenannte *QuickConnect*-Funktion. Sie hilft dem Einsteiger dabei, seine DiskStation auch von außerhalb des Heimnetzwerkes über das Internet zu erreichen, und vermeidet dabei zunächst kompliziert erscheinende Konfigurationen an Router und Firewall. Möchten Sie diese Funktion nutzen, so müssen Sie zunächst bei Synology ein kostenloses Benutzerkonto erstellen und eine sogenannten QuickConnect-ID vergeben, die der Identifikation der heimischen DiskStation dient. Die DiskStation zeigt genau an, welche Information in welche Felder einzutragen ist. Der Nutzer hat die Wahl, entweder ein neues Synology-Konto zu erstellen oder (wenn er nicht gerade seine allererste DiskStation einrichtet) ein bereits vorhandenes zu verwenden.

QuickConnect hilft dem Einsteiger, wenn er von unterwegs über das Internet auf seine DiskStation zu Hause zugreifen möchte.

Wenn Sie jetzt unsicher sind, was für Sie das Richtige ist, dann überlegen Sie zunächst, ob Sie überhaupt auf Ihre DiskStation über das Internet zugreifen möchten oder ob es genügt, wenn Sie ausschließlich aus dem Heimnetz Zugriff darauf haben. Bedenken Sie, dass der Zugriff über das Internet (aufgrund der Möglichkeit, durch Dritte angegriffen zu werden) stets ein höheres Risiko bedeutet, das gilt naturgemäß umso mehr, wenn auch noch weitere Zwischensysteme wie QuickConnect im Einsatz sind. Auch Funktionen wie die Synchronisation von Kalendern und Adressbüchern können meistens problemlos beim Heimataufenthalt erledigt werden. Wenn Sie also ohne Internetzugriff auskommen, dann überspringen Sie die Einrichtung von QuickConnect; diese Funktion wird Ihnen ganz unten angeboten.

Ist der Internetzugriff für Sie erforderlich und scheuen Sie die manuelle Einrichtung in Ihrem Router, dann sollten Sie ein QuickConnect-Konto einrichten. Benötigen Sie den Internetzugriff erst zu einem späteren Zeitpunkt, dann können Sie die Einrichtung ebenfalls überspringen und sie bei Bedarf nachholen. Sie können die Funktion auch überspringen, wenn Sie sich die Konfiguration Ihres Routers für den Internetzugriff selbst zutrauen (sie ist wirklich nicht allzu schwierig). Wenn Sie sich für ein neues Konto entschieden haben, dann achten Sie für eine hohe Sicherheit unbedingt auf ein sicheres Passwort (siehe dazu den Kasten »So wählen Sie ein sicheres Kennwort aus« auf Seite 65).

Bei einigen Geräten können Sie jetzt empfohlene Pakete installieren.

Bei einigen Geräten, wie beispielsweise der DS218, erscheint jetzt die Option, bereits einige empfohlene Pakete zu installieren: Dabei werden Ihnen auf dem Bildschirm einige »Stations« genannt. Dahinter verbergen sich Softwarepakete mit eigenen, bestimmten Aufgaben. So ermöglicht die *Photo Station* beispielsweise die Verwaltung Ihrer Fotosammlung. Fotos können in Alben einsortiert werden, sie lassen sich anzeigen, mit Bekannten und der Öffentlichkeit teilen und sogar zu sozialen Medien hochladen. Diese Funktion kennen Sie vielleicht schon von Cloud-Diensten aus dem Internet.

Die *Video Station* verwaltet entsprechend Ihre Videos und spielt diese ab. Viele der gebotenen Dienste werden im Browser bedient, häufig kann auch mit Apps auf Mobilgeräten darauf zugegriffen werden. Zusammengefasst geht es hier also um Funktionen, die um das bloße Bereitstellen von Speicherplatz über eine Netzwerkverbindung hinausgehen. Die Installation ist jetzt nicht unbedingt nötig, sie lässt sich später noch jederzeit vornehmen. Wenn Sie absehen können, dass Sie einige der gebotenen Funktionen nutzen werden oder als Einsteiger gerne alles einmal ausprobieren möchten, dann können Sie den Vorschlag der Installation annehmen und ersparen sich somit die spätere manuelle Installation. Beachten Sie, dass Sie jedoch zu diesem Zeitpunkt nur alle angebotenen Optionen gemeinsam installieren können, eine detaillierte Auswahl ist in diesem Dialog nicht möglich. Die Programme nehmen nur einen geringen Teil des Speicherplatzes in Anspruch und lassen sich später auch wieder einzeln deinstallieren. Vor der Installation müssen Sie den Nutzungsbedingungen zustimmen.

Nun ist quasi alles bereit, die Installation der Software ist abgeschlossen. Ganz zum Schluss haben Sie die Wahl, ob Sie anonymisierte Nutzungsdaten zur Verbesserung des DSM-Systems an Synology senden wollen. Entscheiden Sie selbst, ob Sie solche Daten zur Verfügung stellen möchten. Bei der Deaktivierung entstehen Ihnen keine Nachteile.

Geschafft! Die Installation ist erledigt. Jetzt geht es an die Konfiguration.

Nachdem Sie auf **Los** geklickt haben, erscheint im Hintergrund der Desktop des Betriebssystems DSM.

Die ersten Schritte im neuen System

Wie bei der Installation erfolgt die komplette Bedienung Ihres neuen Systems im Internetbrowser. Zum Einstieg werden Ihnen einige Tipps angezeigt, die Ihnen wichtige Komponenten vorstellen. Obwohl es im Browser angezeigt wird, verhält sich DSM wie ein normales Betriebssystem. Inhalte werden in Fenstern angezeigt, diese lassen sich verschieben und in der Größe anpassen. Programme und Funktionen werden wie gewohnt durch Icons repräsentiert, die mit der Maus angeklickt werden können. Nach den Tipps erscheint die Frage, ob Ihnen die Hilfe zu DSM automatisch bei jedem Einloggen angezeigt werden soll. Da Ihnen die Hilfe jederzeit zur Verfügung steht (entweder über das Symbol auf dem Desktop oder über das Fragezeichensymbol am oberen Fensterrand), empfiehlt es sich, sie so zu konfigurieren, dass sie nicht jedes Mal automatisch geöffnet wird.

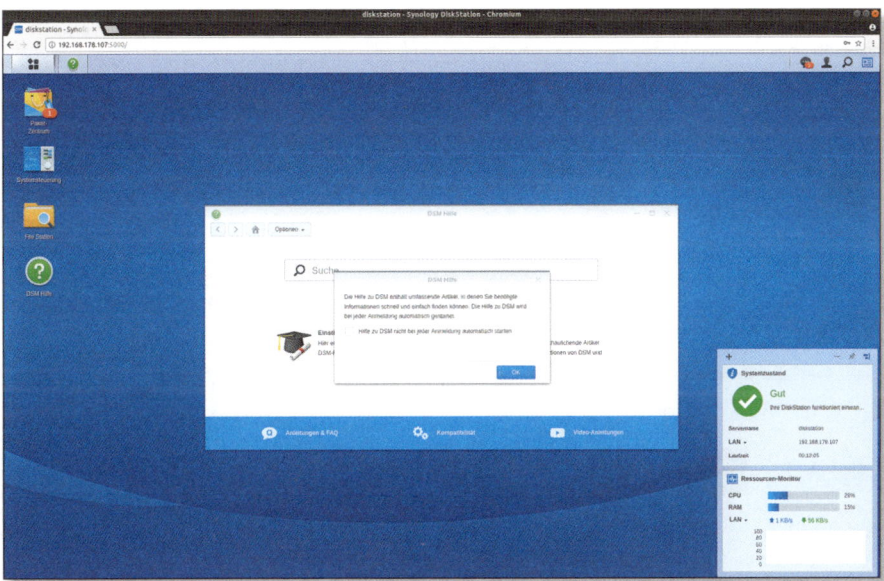

Im Browser zeigt sich der Desktop von DSM mit der geöffneten Hilfe-Funktion.

Nachdem Sie das Fenster geschlossen haben, sehen Sie den leeren Desktop und können jetzt richtig loslegen. Wundern Sie sich nicht, wenn derzeit eine gewisse Festplattenaktivität herrscht, denn im Hintergrund werden noch einige Dienste konfiguriert und eingerichtet, dazu zählt möglicherweise auch die im vorigen Schritt installierte Software. Wenn Ihnen jetzt erst einmal der Sinn nach einer kleinen Pause steht, dann ist jetzt ein guter Zeitpunkt dafür.

Die momentane Ansicht ist die Grundansicht vom DSM, die Sie immer dann sehen, wenn Sie sich über Ihren Webbrowser auf Ihrer DiskStation einloggen. Im Detail lernen Sie den Desktop und dessen Bedienung im nächsten Kapitel kennen. Für die Ersteinrichtung in diesem Kapitel genügt eine kurze Vorstellung der Bedienelemente, die momentan von Interesse sind.

Für die Grundeinrichtung des Systems (hauptsächlich müssen noch das Speichersystem konfiguriert und Benutzerkonten angelegt werden) sind an dieser Stelle zwei Elemente wichtig: die *Systemsteuerung* und das *Hauptmenü*. Die Systemsteuerung erreichen Sie nach der Installation bequem über ein eigenes Icon auf dem Desktop. Sie dient – wie beim Desktop-Computer – der Änderung von Geräteeinstellungen. Beispielsweise lassen sich hier hardwarenahe Dienste aktivieren und konfigurieren, Festplatten einrichten und Benutzerkonten anlegen. Die Systemsteuerung vereint mehrere Elemente »unter einem Dach«. Die einzelnen Elemente, auch Module genannt, verbergen sich hinter Icons, die durch einen Mausklick geöffnet werden können. Beispiele sind die Benutzer(konten)steuerung, die Netzwerkkonfiguration oder der Indizierungsdienst.

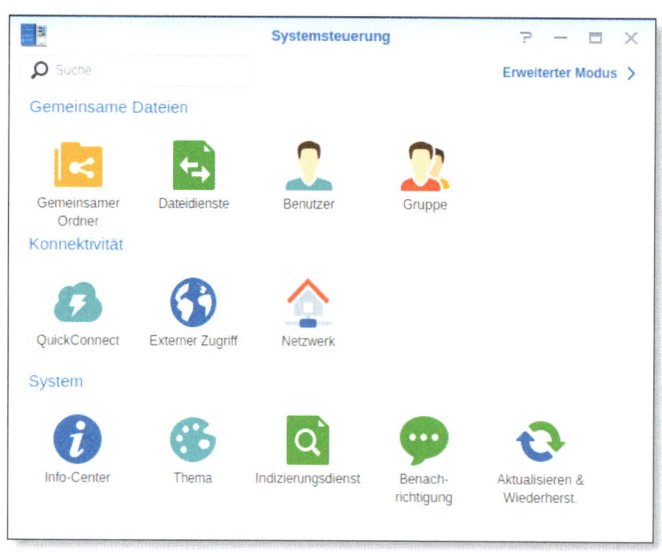

Die Systemsteuerung der DiskStation

Die ersten Schritte im neuen System

Eine weitere wichtige Anlaufstelle, die Sie in ähnlicher Form sicherlich auch schon vom Desktop- bzw. Arbeitscomputer her kennen, ist das Hauptmenü, das ähnlich wie das Startmenü im Betriebssystem Windows über die erste große Schaltfläche in der Taskleiste aufgerufen wird. Auch das Betriebssystem der DiskStation hat eine solche Taskleiste, die sich oben auf dem Bildschirm befindet.

Bietet Zugriff auf das Hauptmenü und zeigt alle geöffneten Programme: die Taskleiste des Betriebssystems DSM.

Das Hauptmenü bietet Zugriff auf alle installierten Programme und Stations, diese lassen sich hier auch konfigurieren. Neben Funktionen für die alltägliche Nutzung enthält es (zumindest wenn Sie als Administrator angemeldet sind) auch Optionen zur Konfiguration des Systems. Beim ersten Öffnen informiert ein Tipp darüber, dass Icons aus dem Hauptmenü für den schnellen Zugriff auch auf den Desktop kopiert werden können – ziehen Sie diese dazu einfach mit der Maus.

Das Hauptmenü von DSM bietet Zugriff auf alle installierten Programme und Funktionen.

Jetzt können Sie sich mit den restlichen Schritten der Grundeinrichtung befassen – dazu zählt vor allem die Einrichtung des Speicherplatzes.

Den Speicherplatz einrichten

Nun steht die Überprüfung und Einrichtung des Speicherplatzes auf Ihrer DiskStation an. Öffnen Sie zunächst das Hauptmenü und darin den **Speicher-Manager**. Dieser zeigt Ihnen auf der Registerkarte **Übersicht**, die sich links im Fenster aufrufen lässt, zunächst den derzeitigen Status der Speicherplatzkonfiguration an.

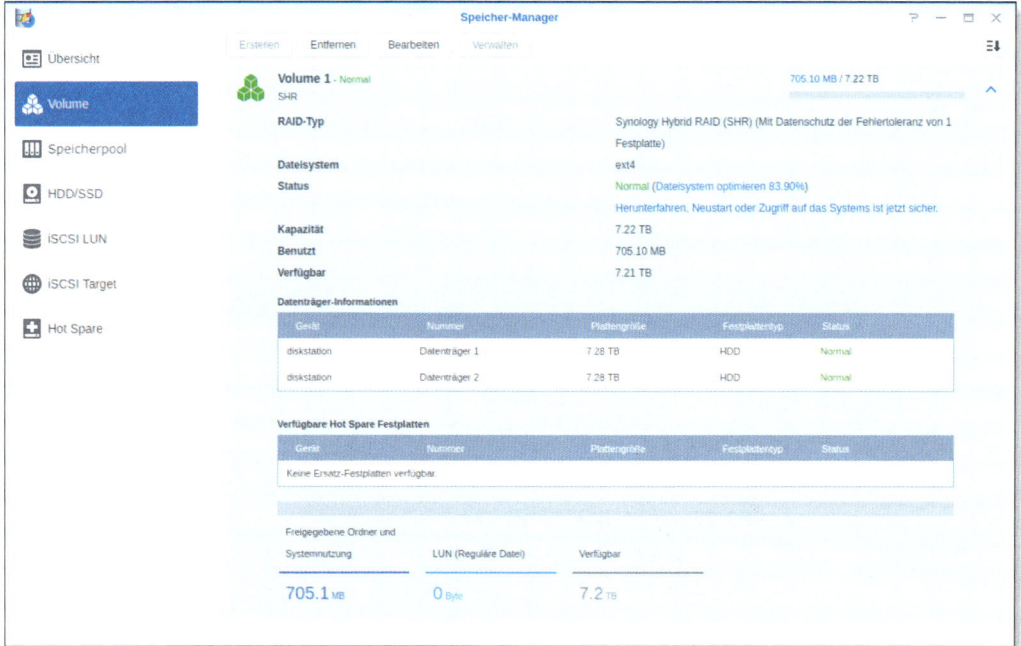

Kümmert sich um die Verwaltung der Festplatten: der Speicher-Manager.

Wenn Sie eine kleinere DiskStation mit zwei Einschüben, wie beispielsweise das Modell DS218, einsetzen, dann müssen Sie jetzt gar nicht großartig aktiv werden, denn bei diesen Geräten wurde bereits bei der Erstinstallation alles auf vernünftige Werte voreingestellt. Wie Sie in diesem Fall dem Fenster entnehmen können, existiert auf dem Gerät bereits ein Volume des Typs SHR. Das bedeutet, dass die beiden Festplatten bereits zu einem *Synology Hybrid RAID*, kurz *SHR*, zusammengefasst sind. Das Fenster zeigt auch die Gesamtkapazität des Volumes an. Verwenden Sie zwei gleiche Festplatten, dann entspricht die Gesamtkapazität exakt der Kapazität einer einzelnen Festplatte. Ihre Daten werden also parallel auf beide Festplatten geschrieben und überstehen den Ausfall einer Festplatte ohne Verluste. Trotzdem sollten Sie stets weitere Sicherheitskopien, die sogenannten Backups, anlegen! Siehe dazu auch Kapitel 12, »Alles an (s)einem Platz – zentrale Backups erstellen«.

Weitere Informationen zu Ihrem Volume, also im Prinzip zu Ihrem SHR-Festplattenverbund, können Sie der Registerkarte **Volume** entnehmen. Dort erhalten Sie auch detaillierte Informationen zur aktuellen Nutzung des Speicherplatzes sowie zum Zustand der Festplatten. Ebenfalls informativ ist – vor allem für den technikaffinen Nutzer – die Registerkarte **HDD/SSD**, die noch weitere Informationen bietet.

Als Einsteiger sind an dieser Stelle keine weiteren Schritte erforderlich. Wenn Sie als fortgeschrittener Nutzer mit der Erstellung eines SHR-Volumes nicht einverstanden sind und eine andere Konfiguration wünschen, dann können Sie diese hier gemäß dem folgenden Absatz einstellen. Auch wenn Sie Besitzer eines größeren DiskStation-Modells mit vier Festplatten sind, müssen Sie aktiv werden und den folgenden Absatz bearbeiten, denn bei diesen DiskStations ist im Grundzustand noch kein Volume angelegt. Als Nutzer einer kleinen DiskStation sind Sie (als Einsteiger) mit der Einrichtung des Speicherplatzes fertig. Sie können das Fenster des Speicherplatz-Managers schließen und den folgenden Absatz überspringen. Weiter geht es für Sie direkt mit Abschnitt »Benutzerkonten anlegen«, auf Seite 79.

Eine eigene Konfiguration des Speicherplatzes einstellen

Wenn Sie statt der Voreinstellung eine eigene Konfiguration des Speicherplatzes wünschen, klicken Sie zunächst im Speicher-Manager auf der Registerkarte **Volume** oben auf die Schaltfläche **Entfernen**. Damit löschen Sie das Volume und alle darauf befindlichen Daten. Keine Angst, das Betriebssystem löschen Sie damit nicht, ebenso wenig die installierten Anwendungen und Einstellungen, denn diese befinden sich auf einem anderen Bereich der Festplatten. Nachdem Sie das Volume gelöscht haben, befinden sich die Festplatten wieder im Grundzustand.

Im Grundzustand, also ohne angelegtes Volume, befinden sich die Festplatten nach der Ersteinrichtung ebenfalls bei den größeren DiskStations, insbesondere den Geräten mit vier Festplatteneinschüben. Hier gibt es naturgemäß deutlich mehr Konfigurationsmöglichkeiten als bei den Geräten mit zwei Festplatten, unter anderem werden nun ja auch RAID-5- und RAID-6-Verbünde möglich. Im Grundzustand zeigt Ihnen der Speicher-Manager zunächst im unteren Bereich des Fensters an, wie viele Festplatten derzeit installiert sind und welche davon bereits genutzt werden. Der weit fortgeschrittene Nutzer wird sich im Speicher-Manager schnell zurechtfinden und kann den Speicherplatz der Festplatten sehr individuell verwalten. So lassen sich jetzt auch Speicherpools und auf Wunsch mehrere Volumes erzeugen, sodass nicht alle Festplatten Teil eines RAID-Verbunds werden. Für den Einsteiger sind diese Optionen jedoch zunächst vermutlich recht verwirrend und auch nicht unbedingt nötig. Hier empfiehlt es sich, die zur Verfügung stehenden Festplatten komplett in einen gemeinsamen Verbund zu integrieren und den maximal zur Verfügung stehenden Speicherplatz als Einheit zu verwenden. Wenn später der Wunsch nach einer anderen Konfiguration aufkommt, dann kann diese immer noch nachgerüstet werden.

Klicken Sie also zunächst links auf die Registerkarte **Volume** und dann oben auf die Schaltfläche **Erstellen**. Jetzt erscheint ein Fenster, in dem Sie gefragt werden, ob Sie den Modus **Schnell** oder **Benutzerdefiniert** wünschen. Für den Anfänger ist die erste Option am besten. Hierüber werden automatisch alle Festplatten zu einem SHR-Verbund zusammengeschlossen. Sind in der DiskStation zwei identische Festplatten installiert, dann erhalten Sie einen RAID-1-Verbund, die Gesamtkapazität entspricht der Kapazität einer Festplatte. Haben Sie drei oder vier gleiche Festplatten eingebaut, dann wird automatisch ein RAID-5-Verbund konfiguriert, der ebenfalls den Ausfall einer Festplatte ohne Datenverlust verkraftet. Sind die Festplatten nicht alle gleich, dann verwaltet das SHR den Speicherplatz automatisch so, dass der größte mögliche RAID-Verbund geschaffen wird. Mit diesem Modus sind Sie also für alle Eventualitäten recht gut gerüstet und sollten ihn bei eventueller Unsicherheit bevorzugt benutzen.

Der Modus **Benutzerdefiniert** hingegen richtet sich an den fortgeschrittenen Nutzer. Wenn Sie diesen Modus verwenden, dann haben Sie die Wahl, ob Sie ein **einzelnes Volume auf RAID** erstellen möchten oder ob Sie **mehrere Volumes auf RAID** wünschen. Diese Möglichkeit bietet die größte Flexibilität, hier lassen sich die Festplatten sehr fein über Diskgruppen und mehrere Volumes konfigurieren. Aber auch die Wahl eines einzelnen Volumes ist über den ersten Punkt möglich und für viele Einsatzzwecke ausreichend.

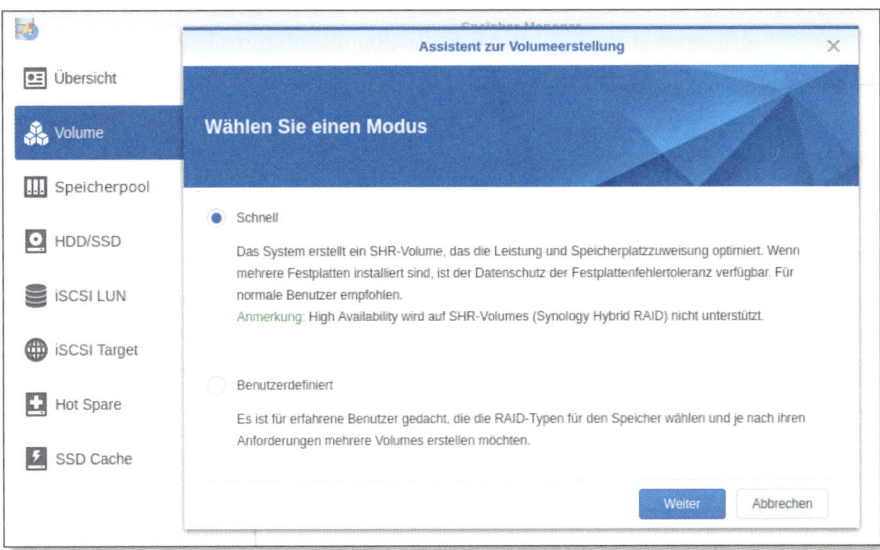

Der Anfänger wählt am besten die Option »Schnell«, der Fortgeschrittene findet unter dem Modus »Benutzerdefiniert« deutlich mehr Möglichkeiten.

Auch wenn Sie die Option **Schnell** gewählt haben, müssen Sie sich noch entscheiden, welche Datenträger Sie in das Volume aufnehmen möchten. Der Einsteiger sollte hier alle auswählen.

Sie erhalten eine Warnung, dass nun alle Daten auf den Festplatten (ausgenommen das Betriebssystem und die Anwendungen) gelöscht werden, hier müssen Sie auf **OK** klicken, damit der Vorgang fortgesetzt wird. Anschließend werden Sie gefragt, ob Sie nach der Einrichtung des Volumes eine Festplattenprüfung durchführen wollen. Hierbei wird der gesamte Speicherplatz der Festplatten auf eventuelle Fehler hin geprüft. Dieser Prozess dauert mehrere Stunden, empfiehlt sich aber sowohl für neue als auch für gebrauchte Festplatten. Es handelt sich auch um eine kleine Art von Stresstest, deswegen ist es schon einmal ein gutes Zeichen, wenn die Festplatten ihn ohne Fehler durchlaufen. Die Prüfung wird im Hintergrund ausgeführt, dabei können Sie die DiskStation ganz normal weiterverwenden, allerdings wird die Arbeitsgeschwindigkeit spürbar geringer sein. Klicken Sie auf **OK**.

Danach geht es um die Wahl des *Dateisystems*, das für das Volume verwendet werden soll. Einfache DiskStations unterstützen hier nur das Dateisystem *EXT4*, höherwertige Modelle bereits das modernere Dateisystem *Btrfs*. Wenn es auf Ihrem Gerät verfügbar ist, sollten Sie das moderne Btrfs auswählen, denn es bietet gegenüber dem älteren EXT4 zusätzliche Optionen und wirkt sich keinesfalls negativ aus.

Nachdem Sie auf **Weiter** geklickt haben, wird Ihnen noch einmal eine Beschreibung des Volumes angezeigt, die Schaltfläche **Weiter** zeigt daraufhin eine abschließende Zusammenfassung. Wenn Sie auf **Übernehmen** klicken, wird das Volume erstellt, dieser Prozess dauert einen Moment. Anschließend beginnt (falls aktiviert) automatisch die soeben diskutierte Überprüfung der Festplatten. Wundern Sie sich nicht, wenn Sie nach der Erstellung der Übersichtsseite im DiskManager entnehmen können, dass sich auf dem neuen Volume bereits Daten befinden. Hierbei handelt es sich um die für den Betrieb nötigen Grundstrukturen.

> **INFO**
>
> **Wann ist es sinnvoll, eine Festplatte nicht in ein Volume zu integrieren?**
>
> Bei besonders kritischen Daten, die aber möglichst ständig verfügbar sein müssen, kann es sinnvoll sein, für den eventuellen Ausfall einer Festplatte gleich eine Reserverplatte im System eingebaut zu haben. Fällt eine Platte aus, kann spontan die neue Festplatte in Betrieb genommen werden. So eine Option ist jedoch im Heimeinsatz (erst recht für den Einsteiger) nicht nötig.

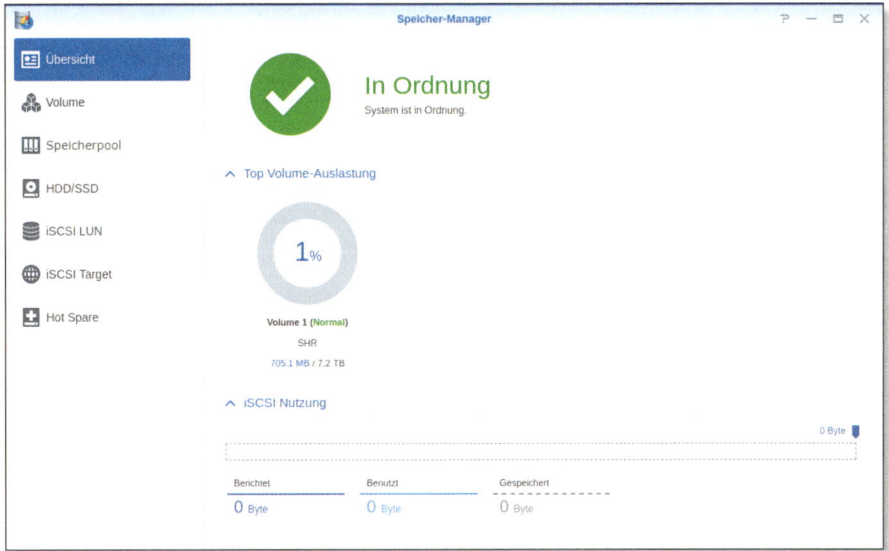

Ab und zu einen Blick auf den Speicher-Manager zu werfen, schadet nicht. Neben dem belegten Speicherplatz sehen Sie auch, ob alles in Ordnung ist.

Damit sind Sie mit der Einrichtung des Speicherplatzes fertig und können das Fenster des Speicher-Managers schließen.

Benutzerkonten anlegen

Als Nächstes sollten Sie Benutzer für Ihre DiskStation anlegen. Momentan arbeiten Sie noch als Administrator, dessen Benutzerkonto nur zum Konfigurieren und Einstellen vorgesehen ist. Selbst wenn Sie tatsächlich der einzige Benutzer der DiskStation sind, sollten Sie für den Alltagsbetrieb ein weiteres Benutzerkonto einrichten. Öffnen Sie dazu die **Systemsteuerung**, und klicken Sie auf das Icon **Benutzer**. Sie werden sehen, dass es neben Ihrem Benutzerkonto bereits zwei weitere Konten mit den Benutzernamen *admin* und *gast* gibt. Dieses sind zwei vorkonfigurierte Konten, die jedoch derzeit deaktiviert sind. Sie sollten diese auch deaktiviert lassen, denn die offensichtliche Wahl des Benutzernamens ist, wie bereits erwähnt, unter Sicherheitsaspekten kritisch.

Kapitel 4 – Das Gerät erstmalig einrichten und in Betrieb nehmen

Um ein neues Benutzerkonto anzulegen, klicken Sie oben auf die Schaltfläche **Erstellen**. Als Erstes müssen Sie einen Benutzernamen vergeben. Hierbei sollten Sie nur Kleinbuchstaben verwenden und auf Leer- und Sonderzeichen verzichten. Gute Kandidaten für den Benutzernamen sind die Vornamen der späteren Benutzer. Der vollständige Name kann in das Feld **Beschreibung** eingetragen werden, hier sind auch Leer- und Sonderzeichen zulässig. Das Feld **E-Mail-Adresse** sollten Sie mit der entsprechenden Adresse füllen, diese kann für eine Benachrichtigung des Systems genutzt werden. Derzeit ist diese Funktion allerdings noch nicht möglich, weil der E-Mail-Dienst noch nicht konfiguriert ist. Vergeben Sie ein sicheres Passwort für das Benutzerkonto. Wenn Ihnen kein geeignetes einfällt, können Sie über die Schaltfläche neben dem Kennwortfeld einen automatischen Passwortgenerator um Rat fragen. Möchten Sie erreichen, dass der entsprechende Nutzer sein Kennwort *nicht* verändern darf, müssen Sie das entsprechende Häkchen setzen. Diese Option ist möglicherweise bei kleinen Kindern sinnvoll, die sich noch keine Passwörter merken können. Normalerweise sollten Sie im Hinblick auf den Schutz der Privatsphäre die Option deaktivieren. Klicken Sie anschließend auf **Weiter**.

Legen Sie für die tägliche Arbeit ein neues Benutzerkonto an.

Als Nächstes folgt eine ganze Reihe von weiteren Einstellungsmöglichkeiten hinsichtlich der Berechtigungen des neuen Nutzers. Auch wenn dies jetzt erst einmal recht kompliziert erscheinen mag, sind die folgenden Einstellungen doch recht einfach zu verstehen. Zunächst können Sie die Mitgliedschaft zu Benutzergruppen regeln. Gruppen fassen bestimmte Rechte und Privilegien zusammen. Dazu gehört etwa die Administratoreneigenschaft. Wenn ein Benutzer Mitglied der Gruppe *administrators* ist, dann hat er auch die Rechte (und Pflichten) dieser Gruppe. Anfangs gibt es nur drei Benutzergruppen: die bereits genannten Administratoren, die Gruppe der *users* und die Gruppe *http*. Ein normaler Nutzer sollte nicht Mitglied der Administratorengruppe sein. Die Gruppe *http* ist für Webdienste vorgesehen, ein normaler Benutzer wird hier ebenfalls nicht Mitglied. Allein den Nutzer der Gruppe *users* sollten Sie hinzufügen und anschließend auf **Weiter** klicken. Unter dem Begriff *users* werden alle normalen Nutzer für den Alltagsbetrieb zusammengefasst. Die Möglichkeit, Gruppen zu verwalten, ist für einen Drei- oder Vierpersonenhaushalt nicht weiter von Relevanz, wird aber bei einer größeren Nutzeranzahl wie in einer Firma oder einem Verein schnell praktisch.

Im folgenden Schritt geht es um Berechtigungen für gemeinsame Ordner, also um Zugriffsrechte auf den Speicherplatz der DiskStation. Zunächst hat jeder Nutzer seinen eigenen Ordner, dieser ist privat und dient der Ablage eigener Dateien, die anderen Nutzern verborgen bleiben sollen. Daneben gibt es auch noch sogenannte *gemeinsame Ordner*, auf die mehrere Nutzer Zugriff haben. Ein Beispiel ist der gemeinsame Ordner *photo*. Hier können Nutzer etwa Fotos vom Familienurlaub oder der Vereinsfeier ablegen. Die Fotos werden somit zentral gesammelt und können von mehreren (jedoch nicht zwangsläufig von allen) Benutzern angesehen werden. Haben Sie zuvor bei der Ersteinrichtung bereits die empfohlene Software (die »Stations«) installiert, dann sind hier bereits die gemeinsamen Ordner *music*, *photo* und *video* verfügbar.

Sie können jetzt auswählen, welche Zugriffsrechte der neue Nutzer auf diese gemeinsamen Ordner erhalten soll. In der Grundeinstellung erhält der Nutzer keine Zugriffsrechte, den Zugriff müssen Sie manuell erlauben. Sie haben die Wahl, ob der neue Nutzer die Daten nur *lesen* oder auch *(schreibend) verändern* sowie *neu anlegen* darf. Eine Sonderrolle kommt dem Ordner *homes* zu. Im Verzeichnis *homes* befinden sich die privaten Ordner aller Nutzer, *homes* ist sozusagen das übergeordnete Verzeichnis. Wenn ein Nutzer auf den *homes*-Ordner zugreifen darf, dann erhält er auch Zugriff auf alle enthaltenen privaten Ordner der Nutzer. Dies ist normalerweise nicht erwünscht. Daher sollten Benutzer *keine* Zugriffsrechte auf den *homes*-Ordner erhalten. Der Einsteiger wird vermutlich nur Häkchen für den Zugriff auf die Ordner *music* und *video* setzen. Klicken Sie anschließend auf **Weiter**.

> **INFO**
>
> **Warum sind die Einstellungen für den photo-Ordner deaktiviert?**
>
> Wundern Sie sich bitte nicht, wenn Sie für den *photo*-Ordner keine Rechte vergeben können. Die Zugriffsrechte auf den *photo*-Ordner werden direkt in der Photo Station vergeben, den Umgang damit lernen Sie in Kapitel 10.

Jetzt geht es mit dem sperrigen Begriff der **Benutzerkontingenteinstellung** darum, über wie viel Speicherplatz der neue Benutzer verfügen darf. Anfangs gibt es keine Beschränkung: Jeder Nutzer darf die gesamte Speicherkapazität der DiskStation belegen. In dieser Einstellungskarte können Sie Einschränkungen vornehmen; das ist etwa bei Personen sinnvoll, die dafür bekannt sind, schnell große Datenberge anzusammeln und es mit dem Aufräumen nicht so genau zu nehmen. Eine Einschränkung kann auch für kleine Kinder im Rahmen der Erziehung gewünscht sein. Möchten Sie eine Beschränkung setzen, klicken Sie zunächst das **Volume 1** an, und tragen Sie rechts daneben den gewünschten Wert ein. Die Spalte **Effektive Quote** zeigt Ihnen an, über wie viel Speicherplatz der Nutzer verfügen kann. Sie können dann auf **Weiter** klicken. Möchten Sie keine Beschränkung setzen, klicken Sie direkt auf **Weiter**.

Danach geht es an die Anwendungsberechtigungen. Hier können Sie festlegen, welche Programme und Funktionen (also welche Stations) der neue Nutzer benutzen darf. Sie können beispielsweise den Zugriff auf die Video Station oder sogar auf den Desktop verbieten. Zunächst ist der Zugriff auf alle Anwendungen möglich, und gleich nach der Ersteinrichtung ist die

Liste noch recht leer, sodass Sie noch gar nicht allzu viel einstellen können. Denken Sie daran, dass Sie die Einstellungen eines Benutzers auch später jederzeit über das Benutzermodul der Systemsteuerung verändern können.

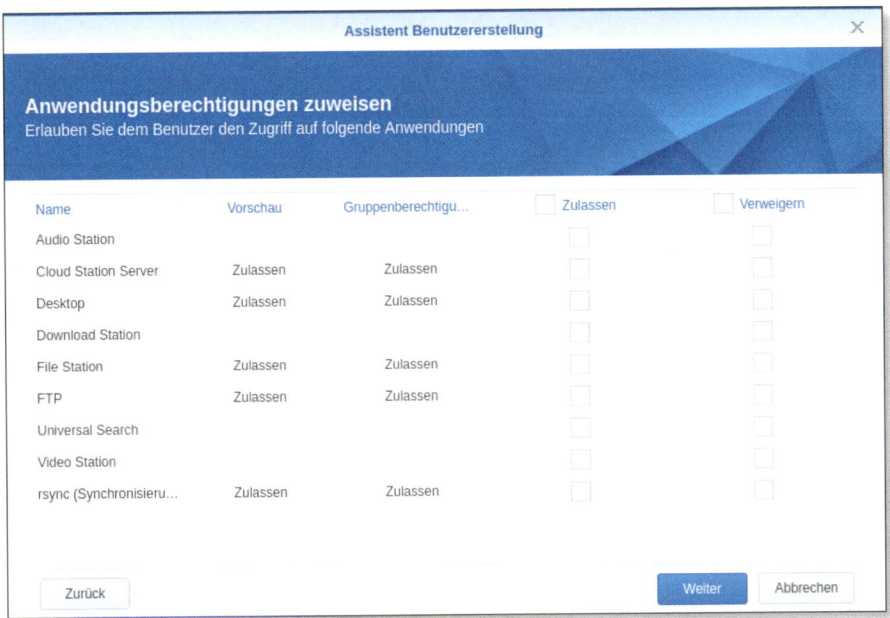

Die Anwendungsberechtigungen legen fest, auf welche Funktionen ein Benutzer zugreifen darf.

Im nächsten Schritt können Sie Geschwindigkeitsbeschränkungen bei der Datenübertragung von und zur DiskStation setzen, mit der Sie bestimmte Nutzer ausbremsen können. Das ist beispielsweise bei Systemdiensten (wie automatischen Backups) sinnvoll, damit sie die Datenverbindung nicht komplett auslasten. Normalerweise werden hier keine Einschränkungen vorgenommen. Der voreingestellte Wert von null bedeutet, dass keine Grenze gesetzt ist. Klicken Sie also direkt auf **Weiter**.

Damit haben Sie auch diesen Teil gemeistert. Zum Schluss sehen Sie die Einstellungen auf der Übersichtsseite, klicken Sie zum Bestätigen auf **Übernehmen**. Im Modul **Benutzer** wird der neue Benutzer bereits angezeigt. Sie können nun direkt weitere Benutzer (etwa für weitere Familienmitglieder) anlegen.

Kapitel 4 – Das Gerät erstmalig einrichten und in Betrieb nehmen

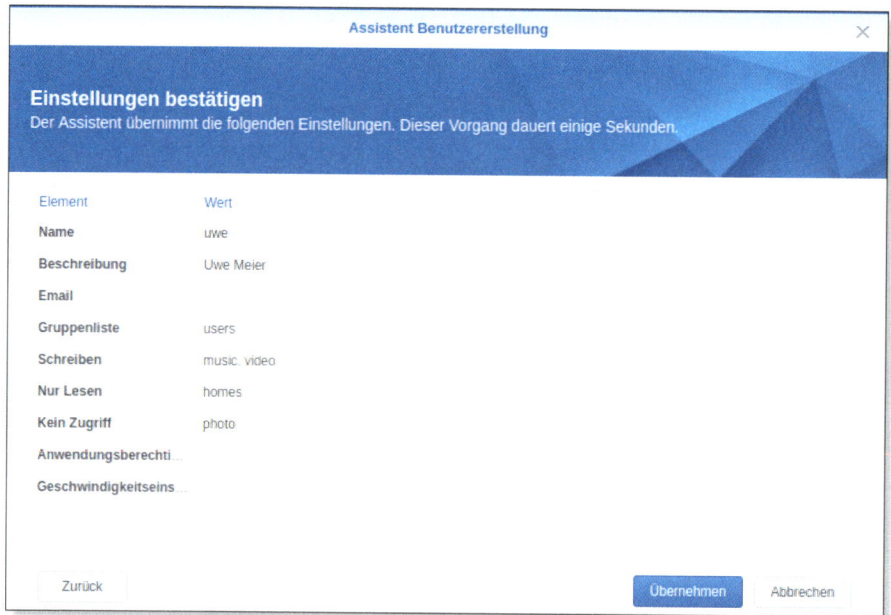

Zum Schluss werden Ihre Einstellungen in der Zusammenfassung gezeigt.

> **TIPP**
>
> **Benutzer müssen nicht unbedingt Personen sein**
>
> Auch automatische Dienste, wie etwa Ihr Mediacenter, können als Benutzer auf die DiskStation zugreifen. Sie können für solche Dienste Benutzerkonten anlegen und entsprechende Zugriffsrechte vergeben. So lässt sich erreichen, dass etwa das Mediacenter nur lesenden Zugriff auf die Mediensammlung erhält und dass der Videorekorder als einziger auf den Aufnahme-Ordner schreiben darf (und vielleicht eine Höchstgrenze für den nutzbaren Speicherplatz erhält).

Damit sind Sie erst einmal mit den grundlegenden Einstellungen fertig und können Ihre DiskStation nun in Ruhe ausprobieren und alles kennenlernen. An dieser Stelle können Sie sich zunächst vom System abmelden und auf Wunsch eine Pause einlegen. Im nächsten Kapitel gibt es einen Rundgang durch das System, der Sie mit vielen nützlichen und interessanten Funktionen vertraut macht.

Die Benachrichtigungsfunktion einrichten

Ihre DiskStation kann Sie automatisch bei bestimmten Ereignissen informieren und selbstständig E-Mails versenden. Damit Sie immer auf dem Laufenden bleiben, können Sie diese Funktion einrichten. Öffnen Sie dazu (als Administrator) das Modul **Benachrichtigung** in der **Systemsteuerung**. Die DiskStation kann Benachrichtigungen sowohl per E-Mail als auch per SMS versenden. Bei der letztgenannten Option wird ein Dienstanbieter im Internet genutzt, der einen SMS-Service kostenpflichtig anbietet. Im Privatbereich ist dies jedoch im Regelfall nicht nötig, es genügt der Einsatz der kostenlosen E-Mail-Funktion, nicht zuletzt auch deshalb, weil man mit Smartphone heutzutage (dank des mobilen Internetzugangs) auch fortwährend per E-Mail erreichbar ist.

Klicken Sie also auf die Registerkarte **E-Mail**. Dort aktivieren Sie die Option **E-Mail-Benachrichtigungen aktivieren**. Tragen Sie im Feld **E-Mail-Adresse des Empfängers** den Empfänger ein, dem die Benachrichtigungen zugestellt werden sollen – höchstwahrscheinlich werden Sie hier Ihre eigene E-Mail-Adresse eintragen. Im Feld **Subjekt-Präfix** können Sie einen kurzen Text eintragen, der im Betreff der E-Mail als Erstes genannt wird – die Angabe ist optional (und macht sich nützlich, wenn Sie eines Tages mehrere DiskStations verwalten, deren Nachrichten Sie hierüber auseinanderhalten können).

Als Nächstes müssen Sie den **Serviceanbieter** konfigurieren – hier geht es schlicht darum, von welchem E-Mail-Konto aus die DiskStation E-Mails versenden soll – schließlich müssen E-Mails einen korrekten Absender haben. Sie müssen die DiskStation also mit einem gültigen E-Mail-Konto konfigurieren. Für einige Dienste wie *Yahoo* und *Gmail* bietet die DiskStation bereits vorgefertigte Profile, die unter anderem schon die richtigen Mail-Server-Adressen beinhalten. Sie müssen nur noch **Benutzername** und **Passwort** ergänzen. Ist Ihr E-Mail-Anbieter nicht darunter, müssen Sie diese Serveradressen – genauso wie bei der Einrichtung eines gewöhnlichen E-Mail-Programms – von Hand eintragen. Die nötigen Adressen finden Sie auf den Internetseiten Ihres E-Mail-Providers. Üblicherweise können Sie übrigens dasselbe Konto für den Versand verwenden, das Sie auch für den Empfang nutzen, hier gibt es nur selten Probleme. Wenn Sie alle Daten eingetragen haben, können Sie auf Wunsch zukünftig auch eine **Willkommens-Nachricht an neue Benutzer senden**, wenn das entsprechende Kontrollkästchen aktiviert wird. Klicken Sie auf **Übernehmen**.

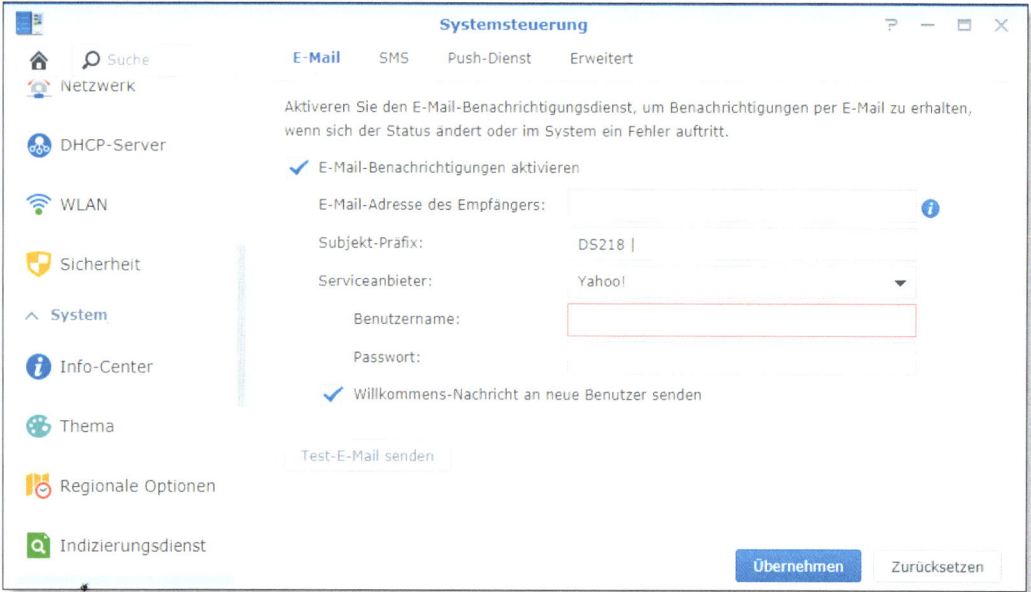

Tragen Sie die Daten von Absender und Empfänger ein, damit Ihre DiskStation Benachrichtigungen versenden kann.

Auf der Registerkarte **Erweitert** können Sie übrigens genau festlegen, bei welchen Ereignissen Ihre DiskStation Benachrichtigungen versenden soll. Aufgepasst: Die Liste ist relativ umfangreich, und es kann durchaus passieren, dass einige Ereignisse, die hier genannt sind, bei Ihnen niemals auftreten werden. Der Einsteiger sollte sich nicht verunsichern lassen, Veränderungen sind zunächst nicht nötig. Die Optionen richten sich eher an den fortgeschrittenen Nutzer, der zum Beispiel bei zu häufigen Benachrichtigungen über ein bekanntes Problem die entsprechende Funktion vorübergehend deaktivieren kann.

Die Benachrichtigungsfunktion einrichten

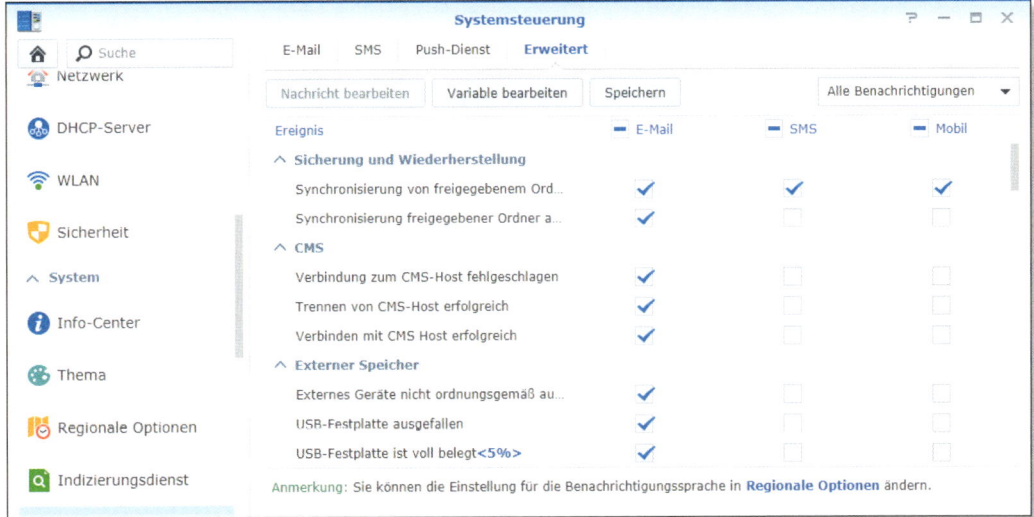

Die DiskStation kann bei unterschiedlichen Ereignissen Benachrichtigungen versenden.

Kapitel 5
Erstbegehung: Lernen Sie das System kennen

Auf geht's, lernen Sie Ihr neues NAS-Gerät bei einem Rundgang richtig kennen, auf dass Sie gute Freunde werden.

Nachdem Sie im vorigen Kapitel Ihre DiskStation grundlegend eingerichtet haben, ist es nun an der Zeit, dass Sie Ihr neues System richtig kennenlernen und sich mit den Bedienelementen vertraut machen.

Die Hauptelemente auf dem Desktop

Wie bei der Einrichtung landen Sie, wann immer Sie sich direkt an der DiskStation anmelden, zunächst auf dem Desktop, der verschiedene Funktionen bietet.

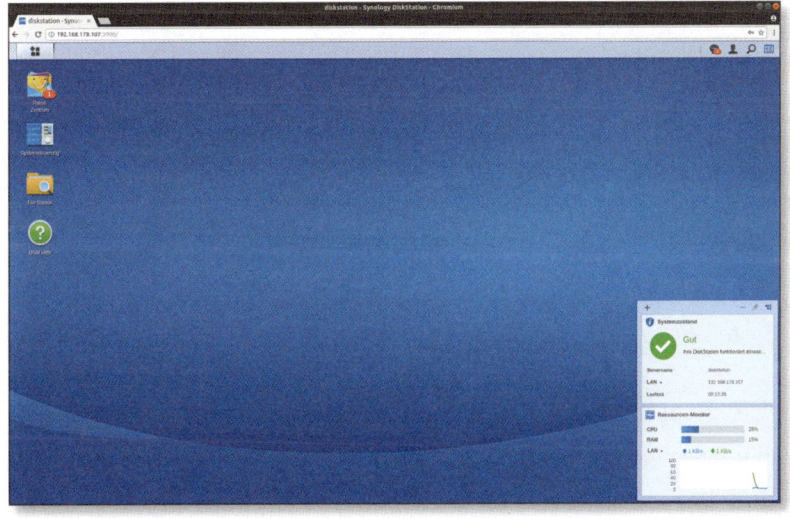

Bereits von der Grundeinrichtung bekannt: der Desktop der DiskStation

Sie kennen bereits die Taskleiste, die sich am oberen Bildschirmrand befindet. Über die erste Schaltfläche ganz links erreichen Sie das Hauptmenü, das Zugriff auf alle installierten Programme und damit auf alle Funktionen der DiskStation bietet. Auch die Symbole, die Sie (derzeit) auf dem Desktop sehen, finden sich als Duplikat (oder besser gesagt als Original) im Hauptmenü wieder.

Der Inhalt des Hauptmenüs ist von Benutzer zu Benutzer verschieden, genauer gesagt hängt er von den jeweiligen Rechten des Benutzers und natürlich den aktivierten Funktionen ab. Bei der Grundeinrichtung haben Sie die Steuerung der Benutzerrechte über die Systemsteuerung kennengelernt. Dort habe ich Ihnen gezeigt, dass Sie den Zugriff auf bestimmte Funktionen für bestimmte Benutzer verbieten können. Wenn Sie einem bestimmten Benutzer den Zugriff auf ein Programm verwehren, so wird dieses gar nicht erst im Hauptmenü dieses Benutzers angezeigt. Dasselbe gilt für alle Steuerungs- und Konfigurationsaufgaben, die einzig dem Administrator vorbehalten bleiben. Folglich hat das Hauptmenü eines normalen Nutzers deutlich weniger Inhalt als das Hauptmenü des Administrators, der grundsätzlich auf (fast) alle Elemente des Systems Zugriff hat.

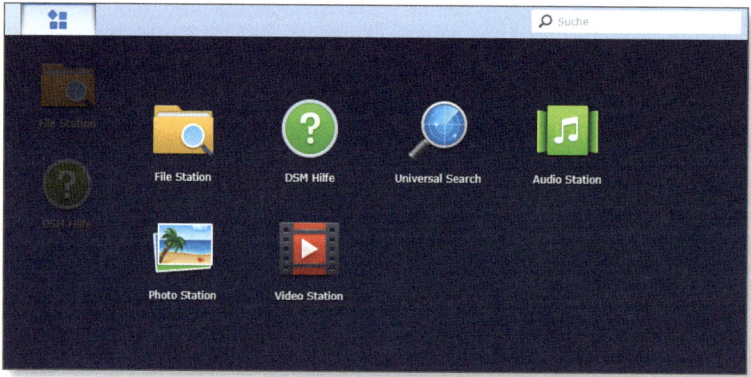

Bietet anfangs noch recht wenige Funktionen: das Hauptmenü eines normalen Systembenutzers.

Die Taskleiste dient nicht nur dem Öffnen des Hauptmenüs. Wie beim normalen Desktop-Computer werden hier alle derzeit geöffneten Programme durch ihr jeweiliges Icon repräsentiert. Die Fenster der geöffneten Program-

Die Hauptelemente auf dem Desktop

me können Sie durch einen Klick auf ihr Symbol in der Taskleiste minimieren und auf dieselbe Weise wieder zum Vorschein bringen. Ein Rechtsklick auf ein Symbol zeigt ein Menü, mit dem Sie die Fenster auch maximieren können.

Die Taskleiste zeigt alle geöffneten Programme an.

Ganz rechts auf der Taskleiste befindet sich ein Schnellzugriffsbereich. Der Inhalt dieses Bereichs unterscheidet sich, je nachdem, ob Sie als Administrator oder als normaler Systemnutzer angemeldet sind.

Ermöglicht Zugriff auf wichtige Funktionen: der Schnellzugriffsbereich der Taskleiste.

Links sehen Sie das Benachrichtigungssymbol ❶. Wenn Sie die Anzeige öffnen, können Sie verschiedene Systemmeldungen lesen. Gleich nach der Ersteinrichtung werden Ihnen beispielsweise die Komponenten aufgelistet, die gerade installiert wurden. Auch während der normalen Systembenutzung informiert das Benachrichtigungsfeld über wichtige Ereignisse – zum Beispiel, wenn Ihnen jemand eine Datei hochgeladen hat. Eine rot unterlegte Zahl gibt die Zahl der ungelesenen Nachrichten an.

Die Schaltfläche mit der Personensilhouette ❷ öffnet das persönliche Menü. Sie haben hiermit einen Schnellzugriff auf Ihren persönlichen Bereich, das ist ein Fenster mit diversen Registerkarten. Auf der Registerkarte **Konto** können Sie grundlegende Kontoeinstellungen vornehmen, beispielsweise Ihren Namen oder Ihr Passwort ändern. Auf der Registerkarte **Quote** sehen Sie, wie viel Speicherplatz Sie insgesamt belegt

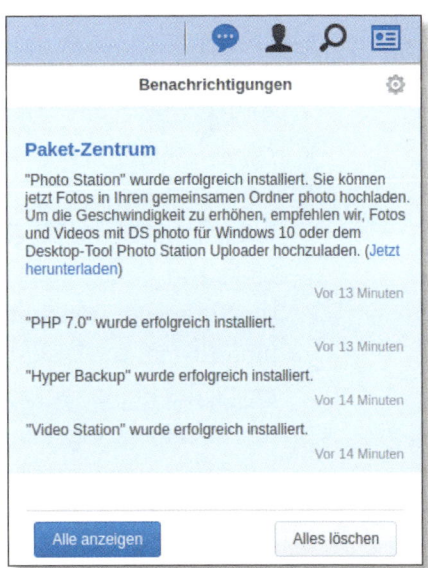

Informiert über aktuelle Ereignisse: der Benachrichtigungsbereich.

haben. Sollte das Benutzerkonto eine Beschränkung beim Speicherplatz haben, werden hier auch diese Daten angezeigt. Über die Registerkarte **Desktop** können Sie das Erscheinungsbild des Desktops anpassen – mehr dazu in Kapitel 19, »Weitere Einstellungen und Komfortfunktionen«.

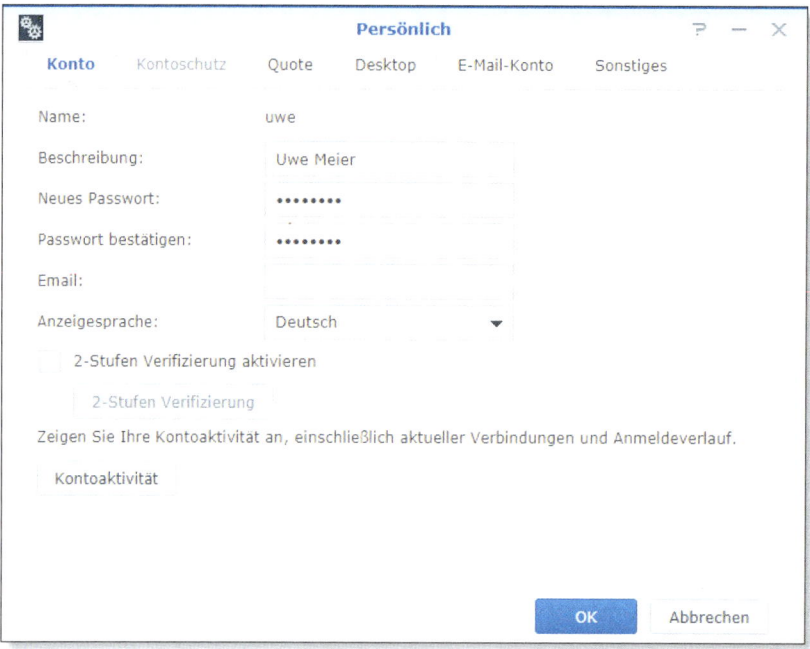

Der persönliche Bereich ermöglicht unter anderem die Änderung des Kennwortes.

Interessant ist die Möglichkeit, Dateien und Nachrichten (dazu zählen auch Links zum Teilen von Dateien) per E-Mail versenden zu können. Dazu müssen Sie bei der DiskStation ein E-Mail-Konto angeben und die Zugangsdaten hinterlegen. Die DiskStation nutzt dieses Konto zum Versand der Nachrichten. Jeder Benutzer kann sein eigenes E-Mail-Konto angeben und Nachrichten in seinem eigenen Namen versenden. Die Einstellungen nehmen Sie auf der Registerkarte **E-Mail-Konto** vor. Klicken Sie dort auf die Schaltfläche **Hinzufügen**. Sie sehen den **Einrichtungsassistent für E-Mail-Konten**. Wenn Sie bei einem der genannten Anbieter ein E-Mail-Konto besitzen, können Sie direkt auf die jeweilige Schaltfläche klicken und müssen nur grundlegende Zugangsdaten wie Name und Passwort angeben. Haben Sie ein Konto bei einem alternativen Anbieter, klicken Sie auf die Schaltfläche **Customize**. In diesem Fall müssen Sie auch die jeweiligen Server angeben, die zum Versand verwendet werden – die Daten erhalten Sie direkt beim E-Mail-Anbieter. Die Einrichtung entspricht der eines gewöhnlichen E-Mail-Programms. Denken Sie daran, die Einrichtung der E-Mail-Funktion nicht nur als Administrator, sondern auch als normaler Benutzer vorzunehmen.

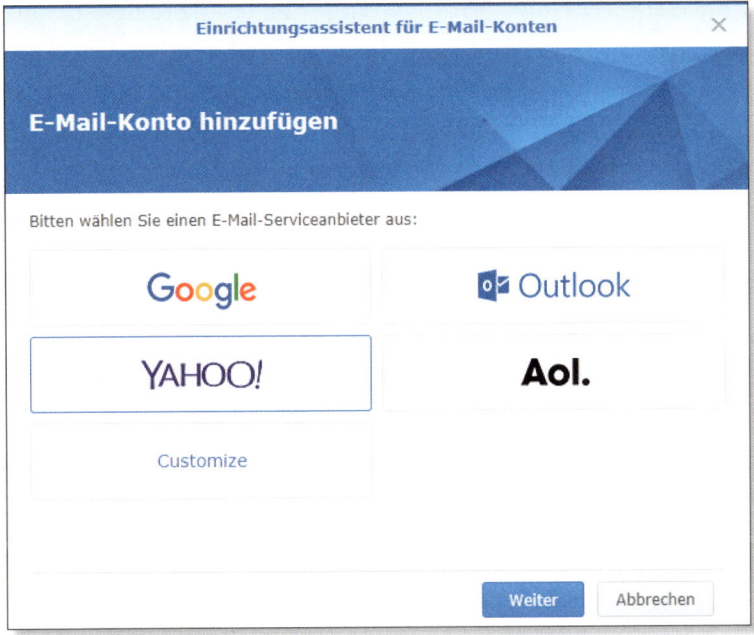

Hilft beim Einrichten der E-Mail-Funktion: der Einrichtungsassistent für E-Mail-Konten.

Zurück zum persönlichen Bereich: Auf der letzten Registerkarte mit dem Namen **Sonstiges** können Sie einige Komfortfunktionen aktivieren – der Einsteiger muss hier jedoch keine Werte verändern.

Im persönlichen Menü finden Sie darüber hinaus die Funktion **Info**, die über das Betriebssystem DSM informiert. Wichtig ist der Eintrag **Abmelden**. Hierüber beenden Sie Ihre Sitzung beim DSM. Die DiskStation wird dadurch natürlich nicht abgeschaltet, Sie melden sich als Nutzer lediglich beim System ab und schließen Ihre Verbindungen. Wenn Sie Ihre Arbeit am System beendet haben, sollten Sie sich stets über diese Schaltfläche abmelden, bevor Sie den Browser schließen oder den Computer abschalten.

Im persönlichen Menü des Administrators gibt es noch zwei weitere Funktionen, die tatsächlich den Betrieb der ganzen DiskStation betreffen: Über den Eintrag **Neustart** starten Sie die DiskStation neu, und über den Eintrag **Herunterfahren** schalten Sie das Gerät aus. Alternativ können Sie auch den Netzschalter am Gerät für einige Sekunden drücken, bis die Kontrolllampe zu blinken beginnt. Das Gerät fährt jetzt herunter und schaltet sich dann ab. Erst jetzt dürfen Sie den Netzstecker ziehen und brauchen keine Angst vor eventuellem Datenverlust zu haben. Wenn Sie das Gerät ausschalten möchten, müssen Sie es immer über eine der genannten Möglichkeiten herunterfahren.

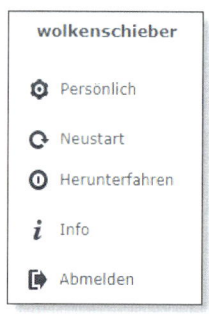

Haben einen unterschiedlichen Funktionsinhalt: die persönlichen Menüs von Administratoren und normalen Systembenutzern.

Rechts oben auf der Taskleiste gibt es noch eine Suchfunktion, dargestellt durch eine Lupe. Über das Suchfeld können Sie sowohl Dateien als auch Programme und sogar Module der Systemsteuerung finden. Wenn Sie als Administrator angemeldet sind, gibt es noch ein viertes Symbol, das sich um Widgets kümmert. Das sind Miniprogramme, die auf dem Desktop erscheinen und beispielsweise über den Systemzustand informieren. Sie sind für den Administrator bestimmt und vereinfachen die Systemverwaltung. In der Grundkonfiguration sind bereits zwei dieser Widgets aktiv: der **Ressourcen-Monitor** und der **Systemzustand**. Sie werden direkt auf dem Desktop angezeigt und lassen sich mit der Maus verschieben.

Der Ressourcen-Monitor informiert über die aktuelle Systemauslastung. Sie können ablesen, wie stark der Hauptprozessor (CPU) beansprucht wird und zu welchem Anteil der Arbeitsspeicher belegt ist. Außerdem sehen Sie, wie stark die Netzwerkverbindung ausgelastet ist. Diese Informationen helfen zu erkennen, welche Dienste welche Systemauslastung hervorrufen. Der Systemzustand informiert über den Gesamtzustand Ihrer DiskStation. Hier werden auch Klartextwarnungen angezeigt, zum Beispiel, wenn ein Festplattendefekt eingetreten ist. Werfen Sie ab und an einen Blick auf diesen Kasten. Über das Plussymbol oben links am Widget-Fenster lassen sich noch weitere Widgets aktivieren, die beispielsweise alle derzeit verbundenen Benutzer anzeigen. Sehr interessant ist auch das Widget **Speicher**, das über die aktuelle Festplattenbelegung informiert.

Auf dem Desktop befinden sich – zumindest im Konto des Administrators – zu Beginn vier Symbole, die sogenannten Icons. Sie bieten einen Schnellzugriff auf die Funktionen **Paket-Zentrum**, **Systemsteuerung**, **File Station** und **DSM Hilfe**, die ich Ihnen in den folgenden Absätzen genauer vorstelle.

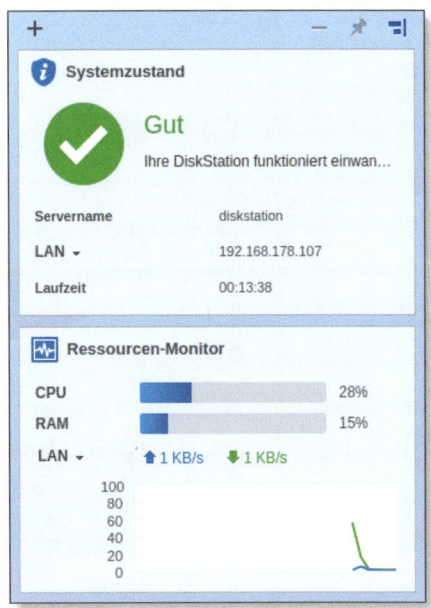

Informieren den Administrator über den Systemzustand: Info-Widgets, die auf dem Desktop angezeigt werden.

Die Systemsteuerung – das Kontrollzentrum der DiskStation

Aus dem vorigen Kapitel kennen Sie bereits die Systemsteuerung, mit der Sie die grundlegende Konfiguration vornehmen und die dem Administrator vorbehalten bleibt. Die Systemsteuerung werden Sie in Zukunft noch häufiger benötigen, sie ist die zentrale Anlaufstelle, wann immer Sie eine Einstellung der DiskStation verändern möchten. Die Systemsteuerung hat oben rechts eine Auswahl für den **erweiterten Modus** oder den **Standardmodus**. Im erweiterten Modus ist die Anzahl an Icons deutlich größer, und es werden auch selten benötigte Funktionen angezeigt.

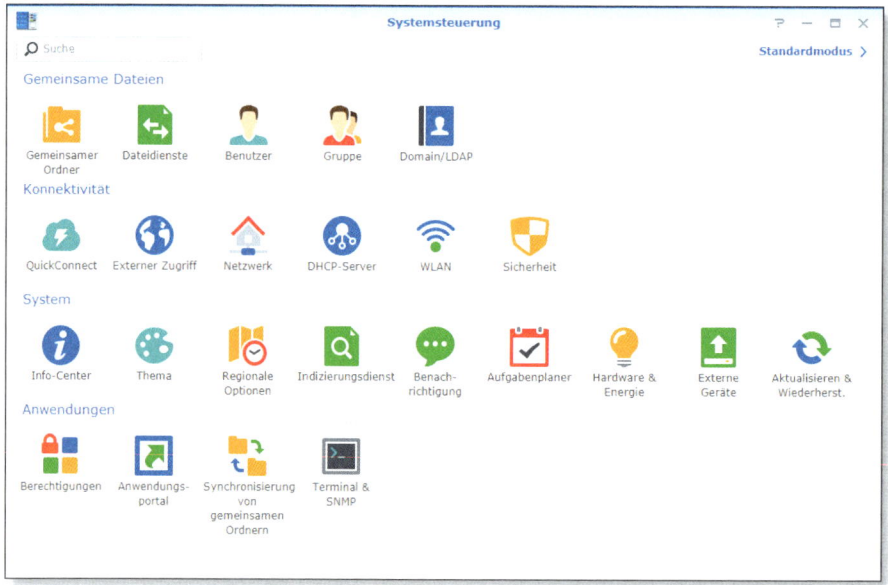

Bietet im erweiterten Modus noch deutlich mehr Funktionen: die Systemsteuerung.

In der Systemsteuerung sind die einzelnen Funktionen in Gruppen zusammengefasst. Die erste Sektion, **Gemeinsame Dateien**, steuert alles, was mit Dateien und deren Verwaltung zu tun hat. Hier können Sie beispielsweise *gemeinsame Ordner* anlegen, die von mehreren Personen gemeinsam verwendet werden können – mehr dazu in Kapitel 6 »Netzwerkfreigaben im Heimnetz verwalten«. In dieser Gruppe befindet sich auch das Modul **Benutzer**, mit dem Sie die Rechtevergabe kontrollieren.

In der Sektion **Konnektivität** geht es um die Datenverbindung ins Heimnetzwerk und in das Internet. Wenn Sie die DiskStation auch über das Internet ansprechen möchten (siehe dazu Kapitel 13, »Mit Netz und doppeltem Boden: die DiskStation sicher über das Internet erreichen«), finden Sie hier die nötigen Funktionen.

Grundlegende Systemfunktionen, wie Einstellungen zum Energiesparen oder zur Gestaltung des Erscheinungsbildes (siehe Kapitel 19, »Weitere Einstellungen und Komfortfunktionen«), finden Sie in der Sektion **System**.

Spezielle Berechtigungen für die einzelnen Programme der DiskStation nehmen Sie in der Sektion **Anwendungen** vor. Keine Sorge, Sie müssen sich nicht mit allen Funktionen auskennen. Der Funktionsumfang der DiskStation ist sehr groß und spricht auch professionelle Anwender im beruflichen Umfeld an. Es ist durchaus möglich, dass Sie einige der Module niemals benötigen werden.

Ihre Quelle für neue Softwarefunktionen – das Paket-Zentrum

Eine zentrale Rolle kommt dem **Paket-Zentrum** zu, das Sie über das Icon auf dem Desktop oder über das Hauptmenü erreichen können. Nur der Administrator hat Zugriff auf dieses Element. Es dient der Verwaltung der Software der DiskStation. Nach der Erstinstallation sind auf der DiskStation zunächst nur wenige Funktionen aktiv, weitere lassen sich in Form von Softwarepaketen über das Paket-Zentrum ergänzen. Ein gutes Beispiel sind Stations wie etwa die *Photo Station*. Jedes Programm kümmert sich um seinen eigenen Aufgabenbereich und ergänzt die DiskStation um bestimmte Funktionen. Sie können das Paket-Zentrum also mit einem App-Store auf dem Mobilgerät vergleichen. Die meisten Programme und Funktionen stammen direkt von Synology, aber es gibt auch eine Sektion mit bekannten Diensten und Programmpaketen aus dem Open-Source-Bereich. Beim ersten Öffnen des Paket-Zentrums müssen Sie den Nutzungsbedingungen zustimmen.

Gegenwärtig befindet sich bei Ihnen am Icon des Paket-Zentrums eventuell eine rot hinterlegte Zahl. Sie weist darauf hin, dass es für einige Pakete eine aktuelle Fassung gibt – mehr dazu in Kapitel 19 im Abschnitt »Die Programme der DiskStation aktuell halten«. Das Paket-Zentrum werden Sie sehr häufig benutzen, um neue Software auf Ihrer DiskStation zu installieren. Die Installation kann einfach durch einen Mausklick vorgenommen werden, nur selten sind Rückfragen zu beantworten. Ein installiertes Programm steht danach im Hauptmenü der DiskStation zur Verfügung und kann gestartet werden. Sie können sich an dieser Stelle gleich einmal im Paket-Zentrum umsehen.

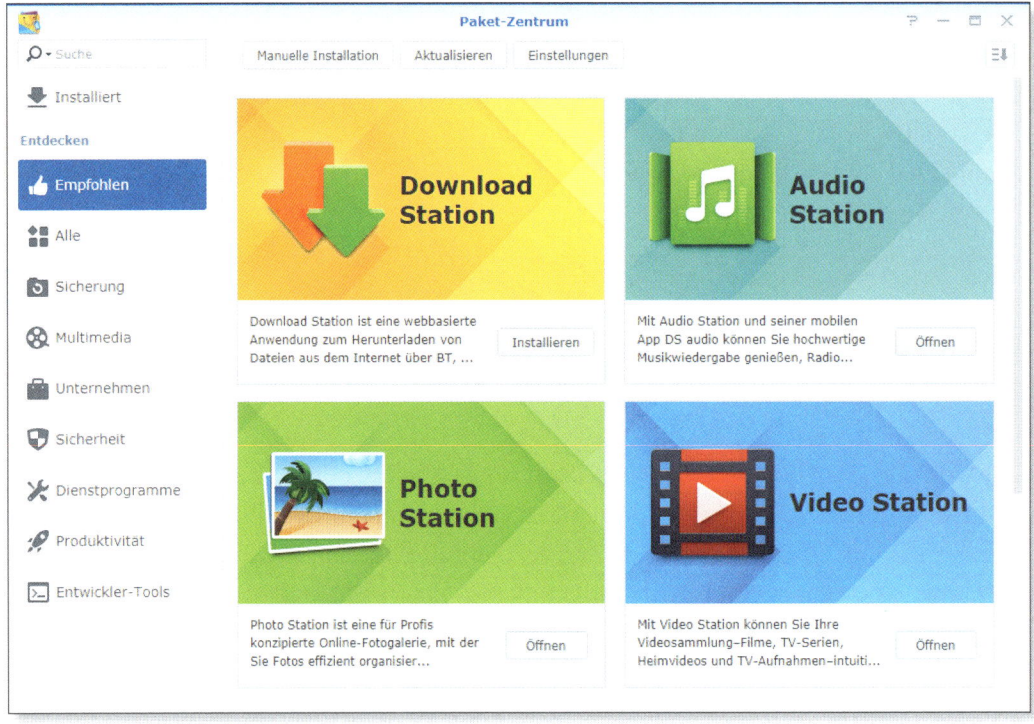

Hält neue Software zur Erweiterung des Funktionsumfangs nach Kategorien sortiert vor: das Paket-Zentrum.

Im Paket-Zentrum sind die einzelnen Softwarepakete nach Kategorien sortiert. Links oben gibt es ein Suchfeld, das sich als praktisch erweist, wenn Sie den Namen der zu installierenden Software kennen. Wenn Sie ein Element im Paket-Zentrum anklicken, erhalten Sie einen beschreibenden Text und einige Bildschirmfotos. Sie schließen das Paket-Zentrum (wie jedes andere Fenster auch) mit einen Klick auf das X oben rechts.

Die File Station – der Datei-Explorer der DiskStation

Das nächste Symbol auf dem Desktop gehört zur *File Station*. Sie dient wie ein Datei-Explorer dem Zugriff auf Ihre gespeicherten Daten. Diese werden Ihnen, wie vom Desktop-Rechner gewohnt, in Verzeichnissen und Unterverzeichnissen (*Ordnern*) angezeigt. Windows-Benutzer werden sich vielleicht etwas wundern, denn es gibt auf der DiskStation keine Laufwerksbuchstaben, auch nicht für extern angeschlossene Datenträger. Als Administrator haben Sie Zugriff auf den gesamten Datenbestand der DiskStation und können alle Daten lesen und verändern. Auf bestimmte Daten, wie zum Beispiel die Systemdaten von DSM, haben Sie jedoch auch als Administrator über die File Station keinen Zugang (Sie können nur über Umwege Zugriff erhalten, zum Beispiel über den Terminalzugriff). Wenn Sie als Administrator in der File Station unterwegs sind, müssen Sie also immer den Datenschutz respektieren. Wenn Sie als normaler Nutzer eingeloggt sind, sehen Sie hingegen nur die persönlichen Daten (die wiederum allen anderen normalen Benutzern verborgen bleiben) sowie die gemeinsam genutzten Daten, auf die Sie zugreifen dürfen. Mehr dazu und zum Umgang mit der File Station finden Sie in Kapitel 6, »Netzwerkfreigaben im Heimnetz verwalten«. Ein kleiner Tipp: Probieren Sie einmal das Menü der rechten Maustaste aus, dort verbergen sich interessante Funktionen, die Sie im Detail in Kapitel 6 kennenlernen werden.

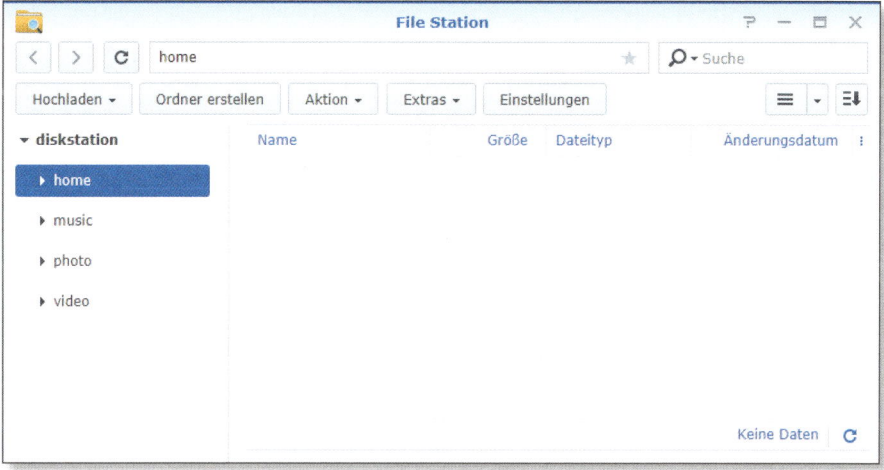

Anfangs noch ganz leer, aber schon in Kürze sehr wichtig: die File Station, der Datei-Explorer der DiskStation

Hat für (fast) alles eine Antwort parat – die DSM Hilfe

Über das Icon auf dem Desktop mit dem Namen *DSM Hilfe* gelangen Sie zum interaktiven Benutzerhandbuch, das sich häufig auch über das Symbol ? in der oberen rechten Ecke eines Fensters erreichen lässt. Die Hilfe ist eine gute Anlaufstelle, wenn Sie dieses Buch einmal nicht zur Hand haben und etwas über eine bestimmte Funktion in Erfahrung bringen möchten.

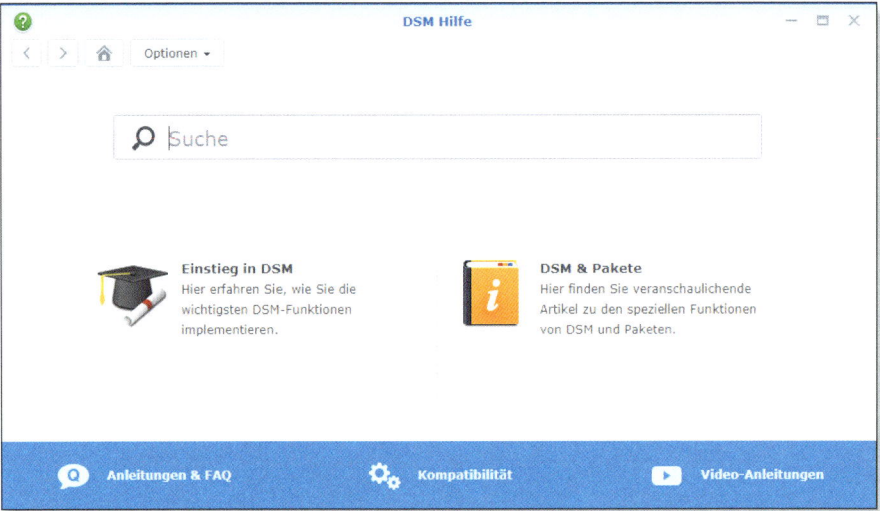

Über die Suche der DSM Hilfe erhalten Sie Informationen zu den Funktionen der DiskStation.

Kapitel 6
Netzwerkfreigaben im Heimnetz verwalten

Über Netzwerkfreigaben können Sie bequem mit anderen Computern direkt auf den Speicher der DiskStation zugreifen. Hier lernen Sie, wie das geht.

In diesem Kapitel geht es um das zentrale Element, quasi die Hauptaufgabe, der ein NAS-Gerät seinen Namen verdankt: die Bereitstellung von *Netzwerkfreigaben*, über die auf den zentralen Speicherplatz zugegriffen werden kann. Sinn und Zweck einer solchen Freigabe ist es, dass verschiedene Benutzer und Rechner über die Netzwerkverbindung den Speicherplatz der DiskStation zum Speichern und Abrufen von Daten nutzen können. Der Zugriff kann durchaus automatisiert erfolgen, beispielsweise im Rahmen von automatischen Backups. Natürlich kommt auch eine Rechtevergabe ins Spiel, die den Zugriff auf die Daten kontrolliert (worauf auch die Bezeichnung *Freigabe* hinweist). Netzwerkfreigaben können für die unterschiedlichsten Aufgaben verwendet werden: Im heimischen Einsatz sind sie etwa praktisch für ein (oder sogar mehrere) Mediacenter, das auf die zentrale Mediensammlung zugreifen kann. Auch für einen modernen Videorekorder ist eine Netzwerkfreigabe praktisch: Fernsehaufnahmen werden zentral gespeichert und können von allen geeigneten Geräten (wie Fernseher und Computer) im Netzwerk abgespielt werden. Aber auch zum Arbeiten sind Freigaben nützlich, denn mehrere Projektpartner können bequem diverse Dateien untereinander austauschen. Dank verschiedener Protokolle lässt sich eine Netzwerkfreigabe ganz bequem in das Betriebssystem eines Computers einbinden, sodass sich der Netzwerkspeicher praktisch genauso nutzen lässt, wie eine eingebaute Festplatte.

Nur für Sie selbst – die Freigabe des home-Ordners

Bei Ihrer Synology DiskStation ist üblicherweise nach der Ersteinrichtung bereits Ihr persönlicher *home*-Ordner als Netzwerkfreigabe eingerichtet. Ein jeder Benutzer hat auf der DiskStation einen eigenen *home*-Ordner, der der Aufnahme persönlicher Daten dient und dessen Inhalt vor anderen Nutzern (ausgenommen Administratoren) verborgen bleibt.

Die Freigabe Ihres *home*-Ordners als Netzwerkfreigabe erfolgt auf der DiskStation über den sogenannten *Benutzer-Home-Dienst*. Bevor es richtig losgeht, sollten Sie zur Sicherheit überprüfen, ob dieser Dienst auch aktiviert ist. Dabei lernen Sie gleich, wo er mit seinen Einstellmöglichkeiten zu finden ist.

Öffnen Sie also zunächst an Ihrem Desktop-Rechner oder Notebook (ein Tablet tut es natürlich auch) einen Webbrowser und darin die Hauptseite Ihrer DiskStation. Dazu können Sie entweder den Hostnamen verwenden oder direkt die IP-Adresse des Geräts eingeben, wobei die erste Methode bequemer ist. Lautet der Hostname Ihres Geräts beispielsweise *diskstation* (siehe Kapitel 4, »Das Gerät erstmalig einrichten und in Betrieb nehmen«), so öffnen Sie im Browser die Seite *http://diskstation*. Loggen Sie sich – und das ist wichtig – nicht mit Ihrem persönlichen Nutzerkonto, sondern mit dem Administratorkonto ein, das Sie ebenfalls bei der Ersteinrichtung angelegt haben. Der *http://*-Vorsatz ist in vielen modernen Browsern erforderlich, weil ansonsten eine Suche bei einer Suchmaschine durchgeführt wird, die nicht zu Ihrer persönlichen DiskStation führen wird; alternativ genügt es häufig, einen Schrägstrich am Ende des Hostnamens zu ergänzen.

Bevor Sie etwas konfigurieren oder ändern, müssen Sie sich stets an der DiskStation mit Nutzernamen und Passwort anmelden.

Öffnen Sie im Browser die **Systemsteuerung**, die Sie direkt auf dem Desktop (quasi der Startseite der DiskStation) oder über das Hauptmenü mit der Schaltfläche oben links erreichen. Rufen Sie in der Systemsteuerung das Modul **Benutzer** auf, und klicken Sie dort im oberen Teil des Fensters auf die Registerkarte **Erweitert**. Hier müssen Sie nun nach unten bis zur **Benutzerbasis** scrollen. Dort muss im Feld **Benutzer-Home-Dienst aktivieren** ein Haken gesetzt sein – damit ist der Dienst aktiv, und Sie können auf die Freigaben zugreifen. Klicken Sie auf **Übernehmen**.

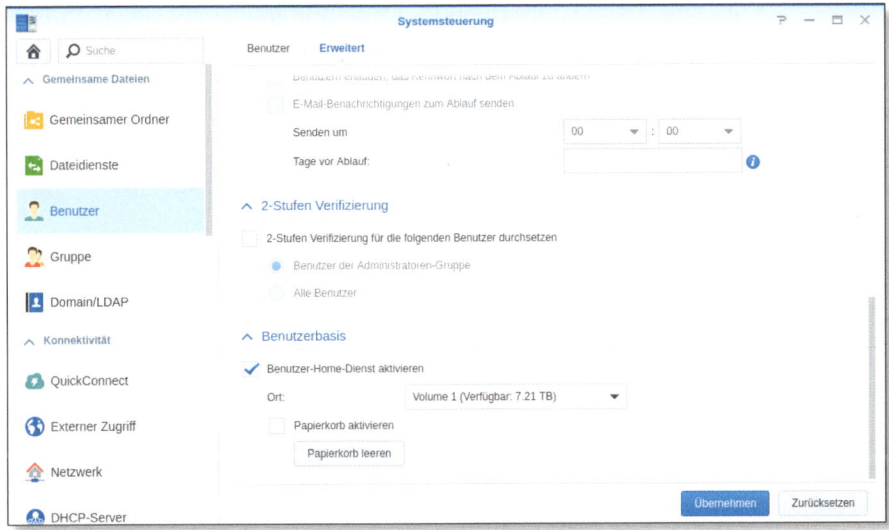

Der Benutzer-Home-Dienst ist aktiviert – so soll es sein.

Fortgeschrittene Nutzer können hier übrigens auch den Speicherort wählen, auf dem die DiskStation die *home*-Ordner aller Benutzer ablegt. Ganz konkret kann das entsprechende Volume gewählt werden. Da es bei Einsteigern üblicherweise nur ein einzelnes Volume gibt, das sich über den gesamten Speicherplatz aller eingebauten Festplatten erstreckt, erübrigt sich hier im Allgemein eine Änderung.

Auch für den Einsteiger interessant ist die *Papierkorb-Funktion*. Wie beim Arbeits- bzw. Desktop-Computer werden Dateien beim Löschen zunächst in den Papierkorb verschoben, aus dem Sie jederzeit wiederhergestellt werden konnten. Dies ist praktisch, wenn eine Datei versehentlich gelöscht wurde oder zu einem späteren Zeitpunkt doch noch einmal von Interesse ist. Möchten Sie die Funktion nutzen, dann setzen Sie im Feld **Papierkorb aktivieren** einen Haken und klicken anschließend erneut auf **Übernehmen**.

Damit der Speicherplatz beim Löschen von Daten aber schließlich doch für neue Daten freigegeben wird, sollte der Papierkorb wie das natürliche Vorbild regelmäßig geleert werden. Ihre DiskStation kann das über eine automatische und sehr empfehlenswerte Regel durchführen. Zur ihrer Einrichtung öffnen Sie in der Systemsteuerung das Modul **Gemeinsamer Ordner**. Klicken Sie dort auf **homes** und oben in der Symbolleiste auf die Schaltfläche **Aktion • Zeitplan zur Leerung des Papierkorbs einstellen**. Darauf erscheint ein Fenster mit dem Namen **Aufgabe erstellen**.

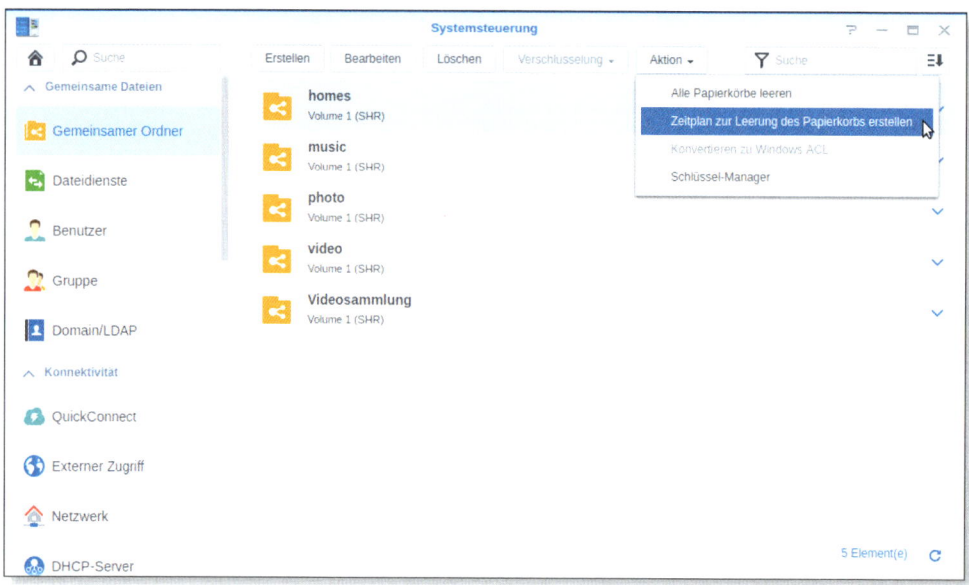

Rufen Sie das Fenster auf, in dem Sie eine Regel zur automatischen Leerung des Papierkorbes erstellen können.

Im gleichnamigen Feld können Sie die neue Aufgabe zunächst benennen, etwa mit dem Namen »Papierkorb leeren«. Wechseln Sie dann auf die Registerkarte **Zeitplan**. Hier legen Sie fest, zu welchem Zeitpunkt und in welchen Intervallen der Papierkorb geleert wird und alle enthaltenen Daten endgültig gelöscht werden.

Nur für Sie selbst – die Freigabe des home-Ordners

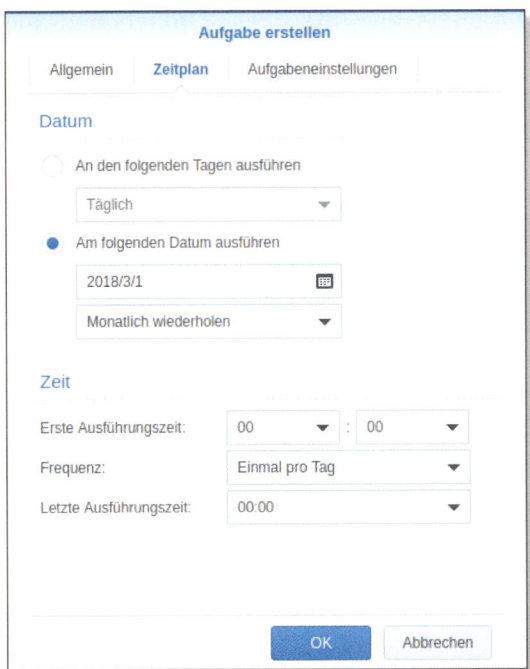

Legen Sie einen Zeitplan für die Leerung des Papierkorbs fest.

Für die Papierkörbe der einzelnen Benutzer bietet sich eine monatliche Leerung an. Selektieren Sie also den Punkt **Am folgenden Datum ausführen**, und stellen Sie als Startpunkt beispielsweise den ersten Tag des nächsten Monats ein. Direkt darunter aktivieren Sie die Einstellung **Monatlich wiederholen**. Weiter unten können Sie die **Ausführungszeit** einstellen. Diese kann beliebig gewählt werden. Die Ausführung in der Nacht ist vorteilhaft, weil dann üblicherweise die Systemauslastung sehr niedrig ist.

Zum Schluss kommt ein wichtiges Detail: Klicken Sie einmal auf die Registerkarte **Aufgabeneinstellungen**. Interessant ist hier die **Beibehaltungsrichtlinie**. Der Papierkorb kann nämlich so eingestellt werden, dass bei seiner Leerung nur solche Daten gelöscht werden, die länger als eine bestimmte Zeitspanne im Papierkorb enthalten sind. Sinnvoll ist etwa die Einstellung: *Dateien löschen, die älter sind als sieben Tage*. Mit dieser Option wird der Papierkorb zwar am eingestellten Tag geleert, dabei werden aber nur solche Dateien endgültig gelöscht, die Sie vor mehr als sieben Tagen vom ursprünglichen Ort entfernt haben. Diese Funktion gibt also mehr Sicherheit vor versehentlichem Datenverlust. Klicken Sie zum Abschluss auf **OK**.

Jetzt sind Sie so weit, dass Sie die Freigabe Ihres *home*-Ordners über die Netzwerkverbindung ausprobieren können. Ich zeige Ihnen im Folgenden, was dazu unter den bekannten Betriebssystemen notwendig ist.

Wenn Sie **Windows** benutzen, öffnen Sie zunächst den normalen Datei-Explorer (**Dieser PC**), beispielsweise über das Startmenü oder die Verknüpfung in der Startleiste. Am schnellsten gelangen Sie zum Ziel, wenn Sie direkt die Adresse der DiskStation in die Adressleiste eingeben. Klicken Sie einfach mit der Maus im Datei-Explorer in die Adressleiste (je nach Windows-Version müssen Sie die Adressleiste zunächst über das Menü einschalten), und geben Sie den Hostnamen der DiskStation mit zwei vorangestellten umgedrehten Schrägstrichen ein. Um diesen sogenannten *Backslash* einzugeben, drücken Sie gleichzeitig die Taste Alt Gr und die Taste, auf der sich das ß befindet.

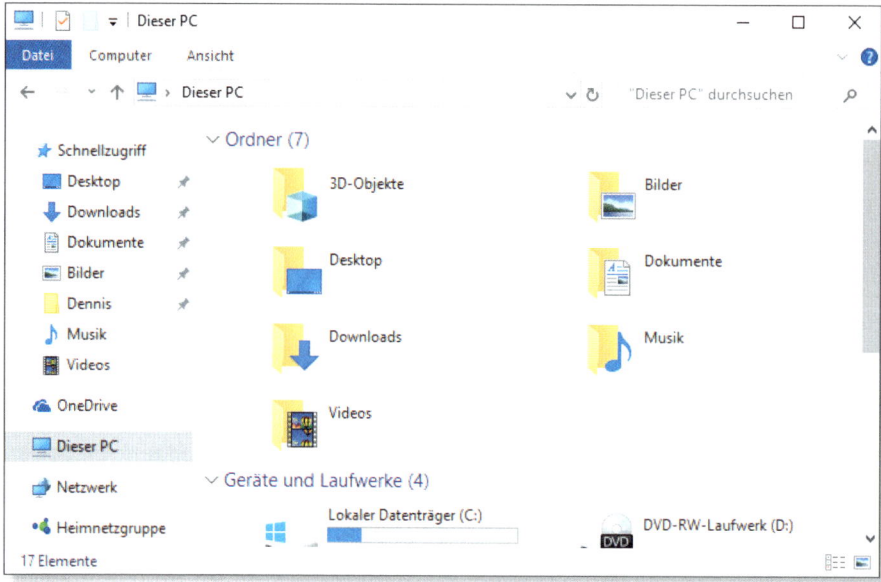

Am schnellsten kommen Sie zur DiskStation, in dem Sie oben in die Adressleiste »Dieser PC« klicken und \\ gefolgt vom Hostnamen Ihrer DiskStation eingeben.

Wenn Sie anschließend auf ⏎ drücken, erhalten Sie eine Passwortabfrage. Hiermit wird Ihre Identität überprüft, und es wird sichergestellt, dass nur berechtigte Personen auf die jeweiligen Daten zugreifen können. Geben Sie Ihren Nutzernamen und das dazugehörigen Passwort ein. Verwenden Sie die Daten des normalen Benutzerkontos und nicht die des Administratorzugangs. Das Passwort können Sie von Windows speichern lassen, das empfiehlt sich aber nur, wenn Ihr Computer generell durch ein Passwort geschützt ist und nur durch Sie selbst oder vertrauenswürdige Personen verwendet wird. Jetzt öffnet sich eine Übersicht aller Freigaben.

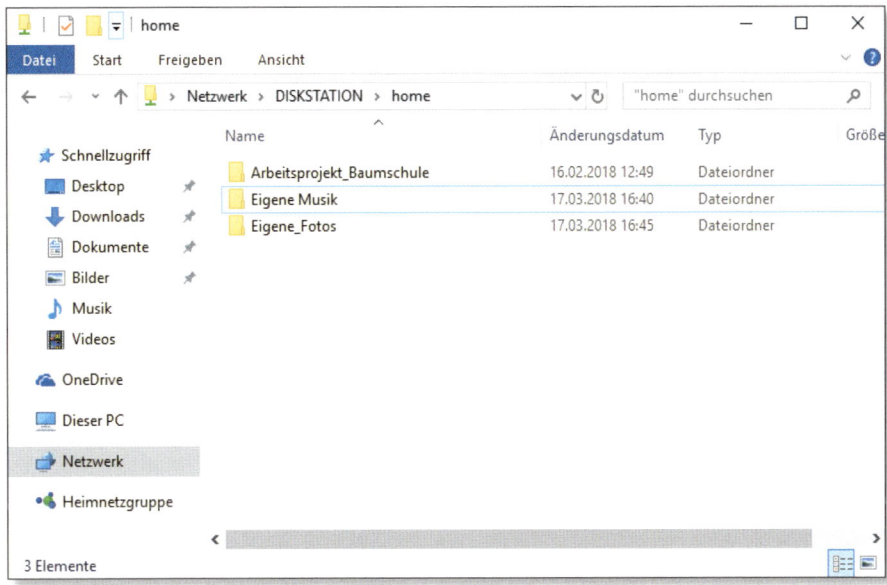

Sie können nun auf die Daten auf der DiskStation zugreifen.

Sie sehen dort Ihren *home*-Ordner, den Sie durch einen Doppelklick öffnen können. Wie in einem normalen Dateiverzeichnis können Sie nun Dateien anlegen, nach Herzenslust in Unterordnern organisieren und natürlich auch löschen.

Neben dieser Methode gibt es noch einen zweiten Weg, den Sie vielleicht von anderen Geräten her kennen. Windows sucht standardmäßig automatisch nach Netzwerkgeräten und listet diese im Fenster **Netzwerk** auf. Standardmäßig ist die DiskStation jedoch nicht so konfiguriert, dass sie von modernen Windows-Versionen gefunden wird. Das liegt unter anderem am deaktivierten Gastkonto. Wenn Ihnen die Eingabe des Hostnamens nicht zusagt und Sie die automatische Suche benutzen möchten, dann müssen Sie diese Funktion erst aktivieren. Dazu müssen Sie sich als Administrator über die Weboberfläche auf Ihrer DiskStation einloggen. Öffnen Sie die **Systemsteuerung** und darin das Modul **Dateidienste**. Klicken Sie in der Sektion **SMB** auf die Schaltfläche **Erweiterte Einstellungen**. Aktivieren Sie dort das Kästchen **Local Master Browser aktivieren** – aber Achtung: Diese Option aktiviert das Gastkonto auf der DiskStation. Aus Sicherheitsgründen sollte dieses normalerweise deaktiviert bleiben, allerdings ist es ab Werk recht spartanisch ausgestattet und bietet kaum Funktionen. Sie sollten diese Option trotzdem nur dann nutzen, wenn Ihre DiskStation nur von vertrauenswürdigen Personen benutzt wird, damit ein mögliches Angriffsrisiko weitestgehend minimiert wird. Wenn Sie die Einstellungen getätigt haben, klicken Sie auf **Übernehmen**. Damit ist die Funktion aktiv.

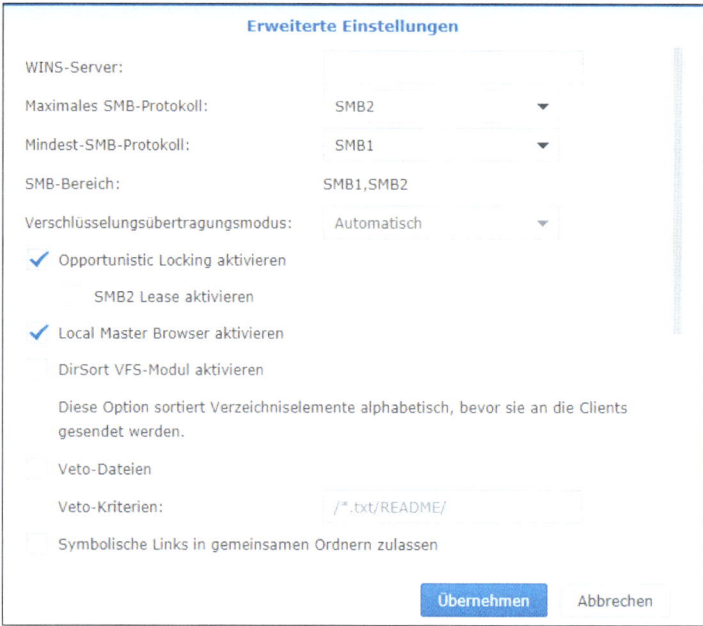

Aktivieren Sie in den erweiterten Einstellungen der Dateidienste den Local Master Browser.

Jetzt können Sie an einem Windows-PC im Datei-Explorer einfach in der linken Auswahlspalte auf den Eintrag **Netzwerk** klicken. Nach einer kurzen

Wartezeit sehen Sie alle Geräte in Ihrem Netzwerk, die Windows automatisch gefunden hat. Dort finden Sie auch – unter ihrem jeweiligen Hostnamen aufgeführt – Ihre DiskStation. Ein Doppelklick auf das Symbol zeigt Ihnen die Liste der Freigaben, auf die Sie zugreifen können. Natürlich müssen Sie auch bei dieser Methode Ihr Passwort eingeben. Ich würde Ihnen trotzdem lieber zum ersten Weg raten. Denken Sie daran, dass Sie sich jederzeit auch ein Lesezeichen oder eine Verknüpfung zur DiskStation anlegen können.

Alternativ können Sie Dateifreigaben auch einfach als Laufwerk in Windows einbinden – das ist eine besonders komfortable Lösung. Klicken Sie dazu einfach im Datei-Explorer auf **Computer • Netzlaufwerk verbinden**. Wählen Sie einen freien Laufwerkbuchstaben aus der Liste aus. Geben Sie anschließend im Feld **Ordner** den Pfad zur gewünschten Freigabe an. Das geht ganz einfach: Zuerst kommt der bekannte doppelte Backslash gefolgt vom Hostnamen der Diskstation, dann ein einfacher Backslash und dann der Name der Freigabe – im Regelfall der Ordnername. Möchten Sie eine Verknüpfung zu Ihrem *home*-Ordner erstellen, dann lautet die Eingabe also beispielsweise *Hostname**home*.

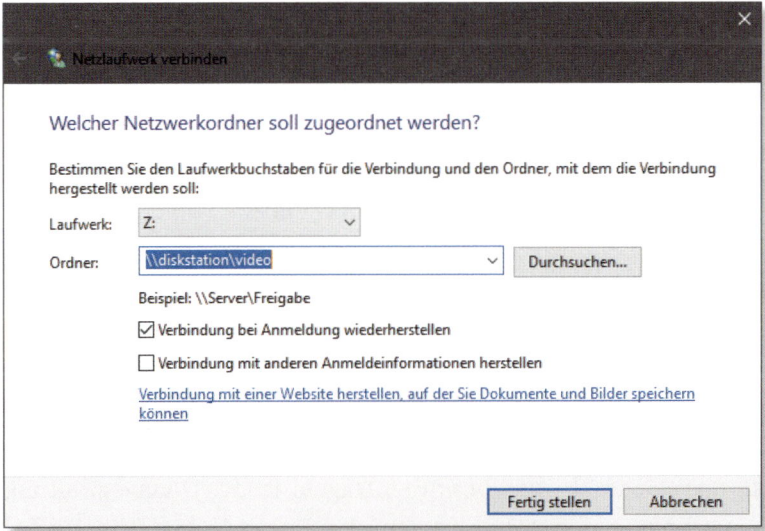

Über die Funktion »Netzlaufwerk verbinden« lässt sich ein bequemer Schnellzugriff auf die Daten der DiskStation erstellen.

Aktivieren Sie das Kontrollkästchen **Verbindung mit anderen Anmeldeinformationen herstellen**. Möchten Sie, dass die Verknüpfung dauerhaft gespeichert bleibt, dann aktivieren Sie auch das Kontrollkästchen **Verbindung bei Anmeldung wiederherstellen**. Klicken Sie abschließend auf **Fertig stellen**. Sie müssen anschließend Benutzername und Passwort eingeben und können dann auf die Daten zugreifen. Probieren Sie diese bequeme Art der Freigabe unbedingt einmal aus!

Auf einem Mac ist der Zugriff auf die Freigaben der DiskStation sehr einfach: Wählen Sie im Finder einfach den Menüpfad **Gehe zu • Mit Server verbinden**. Ihre DiskStation kann vom Finder automatisch gefunden werden – klicken Sie einfach auf **Durchsuchen**. Im Ergebnisbereich ist das Gerät nach kurzer Zeit gelistet. An der DiskStation müssen Sie sich mit Nutzernamen und Passwort anmelden. Klicken Sie also die DiskStation an, und wählen Sie anschließend **Verbinden als**. Sie müssen nun Ihre Zugangsdaten eingeben. Anschließend sehen Sie eine Liste mit allen Freigaben und können direkt auf diese zugreifen.

Auch unter Linux ist der Zugriff auf Ihre Freigaben besonders einfach. Das vielseitige Betriebssystem kann sowohl über das vor allem aus der Windows-Welt bekannte *SMB-Protokoll* als auch über das eigene *NFS-Protokoll* auf Netzwerkfreigaben der DiskStation zugreifen. Das NFS-Protokoll ist dabei flexibler als die SMB-Variante und erlaubt erweiterte Einstellungen, allerdings ist seine Einrichtung für den Einsteiger etwas komplizierter und gelingt am einfachsten, wenn man etwas fortgeschrittene Kenntnisse über Netzwerke und deren Einstellungen hat. Der Einsteiger verwendet daher auch unter Linux einfach das SMB-Protokoll und kommt mit wenigen Handgriffen zum Ziel. Ich zeige Ihnen nun am Beispiel der weit verbreiteten Linux-Variante *Ubuntu*, wie Sie schnell auf die Freigaben der DiskStation zugreifen können. Öffnen Sie dazu einfach das Programm zur Dateiverwaltung, das Sie über den Eintrag **Dateien** (mit dem Symbol einer Karteiregistratur) im Starter erreichen. Alternativ können Sie auch den Begriff »Dateien« in das Suchfeld von Ubuntu eintragen. In der Dateiverwaltung klicken Sie nun links in der Ordnerliste auf den Punkt **Andere Orte**. Rechts im Fenster sehen Sie eine Übersicht der Netzwerkgeräte, die Ubuntu von selbst gefunden hat.

Nur für Sie selbst – die Freigabe des home-Ordners

Ubuntu zeigt Ihnen automatisch die gefundenen Netzwerkgeräte an – Ihre DiskStation wird dazugehören.

Die DiskStation ist standardmäßig so konfiguriert, dass sie ihre Präsenz automatisch anderen Geräten im Netzwerk mitteilt und von Linux gefunden wird. Sie sehen ein Symbol mit dem Hostnamen Ihrer DiskStation. Öffnen Sie den Eintrag durch einen Doppelklick. In einem neuen Fenster werden Sie nach Benutzernamen und Passwort gefragt. Über diese Abfrage wird sichergestellt, dass nur berechtigte Nutzer auf die relevanten Daten zugreifen können. Je nach Einstellung der DiskStation (dazu später in diesem Kapitel mehr) werden anschließend nur die Daten angezeigt, die für den jeweiligen Nutzer auch zugänglich sind. Geben Sie nun die Zugangsdaten Ihres normalen Benutzerkontos ein (verwenden Sie nicht die Daten des Administratorkontos.)

Geben Sie die Zugangsdaten Ihres normalen Nutzerkontos ein, und entscheiden Sie, ob Sie das Passwort speichern möchten.

Ubuntu bietet Ihnen in diesem Fenster auch die Wahl, ob Sie Ihre Eingaben dauerhaft speichern, nur für die aktuelle Sitzung beibehalten oder nur für den aktuellen Zugriff verwenden möchten. Auch unter Ubuntu gilt: Nutzen Sie beim Start des Computers bereits ein Passwort, dann können Sie (zumindest im privaten Umfeld) die dauerhafte Speicherung aktivieren. Wenn Sie auf **Verbinden** klicken, sehen Sie die Liste der Freigaben. Je nachdem, welche Dienste Sie bereits auf der DiskStation installiert haben, ist die Auswahl mehr oder weniger umfangreich. Zu Ihrem persönlichen *home*-Ordner führt der Eintrag **home**. Diesen können Sie nun öffnen und darin – wie in einem gewöhnlichen lokalen Ordner – Dateien anlegen, bearbeiten und löschen.

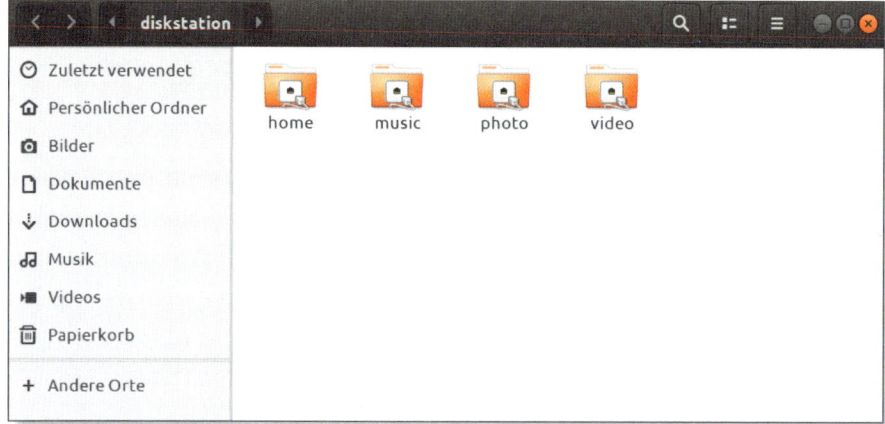

Ubuntu zeigt Ihnen die verfügbaren Freigaben an; home führt zu Ihrem persönlichen Ordner.

Damit Sie zukünftig schneller auf die Freigaben zugreifen können, empfiehlt es sich, ein Lesezeichen zu setzen. Klicken Sie dazu in der Menüleiste des Dateifensters von Ubuntu auf den Eintrag **Lesezeichen • Lesezeichen hinzufügen**. Alternativ können Sie auch die Tastenkombination $\boxed{\text{Strg}}$ + $\boxed{\text{D}}$ nutzen. Sie erhalten einen Schnellzugriff links im Fenster, der Sie direkt zu den Freigaben führt.

Unter allen Betriebssystemen gilt allgemein: Im Hauptordner der Freigaben (also dort, wo sich auch der Ordner *home* befindet), können Sie keine neuen Daten anlegen. Möglicherweise bleibt Ihnen auch der (Schreib-)Zugriff auf weitere Ordner (vor allem *music*, *video* und *photo*) verwehrt. Das liegt daran, dass für diese Ordner, die von den jeweiligen Stations genutzt werden, noch keine Zugriffsrechte definiert wurden. Solche Berechtigungen lassen sich aber schnell setzen. Öffnen Sie als Administrator die **Systemsteuerung** Ihrer DiskStation und darin das Modul **Benutzer**. Klicken Sie den Eintrag des entsprechenden Nutzerkontos an, und klicken Sie anschließend in der Symbolleiste auf **Bearbeiten**. Für die Berechtigungen der gemeinsamen Ordner ist die Registerkarte **Berechtigungen** zuständig. Dort können Sie die Zugriffsrechte für die zuvor genannten Ordner setzen und dabei den Zugriff komplett verweigern, nur lesend gestatten oder aber auch Veränderungen erlauben. Achtung: Für den Ordner *photo* können Sie die Rechte in diesem Fenster nicht verändern. Die Zugriffsrechte auf diesen Ordner werden direkt in der Photo Station gesetzt, dazu mehr in Kapitel 10. Nachdem Sie die Änderungen übernommen haben, können Sie direkt im Datei-Explorer überprüfen, dass Sie nun über die gewünschten Rechte verfügen.

In den Benutzereinstellungen können Sie die Rechte für den Zugriff auf Ordner setzen.

Nun ist es höchste Zeit für eine erste Übung, mit der Sie das Konzept der Freigaben verinnerlichen können. Legen Sie über die Freigabe in Ihrem *home*-Ordner einmal einige Dateien und Ordner an. (Sie können einfach einige Beispieldaten in die Ordner kopieren.) Anschließend öffnen Sie im Webbrowser die Hauptseite Ihrer DiskStation (für das Experiment ist es egal, ob Sie als Administrator oder als zum Desktop-Computer passender Nutzer angemeldet sind). Öffnen Sie die **File Station** und darin (in der linken

Auswahlleiste) Ihren persönlichen *home*-Ordner. Sie werden dort die zuvor abgelegten Dateien wiederfinden. Jetzt können Sie in der File Station einige Daten löschen und neue ergänzen. Zum Löschen verwenden Sie den entsprechenden Eintrag im Kontextmenü der rechten Maustaste, neue Dateien können Sie per Drag & Drop direkt in den Browser ziehen oder sie alternativ über die Schaltfläche **Hochladen** in der Symbolleiste anlegen. Wenn Sie dort den Eintrag **Überschreiben** wählen, dann werden auf der DiskStation bereits vorhandene Daten mit den neuen Daten überschrieben. Mit dem zweiten Eintrag werden die neuen Daten nicht kopiert und die vorhandenen Daten bleiben in der ursprünglichen Fassung.

Wenn Sie hiernach zum Dateiverwalter Ihres Computers zurückkehren, werden Sie dort die zuvor gemachten Veränderungen bemerken. Dieses Experiment wird noch eindrucksvoller, wenn Sie noch einen zweiten Computer zur Hand haben und mit diesem ebenfalls auf die Freigaben zugreifen. Sie werden auch dort den kompletten Datenbestand vorfinden und können (geeignete Rechte vorausgesetzt) von jedem verbundenen Gerät aus Veränderungen vornehmen.

Für mehrere Personen – gemeinsame Ordner

So viel zur Freigabe des persönlichen *home*-Ordners mit den eigenen, privaten Daten. Jetzt mache ich Sie mit dem Konzept der *gemeinsamen Ordner* vertraut. Dabei geht es nicht mehr um den Zugriff auf persönliche Daten, sondern explizit darum, Daten mit anderen Nutzern zu teilen und gemeinsam darauf zugreifen zu können. Gemeinsame Ordner eignen sich beispielsweise für Arbeitsprojekte, also wenn Sie mit mehreren Personen an einem Projekt arbeiten. Sie können aber auch zur Verwaltung einer gemeinsamen Mediensammlung genutzt werden. Sie können ganz exakt festlegen, welcher Nutzer welche Zugriffsrechte auf die Freigabe haben wird.

Denken Sie daran, dass nicht nur Menschen, sondern auch Geräte »Benutzer« Ihrer DiskStation sein können. Im Fall der Mediensammlung können Sie beispielsweise einrichten, dass zwei, drei oder sogar nur ein einzelner menschlicher Nutzer schreibend auf die Daten zugreifen darf, während ein weiterer Nutzer in Form eines Mediaplayers zur Sicherheit die Daten nur lesen darf. Für andere Dateien lassen sich so etwa auch gemeinsame Ordner anlegen, die nur von den Eltern einer Familie geändert und von den Kindern lediglich gelesen werden dürfen. Alternativ können natürlich auch solche Ordner angelegt werden, die von den Kindern (oder den Eltern) gar nicht erst eingesehen werden können. Kurz gesagt: Wann immer mehrere Nutzer an einer Freigabe beteiligt sein sollen, sollten Sie stets gemeinsame Ordner verwenden, die außerhalb der *home*-Ordner der Benutzer liegen. Wichtig ist, dass Sie sich merken, dass Sie für jeden gemeinsamen Ordner festlegen können (und auch müssen), welcher Benutzer welche Zugriffsrechte bekommt. In der Grundeinstellung ist der Zugriff für andere Benutzer zunächst nämlich gesperrt.

> **TIPP**
>
> **Der home-Ordner bleibt stets privat**
>
> Über Dateifreigaben sollten Sie Ihren *home*-Ordner nicht für andere Nutzer freigeben. Auch Unterordner Ihres *home*-Ordners sollten Sie stets nur für den eigenen Gebrauch verwenden. Somit behalten Sie immer den Überblick, und der Schutz Ihrer Daten bleibt gewahrt. Wenn Sie mit mehreren Nutzern an einem Ordner arbeiten möchten, sollten Sie stets einen gemeinsamen Ordner einrichten.

Ein gemeinsamer Ordner kann immer nur von einem Administrator angelegt werden. Loggen Sie sich nun also über einen Webbrowser mit Ihrem Administratorkonto auf Ihrer DiskStation ein. Öffnen Sie dort die **File Station**, und klicken Sie darin in der Symbolleiste am oberen Fensterrand auf **Erstellen • Neuen gemeinsamen Ordner erstellen**. In einem neuen Fenster präsentiert sich Ihnen der **Erstellungsassistent Freigegebener Ordner**. Dort müssen Sie zunächst die **Basisinformationen einrichten**.

Dazu gehört zunächst einmal der (Datei-)**Name** des neuen gemeinsamen Ordners. Leerzeichen sind bei Dateinamen durchaus möglich, auch wenn sie nicht immer gern gesehen sind. Geben Sie auch eine **Beschreibung** an, die auf den Einsatzzweck des Ordners hinweisen soll, hier müssen Sie sich bei der Zeichenwahl keine Gedanken machen, der Text ist völlig variabel. Über das Feld **Ort** können Sie festlegen, auf welchem Volume der Ordner auf der DiskStation angelegt wird, das ist für den Einsteiger aber nicht relevant, weil es hier im Regelfall nur ein einziges Volume gibt.

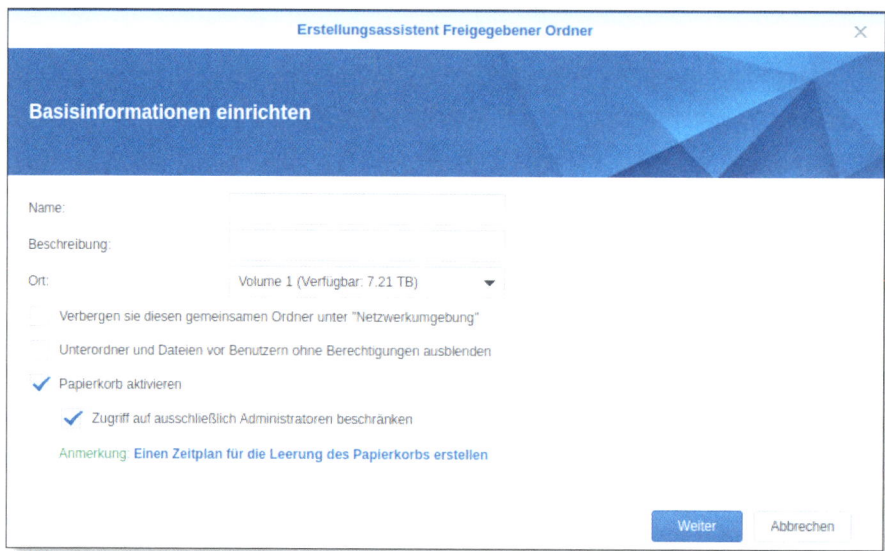

Als Administrator können Sie über den Erstellungsassistenten einen gemeinsamen Ordner anlegen.

Unterhalb dieser Eingabefelder können Sie einige Optionen anklicken: Auf Wunsch können Sie den gemeinsamen Ordner in der Netzwerkumgebung verbergen. Wenn Sie dies aktivieren, dann wird der Ordner in der Übersicht der Freigaben in Ihrem Betriebssystem nicht mehr automatisch angezeigt, es wird also kein Icon geben, das mit der Maus geöffnet werden kann. Gleichwohl ist der Zugriff direkt über die Adressleiste natürlich weiterhin uneingeschränkt möglich. Sinnvoll ist diese Option für Freigaben, die vor allem von Maschinen genutzt werden und auf die ein normaler Nutzer nicht (häufig) zugreift. Ein gutes Beispiel ist die zentrale Ablage von Konfigurationsdateien, die sich etwa eine Gruppe von mehreren Mediacentern teilt. Der Systemadministrator kann auf diese »unsichtbare« Freigabe weiterhin direkt über die Adresse zugreifen und sich auch ein Lesezeichen anlegen. Diese Art von »Verstecken« hat jedoch keinerlei Sicherheitsfunktion und schützt keinesfalls vor unbefugtem Zugriff, es geht einzig darum, dass die Freigabe nicht aufgelistet wird, sodass die entsprechende Freigabeliste in der Ansicht übersichtlich bleibt.

Die zweite Option betrifft Nutzer, die auf die Freigabe keine Zugriffsrechte haben. Soll diese Freigabe den Nutzern trotzdem angezeigt werden oder soll sie ihnen verborgen bleiben? Normalerweise wird man sich wünschen, dass die Freigabe, auf der ein Nutzer nicht zugreifen kann, ihm auch gar nicht erst angezeigt wird und die Option daher aktivieren. In diesem Fall erfährt der betreffende Nutzer anschließend gar nicht (auf den ersten Blick), dass es die betreffende Freigabe gibt.

Auf Wunsch können Sie auch für den gemeinsamen Ordner die Papierkorb-Funktion aktivieren und den Zugriff darauf auf Administratoren beschränken. Wie bei den Papierkörben für die *home*-Ordner (die Sie zuvor schon eingerichtet haben), empfiehlt es sich auch an dieser Stelle, Regeln zum automatischen, regelmäßigen Leeren zu aktivieren (siehe Kasten). Klicken Sie anschließend auf **Weiter**.

> **TIPP**
>
> **Eine Regel zum automatischen Leeren von Papierkörben gemeinsamer Ordner einrichten**
>
> Wenn Sie zuvor noch keine Regel zur Leerung der Papierkörbe der eigenen *home*-Ordner eingestellt haben, sollten Sie dies jetzt nachholen. Wenn Sie gemäß der zuvor beschriebenen Anleitung vorgehen, dann erfasst diese Regel auch alle Papierkörbe der gemeinsamen Ordner. Wenn Sie jedoch explizit eine eigene Regel wünschen, dann öffnen Sie die **Systemsteuerung** und dort den **Aufgabenplaner**. Klicken Sie auf **Erstellen • Geplante Aufgabe • Papierkorb**. Auf der Registerkarte **Aufgabeneinstellungen** können Sie den Papierkorb des gewünschten gemeinsamen Ordners auswählen. Alle weiteren Einstellungen erfolgen, wie zuvor gezeigt.

Auf der nächsten Seite des Assistenten geht es um die Verschlüsselung der Daten. Diese ist rein optional und für den Anfänger zunächst (oftmals) nicht nötig. Die Verschlüsselung dient dem Schutz sensibler Daten. Ich werde

Ihnen in Kapitel 18, »Schritt für Schritt zu mehr Sicherheit im Heimnetz«, zeigen, wie Sie die Verschlüsselung auf Wunsch einrichten. Möchten Sie die Verschlüsselung nicht nutzen, dann klicken Sie auf **Weiter**.

Sie sehen nun eine Infoseite, die alle Einstellungen zusammenfasst. Wenn alles in Ordnung ist, klicken Sie auf **Übernehmen** (wenn etwas nicht stimmt, klicken Sie einfach auf **Zurück** und nehmen die erforderlichen Änderungen vor). Der neue Ordner wird nun angelegt.

> **TIPP**
>
> **Einen gemeinsamen Ordner wieder löschen**
>
> Wenn Sie einen gemeinsamen Ordner wieder löschen möchten, dann führt der Weg nicht etwa über die File Station, sondern über das Modul **Gemeinsamer Ordner** der **Systemsteuerung**. Als Administrator angemeldet, können Sie hier gemeinsame Ordner über die gleichnamige Schaltfläche in der Symbolleiste löschen.

Als Nächstes sehen Sie das bekannte Fenster zur Bearbeitung der Rechte des freigegebenen Ordners. Hier können Sie wie gewohnt festlegen, wer auf den Ordner zugreifen darf und wer nicht. Sie können auch zwischen dem reinen Lesezugriff und dem Schreibzugriff unterscheiden. Im Feld **Vorschau** wird Ihnen stets angezeigt, welche Rechte der jeweilige Benutzer erhält. Standardmäßig ist kein Zugriff gestattet, und wenn dies auch Ihrem Wunsch entspricht, dann sind für den jeweiligen Nutzer keine Änderungen erforderlich. Für Sonderfälle gibt es auch eine Liste mit speziellen Freigaben, mit denen beispielsweise die Rechte für Änderungen an Dateiattributen (wie dem Änderungsdatum) gesetzt werden können. Das ist aber nur für den fortgeschrittenen Nutzer von Interesse.

Übrigens: Sie müssen die Rechte nicht immer getrennt für jeden einzelnen Nutzer vergeben, sondern können diese auch ganzen Gruppen zuweisen. Dazu ändern Sie oben links im Auswahlfeld einfach die Auswahl **Lokale Benutzer** auf **Lokale Gruppen**. Das ist allerdings nur bei einer größeren Anzahl von Benutzern interessant, die über die Benutzerverwaltung in der Systemsteuerung in mehrere Gruppen einsortiert wurden.

Wenn Sie fertig sind, können Sie auf **OK** klicken. Der gemeinsame Ordner ist nun angelegt und in den Freigaben der Nutzer (gemäß Ihren Einstellungen) sichtbar. Probieren Sie ihn am besten gleich aus. Der volle Effekt zeigt aber erst dann, wenn Sie versuchen, mit mehreren Rechnern und unterschiedlichen Nutzerkonten darauf zuzugreifen.

Die Arbeit mit der File Station

Auf den Datenbestand der DiskStation können Sie nicht nur über Netzwerkfreigaben zugreifen, sondern dies auch direkt über die File Station in der Benutzeroberfläche im Webbrowser tun. Gegenüber dem Zugriff über Netzwerkfreigaben bietet die File Station einige interessante zusätzliche Funktionen.

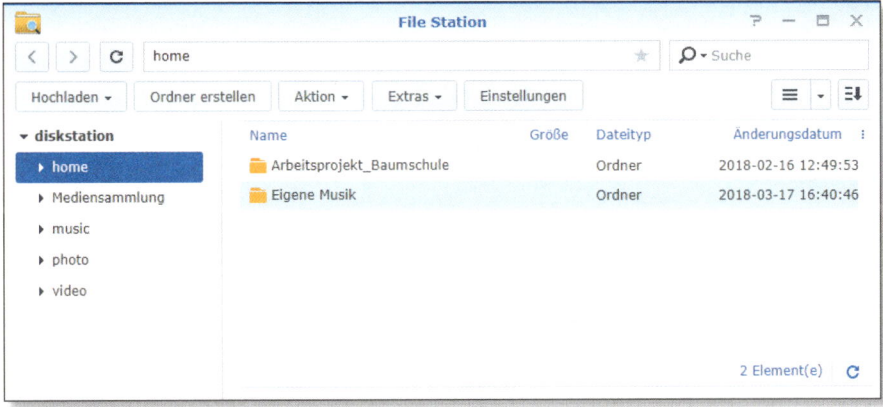

Die File Station zeigt zunächst den Inhalt Ihres home-Ordners an.

Wenn Sie die File Station über das Desktop-Symbol oder das Hauptmenü öffnen, sehen Sie zunächst eine Übersicht Ihrer Dateien und Ordner, die der Ansicht des Datei-Explorers Ihres Desktop-Computers ähnelt. Auf der linken Seite sehen Sie eine Ordnerliste, die auch Ihren persönlichen *home*-Ordner enthält, und im rechten Bereich sehen Sie die enthaltenen Dateien. Über die Symbolleiste im oberen Bereich des Fensters können Sie mit der ersten Schaltfläche neue Dateien **Hochladen**. Dabei haben Sie die Wahl, ob

Sie bereits vorhandene Dateien (mit gleichem Dateinamen) durch neue Dateien ersetzen (**Überschreiben**) oder beibehalten möchten (**Überspringen**). Natürlich können Sie Dateien auch direkt über Drag & Drop aus dem Datei-Explorer Ihres Desktop-Computers in den Browser ziehen.

Über die zweite Schaltfläche können Sie neue **Ordner erstellen**, dies funktioniert aber nur in Ordnern, in denen Sie auch Schreibzugriff haben. Außerdem können Sie keine Ordner auf der obersten Ebene erstellen, dies bleibt dem Administrator über gemeinsame Ordner vorbehalten.

Sehr vielseitig ist die Schaltfläche **Aktion**, die mehrere Auswahlmöglichkeiten bietet. Der obere Teil des Ausklappmenüs unterscheidet sich je nach ausgewähltem Dateityp und bietet zunächst – für unterstützte Datenformate – die Möglichkeit, direkt im Browser eine **Vorschau** der Datei betrachten zu können. Das ist etwa bei Fotos, Videos und Musikstücken möglich.

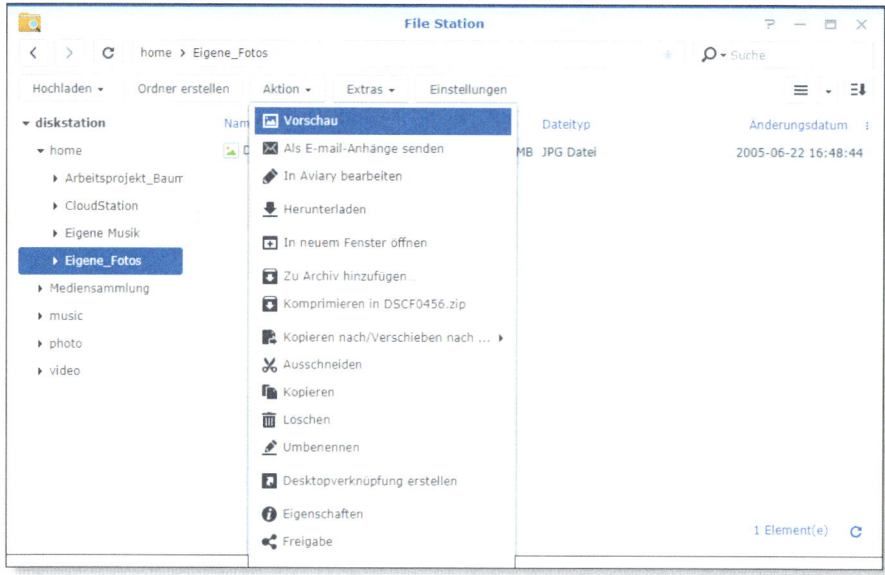

Das Menü »Aktion« hält vielseitige Funktionen bereit, unter anderem eine Vorschau für Fotos.

Ausgewählte Dateien lassen sich über ✉ direkt per E-Mail versenden, und zwar direkt aus dem Browser heraus – diese Funktion ist besonders praktisch, wenn Sie von unterwegs auf Ihre DiskStation zugreifen. Siehe dazu auch Kapitel 13, »Ab ins Netz – die DiskStation über das Internet erreichen«. Weiterhin werden Ihnen über ▣ Funktionen zur Komprimierung von Dateien geboten, Sie können also ZIP-Archive erstellen und diese (sowie die unkomprimierten Daten) direkt auf den aktuellen Computer herunterladen. Auch dies kann unterwegs sehr nützlich sein. Wenn Sie sich entscheiden, ein komprimiertes Archiv (also eine ZIP-Datei) zu erstellen, können Sie den Inhalt mit einem Passwort verschlüsseln.

Im Menü folgen bekannte Optionen zum **Kopieren**, **Verschieben nach**, **Löschen** und **Umbenennen** von Dateien, die Sie bei Gelegenheit einmal ausprobieren sollten. Außerdem können Sie über ▣ für wichtige und häufig benutzte Dateien und Ordner als Schnellzugriff Verknüpfungen auf dem Desktop anlegen (gemeint ist natürlich der Desktop im Browser).

> **TIPP** **Verschiedene Ansichtsoptionen einstellen**
>
> Über die kleinen Schaltflächen ganz rechts in der Symbolleiste bietet die File Station stets die Möglichkeit, die Symbolgröße der Datei-Icons zu ändern, es gibt auch eine Detailansicht, und Sie können Sortierkriterien definieren – ganz wie im Datei-Explorer Ihres Desktop-PCs. Über die Schaltfläche **Einstellungen** können fortgeschrittene Nutzer weitere Optionen aktivieren, die jedoch für den Einsteiger zunächst nicht relevant sind.

Besonders interessant sind die Einträge am Ende des Menüs **Aktion**. Dort finden Sie zunächst den Eintrag **Freigabe** mit dem aus der Mobilwelt bekannten Symbol ⤴. Hierüber können Sie ausgewählte Dateien und Ordner mit anderen Personen teilen. Das funktioniert über einen Link, also eine Internetadresse, die direkt auf Ihre DiskStation verweist und die Sie – beispielsweise per E-Mail – direkt an andere Personen weitergeben können. Wenn man den Link anklickt, öffnet sich im Browser die Seite Ihrer DiskStation. Der Nutzer kann die freigegebenen Daten auf seinen eigenen Rechner herunterladen. Dabei gibt es auch mehrere Möglichkeiten, den Zugriff auf die Daten zu beschränken.

Kapitel 6 – Netzwerkfreigaben im Heimnetz verwalten

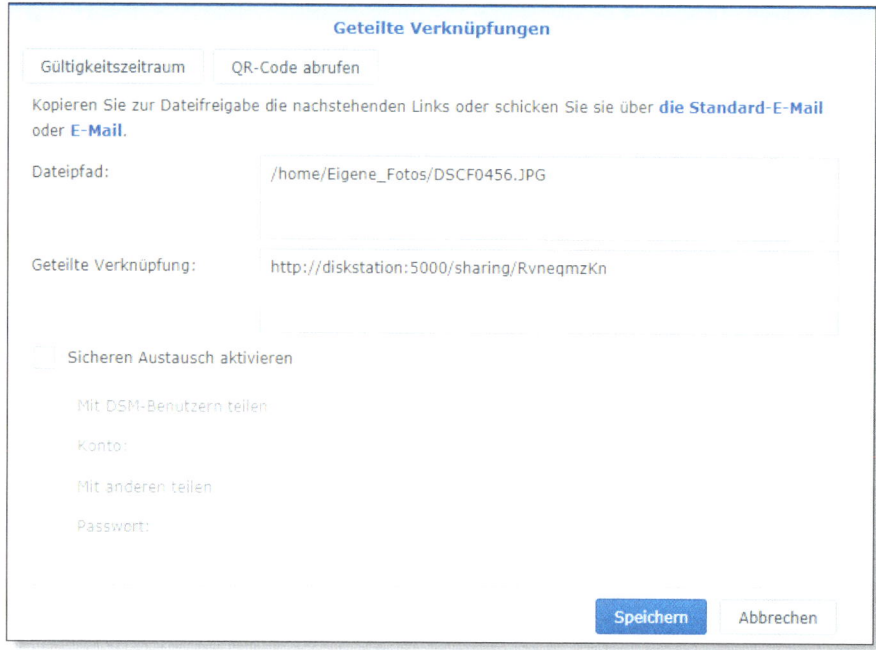

Besonders praktisch für den schnellen Austausch von Daten: die Freigabe-Funktion.

Möchten Sie eine Freigabe erstellen, klicken Sie zunächst den Eintrag im Menü an. Sie sehen dann das Fenster **Geteilte Verknüpfungen**. Im Feld **Dateipfad** sehen Sie, wo sich die Datei oder der Ordner auf Ihrer DiskStation befindet. Das Feld **Geteilte Verknüpfung** zeigt Ihnen direkt den Link an, den Sie an andere Personen weitergeben können. Diesen können Sie aus dem Fenster kopieren und in ein anderes Programm einfügen. Sie können ihn aber auch direkt per E-Mail versenden, klicken Sie dazu einfach in der Textzeile im oberen Bereich des Fensters auf die entsprechende Option. Sie können den Link entweder über die eingebaute E-Mail-Funktion der DiskStation versenden (was unterwegs hilfreich ist) oder das E-Mail-Programm des aktuellen Computers benutzen – dort wird sich dann eine Vorlage mit den benötigten Daten öffnen. Smartphone-Nutzer werden sich über die Schaltfläche **QR-Code abrufen** (oben im Fenster) freuen, sie zeigt die bekannten Codes, die mit einer Smartphone-Kamera gescannt werden können. Über die Schaltfläche **Gültigkeitszeitraum** können Sie den Zeitrahmen einstellen, in dem die Verknüpfung freigeschaltet ist. Sie können einen Start- und Stopptermin (jeweils mit Uhrzeit) vorgeben und die Anzahl der Zugriffe beschränken.

Wenn Sie nicht möchten, dass jedermann, der den Link besitzt, auf die Daten zugreifen kann, dann können Sie im unteren Bereich des Fensters über das Kästchen **Sicheren Austausch aktivieren** einen Zugriffschutz einrichten. Es gibt zwei Möglichkeiten: über die Option **Mit DSM-Benutzern teilen** wird die Freigabe so eingerichtet, dass Sie nur von ausgewählten DSM-Benutzern geöffnet werden kann. Eine berechtigte Person muss also ein Benutzerkonto für die DiskStation haben. Den Benutzernamen geben Sie direkt in das Feld **Konto** ein. Mehrere Benutzer sind auch möglich, trennen Sie Eingaben durch die ⏎-Taste. Diese Art der Einschränkung eignet sich für Freigaben innerhalb des Nutzerkreises der DiskStation, zum Beispiel innerhalb der Familie, des Vereins oder des Büros. Gleichwohl kann der Link auch über das Internet genutzt werden. Wenn der Adressat aber kein Benutzerkonto auf der DiskStation hat, dann haben Sie mit der zweiten Option die Möglichkeit, die Freigabe mit einem Passwort zu schützen. Aktivieren Sie **Mit anderen teilen** und füllen Sie das Feld **Passwort** aus. Bevor jemand auf die freigegebenen Daten zugreifen kann, muss er erst einmal das Passwort eingeben. Diese Art der Freigabe eignet sich zum Teilen von Daten mit externen Personen über das Internet. Dazu zählen Freunde und Bekannte sowie Geschäftskunden. Bitte beachten Sie, dass Ihre DiskStation derzeit noch nicht über das Internet erreichbar ist. Möchten Sie den Zugriff über das Internet aktivieren, dann erfahren Sie mehr dazu in Kapitel 13, »Ab ins Netz – die DiskStation über das Internet erreichen«.

Eine Übersicht über alle Freigaben – auch solche, die Sie selber von anderen DiskStation-Benutzern erhalten haben – sehen Sie in der File Station über den Menüpfad **Extras • Verwaltung geteilter Verknüpfungen**. Dort können Sie erstellte Freigaben auch wieder löschen sowie – über die Schaltfläche **Teilen** – erneut mit anderen Personen teilen, dafür wird Ihnen wieder der Freigabelink angezeigt, den Sie auch direkt per E-Mail versenden können. Freigaben, die Sie erhalten haben, sehen Sie über den Eintrag **Mit mir geteilte Links** oben im Fenster.

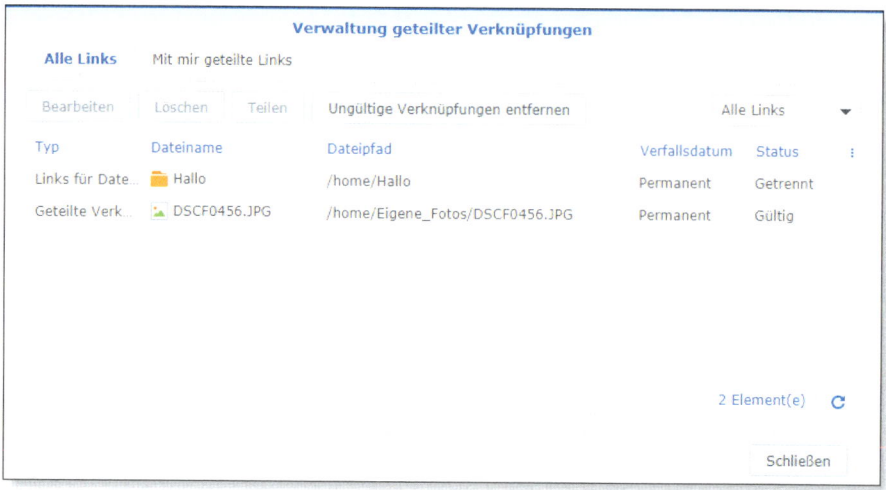

In der »Verwaltung geteilter Verknüpfungen« sehen Sie, welche Daten Sie freigegeben haben und auf welche fremden Freigaben Sie zugreifen können.

In der Grundkonfiguration können Sie lediglich vorhandene Dateien mit anderen Personen teilen. Sie können die DiskStation auch so einstellen, dass andere Personen Ihnen Dateien zusenden können. Dafür geben Sie Speicherbereich Ihrer DiskStation frei, andere Personen können hier Daten hochladen. Dies nennt man *Dateianforderung*. Diese ist zunächst nicht aktiv, denn hierüber könnten böswillige Nutzer auch Dateien mit Viren und anderem Schadcode hochladen. Wenn Sie die Funktion aktivieren, dann sollten Sie nur vertrauenswürdigen Personen den Datei-Upload erlauben.

Die Dateianforderung muss vom Administrator freigeschaltet werden. Loggen Sie sich also mit Ihrem Administratorkonto ein. Öffnen Sie dort die **File Station**, und klicken Sie auf die Schaltfläche **Einstellungen**. Auf der Registerkarte **Geteilte Verknüpfungen** finden Sie die Option unter dem Eintrag **Links für Dateianforderung**.

Sie können auswählen, ob alle Benutzer diese Funktion nutzen dürfen, ob sie Administratoren vorbehalten bleibt oder nur bestimmten Benutzern zur Verfügung stehen soll. Über die Schaltfläche darunter können Sie den Nutzerkreis festlegen.

Die Arbeit mit der File Station

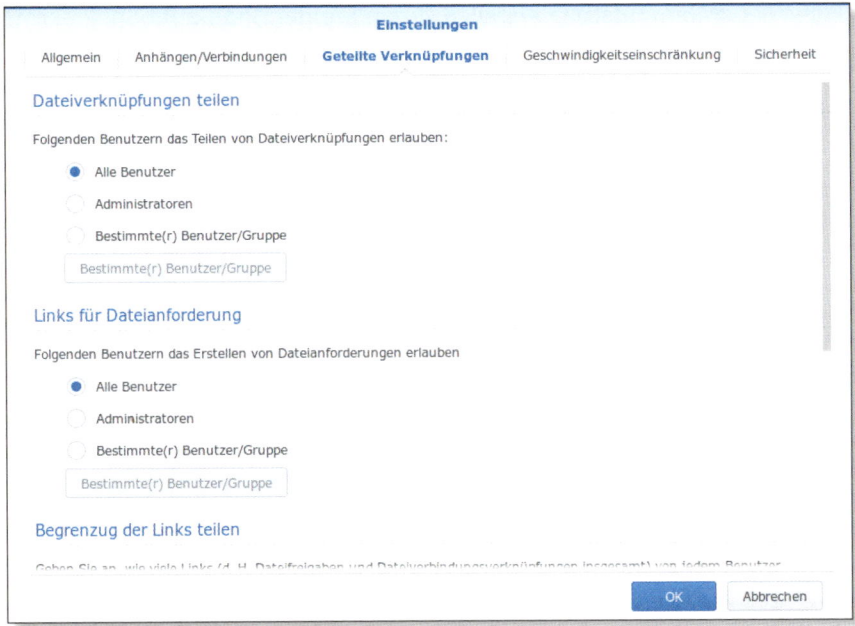

In den Einstellungen der File Station können Sie als Administrator die Dateianforderung aktivieren.

Klicken Sie abschließend auf **OK**. Wenn Sie jetzt zu einem normalen Nutzerkonto zurückkehren, dann finden Sie in der **File Station** im Menü **Aktion** die Option **Dateianforderung erstellen**. Wählen Sie dazu einen Ordner aus, in dem die Daten abgelegt werden sollen.

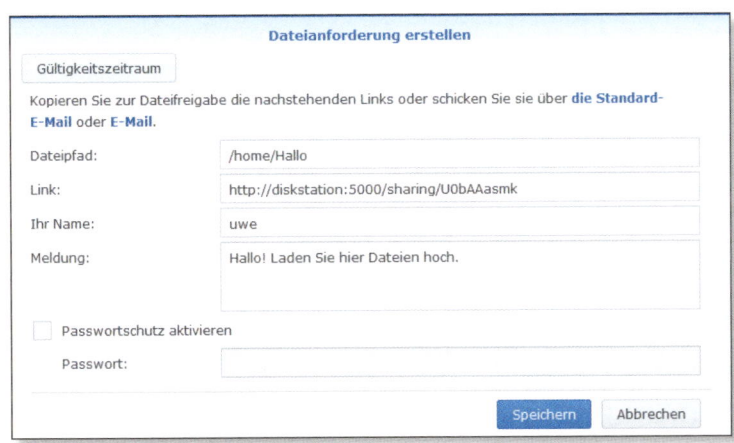

Nach der Aktivierung kann auch ein normaler Nutzer eine Dateianforderung erstellen.

125

Im Fenster **Dateianforderung erstellen** sehen Sie den Pfad zum Speicherort auf Ihrer DiskStation sowie den **Link**, den Sie an andere Personen weitergeben können. Über die Textzeile im oberen Bereich können Sie den Link per E-Mail versenden. Über die Felder **Ihr Name** und **Meldung** können Sie die Freigabe um persönliche Informationen ergänzen, die den Benutzern angezeigt werden. Damit nur befugte Personen Dateien hochladen können, aktivieren Sie die Option **Passwortschutz aktivieren** und vergeben ein Kennwort. Zusätzlich können Sie über die gleichnamige Schaltfläche einen **Gültigkeitszeitraum** für die Dateianforderung festlegen. Wenn jemand eine Datei hochgeladen hat, erhalten Sie eine Meldung im Info-Fenster auf dem Desktop. Auch Dateianforderungen können Sie in der **File Station** über **Extras • Verwaltung geteilter Verknüpfungen** bearbeiten und löschen.

Kapitel 7
Der eigene Kalender und das eigene Adressbuch

Ich dachte, das wäre erst morgen!? Damit Ihnen das nicht passiert, hilft Ihre DiskStation mit einem Kalender – ganz losgelöst von fremden Datensammlern.

Mit einem eigenen Kalender und einem eigenen Adressbuch bleiben Ihre Termine und Ihre Kontaktdaten auf der heimischen Festplatte der DiskStation und gelangen nicht in fremde Hände. Die DiskStation verwendet hier nicht etwa eine proprietäre Lösung, sondern setzt auf die offenen Standards CalDAV und CardDAV – über diese praktischen Protokolle können zahlreiche Programme und Apps, sowohl auf dem klassischen Desktop-Computer als auch auf mobilen Varianten, ihren Datenbestand mit dem Server abgleichen. Auf diese Weise können Sie mit allen Geräten auf dieselben Daten zugreifen und sie vor allem auch mit jedem Gerät erstellen – egal, ob unterwegs oder daheim. Sowohl die Kalender- als auch die Adressbuchfunktionen der DiskStation sind es auf alle Fälle wert, einmal ausprobiert zu werden.

Der eigene Kalender

Der eigene Kalender ist zunächst noch nicht auf Ihrer DiskStation installiert, die Installation ist aber schnell erledigt: Zunächst müssen Sie sich mit Ihrem Administratorkonto auf Ihrer DiskStation anmelden. Öffnen Sie dann das **Paket-Zentrum** und dort die Gruppe **Produktivität**. Sie finden darin die Anwendung **Calendar**. Klicken Sie auf **Installieren**.

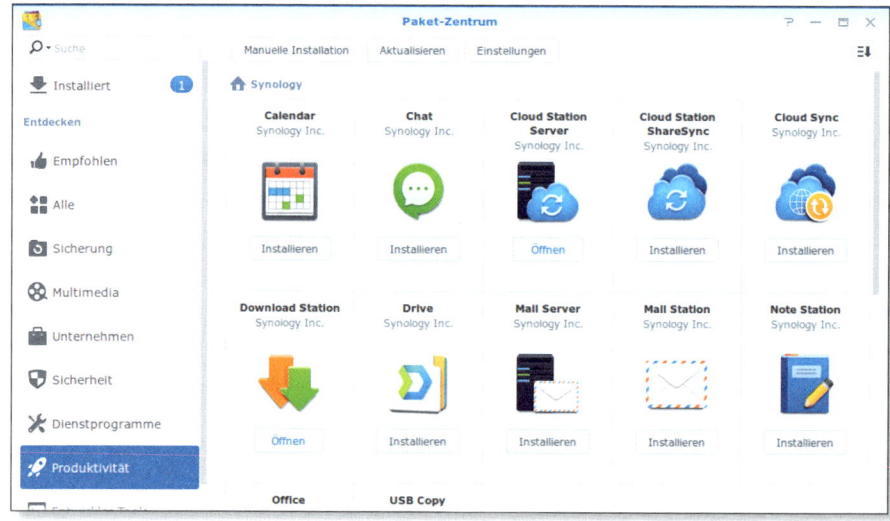

Schnell installiert: Die Calendar-Anwendung stellt auf der DiskStation den Kalender zur Verfügung. Sie finden sie in der Kategorie »Produktivität« im Paket-Zentrum.

Übrigens: Wenn Sie eine bestimmte Anwendung suchen, so können Sie den jeweiligen Namen auch direkt in das Suchfeld oben links im Paket-Zentrum eingeben. Bevor die Installation des Hauptprogramms startet, müssen Sie gegebenenfalls der Installation weiterer Module zustimmen, die für den Betrieb des Kalenders nötig sind, klicken Sie bei der Rückfrage also auf **Ja**.

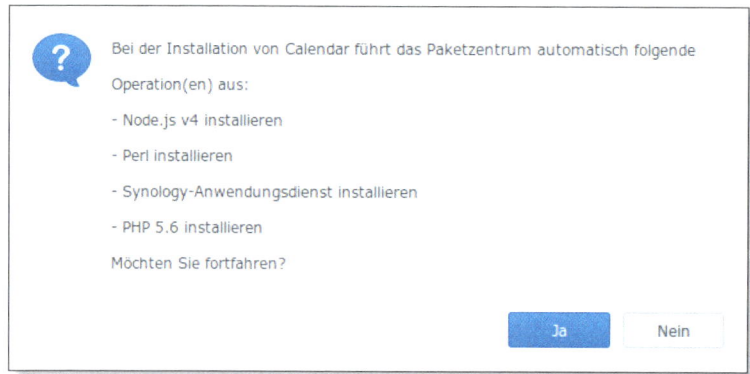

Damit der Kalender ordnungsgemäß funktioniert, sind einige zusätzliche Programme notwendig, die alle automatisch installiert werden.

Anschließend wird direkt die Installation ausgeführt, die durchaus einen Moment dauert. Im Hintergrund sehen Sie einige Fenster, die über die Installation der zusätzlichen Module informieren. Warten Sie, bis die Installation fertig ist und alle neuen Fenster wieder geschlossen wurden.

Als Nächstes müssen Sie als Administrator noch festlegen, welche Benutzer Zugriff auf die Kalenderanwendung erhalten. Hierbei geht es jetzt nicht etwa darum, auf fremde Kalender zugreifen zu können, sondern dass ein Benutzer überhaupt mit dem Kalendersystem interagieren kann. Öffnen Sie also die **Systemsteuerung** und darin das Modul **Benutzer**. Klicken Sie auf den entsprechenden Benutzernamen und in der Symbolleiste auf **Bearbeiten**. Öffnen Sie im neuen Fenster die Registerkarte **Applikationen**. Suchen Sie nach dem Eintrag **Calendar**, und vergeben Sie dann die gewünschten Zugriffsrechte. Wenn Sie alle Rechte vergeben haben, sind Sie als Administrator schon fertig und können sich wieder unter Ihrem normalen Benutzerkonto anmelden.

Als berechtigter Nutzer finden Sie nun im Hauptmenü das Programm *Calendar*. Wenn Sie das Programm aufrufen, wird sich im Browser ein neuer Tab öffnen, der Ihren persönlichen Kalender anzeigt, auf den zunächst nur Sie selbst Zugriff haben.

Bevor Sie Eintragungen vornehmen, sollten Sie einen Blick auf das Einstellungsmenü werfen. Klicken Sie dazu ganz unten links auf das Benutzer-Icon, das entweder Ihr Profilbild oder den Anfangsbuchstaben Ihres Namens zeigt, und dann auf **Einstellungen**. Im Einstellungsmenü können Sie auf der ersten Registerkarte **Profil** einige persönliche Daten eingeben und unter anderem auch ein Profilbild hinzufügen. Auf der Registerkarte **Allgemein** lassen sich einige grundlegende Einstellungen vornehmen. Hier lässt sich auch einstellen, dass eine Woche stets mit dem Montag beginnt und mit dem Sonntag endet – in der Standardeinstellung beginnt die Woche nämlich mit dem Sonntag.

Über die Registerkarte **E-Mail-Konto** legen Sie fest, welchen E-Mail-Dienst das Kalendersystem für Benachrichtigungen und Einladungen an weitere Personen verwenden soll. Wenn Sie, beispielsweise in der File Station für Dateifreigaben, schon ein E-Mail-Konto angelegt haben, wird dieses hier aufgeführt. Ansonsten können Sie ein weiteres E-Mail-Konto hinzufügen, das fortan von der DiskStation für den E-Mail-Versand verwendet wird. Dabei richten Sie jetzt in der DiskStation natürlich kein neues Konto bei einem Anbieter ein, sondern geben lediglich die Zugangsdaten zu einem bestehenden E-Mail-Konto an. Klicken Sie auf **Hinzufügen**. Ihnen wird eine Liste von E-Mail-Anbietern angezeigt. Wenn Ihr E-Mai-Provider nicht dabei ist, können Sie auch auf **Customize** klicken. Ein Assistent führt Sie anschließend durch den Einrichtungsprozess. Haben Sie einen Anbieter aus der Liste ausgewählt, dann müssen Sie hauptsächlich Benutzernamen und Passwort für den Serverzugang eingeben. Beachten Sie, dass sich bei manchen Providern die Zugangsdaten für den Webzugriff von denen für den Serverzugriff (POP3 und IMAP) unterscheiden. Konfigurieren Sie einen eigenen Dienst, dann müssen Sie zusätzlich auch die Adressen des Posteingangs- und Postausgangsservers eingeben, das funktioniert also genauso wie bei einem normalen E-Mail-Programm.

Nachdem Sie das Konto eingerichtet haben, können Sie die Benachrichtigungsfunktion auf der gleichnamigen Registerkarte aktivieren und auch ausprobieren. Auf der Registerkarte **Kalender** haben Sie darüber hinaus die Möglichkeit, Ihren Kalender auch umzubenennen. Klicken Sie neben dem Kalender auf das Bleistiftsymbol. Sie erhalten das Fenster **Kalendereinstellungen** und können den Namen, die Beschreibung und Farbe des Kalenders anpassen. Damit haben Sie alle grundlegenden Einstellungen bereits vorgenommen und können das Einstellungsfenster wieder schließen.

> **TIPP**
>
> **Benötigen Sie mehr als nur einen Kalender?**
>
> Im Calendar-Programm sind Sie nicht nur auf einen Kalender beschränkt, Sie können auch mehrere anlegen, um etwa berufliche von privaten Terminen zu trennen. Um einen weiteren Kalender anzulegen, klicken Sie direkt in der Calendar-Anwendung ganz rechts im Fenster in der Sektion **Kalender** auf die Schaltfläche mit drei Punkten. Dort gibt es die Option **Erstellen**, mit der Sie einen weiteren Kalender anlegen können. Auch für neue Kalender lassen sich Name, Beschreibung und Farbe festlegen.

Auf Wunsch können Sie Ihren Kalender auch mit anderen Personen teilen. Das können Sie entweder gleich bei der Einrichtung auf der Registerkarte **Teilen** tun oder auch zu einem späteren Zeitpunkt, indem Sie in der Kalenderliste rechts in der Anwendung beim gewünschten Kalender auf das kleine Dreieck klicken und **Freigeben** auswählen. In diesem Dialog können Sie zwischen einer öffentlichen Freigabe und dem Teilen mit anderen DSM-Benutzern auswählen. Im ersten Fall erstellen Sie einen Link, den Sie anderen Personen zukommen lassen können. Mit diesem Link lässt sich – wenn die Freigabe aktiv ist – der Inhalt des Kalenders ansehen. Eine Änderung der Daten oder das Hinzufügen von Terminen ist über diese Art der Freigabe nicht vorgesehen, ebenso wenig ein Zugriffsschutz über ein Kennwort. Achten Sie also im eigenen Interesse darauf, dass Sie nur geeignete Kalenderarten freigeben. Mit der zweiten Option geben Sie Ihren Kalender an ausgewählte Nutzer der DiskStation frei. Hier haben Sie die Wahl, ob der Kalender nur angesehen oder auch verändert werden darf. Sie können auch verschiedene Berechtigungen für unterschiedliche Benutzer vergeben. Diese Art der Freigabe eignet sich gut zur Terminabstimmung mit Kollegen oder sogar innerhalb der Familie.

Nachdem Sie nun alle wichtigen Einstellungen kennen, wird es höchste Zeit, dass Sie Ihren ersten Termin eintragen. Das geht ganz einfach: Um zum gewünschten Tag zu navigieren, haben Sie mehrere Möglichkeiten. Sehr zügig gelangen Sie direkt über den Kalender rechts oben auf dem Bildschirm zum Ziel. Im oberen Bereich können Sie schnell durch die Monate und Jahre klicken. Alternativ können Sie die Schaltflächen am oberen Bildschirmrand nutzen. Mit den Pfeiltasten links schalten Sie die Ansicht weiter, und zwar tage-, wochen- oder monatsweise, je nachdem, welche Ansicht mit den rechten Schaltflächen eingestellt ist. Um einen Termin oder – wie es im Calendar-Programm genannt wird – ein Ereignis zu erstellen, klicken Sie einfach mit der Maus in den freien Kalenderbereich an der Position der gewünschten Uhrzeit – diese können Sie an der linken Bildschirmseite ablesen. Für ein einstündiges Ereignis ohne weitere Details können Sie direkt dessen Titel eintragen und auf **Ereignis erstellen** klicken. Möchten Sie noch weitere Details eintragen, so nutzen Sie die gleichnamige Schaltfläche. Jetzt sehen Sie eine deutlich umfangreichere Anzeige. Sie können die genaue Ereignisdauer eintragen, den Ort des Ereignisses festlegen und eine bestimmte Farbe für die Darstellung auswählen. Sie können auch festlegen, dass das Ereignis regelmäßig wiederkehrt – etwa für monatliche Termine. Auf der Registerkarte **Beschreibung** finden Sie ein Freitextfeld, das Sie mit beliebigem Inhalt füllen können.

Interessant ist die Registerkarte **Gästeliste**. Hier können Sie weitere Personen zum Ereignis einladen. Das können weitere Benutzer Ihrer DiskStation sein, Sie können aber auch externe Personen per E-Mail einladen. Tragen Sie einfach den Benutzernamen oder die E-Mail-Adresse in die Eingabezeile ein, und klicken Sie auf das Pluszeichen. Die Person wird dann im unteren Feld eingetragen. Sie erhält automatisch eine Einladung, die sie annehmen oder ablehnen kann. Das Ergebnis wird Ihnen direkt in der aktuellen Terminansicht mitgeteilt. Klicken Sie zum Schluss auf **Speichern**. Haben Sie externe Personen per E-Mail eingeladen, werden Sie nun gefragt, ob die E-Mails direkt versendet werden sollen.

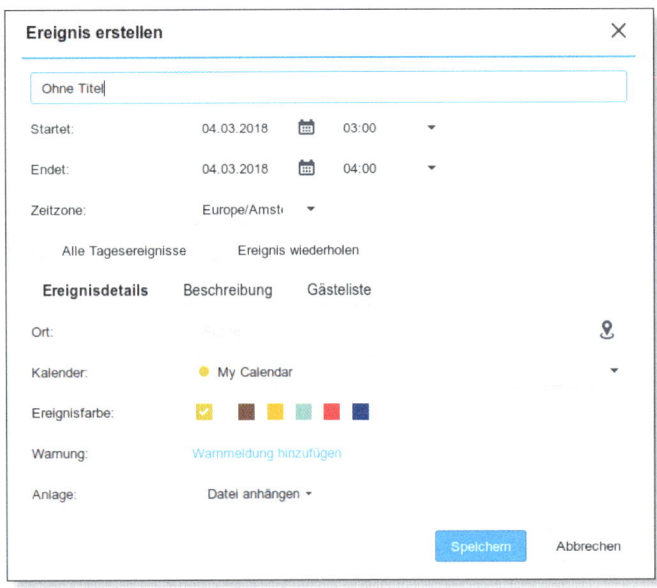

Ein Termin lässt sich mit vielen Informationen versehen – oft genügt jedoch die Angabe einiger Basisdaten.

> **TIPP**
>
> **Termine lassen sich noch schneller anlegen**
>
> Es gibt auch einen Schnellzugriff zum Erstellen von Terminen: Klicken Sie einfach einmal rechts unten auf das kleine Dreiecksymbol des Kalenders, in dem Sie ein neues Ereignis erstellen möchten. Dort finden Sie die Aktion **Ereignis erstellen** – sie führt direkt zum eben diskutierten Fenster, das Sie direkt mit Daten füllen können. Achten Sie jedoch bei dieser Methode darauf, auch das richtige Tagesdatum einzutragen.

Einrichtung des eigenen Kalenders in externen Programmen

Auf Ihren eigenen Kalender können Sie auch aus andern Programmen heraus zugreifen – Sie müssen nicht jedes Mal die Nutzeroberfläche der DiskStation laden. Über das CalDAV-Protokoll lassen sich sehr viele Anwendungen mit dem Kalender synchronisieren, dazu zählen sowohl Desktop-Anwendungen als auch mobile Apps.

Ich zeige Ihnen zunächst beispielhaft, wie Sie Ihren persönlichen Kalender in das bekannte und kostenlose E-Mail-Programm *Thunderbird* integrieren. Im Auslieferungszustand beinhaltet Thunderbird noch nicht die Funktion, einen Kalender über das CalDAV-Protokoll zu synchronisieren. Allerdings lässt sich dies durch die schnelle Installation des Add-ons *Lightning* korrigieren. Klicken Sie dazu in der Hauptansicht von Thunderbird auf ▤, um das Hauptmenü zu öffnen. Wählen Sie dort den Eintrag **Add-ons**.

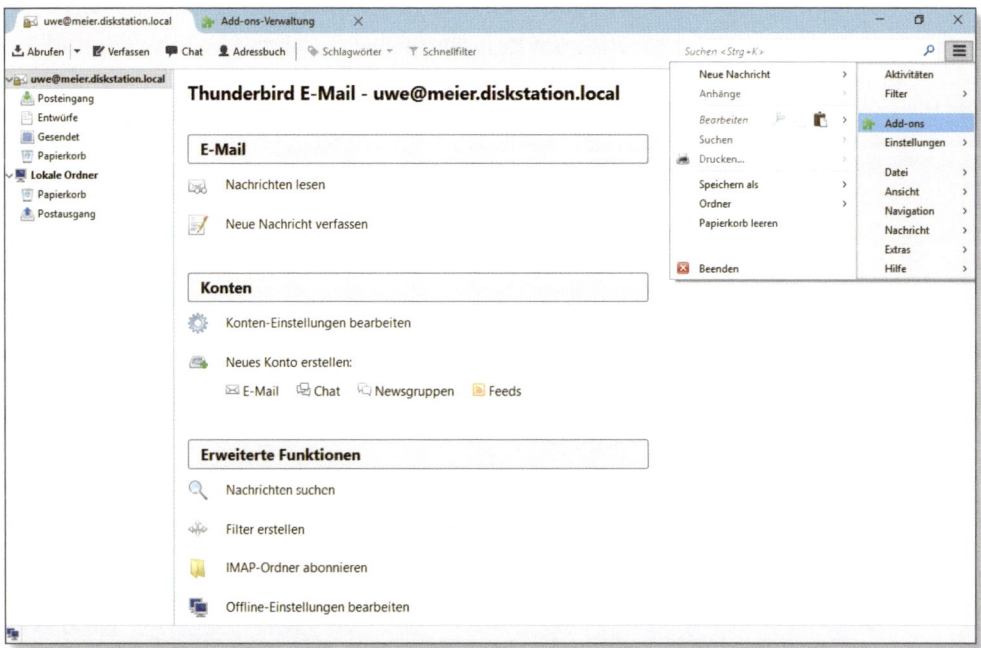

Zur Installation eines Add-ons in Thunderbird rufen Sie die Add-ons-Verwaltung über das Hauptmenü auf.

Sie sehen nun die **Add-ons-Verwaltung**. Rechts oben gibt es ein Suchfeld. Geben Sie dort den Begriff *Lightning* ein, und installieren Sie das Zusatzprogramm durch einen Klick auf **Installieren**. Nach der Installation muss Thunderbird zunächst neu gestartet werden. Klicken Sie auf **Jetzt neu starten**.

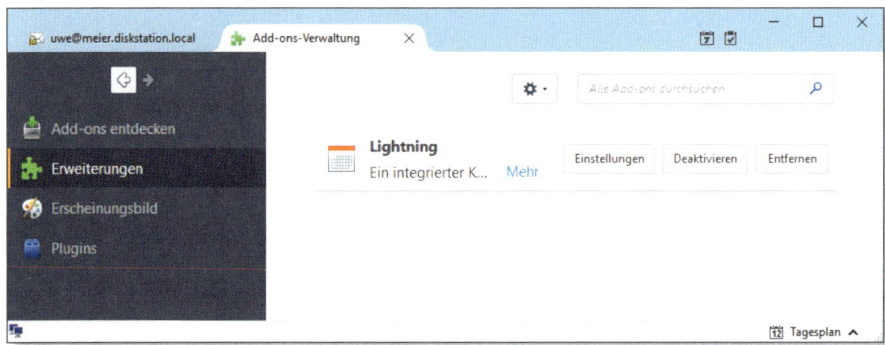

Das Add-on Lightning wurde installiert und steht zur Verfügung.

Im Fenster von Thunderbird gibt es knapp unter der Titelleiste jetzt die neue Schaltfläche , die zum Kalender führt. Klicken Sie diese an, und Sie sehen die Kalenderübersicht von Thunderbird.

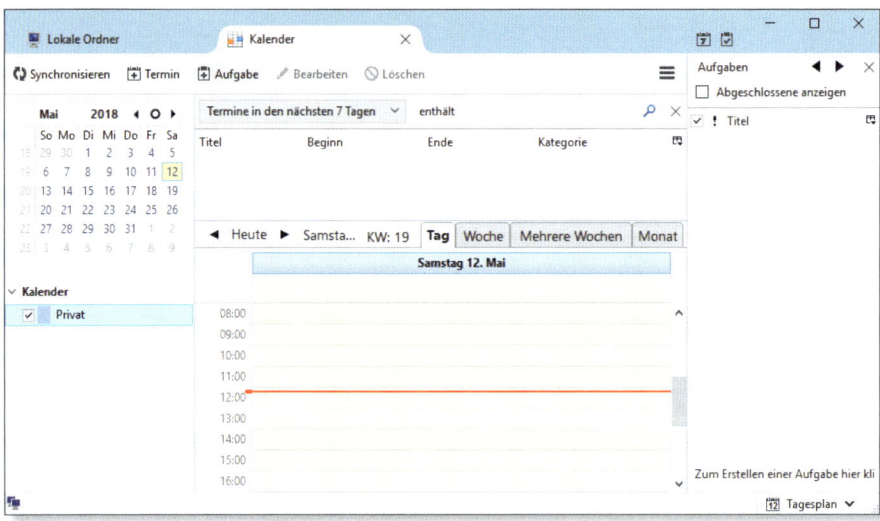

Dank des Add-ons Lightning beherrscht Thunderbird jetzt auch Kalenderfunktionen mit CalDAV-Anbindung.

Links sehen Sie das Ausklappmenü **Kalender**. Klicken Sie unterhalb des Menüs mit der rechten Maustaste, und wählen Sie im Ausklappmenü den Eintrag **Neuer Kalender**. Jetzt öffnet sich ein Assistent, mit dem Sie einen neuen Kalender erstellen können. Wählen Sie zuerst die Option, dass sich der Kalender **Im Netzwerk** befindet und klicken Sie auf **Weiter**.

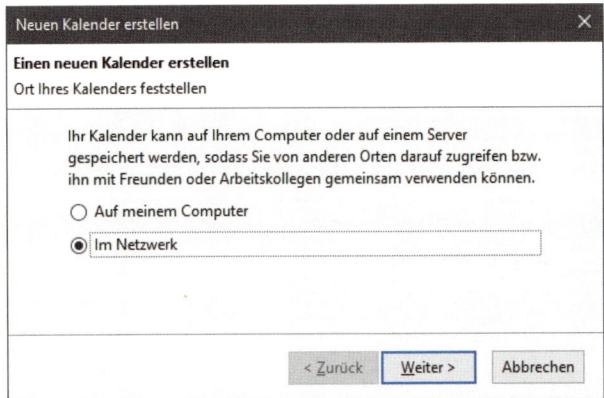

Der Kalender der DiskStation befindet sich im Netzwerk.

Auf der nächsten Seite müssen Sie das Format **CalDAV** auswählen. Im Feld **Adresse** geben Sie den Link zum Kalender auf der DiskStation ein. Dieser hat folgendes Format: *https://HOSTNAME:5001/caldav/BENUTZERNAME/home*. Dabei müssen Sie die Felder *HOSTNAME* und *BENUTZERNAME* entsprechend anpassen, eine mögliche Adresse lautet *https://diskstation:5001/caldav/uwe/home*. Klicken Sie anschließend auf **Weiter**.

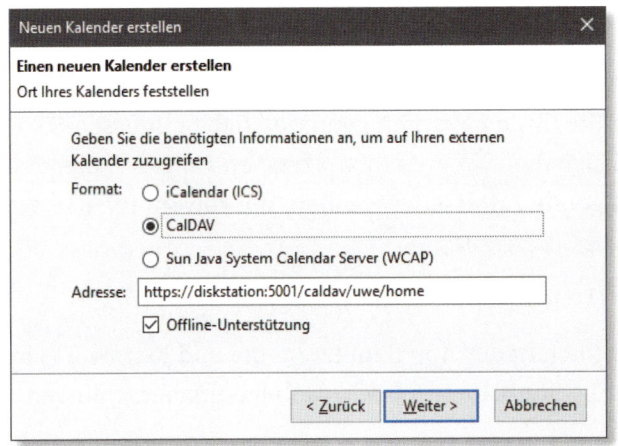

Geben Sie die Adresse des CalDAV-Kalenders an.

Auf der letzten Seite des Assistenten können Sie dem Kalender einen Namen geben, eine Farbe auswählen sowie auf Wunsch Erinnerungen anzeigen lassen. Nachdem Sie auf **Weiter** geklickt haben, erscheint ein Feld, das zur Authentifizierung auffordert. Hier müssen Sie den Benutzernamen und das Kennwort vom Benutzerkonto der DiskStation eingeben, das zum gewählten Kalender gehört.

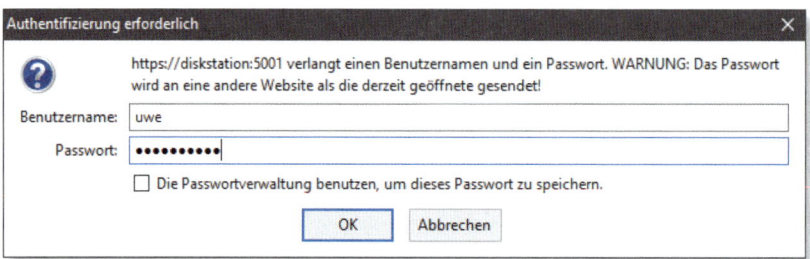

Auch im Kalender müssen Sie sich mit Nutzernamen und Passwort anmelden.

Klicken Sie auf **OK** und anschließend im Assistenten auf **Fertig stellen**, damit ist der Kalender eingerichtet. Sie gelangen wieder zurück zu Thunderbird und können dort in der Symbolleiste ganz oben links auf **Synchronisieren** klicken. Nun ist Ihr Kalender in Thunderbird auf demselben Stand wie der auf der DiskStation.

Ganz ähnlich wie die Einrichtung in Thunderbird auf dem Desktop-Rechner läuft auch die Einrichtung auf Mobilgeräten ab. Hier müssen Sie sich eine entsprechende App aus dem jeweiligen App-Bezugspunkt herunterladen, die Kalenderfunktionen über das CalDAV-Protokoll unterstützt. Dank dieser standardisierten Schnittstelle haben Sie die Auswahl zwischen verschiedenen Varianten. Wenn Sie Ihren Favoriten gefunden haben, müssen Sie – analog zum oben beschriebenen Weg – einen externen CalDAV-Kalender einbinden und dafür folgende Adresse verwenden, die sowohl für iOS als auch für Android-basierte Geräte gilt:

https://HOSTNAME:5001/caldav/BENUTZERNAME/

Anschließend geben Sie auch in der App Benutzername und Kennwort ein und haben die Einrichtung damit auch auf dem Mobilgerät abgeschlossen.

Wenn Sie den Hostnamen in der Adresse verwenden, funktioniert die Synchronisierung des Kalenders natürlich nur im Heimnetzwerk. Oftmals genügt das für den Alltag. Sollten Sie sich jedoch länger nicht daheim aufhalten und unbedingt die Synchronisierung auch über das Internet benötigen, dann müssen Sie Ihre DiskStation zunächst für die Nutzung über das Internet einrichten – mehr dazu lesen Sie in Kapitel 13, »Ab ins Netz – die DiskStation über das Internet erreichen«. In der Adresse des Kalenders müssen Sie statt des Hostnamens nun Ihre persönliche Domain einsetzen – schon lässt sich der Kalender sicher verschlüsselt über das Internet synchronisieren.

Das eigene Adressbuch

Das eigene, unabhängige Adressbuch ist auf Ihrer DiskStation schnell installiert: Loggen Sie sich mit Ihrem Administratorkonto auf Ihrer DiskStation ein. Öffnen Sie dort das **Paket-Zentrum** und die Sektion **Dienstprogramme**. Dort finden Sie den **CardDAV Server**. Alternativ können Sie natürlich auch das Suchfeld benutzen. Das Dienstprogramm CardDAV Server ermöglicht es, dass man mit mehreren Geräten, wie dem Smartphone, dem Desktop-PC und dem Notebook, auf das eigene Adressbuch zugreifen kann und dass alle Geräte denselben Datenbestand verwalten. Klicken Sie auf **Installieren**. Sie erhalten – je nach Softwarebestückung Ihrer DiskStation – eine Meldung, dass zusätzliche Module installiert werden müssen. Hierbei handelt es sich um Komponenten, die für den CardDAV Server nötig sind, klicken Sie also auf **Ja**.

Auch bei der Installation des CardDAV Servers müssen einige Zusatzkomponenten installiert werden.

Hierauf wird die Installation ausgeführt, die einen Moment dauern wird. Im Hintergrund sehen Sie einige Fenster, die über den Fortgang der Installation informieren. Warten Sie ab, bis die Installation vollständig ist und sich alle neuen Fenster wieder geschlossen haben. An diesem Punkt sind Sie als Admin schon fertig. Sie können sich jetzt wieder unter Ihrem normalen Benutzerkonto auf der DiskStation anmelden. Für das eigene Adressbuch gibt es auf der DiskStation keine Verwaltungssoftware, Sie können aber ganz einfach über ein externes Programm auf das Adressbuch zugreifen. Mehr dazu lesen Sie im folgenden Abschnitt.

Einrichtung des Adressbuchs in externen Programmen

Auf das Adressbuch können Sie über das CardDAV-Protokoll mit einer Vielzahl von externen Programmen zugreifen – das gilt sowohl für Desktop-Programme als auch für mobile Apps auf dem Smartphone oder dem Tablet.

Wie bei der Einrichtung des Kalenders zeige ich Ihnen zunächst, wie Sie das Adressbuch unter der bekannten E-Mail-Software Thunderbird einrichten. Thunderbird selbst hat derzeit noch keine Unterstützung des CardDAV-Protokolls integriert, diese lässt sich jedoch über Add-ons sehr leicht nachrüsten. Ein bekanntes und sehr mächtiges Add-on zu diesem Thema ist *CardBook*. Sie können es über die Add-ons-Verwaltung von Thunderbird sehr leicht installieren – wie Sie Add-ons installieren, wurde schon im Abschnitt »Einrichtung des eigenen Kalenders in externen Programmen« auf Seite 133 gezeigt.

Nachdem Sie das Add-on CardBook installiert und Thunderbird neu gestartet haben, finden Sie in der Symbolleiste des Hauptfensters ganz rechts die neue Schaltfläche **CardBook**. Zur Einrichtung des Adressbuchs müssen Sie diese anklicken. Es öffnet sich ein neuer Bereich mit dem Add-on CardBook. Klicken Sie dort mit der rechten Maustaste in die Spalte ganz links auf dem Bildschirm, die **Alle Adressbücher** als Überschrift hat. Wählen Sie aus dem Ausklappmenü den Eintrag **Neues Adressbuch**. Darauf öffnet sich das Fenster **Neues Adressbuch hinzufügen**.

Einrichtung des Adressbuchs in externen Programmen

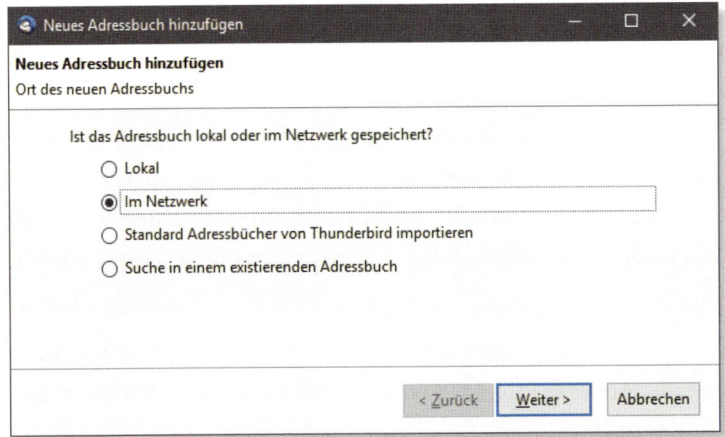

Fügen Sie ein neues Adressbuch hinzu, das sich im Netzwerk befindet.

Hier wählen Sie zuerst die Option **Im Netzwerk** und klicken direkt auf **Weiter**.

Auf der folgenden Seite wählen Sie für die Art des Adressbuchs **CardDAV**. Im Feld **URL** geben Sie die Adresse ein. Hierbei sind folgende Fälle zu unterscheiden: Wenn Sie sich in Ihrem Heimnetzwerk befinden, dann können Sie über eine unverschlüsselte HTTP-Verbindung auf Ihr Adressbuch zugreifen. In diesem Fall hat die URL, die Sie in das gleichnamige Feld eingeben müssen, folgendes Format:

http://HOSTNAME:8008/addressbooks/users/BENUTZERNAME/addressbook/

Dabei müssen Sie HOSTNAME durch den Hostnamen Ihrer DiskStation und BENUTZERNAME durch den jeweiligen Benutzernamen ersetzen.

Alternativ (und ganz allgemein gesagt) ist auch die Nutzung einer verschlüsselten HTTPS-Verbindung möglich. Hierbei lauert jedoch zumindest unter CardBook ein Stolperstein: Sollte es bei der Nutzung einer verschlüsselten Verbindung zu einer Zertifikatswarnung kommen, kann kein Adressbuch eingerichtet werden, und eine aussagekräftige Fehlermeldung bleibt leider aus. Für andere Programme, die keine so genaue Zertifikatsprüfung vornehmen (oder die Möglichkeit der Ausnahmeregelung anbieten) kann jedoch folgendes Muster verwendet werden:

https://HOSTNAME:8443/addressbooks/users/BENUTZERNAME/addressbook/

Beachten Sie, dass sich insbesondere der Port gegenüber der unverschlüsselten Variante verändert hat. Wenn Sie nicht über das lokale Netzwerk, sondern über das Internet zugreifen möchten (siehe dazu Kapitel 13, »Ab ins Netz – die DiskStation über das Internet erreichen«), müssen Sie statt des Hostnamens Ihre Domain angeben. Bei der Nutzung über das Internet sollten Sie stets auf die verschlüsselte Variante zugreifen; wenn Sie sich an die Anleitung aus Kapitel 13 halten, wird es auch keine Zertifikatswarnung geben.

Als Nächstes müssen Sie die Zugangsdaten für das Adressbuch eingeben, also die Felder **Benutzername** und **Passwort** ausfüllen. Klicken Sie dann auf die Schaltfläche **Überprüfen**.

Wenn die Prüfung erfolgreich war, wird die Schaltfläche **Weiter** (ganz unten im Fenster) aktiv, die Sie direkt anklicken. Sollte die Prüfung fehlschlagen, müssen Sie Ihre Eingaben noch einmal überprüfen.

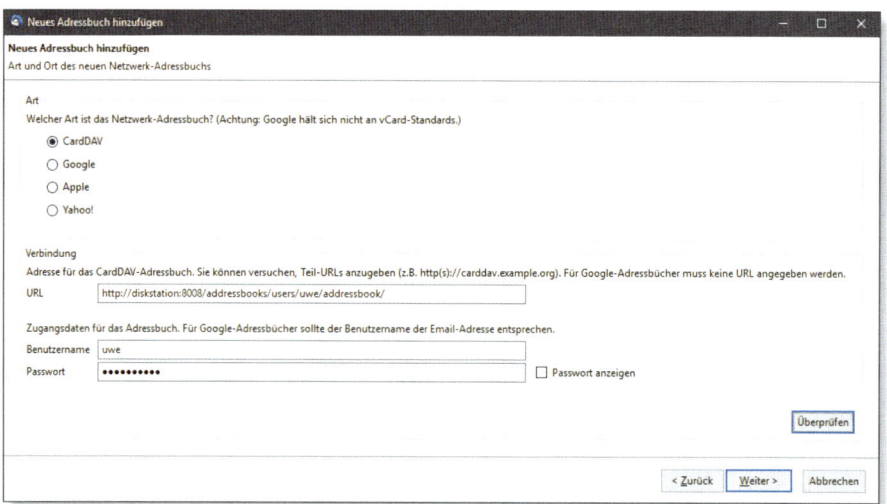

Geben Sie die URL und die Zugangsdaten für das Adressbuch ein.

Auf der letzten Seite des Assistenten müssen Sie für das Adressbuch noch einen Namen vergeben, Sie können außerdem eine Farbe einstellen – mehr ist nicht nötig, klicken Sie direkt auf **Weiter**. Damit ist der Assistent beendet, und Sie können auf **Fertig Stellen** klicken.

Einrichtung des Adressbuchs in externen Programmen

Sie sehen nun wieder das Hauptfenster von CardBook. In der Symbolleiste oben im Fenster gibt es die Schaltfläche **Neuer Kontakt**, wenn Sie diese anklicken, können Sie den ersten Eintrag in Ihrem Adressbuch anlegen. Zukünftig können Sie beim Verfassen einer E-Mail einfach die ersten Buchstaben eines Namens in das Empfängerfeld eintragen und erhalten automatisch Vorschläge aus dem Adressbuch der DiskStation.

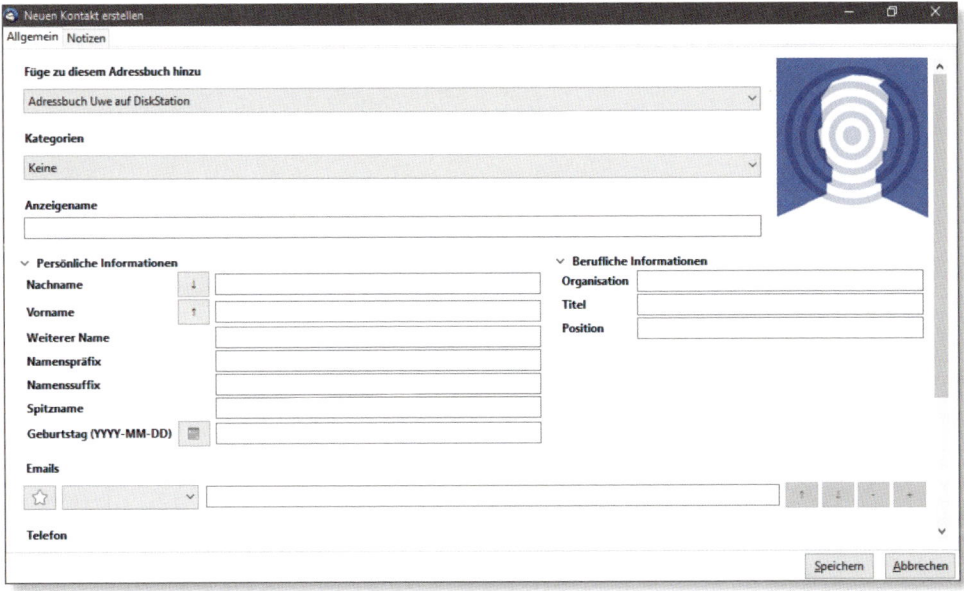

Erstellen Sie Ihren ersten Kontakt, und füllen Sie das Adressbuch mit Leben.

Übrigens: Über die oben angegebenen Adressen können Sie das Adressbuch auch mit CardDAV-fähigen Apps auf dem Mobilgerät verbinden und haben auch dort Zugriff auf die hinterlegten Daten – das ist sehr praktisch. Für die mobilen Betriebssysteme gibt es eine Vielzahl von Apps, die Sie (teilweise kostenpflichtig) über Ihren jeweiligen App-Bezugspunkt erhalten können. Auf die Einrichtung kann hier nicht im Detail eingegangen werden, grundlegend läuft diese jedoch immer nach demselben Schema ab: Sie müssen die URL des Adressbuchs angeben (wie sie zuvor genannt wurde) und sich anschließend mit Nutzernamen und Passwort anmelden. Von da an läuft die Synchronisation in festgelegten Intervallen automatisch ab, und Sie erhalten auf allen Geräten denselben Datenbestand.

Kapitel 8
Wie Sie mithilfe der Wolke Ihre Daten überall synchronisieren

Keine Frage, Sonnenschein ist etwas Feines. Wolken können aber auch ihr Gutes haben. Zeit für den Cloudzugriff.

Sicherlich kennen Sie bereits die sogenannten Cloud-Dienste. Der Überbegriff Cloud wird für eine ganze Reihe von Diensten verwendet, bei denen Programme oder Daten nicht mehr auf dem lokalen Rechner, sondern im Internet bereitgehalten werden. Als Anwender kann man auf diese Daten oder Programme zugreifen, ohne dass man genau wissen muss, wo sich die Daten physikalisch befinden. Cloud-Dienste gibt es in den unterschiedlichsten Ausprägungen, angefangen bei einfachen Speicherplatzangeboten bis hin zu ganzen Rechenlösungen.

Ein bekannter und praktischer Cloud-Dienst ist die Synchronisation von Datenbeständen mehrerer Endgeräte mithilfe eines zentralen Servers, der sich in der Cloud befindet. Die verbundenen Computer gleichen Ihren Datenbestand mit dem zentralen Server ab, der seinerseits über Kopien aller beteiligten Dateien verfügt und die jeweils aktuelle Version an die verbundenen Endgeräte versendet. Auf diese Weise lässt sich beispielsweise mit mehreren Computern an einem Projekt arbeiten. Dabei verfügen alle Computer stets über die aktuellen Versionen der Dateien, ohne dass der Anwender diese umständlich von Hand hin und her kopieren muss.

So praktisch diese Funktion auch sein mag, bei Angeboten im Internet ist zumindest bei mir immer ein mulmiges Gefühl bezüglich der Sicherheit der Daten vorhanden. Zum Glück bietet Ihre DiskStation alles Notwendige gleich von Haus aus an: Über den Cloud-Dienst der DiskStation können Sie problemlos den Datenbestand Ihrer Projekte auf mehreren Endgeräte synchron halten. Dazu stellt Ihre DiskStation die Software und den Speicherplatz bereit. Ihre Daten bleiben somit bei Ihnen zu Hause auf der Festplatte und werden nur auf die benötigten Endgeräte kopiert. Die Übertragung der Daten erfolgt natürlich verschlüsselt, und allzu neugierige Dienstanbieter im Internet bleiben außen vor.

Auch wenn Cloud-Funktionen heutzutage vor allem mit dem Internet assoziiert werden, können diese Dienste nicht nur über das Internet benutzt werden. Ihre Cloud kann Ihnen auch zu Hause in Ihrem Heimnetzwerk sehr gute Dienste leisten. In diesem Kapitel zeige ich Ihnen, wie Sie die Cloud-Funktionen rund um die Synchronisierung von Daten mit Ihrer DiskStation in Ihrem Heimnetzwerk einrichten. Die Nutzung über das Internet ist optional und kann jederzeit aktiviert werden – mehr dazu in Kapitel 13, »Ab ins Netz – die DiskStation über das Internet erreichen«.

Bei Ihrer DiskStation kümmert sich die Anwendung *Cloud Station Server* um die Synchronisierung von Datenbeständen. Der Dienst ermöglicht es, Dateien und Ordner auf der DiskStation als zentralem Server auf mehreren Geräten synchron zu halten. Alle verbundenen Geräte haben dann den gleichen Datenbestand. Diese Funktion ist ideal für größere Projekte, an denen Sie über längere Zeit mit verschiedenen Geräten wie dem Desktop-Computer, dem Notebook oder dem Mobilgerät (Smartphone und Tablet) arbeiten möchten. Veränderte Daten werden automatisch zur DiskStation hochgeladen bzw. wieder heruntergeladen. Da die Daten auf alle Endgeräte kopiert werden, können Sie auch von unterwegs ohne Internetverbindung weiterarbeiten. Wenn Sie sich zu Hause wieder mit der DiskStation verbinden, werden die geänderten Daten übertragen und auf alle verbundenen Endgeräte kopiert (sobald diese eingeschaltet sind). Besteht eine Verbindung über das Internet zur DiskStation, dann geschieht dies sogar direkt nach einer Änderung.

Der Cloud Station Server kann aber noch mehr: Er verwaltet zusätzlich eine Historie der geänderten Dateifassungen. Sie können also jederzeit zu einer früheren Version einer Datei zurückkehren oder sich eine frühere Fassung ansehen. Das ist praktisch, wenn Sie zum Beispiel in einem Text etwas gelöscht haben oder Ihnen eine frühere Formulierung im Nachhinein doch besser gefällt. Der Cloud Station Server bietet also nicht nur den Vorteil von Sicherungskopien, sondern auch eine Backup-Funktion.

Jeder Nutzer der DiskStation kann seinen eigenen Datenbestand verwalten und auswählen, welche Dateien synchronisiert werden sollen. Zur Nutzung lassen sich Benutzerrechte vergeben, einzelne Nutzer können auch ausgeschlossen werden. Der Dienst eignet sich zur Synchronisierung sämtlicher Dateitypen, dazu zählen nicht nur Arbeitsdaten, sondern beispielsweise auch die Musiksammlung.

Zur Nutzung muss zunächst der Cloud Station Server als zentrale Komponente auf der DiskStation eingerichtet werden. Auf allen Zielgeräten, den sogenannten *Clients*, müssen Client-Anwendungen installiert werden, die Sie kostenlos bei Synology herunterladen können. Die Client-Anwendungen verbinden sich mit dem Cloud Station Server und synchronisieren den Datenbestand.

Die Installation des Cloud Station Servers auf der DiskStation

Wenn Sie den Cloud Station Server auf Ihrer DiskStation noch nicht installiert haben (Sie würden ihn andernfalls als Programm im Hauptmenü der DiskStation finden), dann melden Sie sich zur Installation zunächst als Administrator an der DiskStation an. Loggen Sie sich also im Webinterface der DiskStation mit den Daten Ihres Administratorkontos ein. Öffnen Sie dann das **Paket-Zentrum**, entweder über das Icon auf dem Desktop der DiskStation oder über den Eintrag im Hauptmenü. Den **Cloud Station Server** finden Sie entweder direkt in der Kategorie **Empfohlen** oder aber unter der Kategorie **Sicherung**.

Kapitel 8 – Wie Sie mithilfe der Wolke Ihre Daten überall synchronisieren

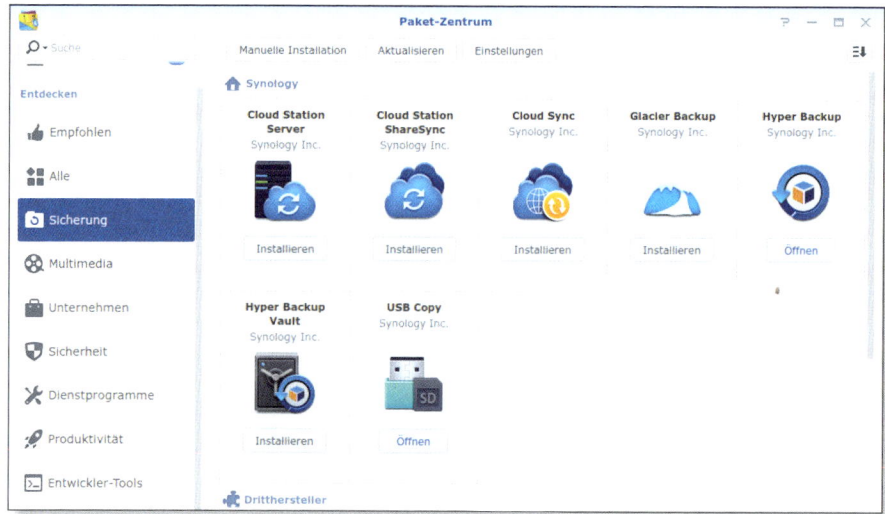

Der Cloud Station Server kann unter anderem in der Kategorie »Sicherung« des Paket-Zentrums gefunden werden.

Klicken Sie beim Eintrag **Cloud Station Server** auf **Installieren**.

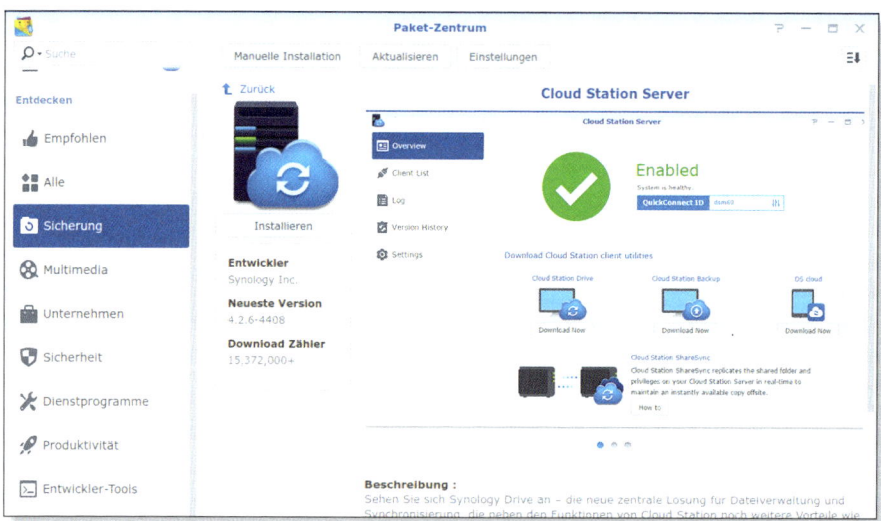

Über die Schaltfläche »Installieren« (unter dem Wolkensymbol) fügen Sie den Cloud Station Server Ihrer DiskStation hinzu.

Die Installation des Cloud Station Servers auf der DiskStation

Der Cloud Station Server wird automatisch installiert, dabei wird die jeweils aktuelle Version direkt aus dem Internet geladen. Die Installation dauert etwa ein bis zwei Minuten. Achten Sie auf das Infosymbol rechts oben auf dem Bildschirm in der Taskleiste der DiskStation. Dort werden Sie eine Mitteilung empfangen, die Ihnen sagt, dass der Cloud Station Server erfolgreich installiert wurde. Damit ist die Installation schon erledigt.

Der Cloud Station Server ist zunächst so eingerichtet, dass er von allen Benutzern verwendet werden darf. Wenn Sie zum Beispiel einzelne Nutzer ausschließen möchten, gehen Sie folgendermaßen vor:

1. Öffnen Sie die **Systemsteuerung** und dort das Modul **Benutzer**.

2. Klicken Sie auf den gewünschten Benutzer und oben in der Symbolleiste auf **Bearbeiten**.

3. Öffnen Sie die Registerkarte **Applikationen**.

4. Dort kann der Zugriff auf den Cloud Station Server für den ausgewählten Nutzer verweigert werden. Klicken Sie abschließend auf **OK**.

Als Administrator sind Sie schon fertig, Sie können Sich jetzt über das Benutzermenü abmelden.

> **INFO**
>
> **Generelle Berechtigungen festlegen**
>
> Wenn Sie viele Benutzer verwalten, dann wird es Sie freuen, dass Sie auch die Standardberechtigungen global, also für alle Nutzer setzen können, und zwar für alle Applikationen. So können Sie zum Beispiel den Zugriff auf den Cloud Station Server global verbieten und anschließend nur einzelnen Nutzern freigeben. Globale Berechtigungen ändern Sie als Administrator im Modul **Berechtigungen** der **Systemsteuerung**. Dort können Sie für jede Anwendung die Voreinstellungen verändern und den Zugriff erlauben oder verbieten. Anschließend lassen sich über das Modul **Benutzer** in der **Systemsteuerung** Rechte auf Benutzerebene verändern.

Der Cloud Station Server im Detail

Der Cloud Station Server ist eine sehr unkomplizierte Software auf der DiskStation, denn er muss nicht konfiguriert werden, sondern hat direkt nach der Installation seine Arbeit aufgenommen und wartet auf Ihre (Datei-)Wünsche. Trotzdem schadet es nicht, einmal einen Blick auf seine Oberfläche zu werfen. Loggen Sie sich mit Ihrem normalen Nutzerkonto auf der DiskStation ein. Öffnen Sie den **Cloud Station Server** über den Eintrag direkt im Hauptmenü.

Für den Betrieb des Cloud Station Servers sind nur wenige Einstellungen erforderlich.

Zunächst sehen Sie den übersichtlichen Server mit den drei Registerkarten **Überblick**, **Client-Liste** und **Protokoll**. Auf der ersten Registerkarte gibt es im unteren Teil praktische Links zum Download der Client-Anwendungen für die Zielgeräte. Der *Cloud Station Drive* ist für klassischen Computer wie Desktop-PCs oder Notebooks zuständig. Das Programm gibt es für verschiedene Betriebssysteme. *DS cloud* ist für moderne Mobilgeräte wie Smartphones und Tablet-PCs gedacht. Das dritte Programm *Cloud Station Backup* nutzt die Synchronisationsfunktionen speziell für Backup-Zwecke.

Der Cloud Station Server im Detail

Hier geht es primär um die Sicherung der Daten zwischen einem einzelnen Endgerät und der DiskStation. Das Synchronisieren mehrerer Endgeräte fällt nicht in den Aufgabenbereich dieses Programms – mehr zu Backups lesen Sie in Kapitel 12, »Alles an (s)einem Platz – zentrale Backups erstellen«.

Die beiden anderen Registerkarten sind schnell erklärt: Die **Client-Liste** wird Ihnen später eine Übersicht aller verbundenen Client-Rechner zeigen – sie ist besonders für Diagnosezwecke geeignet. Auf der **Protokoll**-Seite können Sie später exakt nachverfolgen, welche Datei von welchem Gerät in welcher Fassung kopiert wurde – auch das ist eher etwas für Diagnosezwecke.

Bevor Sie sich jetzt direkt an die Installation der benötigten Programme machen, werfen Sie doch zunächst einen Blick auf die Organisation der Dateien auf der DiskStation. Auch wenn Sie die Dateien über den Cloud Station Server synchronisieren möchten, erfolgt die Verwaltung ganz gewöhnlich über die File Station. Wenn Sie diese jetzt öffnen, dann werden Sie sehen, dass unter Ihrem persönlichen *home*-Ordner ein neuer Ordner mit dem Namen *CloudStation* angelegt wurde.

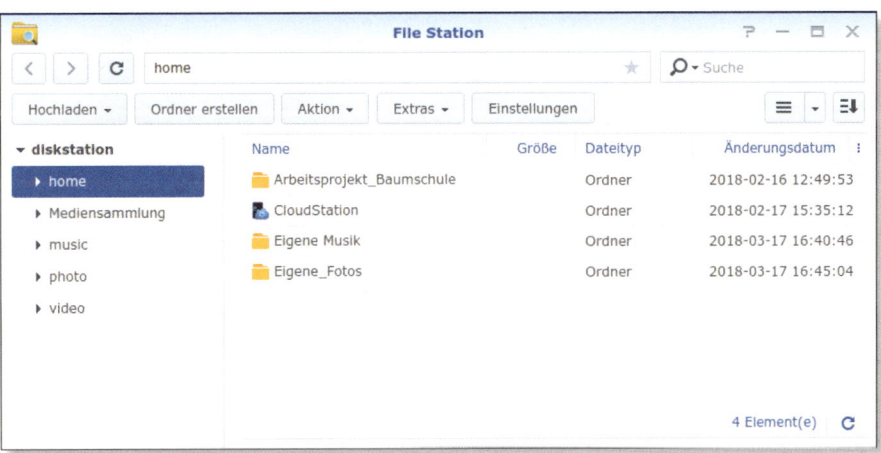

Der neue Ordner »CloudStation« nutzt die Dienste des Cloud Station Servers.

In diesem Ordner werden alle persönlichen Daten des Cloud Station Servers verwaltet. Als Nächstes sollten Sie die Client-Anwendungen installieren.

Installation und Nutzung von Cloud Station Drive auf Notebook und Desktop-PC

Zur Installation der Anwendungen auf den Client-PCs klicken Sie im Cloud Station Server auf der Registerkarte **Übersicht** im unteren Teil auf **Cloud Station Drive • Jetzt herunterladen**. Das System erkennt, welches Betriebssystem auf Ihrem Computer läuft und bietet einen entsprechenden Download-Link an. Klicken Sie diesen an. Die Datei wird heruntergeladen und im lokalen Download-Ordner abgelegt. Von dort aus können Sie die Client-Anwendung Cloud Station Drive wie jede gewöhnliche Anwendung installieren.

Nach der Installation können Sie Cloud Station Drive ganz normal über das Startmenü aufrufen. Beim ersten Start heißt Sie das Programm willkommen, klicken Sie auf **Jetzt starten**.

Die Anwendung Cloud Station Drive für den Desktop-PC ist schnell installiert und sehr praktisch bei der alltäglichen Nutzung.

Zuerst müssen Sie Cloud Station Drive an Ihrer DiskStation (genauer gesagt am Cloud Station Server) anmelden. Geben Sie im ersten Feld den Hostnamen Ihrer DiskStation ein, alternativ können Sie auch die IP-Adresse verwenden. Tragen Sie in den anderen Feldern Benutzernamen und Passwort Ihres normalen Nutzerkontos ein. Die SSL-Verschlüsselung sollten Sie aktiv lassen. Das gilt auch, wenn Sie den Cloud Station Server später über das Internet nutzen – denn nur mit einer guten Verschlüsselung ist die Vertraulichkeit Ihrer Daten sichergestellt. Im heimischen Netzwerk mag diese zwar nicht unbedingt erforderlich sein, aufgrund der niedrigen Systemanforderungen schadet sie aber auch nicht. Etwas, das gegenwärtig nicht erforderlich ist, ist die Konfiguration eines *Proxy-Servers*, aber wenn Sie später einmal die Nutzung über das Internet vornehmen möchten, finden Sie die Konfiguration über die entsprechende Schaltfläche unten links.

Melden Sie sich mit Ihrem Nutzerkonto beim Cloud Station Server an.

Klicken Sie auf **Weiter**. Wenn die SSL-Verschlüsselung aktiv ist, erhalten Sie auf der nächsten Seite eine Warnung über ein nicht vertrauenswürdiges Zertifikat. Eine solche Warnung sollten Sie normalerweise immer ernst nehmen, in diesem speziellen Fall ist sie aber unangebracht. Sie verwenden zwar ein selbst erstelltes Zertifikat, das Ihre DiskStation allerdings gerade höchstpersönlich erstellt hat – Sie können diese Warnung hier also ignorieren.

Die Hauptseite von Cloud Station Drive wird angezeigt. Nun geht es darum, welche Daten von Ihrem Cloud Station Server synchronisiert werden sollen. Standardmäßig ist der Dienst so eingerichtet, dass von der DiskStation der gesamte Ordner */home/CloudStation/Drive* synchronisiert wird. Im Unterordner *Drive* werden alle Daten von Cloud Station Drive verwaltet. Auf Ihrem lokalen Rechner wurde im Verzeichnis *Eigene Dateien* (bzw. in Ihrem *home*-Verzeichnis) ein neues Verzeichnis namens *CloudStation* eingerichtet. Darin landen die Dateien von Ihrem Cloud Station Server. Wenn Sie damit nicht einverstanden sind, klicken Sie auf das jeweilige Bleistiftsymbol. Sie können sowohl auf der DiskStation als auch auf dem lokalen PC die Verzeichnisse ändern. Auf dem lokalen PC ist jedes beliebige Verzeichnis möglich. Auf der DiskStation können jedoch nur Ordner unterhalb des Cloud Station Servers ausgewählt werden.

Schon ist die Einrichtung abgeschlossen, Ihnen werden die Ordner angezeigt, die synchronisiert werden.

Wenn Sie möchten, können Sie anschließend auf **Erweitert** klicken. Dort lassen sich beispielsweise Filter setzen, mit denen Sie Dateitypen (etwa Bilder) von der Synchronisation ausschließen können. Außerdem lässt sich auf der

Installation und Nutzung von Cloud Station Drive auf Notebook und Desktop-PC

Registerkarte **Synchronisationsmodus** einstellen, ob Dateien in beide Richtungen zwischen DiskStation und Zielrechner oder nur in eine Richtung von der DiskStation auf den Zielrechner kopiert werden sollen. Klicken Sie anschließend auf **Fertig**.

Auf dem Desktop wurde ein Icon für den Schnellzugriff auf die lokalen Daten angelegt, die Sie mit dem Cloud Station Server synchronisieren. In der Taskliste läuft Cloud Station Drive nun im Hintergrund und nimmt die Synchronisierung vor. Klicken Sie zum Schluss auf **OK**.

Von nun an können Sie im synchronisierten Ordner auf dem Zielgerät Dateien ablegen und verändern, ergänzen und löschen. Ihre Änderungen werden automatisch mit der DiskStation synchronisiert. Sie können auch offline an den Daten arbeiten. Sobald wieder eine Verbindung zur DiskStation besteht, werden Ihre Änderungen automatisch übertragen. Probieren Sie es einmal aus!

Richtig Spaß macht der Cloud Station Server aber erst dann, wenn mehrere Computer im Spiel sind. Installieren Sie das Programm Cloud Station Drive auch auf einem anderen Gerät, und verändern Sie anschließend auf einem Gerät die Daten. Wenn alle Geräte mit dem Cloud Station Server auf der DiskStation verbunden sind, werden Ihre Änderungen automatisch übernommen – überall ist der gleiche Datenbestand, auf allen Zielgeräten und auf der DiskStation selbst.

Wenn Sie sich für eine frühere Version einer Datei interessieren, dann können Sie schnell und einfach über die File Station darauf zugreifen:

1. Öffnen Sie in der **File Station** den Ordner *CloudStation* und darin den Unterordner *Drive*. Navigieren Sie zur gewünschten Datei.

2. Klicken Sie die Datei an und dann in der Symbolleiste auf **Aktion • Cloud Station Server • Frühere Versionen durchsuchen**.

3. Sie sehen ein Fenster, in dem alle vorhandenen früheren Fassungen der Datei aufgelistet sind. Wenn Sie eine Version mit der Maus markieren, dann können Sie die Datei über die Schaltflächen in der Symbolleiste **Herunterladen** oder am ursprünglichen Ort **Wiederherstellen**.

Kapitel 8 – Wie Sie mithilfe der Wolke Ihre Daten überall synchronisieren

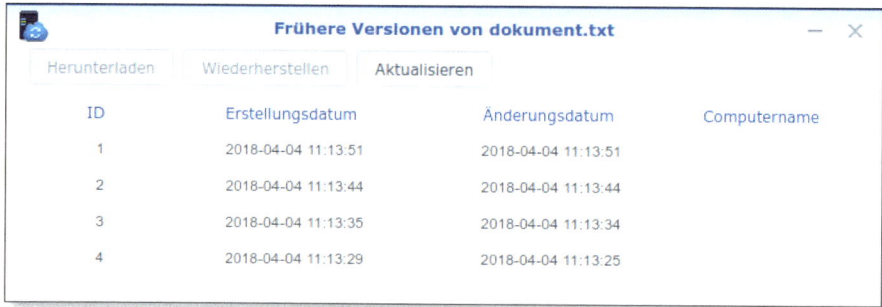

Über die File Station schnell im Zugriff: frühere Versionen einer Datei

Über den Menüpfad **Aktion • Cloud Station Server** finden Sie in der File Station auch noch den **Versionsexplorer**, der detailliert in einem Zeitstrahl über vorhandene frühere Fassungen einer Datei informiert.

> **INFO**
>
> **Einschränkungen im Offlinemodus bei der Nutzung mehrerer Geräte**
>
> Eine Sache geht mit dem Cloud Station Server naturgemäß nicht: Sie sollten nicht ein und dieselbe Datei im Offlinemodus mit verschiedenen Geräten verändern. Der Cloud Station Server synchronisiert nämlich immer eine Datei als Ganzes, und zwar immer auf die neuste Fassung. Der Dienst kann keine verschiedenen Änderungen zusammenfassen. Ein Beispiel: Sie erstellen in einem Textdokument ein erstes Kapitel und synchronisieren es mit allen Geräten. Anschließend nehmen Sie Ihr Notebook mit auf Reisen und schreiben offline Kapitel Nummer zwei. Wenn Sie jetzt (ebenfalls ohne Netzwerkverbindung) mit einem dritten Gerät im selben Dokument Kapitel Nummer drei ergänzen und anschließend alle Geräte wieder online gehen, enthält das endgültige Dokument nur die Kapitel eins und drei, weil dies die neueste Fassung ist und Kapitel zwei zwischendurch nicht synchronisiert wurde. Was aber funktioniert, ist, im Offlinemodus verschiedene Kapitel in separaten Dateien zu erstellen – hier erhalten Sie später den vollständigen Datenbestand mit allen Kapiteln, die Sie manuell wieder zusammenfügen können.

DS cloud auf Smartphone und Tablet

Auch die Installation der App DS cloud ist auf einem Mobilgerät ganz einfach: Klicken Sie im Webinterface der DiskStation im **Cloud Station Server** auf der Registerkarte **Überblick** im Feld **DS cloud** auf die Schaltfläche **Jetzt herunterladen**. In einem neuen Fenster sehen Sie daraufhin QR-Codes für verschiedene Mobilgeräte. Diese können Sie mit einer Scanner-App auf Ihrem Mobilgerät erfassen. Der QR-Code führt Sie direkt zum jeweiligen App-Bezugspunkt und dort zur App *DS cloud* von Synology. Alternativ können Sie direkt dort nach der App suchen.

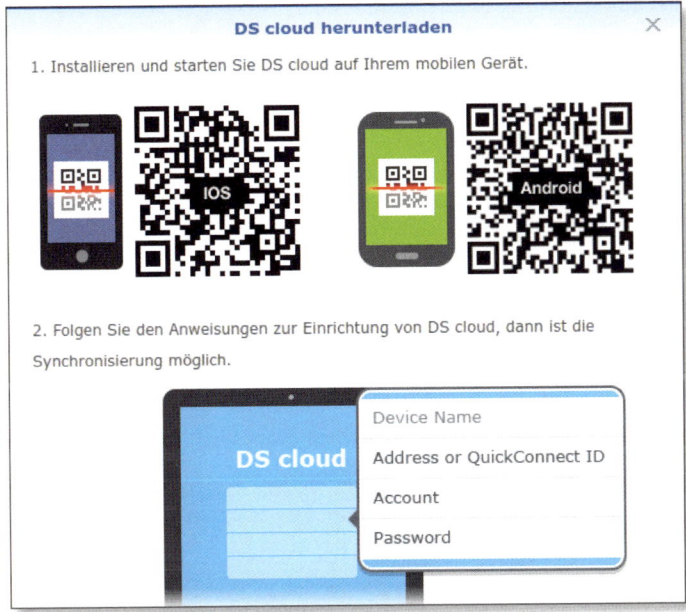

Über die QR-Codes findet ein Smartphone oder Tablet schnell die richtige App.

Im Google Play Store müssen Sie nur noch auf »Installieren« tippen.

Die App installieren Sie ganz normal, unter Android tippen Sie einfach auf **Installieren**. Nach der Installation können Sie die App gleich öffnen. Je nach Version sehen Sie eventuell die Anzeige **Was ist neu?**, diese können Sie über die entsprechende Schaltfläche (das Symbol Pfeil-zurück) schließen.

Kapitel 8 – Wie Sie mithilfe der Wolke Ihre Daten überall synchronisieren

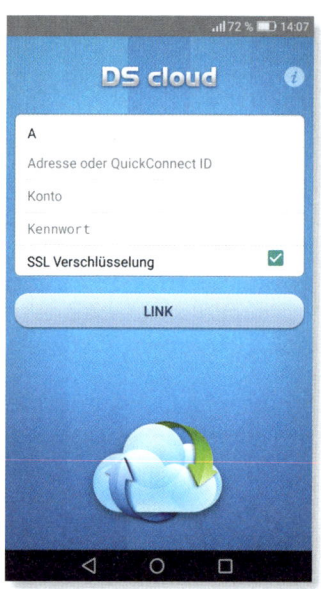

Wie beim Computer müssen Sie sich zunächst am Cloud Station Server anmelden. Auf Mobilgeräten funktioniert die Namensauflösung von Hostnamen häufig nicht zuverlässig. Geben Sie also am besten direkt die interne IP-Adresse Ihrer DiskStation ein. Vervollständigen Sie Ihre Angaben mit Ihrem Benutzernamen und Ihrem Passwort, und tippen Sie auf **LINK**.

Bevor die App loslegen kann, müssen Sie sich am System anmelden.

> **TIPP**
>
> **Die IP-Adresse der DiskStation herausfinden**
>
> Die IP-Adresse der DiskStation erfahren Sie mithilfe Ihres Desktop-PCs oder Notebooks. Unter Windows nutzen Sie die Tastenkombination ⊞ + R . Geben Sie cmd in das Eingabefeld ein, und drücken Sie ⏎ . Führen Sie folgenden Befehl aus: ping diskstation, bei dem Sie diskstation durch den Hostnamen Ihrer DiskStation ersetzen. Auf dem Bildschirm wird die IP-Adresse angezeigt. Anschließend können Sie das Fenster wieder schließen. Am Mac oder unter Linux öffnen Sie ein Terminal und führen folgenden Befehl aus: ping diskstation -c 1. Sie können die IP-Adresse lesen und das Terminal wieder schließen. Eine Alternative bietet Ihnen Ihr Router, der – je nach Gerät – eine Netzwerkübersicht zeigt. Eine weitere Alternative ist der *Synology Web Assistant* (siehe Kapitel 4, »Das Gerät erstmalig einrichten und in Betrieb nehmen«), der im heimischen Netzwerk nach einer DiskStation sucht.

Als Nächstes wählen Sie die Verzeichnisse aus, zunächst auf Ihrer DiskStation. Sie können jedes Verzeichnis im Ordner */home/CloudStation* auswählen, das Verzeichnis *drive* wurde extra für diesen Zweck angelegt. Wählen Sie das Verzeichnis aus, und klicken Sie auf **WEITER**.

Als Nächstes geht es um die Auswahl des Zielverzeichnisses auf dem Mobilgerät. Hier haben Sie je nach Gerät die Wahl zwischen dem internen Speicher und einer externen Speicherkarte. Wählen Sie das gewünschte Zielverzeichnis aus, ein guter Kandidat ist beispielsweise *documents* für Dokumente. Klicken Sie auf **WEITER**.

Jetzt geht es an die Einstellungen der App. Aufgrund der begrenzten Ressourcen der Mobilgeräte ist etwas Handarbeit nötig. Zunächst ist wichtig, ob Unterordner mit in die Synchronisation einbezogen werden sollen. Aktivieren Sie diese Option gegebenenfalls. Beachten Sie außerdem den Eintrag zur maximalen Dateigröße. In der Standardeinstellung werden nur Dateien bis zu einer Größe von 10 MB berücksichtigt. Das ist in den meisten Fällen ausreichend, kann hier aber angepasst werden. Beachten Sie, dass große Dateien den Speicherplatz eines Mobilgeräts schnell füllen können.

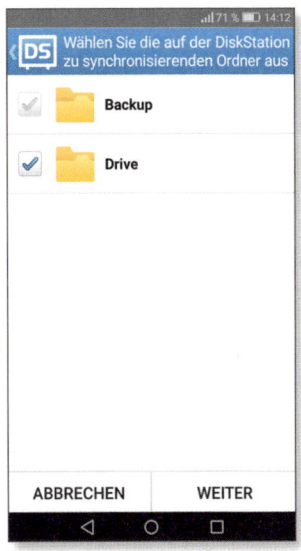

Teilen Sie der App mit, welche Ordner synchronisiert werden sollen.

Über die **Synchronisierungsrichtung** legen Sie fest, ob die Dateien in beide Richtungen zwischen DiskStation und Mobilgerät oder nur von der DiskStation auf das Mobilgerät kopiert werden. Die letztgenannte Option sollten Sie aktivieren, wenn Sie auf dem Mobilgerät Ihre Daten nur lesen, aber nicht verändern möchten. Wählen Sie außerdem aus, ob Multimediadateien (Bilder, Musik, Videos) nach der Erstellung indiziert und so direkt im Mobilgerät aus anderen Apps heraus abgespielt werden können. Abschließend können Sie wählen, ob bestimmte Dateitypen von der Synchronisation ausgeschlossen werden sollen. Klicken Sie abschließend auf **OK**.

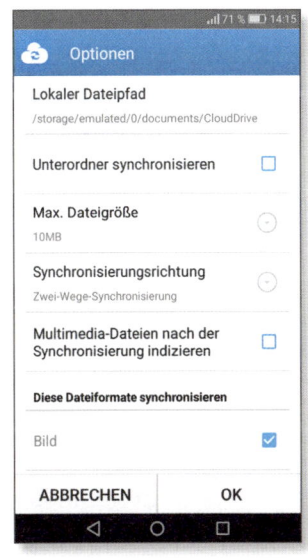

Auch in der App gibt es ein Einstellungsmenü, das einige Optionen bietet.

Im nächsten Schritt müssen Sie auswählen, ob die Synchronisation nur erfolgen soll, wenn eine WLAN-Verbindung

Kapitel 8 – Wie Sie mithilfe der Wolke Ihre Daten überall synchronisieren

Alles ist fertig eingerichtet – die App kann ihre Arbeit ausführen.

besteht. Diese Wahl ist empfehlenswert, wenn Sie das Datenvolumen Ihrer Mobilfunkverbindung nicht unnötig belasten wollen. Die zweite Option legt fest, ob die Synchronisierung nur auf manuelle Anforderung oder ständig im Hintergrund ablaufen soll. Auf Mobilgeräten ist die Auswahl **Nur auf Anforderung** besser, denn eine fortlaufende Synchronisation führt zu einem hohen Stromverbrauch. Vor der Arbeit mit Ihren Dateien müssen Sie jedoch immer daran denken, zunächst die Synchronisation anzustoßen. Klicken Sie abschließend auf **Fertig**.

Damit haben Sie den größten Teil geschafft – Sie sehen die Hauptanzeige der App. Über das Menü der App (entweder über die Schnellzugriffstaste oder über das Symbol mit drei Punkten) können Sie mit **Jetzt synchronisieren** die Synchronisierung anstoßen. Je nach Umfang der Daten dauert der Vorgang einige Minuten. In diesem Menü können Sie die Einstellungen und die Auswahl der verknüpften Ordner auch verändern.

Weitere Einstellungen des Cloud Station Servers

Der Cloud Station Server bietet noch weitere Einstellungen, auf die Sie allerdings nur als Administrator Zugriff haben. Als Administrator eingeloggt, haben Sie links im Cloud Station Server Zugriff auf die **Einstellungen**. Dort ist zunächst die Registerkarte **Synchronisierungseinstellungen** interessant. Hier lassen sich auf Wunsch weitere Ordner dem Cloud Station Server hinzufügen. Normalerweise kann ein Nutzer nur persönliche Daten verwalten. Im aktuellen Einstellungsfenster können jedoch auch noch weitere Ordner aus dem Bereich der gemeinsamen Ordner hinzugefügt werden, beispielsweise die gemeinsame Musiksammlung. Möchten Sie einrichten, dass ein Benutzer einen gemeinsamen Ordner synchronisieren kann, dann klicken Sie den gewünschten Ordner an und wählen oben in der Symbolleiste die Option **Aktivieren**.

Weitere Einstellungen des Cloud Station Servers

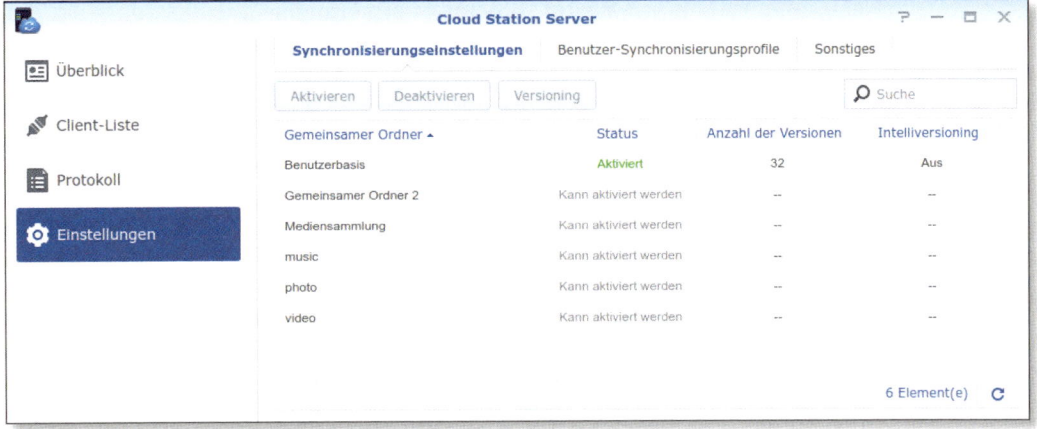

Der Cloud Station Server bietet auch Optionen für das Feintuning.

Es erscheint ein Fenster mit dem Titel **Versioning**. Hier können Sie einstellen, wie viele ältere Fassungen beim Überschreiben bzw. Verändern von Dateien erhalten werden sollen. Die Voreinstellung ist *32*. Eine höhere Anzahl erhöht natürlich auch den verbrauchten Speicherplatz. Sie können auch auswählen, wie versioniert werden soll. Die Voreinstellung ist, dass immer die jeweils älteste Version gelöscht wird, falls mehr Versionen vorhanden sind als der Maximalwert vorgibt. Beim **Intelliversioning** können Sie auswählen, welche Datei beibehalten werden soll. Im Normalfall leistet auch die Standardeinstellung gute Dienste.

Beim Versioning legen Sie fest, wie viele alte Versionen einer Datei als Sicherheit aufgehoben werden sollen. Sie steuern auch, welche Fassungen als Erstes gelöscht werden.

Kapitel 8 – Wie Sie mithilfe der Wolke Ihre Daten überall synchronisieren

Nach einem Klick auf **Weiter** informiert ein Hinweis darüber, dass bei der Synchronisierung gemeinsamer Ordner auf die Zugriffsrechte zu achten ist. Bei gemeinsamen Ordnern gilt: Hat ein Nutzer nur Leserechte, dann kann er nur in eine Richtung synchronisieren, nämlich von der DiskStation zu seinem lokalen Computer. Verändert er dort Dateien, werden seine Änderungen nicht zur DiskStation hochgeladen. Soll die Möglichkeit der Veränderung gegeben sein, so benötigt der Benutzer auch Schreibrechte auf den gemeinsamen Ordner. Hinweise zur Rechtevergabe finden Sie in Kapitel 6, »Netzwerkfreigaben im Heimnetz verwalten«.

Die Anzahl an vorzuhaltenden Dateifassungen und die Art der Versionierung können Sie übrigens für auch für die Standardsynchronisierungen einstellen. Klicken Sie dazu auf den Eintrag **Benutzerbasis** und dann in der Symbolleiste auf **Versioning**. Dort können Sie beide Werte verändern.

Auf der Registerkarte **Benutzer-Synchronisierungsprofile** kann für ausgewählte Benutzer ein sogenanntes *Profil* angelegt werden. Auf diese Weise kann eine Begrenzung für die maximale Dateigröße bei der Synchronisierung vorgenommen werden. Außerdem lassen sich bestimmte Dateitypen von der Synchronisierung ausnehmen.

Als letzte Option zeigt die Registerkarte **Sonstiges** an, wo die Datenbank für die Synchronisierung gespeichert ist – für Einsteiger ist dies irrelevant, da es auf der DiskStation ja nur ein Volume für die Datenspeicherung gibt.

Über ein Synchronisierungsprofil können Sie den Umfang der zu synchronisierenden Elemente steuern und beispielsweise Musikdateien ausschließen.

Kapitel 9
Musik abspielen mit der Audio Station

Sie hören gerne Musik? Und am liebsten auch unterwegs und an vielen verschiedenen Orten? Dann wird es Zeit, dass Sie die Audio Station kennenlernen.

Aus Kapitel 6 kennen Sie schon die Möglichkeit, Dateien für andere Benutzer und Geräte freizugeben. Dabei handelte es sich jedoch nur um die Freigabe von ganz allgemeinen Dateien. Für bestimmte Dateitypen, etwa Musikdateien, bietet die DiskStation jedoch einen wesentlich größeren Funktionsumfang. So können Sie Ihre Musik sehr bequem zu Abspielgeräten weiterleiten und mit beliebigen Geräten (wie etwa einem Smartphone) wiedergeben.

Der Medienserver verteilt Musik an andere Geräte

Bevor Sie in diesem Kapitel die Programme rund um die Musikwiedergabe kennenlernen, möchte ich Sie mit dem Medienserver vertraut machen. Diese praktische Programmkomponente hält Ihre Mediensammlung – und dazu zählen neben der Musik auch Fotos und Videos – für andere Wiedergabegeräte bereit. Die Medien, die auf der DiskStation abgespeichert sind, können Sie mit geeigneten Geräten wiedergeben. Dafür müssen die Wiedergabegeräte dem *UPnP*- bzw. dem *DLNA*-Standard entsprechen, denn auf dieses Format versteht sich der Medienserver Ihrer DiskStation. Er katalogisiert Ihre Mediensammlung und führt eine eigene Bibliothek. Musikstücke werden mithilfe von (Datei-)Tags, in denen die Informationen abgespeichert sind, zum Beispiel nach Genre und Interpreten katalogisiert.

Man bezeichnet diese Informationen auch als *Metadaten*. Der Katalog des Medienservers lässt sich anschließend bequem durchsuchen – so finden Sie rasch Ihre Lieblingsmusik, Ihr Lieblingsvideo oder -foto.

Zum Stöbern in der Bibliothek können Sie bequem ein Smartphone oder ein Tablet benutzen. Sie benötigen dazu eine App, die dem UPnP-Standard folgt. Eine gute Variante ist zum Beispiel die App *Bubble UPnP*. Wenn Sie die gesuchte Mediendatei gefunden haben, kann Sie über die App direkt an das Wiedergabegerät gesendet werden, die App arbeitet quasi nur als Vermittler. Ein großes Plus: UPnP-Geräte finden sich untereinander automatisch, der Anwender muss keine Adressen oder Schnittstellen konfigurieren – das ist wirklich komfortabel. Wiedergabegeräte mit UPnP-Fähigkeiten gibt es sehr viele, dazu zählen Fernseher, Stereoanlagen, eigenständige Lautsprecher, Spielkonsolen und sogar Küchenradios. Insgesamt ist dies eine sehr interessante und sehr komfortable Lösung, auf die Sie einmal einen Blick werfen sollten.

Der Medienserver der DiskStation ist im Auslieferungszustand noch nicht installiert, aber dies kann mit wenigen Schritten nachgeholt werden:

1. Loggen Sie sich als Administrator auf Ihrer DiskStation ein, und öffnen Sie dort über das Symbol auf dem Desktop oder direkt über das Hauptmenü das **Paket-Zentrum**.

2. Den Medienserver finden Sie entweder in der Kategorie **Empfohlen** oder in der Kategorie **Multimedia**.

3. Klicken Sie beim **Medienserver** auf die Schaltfläche **Installieren**. Darauf wird automatisch die aktuelle Fassung aus dem Internet geladen und auf Ihrer DiskStation installiert.

Nach der Installation nimmt der Medienserver automatisch seine Arbeit auf. In der Standardinstallation überwacht der Server die gemeinsamen Verzeichnisse *music*, *photo* und *video* und fügt alle enthaltenen Medien dem Medienkatalog zu. Die persönlichen *home*-Verzeichnisse der Benutzer werden nicht katalogisiert, und das hat einen guten Grund: Der UPnP-Standard sieht nämlich keine Zugriffsbeschränkungen vor. Mediendateien werden entweder für alle Nutzer zur Verfügung gestellt oder gar nicht. Es ist nicht möglich, dass einzelne Nutzer unterschiedliche Zugriffsrechte erhalten.

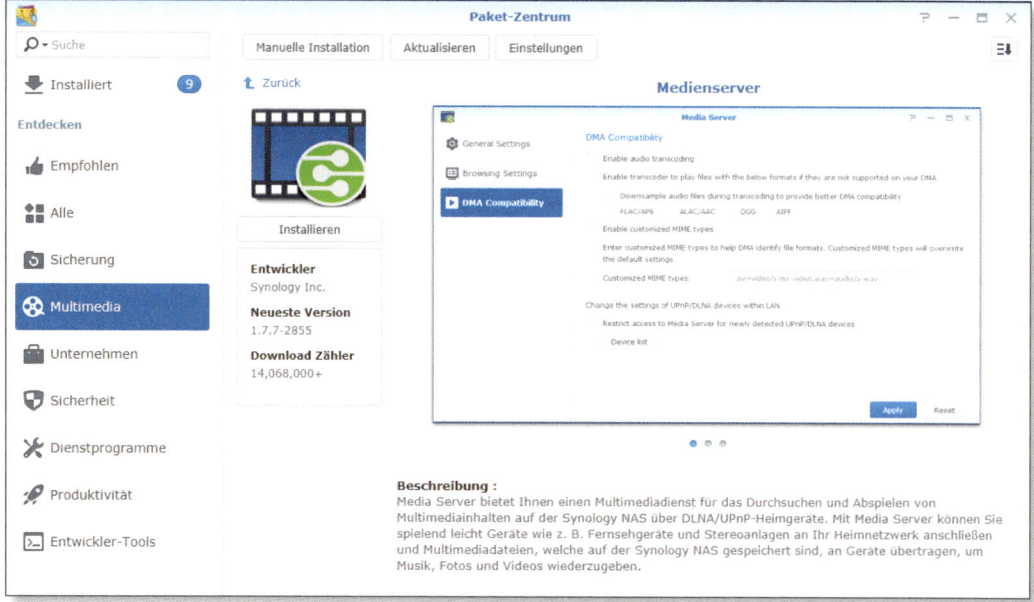

Den Medienserver finden Sie in der Kategorie »Multimedia« des Paket-Zentrums. Nicht vergessen: Sie müssen als Administrator angemeldet sein.

Der Medienserver bietet einige Einstellungsoptionen, die jedoch für den Alltagsbetrieb, insbesondere wenn moderne Geräte im Einsatz sind, nicht verändert werden müssen. Als Administrator können Sie den Medienserver über das Hauptmenü der DiskStation aufrufen. Auf der Registerkarte **Allgemeine Einstellungen** können Sie die Sprache der DMA-Menüführung (die im Katalog verwendet wird) von **Englisch** auf **Deutsch** umstellen.

Sollte Ihre UPnP-App Probleme haben, den Medienserver der DiskStation zu finden, dann können Sie das **SSDP-Meldeintervall** reduzieren, zum Beispiel auf 500 Sekunden.

Kapitel 9 – Musik abspielen mit der Audio Station

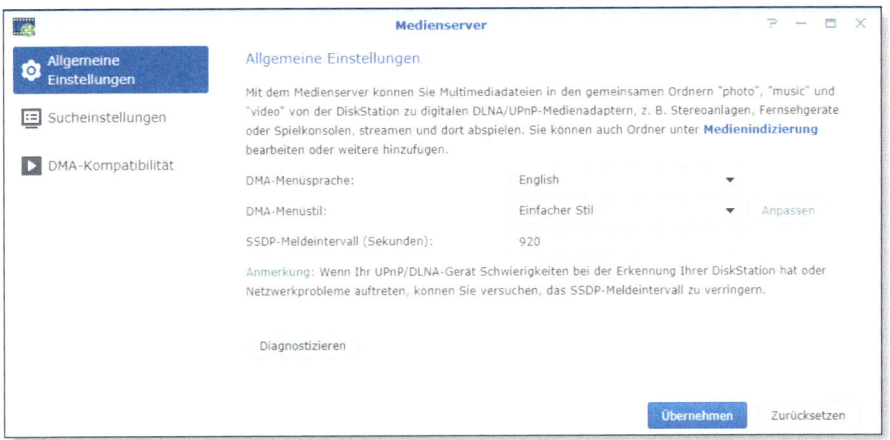

Für den Medienserver muss nicht viel eingestellt werden, denn das UPnP-Protokoll ist so ausgelegt, mit möglichst wenig Konfigurationsaufwand betrieben werden zu können.

Möchten Sie weitere Ordner zum Medienkatalog hinzufügen, klicken Sie auf den Eintrag **Medienindizierung**, der sich im ersten Textabsatz befindet. Es öffnet sich der Indizierungsdienst der Systemsteuerung, der für das Überwachen der Mediensammlung zuständig ist. Wenn Sie auf die Schaltfläche **Indizierter Ordner** klicken, können Sie in einem neuen Fenster über die Schaltfläche **Erstellen** weitere Ordner hinzufügen. Beachten Sie, dass Sie nur gemeinsame Ordner hinzufügen können und dass deren Inhalt von allen UPnP-Nutzern wiedergegeben werden kann. Klicken Sie im Indizierungsdienst zum Schluss auf **Übernehmen**.

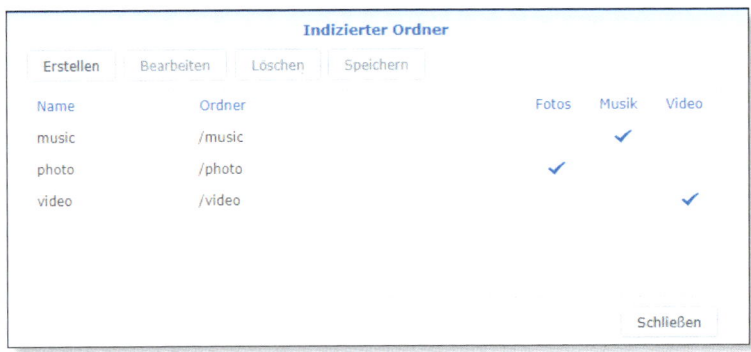

Sie müssen dem Medienserver mitteilen, wo sich Ihre Mediendateien befinden – neben den Standardordnern können auch weitere Verzeichnisse hinzugefügt werden.

Weiter im Medienserver geht es auf der Registerkarte **Sucheinstellungen**. Wenn Sie ältere Geräte einsetzen, ist vielleicht die Option **Bilder mit niedriger Auflösung übertragen** von Interesse, denn damit wird die Rechenlast schwächerer Geräte reduziert, sodass Bilder flüssiger dargestellt werden können – wenn auch mit reduzierter Qualität. Wenn Sie die Option **Internet Radio aktivieren** anschalten, können Sie die auf der DiskStation abgespeicherten Internetradiostationen (dazu später in diesem Kapitel mehr) über UPnP-Geräte abspielen.

Wenn es Probleme mit der Wiedergabe von Audiotiteln gibt, können Sie eine *Formatkonvertierung* einschalten; das ist zum Beispiel erforderlich, wenn Musiktitel im OGG-Format vorliegen, das Wiedergabegerät damit aber nichts anfangen kann. Die Optionen finden Sie auf der Registerkarte **DMA-Kompatibilität**. Über das erste Kästchen können Sie die **Audio-Transkodierung aktivieren** und die problematischen Formate aktivieren – das ist jedoch wie gesagt nur nötig, wenn es Probleme gibt.

Auf dieser Seite haben Sie auch die Möglichkeit, einzelne Nutzer komplett vom Zugriff auf den Medienserver auszuschließen. Sie können anschließend keine Medien mehr vom Medienserver abrufen. Dazu aktivieren Sie ganz unten im Fenster das Kästchen **Zugriff auf Medienserver für neu erkannte UPnP/DLNA Geräte einschränken**. Klicken Sie anschließend auf **Geräteliste**, und entfernen Sie das Häkchen bei den gewünschten Teilnehmern. Beachten Sie, dass in der Liste keine Benutzernamen, sondern Gerätenamen der beteiligten UPnP-Geräte aufgeführt sind. Die Geräte können nur dann in der Liste enthalten sein, wenn sie zwischenzeitlich eingeschaltet waren.

Nun müssen Sie die gemeinsamen Ordner der Mediensammlung nur noch füllen – den Rest erledigt der Medienserver automatisch. Beachten Sie, dass insbesondere die Musikstücke die vorhin angesprochenen Datei-Tags (bei MP3-Dateien sind das die bekannten ID3-Tags) mit den benötigten Metadaten aufweisen müssen. Programme zum Kopieren von CDs (wie etwa *Exact Audio Copy*, kurz *EAC*) bieten die Möglichkeit, die Metadaten aus dem Internet zu laden und sie gleich in die Datei-Tags zu schreiben. Auch nachträglich lassen sich diese Daten noch ergänzen, hierfür eignen sich Programme wie das kostenlose *MP3tag*. Übrigens: Sie können die Datei-Tags

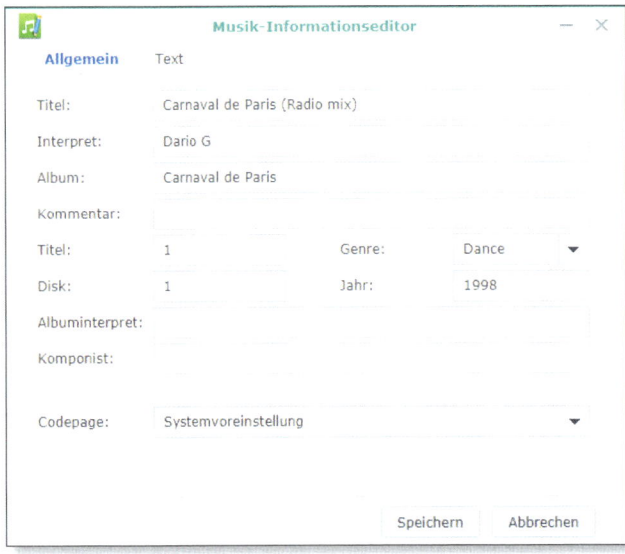

zum Beispiel für MP3-Dateien auch direkt in der File Station bearbeiten! Klicken Sie dafür eine entsprechende Datei an, wählen Sie in der Symbolleiste **Aktion • Musikinformation bearbeiten**, und geben Sie die benötigten Informationen wie Titel, Album und Interpret ein.

Die File Station bietet eine bequeme Möglichkeit zur Bearbeitung der Datei-Tags.

Beim Abspeichern der Medien auf der DiskStation sollten Sie trotz aller automatischen Indizierungsfunktionen Sorgfalt walten lassen und eine aufgeräumte Mediensammlung pflegen. Speichern Sie Ihre Musik am besten nach Interpret (oder Genre) getrennt ab, und sehen Sie für jedes Album einen eigenen Ordner vor. So finden Sie sich im Dateisystem jederzeit zurecht.

Wenn alle Dateien am Platz sind, können Sie mit einer geeigneten App (hierzu zählt übrigens auch das kostenlose Mediacenter *Kodi*) die Bibliothek des Medienservers durchsuchen und Medieninhalte an Wiedergabegeräte dirigieren. Der Medienserver Ihrer DiskStation wird direkt unter deren Hostnamen geführt – die Wiedergabe kann beginnen.

Die Audio Station spielt die gemeinsame Musik

Neben dem komfortablen Medienserver bringt die DiskStation auch eine eigene Anwendung mit, die sich rund um die Musikwiedergabe kümmert: die *Audio Station*. Dieser Musikplayer ist in der Grundkonfiguration nicht installiert, aber die Installation ist schnell nachgeholt:

Loggen Sie sich als Administrator auf Ihrer DiskStation ein, und öffnen Sie das **Paket-Zentrum**. Die **Audio Station** finden Sie sowohl in der Kategorie **Empfohlen** als auch in der Kategorie **Multimedia**. Rufen Sie den zugehörigen Eintrag auf, und klicken Sie auf **Installieren**.

Die Audio Station wird automatisch in der neuesten Version installiert und steht danach allen Benutzern zur Verfügung. Sie können sich anschließend wieder mit Ihrem normalen Benutzerkonto anmelden. Die Audio Station können Sie nach der Installation direkt aus dem Hauptmenü der DiskStation aufrufen.

Übrigens: In der Standardeinstellung haben alle Benutzer der DiskStation Zugriff auf die Audio Station. Sie können den Zugriff als Administrator allerdings einschränken. Dazu öffnen Sie die **Systemsteuerung** und das Modul **Benutzer**. Klicken Sie auf den gewünschten Benutzer, wählen Sie in der Symbolleiste den Eintrag **Bearbeiten**, und öffnen Sie die Registerkarte **Applikationen**. Hier können Sie die Zugriffsrechte auf die Audio Station verändern.

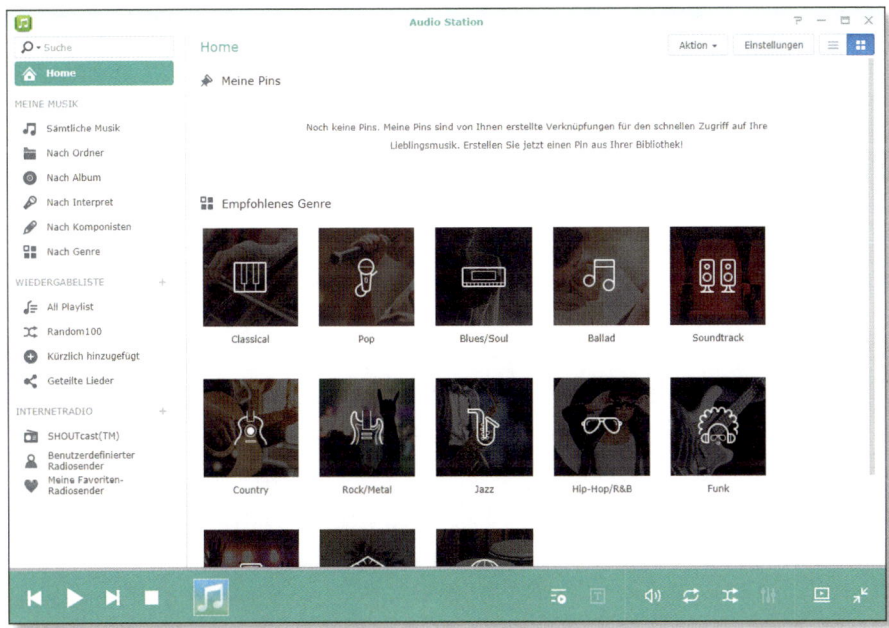

Die Audio Station zeigt beim ersten Aufruf den Home-Screen an – dieser bietet unter anderem Zugriff auf die verschiedenen Genres in Ihrer Sammlung.

Das Programm eignet sich zur Wiedergabe aller Musikdateien, die sich unterhalb des gemeinsamen Ordners *music* befinden – es spielt also in der Grundkonfiguration nur die gemeinsame Musiksammlung ab. Eigene Musik, die sich im persönlichen *home*-Ordner befindet und dem übrigen Nutzerkreis verborgen bleibt, lässt sich in der Grundkonfiguration nicht abspielen. Das lässt sich aber ändern:

1. Loggen Sie sich als Administrator ein, und öffnen Sie die Audio Station.

2. Klicken Sie oben in der Symbolleiste auf **Einstellungen** und im neuen Fenster auf die Registerkarte **Persönliche Bibliothek**.

3. Wenn Sie nun das Kontrollkästchen **Persönliche Bibliothek verwenden** aktivieren, spielt die Audio Station auch die private Musik ab, die sich im Verzeichnis *music* unterhalb des persönlichen *home*-Verzeichnisses befindet.

Wenn dieses Kontrollkästchen aktiv ist, können die Nutzer sowohl die private als auch die gemeinsame Musiksammlung abspielen. Soll kein Zugriff auf die gemeinsame Sammlung bestehen, dann stellen Sie das untere Auswahlfeld auf **Persönliche Musik** um. Klicken Sie zum Schluss auf **OK**.

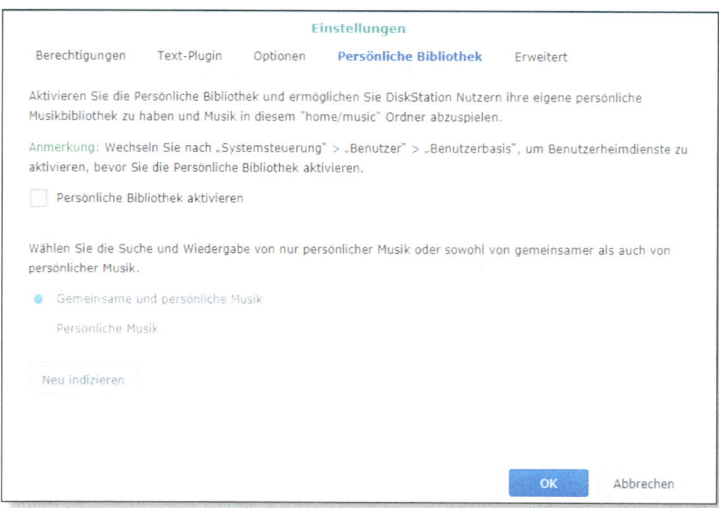

Jeder für sich: Wenn Sie möchten, kann jeder Benutzer auch eine persönliche Bibliothek verwalten.

Die Audio Station spielt die gemeinsame Musik

Die Musiksammlung wird in der Audio Station in Form einer Bibliothek dargestellt, die Informationen zur enthaltenen Musik entnimmt das Programm den im vorigen Abschnitt beschriebenen Datei-Tags. Auf der Hauptseite (»Home« genannt) haben Sie Zugriff auf die diversen Genres, die sich in Ihrer Musiksammlung befinden. Ein Doppelklick auf ein Genre zeigt die verfügbaren Alben und Interpreten. Ein weiterer Doppelklick zeigt die verfügbaren Alben, die in das gewählte Genre fallen.

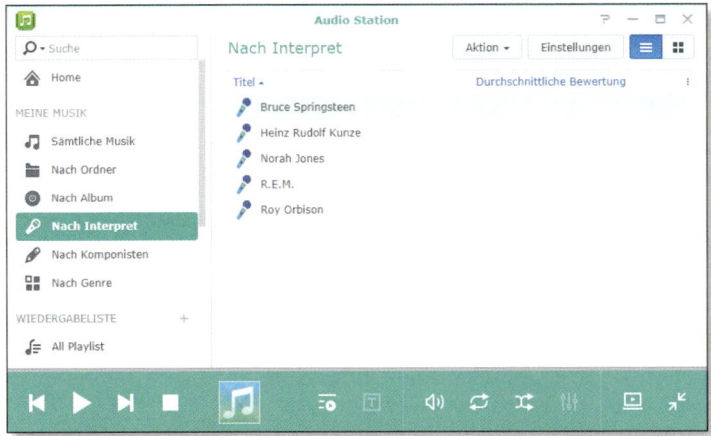

Die Sortierfunktionen der Bibliothek sind umfangreich. Sie können sich zum Beispiel alle Interpreten auflisten lassen …

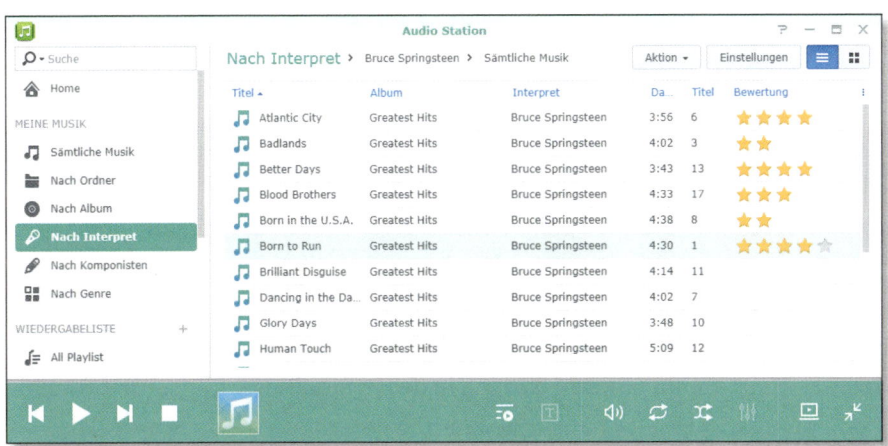

… und sehen nach einem Klick auf einen Namen alle verfügbaren Titel.

Ein Doppelklick auf das Album zeigt die verfügbaren Titel, die sich wiederum per Doppelklick abspielen lassen. Die Wiedergabe erfolgt dabei zunächst direkt im Browser des aktuellen Computers.

> **TIPP**
>
> **Mit dem passendem Zubehör kann die DiskStation auch selber Musik wiedergeben**
>
> Vom Hersteller Synology gibt es ein passendes Audiomodul für die DiskStation, quasi eine kleine Soundkarte, die direkt zur Wiedergabe verwendet werden kann. So verwandeln Sie Ihre DiskStation in einen hochwertigen Audioplayer.

Im unteren Bereich der Audio Station finden Sie links Schaltflächen, mit denen Sie in der Titelliste navigieren und die Wiedergabe anhalten können. Daneben befindet sich eine Anzeige des aktuell gespielten Titels mit der Angabe der momentanen Wiedergabeposition. Es folgen Schaltflächen zur Anzeige der Wiedergabeliste ❶ sowie Optionen zur Änderung von Lautstärke ❷, Wiederholungen ❸ und Zufallswiedergabe ❹.

Besonders interessant ist die Schaltfläche 🖳, die sich **Mein Computer** nennt. Hierüber legen Sie das Wiedergabegerät fest. Sie haben die Wahl zwischen allen UPnP-Wiedergabegeräten, die es in Ihrem (Heim-)Netzwerk gibt. Probieren Sie das am besten gleich aus, aber seien Sie nicht enttäuscht, wenn Sie beim Umstellen am neuen Wiedergabegerät noch nichts hören, denn die Audio Station kann verschiedene Titel gleichzeitig auf verschiedenen Geräten abspielen. Erst wenn Sie eine neue Wiedergabe starten, werden Sie auch etwas am neuen Gerät hören. Mit der Schaltfläche 🖳 können Sie ständig zwischen den Geräten hin und her wechseln. Mit dieser praktischen Funktion können Sie also ganz einfach etwa bei einer Party in verschiedenen Räumen verschiedene Musik spielen und alles zentral steuern. Keine Sorge, dabei müssen Sie nicht jedes Lied einzeln starten, sondern können eine Wiedergabeliste erstellen. In der Titelansicht klicken Sie einen Titel mit der Maus an und klicken danach in der Symbolleiste auf den Eintrag **Aktion**. Im Ausklappmenü haben Sie unter anderem die Wahl, den Titel der aktuellen Wiedergabeliste hinzuzufügen oder ihn einer neuen oder bestehen-

Die Audio Station spielt die gemeinsame Musik

den persönlichen (also privaten) oder gemeinsamen Playlist hinzuzufügen. Ihre Wiedergabelisten finden Sie in der linken Spalte der Audio Station unter dem Eintrag **All Playlist**. Sie sehen in der Tabellenansicht sowohl Ihre persönlichen Playlists (dargestellt durch das Symbol) als auch gemeinsame Playlists (mit dem Symbol), die allen Benutzern der Audio Station zur Verfügung stehen. Die Wiedergabe einer Playlist starten Sie über einen Rechtsklick und die Option **Wiedergeben**, alternativ können Sie auch in der Symbolleiste die Schaltfläche **Aktion** verwenden.

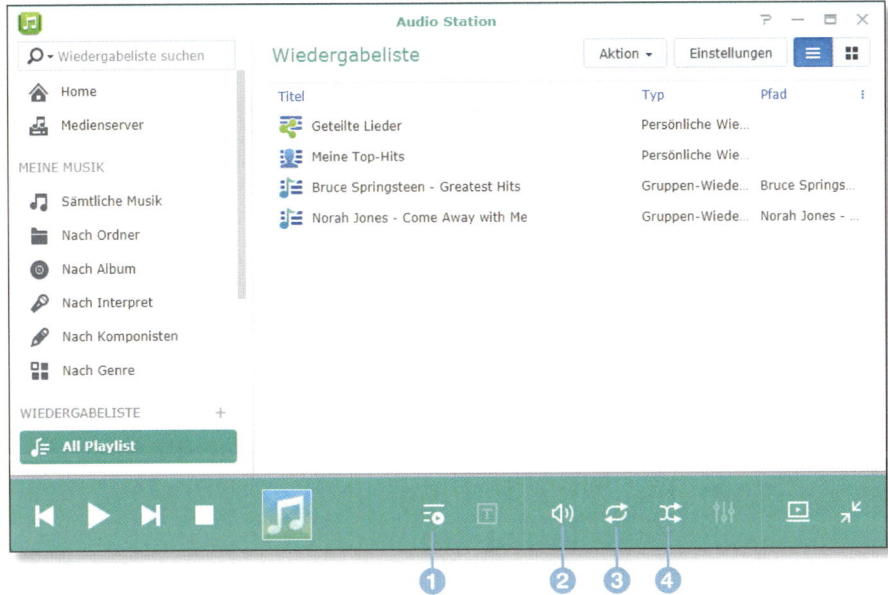

Natürlich gibt es in der Audio Station auch Wiedergabelisten.

Eine detaillierte Ansicht (quasi den Musikkatalog) finden Sie links unter dem Eintrag **Meine Musik**. Darüber können Sie Ihre Musiksammlung sehr fein nach Album, Interpreten, Komponisten und Genre sortieren und finden somit schnell die gewünschte Musik.

Unentschlossene finden unter der Sektion der Wiedergabelisten die Möglichkeit, sich eine Liste mit einhundert zufälligen Titeln generieren zu lassen (**Random 100**).

Kapitel 9 – Musik abspielen mit der Audio Station

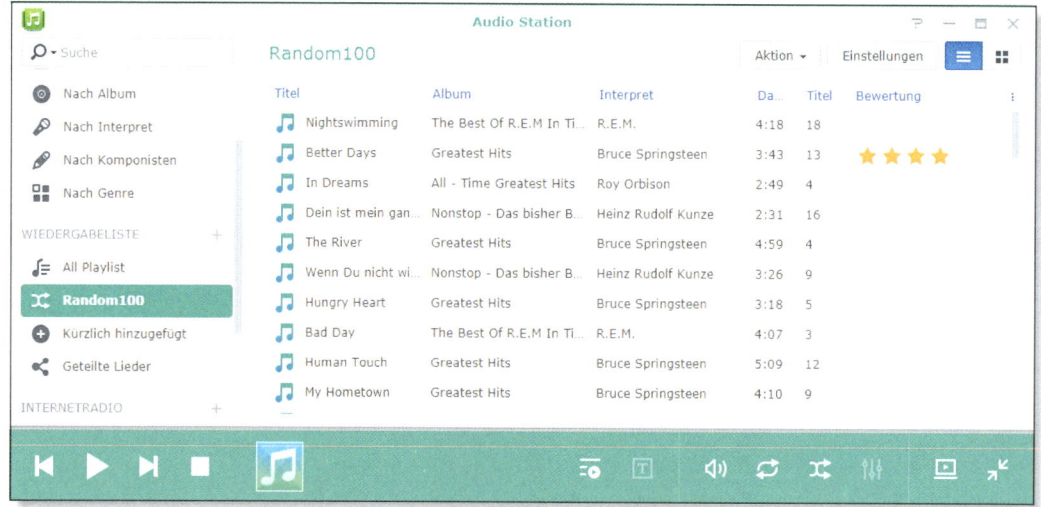

Lust auf Überraschung? Lassen Sie den Zufallsgenerator entscheiden, was gespielt wird.

Mit der Audio Station können Sie auch Internetradiosender wiedergeben.

Wenn Sie in Ihrer Musiksammlung einmal nicht fündig werden sollten, dann können Sie ganz unten in der linken Spalte auf Internetradiosender des bekannten Shoutcast-Dienstes zurückgreifen. Dort finden Sie eine umfangreiche Bibliothek mit vielen Radiosendern, die Sie kostenlos hören können. Über das Herzsymbol ❶ lassen sich Favoriten verwalten, außerdem können Sie eine Liste mit eigenen Adressen von Radiosendern erstellen.

Zum Schluss möchte ich Ihnen noch zwei interessante Optionen zeigen. Oben in der Audio Station finden Sie zum einen ein Suchfeld, das Sie direkt zu einem bestimmten Titel führt. Zum anderen haben Sie über die Schaltfläche **Medienserver** Zugriff auf andere UPnP-Medienserver, die sich in Ihrem Heimnetzwerk befinden, und können bequem deren Musiksammlung durchsuchen und wiedergeben. So ist Ihnen ein langer Musikgenuss gewiss!

Über die Schaltfläche »Medienserver« erhalten Sie Zugriff auf die Musikbibliothek weiterer UPnP-Server in Ihrem Heimnetzwerk.

> **ACHTUNG**
>
> **Noch ein Wort zum Teilen**
>
> Vielleicht ist Ihnen schon aufgefallen, dass es im Menü **Aktion** auch den Eintrag **Mit der Öffentlichkeit teilen** gibt. Wenn Sie diese Option nutzen, dann wird ein Link erstellt, den Sie weitergeben können. Wenn jemand diesen Link aufruft, dann erscheint im Browser eine kompakte Version der Audio Station, die den freigegebenen Titel abspielt. Eine Download-Möglichkeit ist nicht vorgesehen. Vorsicht ist geboten, denn der Zugriff ist – wenn die DiskStation für den Internetzugriff eingerichtet ist – auch über das Internet möglich. Natürlich nur dann, wenn man den Link kennt. Achten Sie aber bitte das Urheberrecht, und teilen Sie nur Titel, die Sie teilen dürfen.

Per App auf die Musiksammlung zugreifen

Die Entwickler der DiskStation haben auch an Ihre Mobilgeräte wie Smartphones und Tablets gedacht und eine App programmiert, mit der Sie die Musiksammlung Ihrer DiskStation wiedergeben können – über eine Internetverbindung sogar von unterwegs.

Die App heißt *DS audio*, es gibt sie für iOS und Android kostenlos im jeweiligen Store. Die App wird ganz normal installiert. Nach dem ersten Start müssen Sie eine Verbindung zur Audio Station aufbauen. Dazu geben Sie die IP-Adresse der DiskStation (ohne Freigabe für das Internet funktioniert hier nur die interne IP-Adresse in Ihrem Heimnetzwerk) in das erste Feld ein. In den anderen Feldern ergänzen Sie Ihren Benutzernamen und das Passwort. Die Verbindung lässt sich über das Kontrollkästchen **HTTPS** verschlüsseln – das ist für das Heimnetzwerk nicht unbedingt erforderlich, für die Nutzung über das Internet aber sehr empfehlenswert. Mit der letzten Option können Sie Ihre Anmeldedaten für die zukünftige Nutzung speichern.

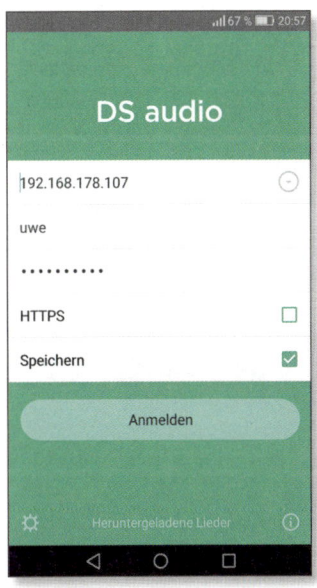

Bevor Sie die App nutzen können, müssen Sie sich zunächst anmelden.

Nachdem Sie auf **Anmelden** getippt haben, sehen Sie den Inhalt Ihrer Musikbibliothek. Im Menü der App können Sie zwischen der Ansicht **Home** und der Ansicht **Bibliothek** wechseln. Erstere bietet Zugriff auf Ihre Favoriten und eine Genre-Schnellauswahl. Wie bei der Desktop-App können Sie darüber zu einem gewünschten Titel navigieren. Am oberen Bildschirmrand gibt es die Möglichkeit, die angezeigte Größe der Symbole und Albumcover umzuschalten. In der Ansicht **Bibliothek** haben Sie oben auf dem Bildschirm eine Wischleiste mit den verschiedenen Kategorien, die Sie schon von der Desktop-App her kennen.

Über das Menü der App können Sie auch auf Ihre Wiedergabelisten zugreifen und erhalten nicht nur denselben Datenbestand wie bei der Nutzung am Desktop, sondern auch fast alle Funktionen. Bei der Musikwiedergabe können Sie über das Menü mit den drei Punkten sogar einen Schlummer-Timer einstellen.

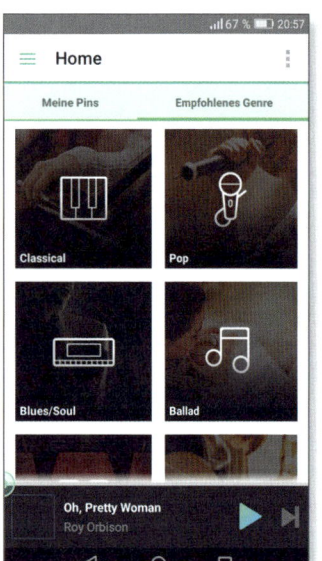

Im Menü eines Titels oder Albums finden Sie die Möglichkeit zum Download. Das ist sehr praktisch, um Musikstücke direkt auf Ihr Mobilgerät zu laden und sie somit auch ohne eine Datenverbindung zu hören – ideal für unterwegs. Nicht verschwiegen werden soll jedoch, dass der App (noch) eine kleine Funktion fehlt: Der Zugriff auf UPnP-Medienserver bleibt derzeit der Desktop-App vorbehalten.

Das Bedienkonzept der App ist vergleichbar dem der Browserfassung und schnell erlernt.

Auch die File Station hat musikalische Qualitäten

Wenn Sie »nur mal zwischendurch« etwas Musik hören möchten oder einige Titel lediglich kurz anspielen wollen, müssen Sie nicht extra die Audio Station bemühen, sondern können die File Station verwenden. Diese bringt nämlich selbst Abspielfunktionen für Musikstücke mit:

Auch die File Station hat musikalische Qualitäten

1. Öffnen Sie in der **File Station** einen Ordner mit Musikstücken.

2. Klicken Sie ein Musikstück an, und öffnen Sie entweder das Kontextmenü mit der rechten Maustaste, oder klicken Sie in der Symbolleiste auf **Aktion**.

3. Im Menü wählen Sie den Eintrag **Wiedergeben**.

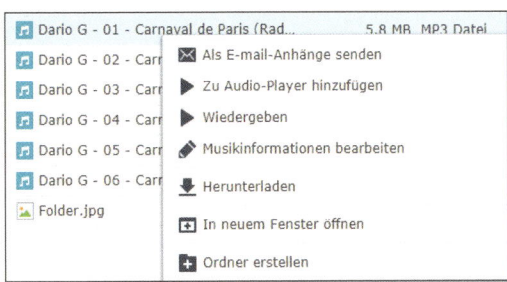

Eignet sich gut, um schnell in einen Titel hineinzuhören: der Audioplayer der File Station.

Es öffnet sich ein kleiner Audioplayer, der sofort mit der Wiedergabe beginnt. Der Player bietet die üblichen Schaltflächen zum Wechseln der Titel und zum Anhalten der Wiedergabe sowie eine Lautstärkeregelung. Zusätzlich bietet er eine Wiedergabeliste, die Sie um weitere Titel ergänzen können. Dazu ziehen Sie einfach weitere Musikdateien in das Fenster. Alternativ können Sie über das Menü der rechten Maustaste oder die Schaltfläche **Aktion** • **Zu Audio-Player hinzufügen** weitere Musiktitel ergänzen.

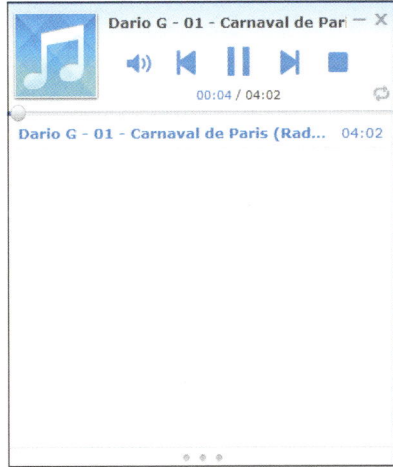

Der Audioplayer der File Station kann sogar mit kleinen Wiedergabelisten umgehen.

Im Audioplayer können Sie die Schaltflächen in der Symbolleiste nutzen, um zwischen den Titeln zu wechseln. Ein netter Pluspunkt ist die Möglichkeit, auch Audiotitel abzuspielen, die nicht der Audio Station hinzugefügt wurden, die sich also außerhalb der erfassten Ordner befinden.

Viel Spaß bei der Musikwiedergabe!

Kapitel 10
Fotos organisieren mit der Photo Station

Fotografieren Sie gerne? Speichern Sie Ihre Fotos übersichtlich in Bildergalerien ab, teilen Sie Ihre Fotos mit anderen – mit der Photo Station!

In diesem Kapitel geht es um einen der Glanzpunkte der DiskStation, denn im Bereich der Verwaltung und Anzeige von Fotos hat das Gerät richtig viel zu bieten. Der Funktionsumfang ist so groß, dass dieses Buch gar nicht alle Möglichkeiten beschreiben kann, denn im Fotobereich geht es nicht nur um das Speichern und Anzeigen, es werden sogar Routinen zur Bildbearbeitung und zur gemeinsamen Verwaltung von Fotos geboten.

Aber der Reihe nach: Für die Fotofunktionen ist auf der DiskStation die *Photo Station* zuständig. Im Unterschied zu den übrigen Stations hat die Photo Station Alleinstellungsmerkmale, insbesondere im Bereich der Berechtigungen, die ich Ihnen gleich zeigen werde. Zunächst aber einige Worte zur Installation.

Die Photo Station installieren und einrichten

Die Installation und Ersteinrichtung müssen Sie wieder als Administrator vornehmen. Loggen Sie sich auf der DiskStation ein, und öffnen Sie das **Paket-Zentrum**. Die **Photo Station** befindet sich sowohl in der Kategorie **Empfohlen** als auch in der Kategorie **Multimedia**. Klicken Sie einfach auf **Installieren**. Gegebenenfalls werden Sie darauf hingewiesen, dass zusätzliche Komponenten erforderlich sind (wie etwa PHP). Diese müssen Sie ebenfalls installieren, bejahen Sie die entsprechende Nachfrage also. Da die Photo Station relativ umfangreich ist, dauert die Installation einige Minuten.

Kapitel 10 – Fotos organisieren mit der Photo Station

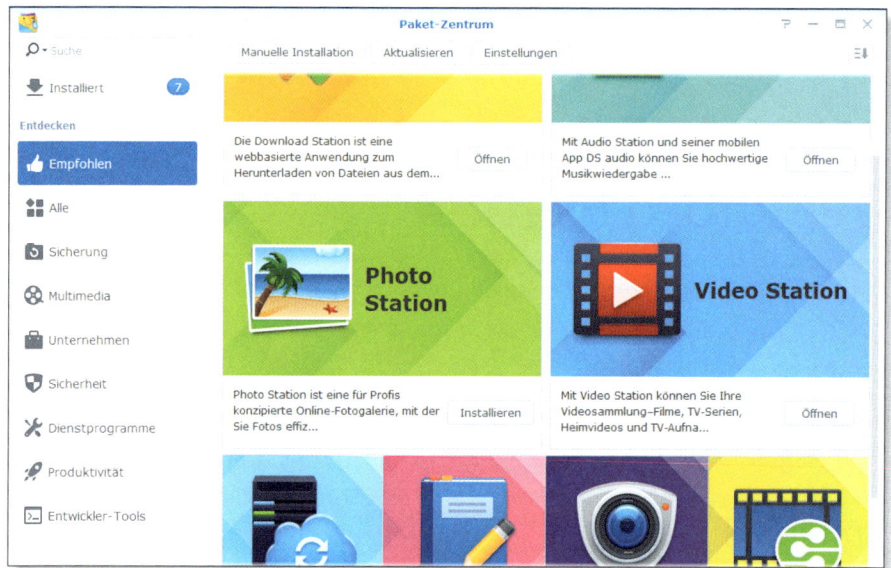

Über das Paket-Zentrum kann die Photo Station mit einem Klick installiert werden.

Nach der Installation können Sie das Programm (immer noch als Administrator eingeloggt) direkt über das Hauptmenü starten und einrichten. Klicken Sie in der **Photo Station** in der linken Liste auf den Punkt **Einstellungen** ❶.

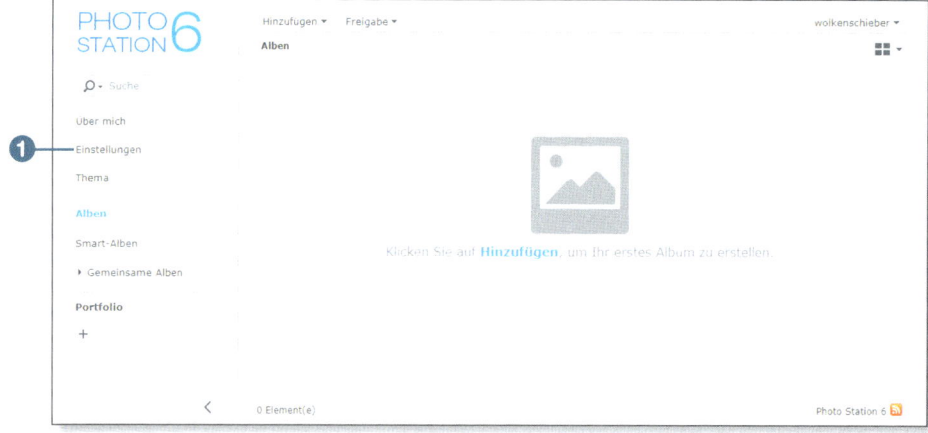

Direkt nach der Installation ist die Photo Station noch ganz leer, Sie müssen erst Ihre Fotos hinzufügen.

Die Photo Station installieren und einrichten

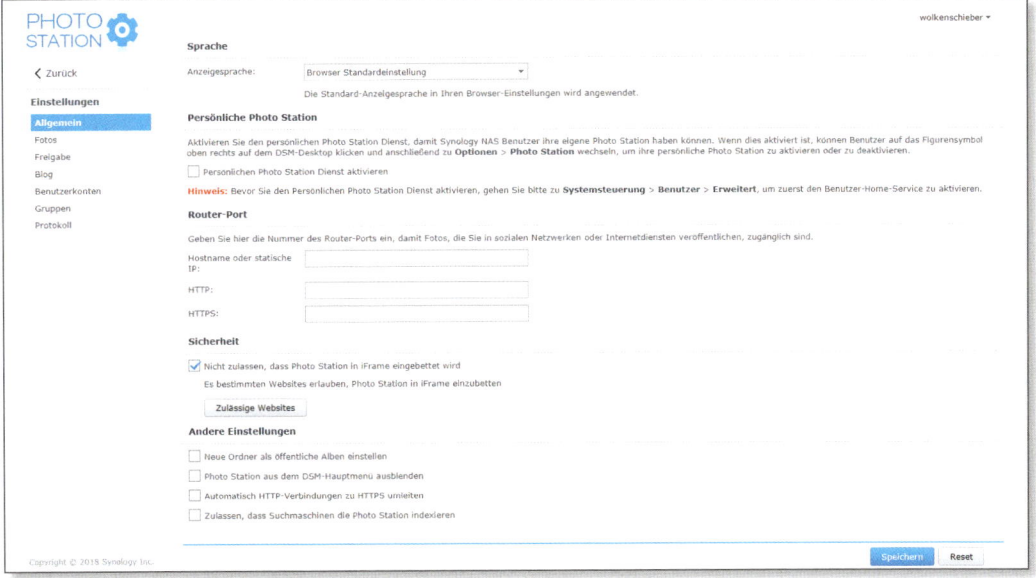

Bevor Sie richtig loslegen, gilt es, grundlegende Einstellungen vorzunehmen.

Im Einstellungsmenü können am linken Bildschirmrand Kategorien ausgewählt werden. Auf der Registerkarte **Allgemein** finden Sie zwei Bereiche: zum einen den **Router-Port**, zum anderen die **Persönliche Photo Station**. Die im **Router-Port** eingetragenen Werte nutzt die Photo Station zur Generierung von Links beim Teilen von Fotos. Solange Sie keine HTTP- und HTTPS-Ports verändert haben (siehe insbesondere Abschnitt »Die Netzwerk-Ports des DSM-Systems ändern« auf Seite 321), sind keine Änderungen nötig, denn die Standardwerte passen automatisch.

Der zweite, wesentlich wichtigere Punkt ist die **Persönliche Photo Station**. Sie haben die Wahl, ob alle Nutzer mit einer gemeinsamen Photo Station arbeiten sollen oder ob jeder Benutzer über eine eigene, private Photo Station verfügen darf. Um diese Option zu nutzen, muss jedoch der *Benutzer-Home-Dienst* aktiv sein, der sich um die Bereitstellung von *home*-Verzeichnissen kümmert; weitere Informationen hierzu finden Sie in Kapitel 6, »Netzwerkfreigaben im Heimnetz verwalten«. Normalerweise ist in einer üblichen Umgebung die Einrichtung von privaten Photo Stations nicht nötig, denn es lassen sich sowohl eigene private Fotoalben als auch passwortgeschützte

Varianten erstellen, deren Inhalt nicht berechtigten Nutzern verborgen bleibt. So bleibt die Privatsphäre gewahrt. Für alle Einstellungskategorien gilt: Wenn Sie etwas verändern, müssen Sie vor dem Wechsel zu einer anderen Kategorie Ihre Änderungen mit der Schaltfläche **Speichern** ganz unten rechts auf dem Bildschirm bestätigen.

In der Einstellungskategorie **Fotos** können Sie über den Eintrag **Verwaltung • Titel der Fotoseite** Ihrer Photo Station zunächst einen eigenen Namen geben. Wenn Sie eine gemeinsame Photo Station nutzen, ist eventuell die Schaltfläche **Zugangsbefugnisse** interessant, denn hier können Sie einzelnen Nutzern den Zugang zu bestimmten Fotoalben entziehen. Mit den Kontrollkästchen unter den Schaltflächen können Sie Benutzern und Gästen erlauben, einzelne Fotos zu kommentieren oder auf den eigenen Rechner herunterzuladen. Die Gruppe *Gäste* steht für Personen, die keine Benutzer der DiskStation sind, sondern über eine Freigabe (dazu später mehr) zum Betrachten der Fotos eingeladen wurden, also etwa Freunde oder Vereinsmitglieder. Entscheiden Sie selbst, ob Sie die Funktionen aktivieren möchten.

Unter den Feldern befindet sich die Liste mit **Anzeigeeinstellungen**. Für den Anfang bietet es sich an, es bei den Voreinstellungen zu belassen. Wenn Sie später etwas an der Photo Station stört, können Sie hier nachschauen, ob es eine Option gibt, die Anzeige Ihren Wünschen anzupassen. Ein nettes Feature, über das sich der eine oder andere freut, ist die automatische Gesichtserkennung, die bei der Zuordnung von Personen behilflich ist und Ihnen vielleicht aus dem Bereich der sozialen Netzwerke im Internet her schon vertraut ist. Auch die Photo Station bietet diesen Dienst (der jedoch gegenwärtig noch im experimentellen Stadium arbeitet). Sie können ihn weiter unten auf dieser Seite unter **Gesichtserkennung** aktivieren.

Weiter geht es mit den Optionen der Einstellungskategorie **Freigabe**, die Sie links auf dem Bildschirm erreichen können. Hier dreht sich alles um das Teilen von Fotos, also um die Möglichkeit, auch Personen außerhalb des Nutzerkreises der DiskStation die eigenen Fotos zeigen zu können. Es gibt verschiedene Möglichkeiten für die Freigabe: Zum einen lassen sich die Fotos in soziale Netzwerke einbinden. Dort können sie von den Nutzern mit Zugang zu Ihrer persönlichen Seite betrachtet werden. Fotos in sozialen

Netzwerken können entweder zu Ihrer DiskStation verlinkt werden oder direkt und vollständig zum sozialen Netzwerk hochgeladen werden. Im ersten Fall verbleiben die Fotos auf Ihrer DiskStation und zur Betrachtung rufen die Nutzer des sozialen Netzwerkes die Fotos von Ihrer DiskStation ab. Dabei wird Ihre Internetverbindung genutzt. Im anderen Fall werden die Fotos zum sozialen Netzwerk übertragen und auf dessen Server kopiert, sodass zur Anzeige keine Verbindung zu Ihrer DiskStation nötig ist und auch niemand erfährt, dass (auch) Ihre Fotos dort abgelegt sind.

Wichtig bei der Photo Station: die Steuerung der Zugriffsrechte. Was möchten Sie den Benutzern erlauben?

Auf der Einstellungsseite können Sie innerhalb der Kategorie **Soziales Netzwerk** festlegen, für welche Netzwerke es eine Option zum Teilen geben soll. Über die Kontrollkästchen darunter legen Sie fest, ob Sie die Freigabe über Ihre DiskStation oder durch direktes Hochladen zum sozialen Netzwerk realisieren möchten. Sie können die Funktion außerdem getrennt für Nutzer der DiskStation und (externe) Gäste freischalten oder deaktivieren.

Die zweite Option der Freigabe von Fotos heißt **Mit der Öffentlichkeit teilen** und funktioniert unabhängig von sozialen Netzwerken über einen Link. Diesen Link können Sie, etwa per E-Mail, an Freunde oder Geschäftspartner versenden. Er führt zu Ihrer DiskStation (die gemäß Kapitel 13, »Ab ins

Netz – die DiskStation über das Internet erreichen«, für die Nutzung über das Internet eingerichtet sein muss) und öffnet dort eine Kompaktausgabe der Photo Station, die Funktionen zur Anzeige bietet. Wenn Sie etwas mehr Kontrolle über den Verbleib Ihrer Fotos wünschen, sollten Sie diese Methode der Freigabe dem Teilen in sozialen Netzwerken vorziehen. Über die Kontrolloptionen in dieser Kategorie können Sie festlegen, welche Benutzer diese Funktion verwenden dürfen.

Über die Einstellungsoptionen der Kategorie **Blog** können Sie ein eigenes Blog aktivieren, also eine Art (öffentliches) Tagebuch, in dem Sie beispielsweise über Ihre Urlaubsreisen berichten. Diese Option wird eher von fortgeschrittenen Nutzern verwendet und kann auf dieser Einstellungsseite aktiviert werden. Sie können festlegen, welchen Titel das Blog trägt und wie viele Beiträge auf der Startseite zu sehen sein sollen.

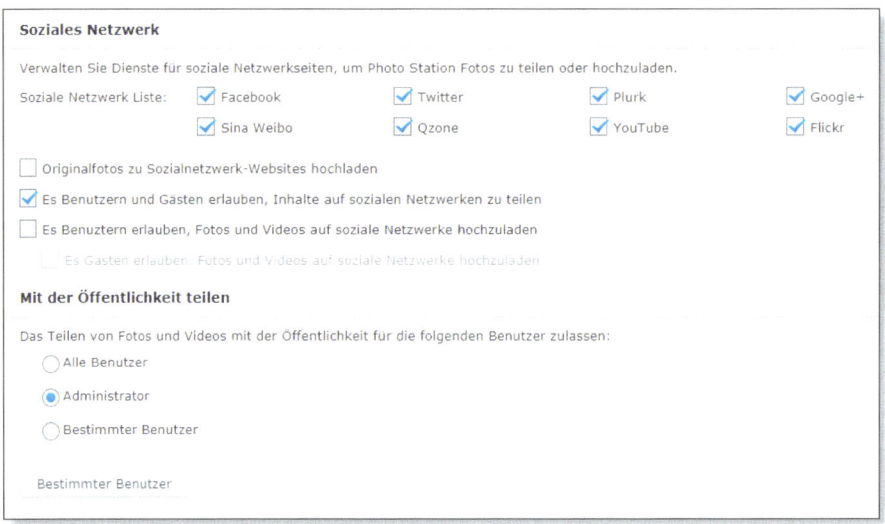

Dürfen Ihre Nutzer die Fotos auch auf sozialen Netzwerken teilen? In diesem Einstellmenü können Sie diese Option genau steuern.

Jetzt sind Sie mit den Einstellungen der Photo Station schon fast durch. Ganz wichtig sind jedoch noch die Optionen zu den Zugangsrechten. Im Unterschied zu den übrigen Stations steuern Sie die Zugangsberechtigungen nicht über die Systemsteuerung der Disk Station, sondern direkt in der Photo Station. Dazu dient die Einstellungskategorie **Benutzerkonten**. Hier sehen Sie eine Liste aller Nutzer der DiskStation. Für jeden Nutzer können Sie festlegen, ob und in welchem Umfang er die Photo Station benutzen darf. Klicken Sie zuerst auf den gewünschten Benutzer und dann auf die Schaltfläche **Bearbeiten**. Über das Kontrollkästchen können Sie festlegen, ob dieser Benutzer Fotos über einen Link mit der Öffentlichkeit teilen darf – diese Einstellung ist also etwas feiner, als die zuvor besprochene globale Einstellung für alle Nutzer. Mit einem Klick auf **Privilegien zuweisen** gelangen Sie zu den grundlegenden Rechten. Sie können festlegen, ob der gewählte Benutzer die Fotoalben der Photo Station betrachten darf, ob er auch eigene Fotos ergänzen darf und ob er an der allgemeinen Verwaltung und Organisation der Alben mitwirken darf. Sobald hier Alben angelegt sind, können Sie die Berechtigungen für jedes Fotoalbum individuell setzen. Beachten Sie, dass nur der Administrator die Rechte verändern kann. Ein Klick auf die Schaltfläche **Speichern** führt Sie zurück zur Nutzerliste. Haben Sie Ihre Nutzer in Nutzergruppen einsortiert (sinnvoll bei einer großen Nutzeranzahl), dann können Sie auch Gruppenrechte vergeben.

Nun ist es höchste Zeit, Ihr erstes Fotoalbum zu erstellen und es mit Fotos zu füllen! Melden Sie sich dazu als normaler Benutzer an.

Fotos zur Photo Station hochladen

Es gibt mehrere Möglichkeiten, wie Sie Fotos zur Photo Station hochladen können. Als Erstes ist das Hochladen direkt im Programm möglich. Ihre Fotos werden auf der Photo Station in Alben organisiert – Alben können Sie mit Ordnern im Dateisystem vergleichen. Zu Beginn sind noch keine Alben angelegt. Über einen Klick auf **Hinzufügen** können Sie ein erstes Album erstellen, weitere Alben fügen Sie später jederzeit über die Symbolleiste am oberen Bildschirmrand über den Menüpfad **Hinzufügen** • **Album erstellen** hinzu. Nun können Sie dem Album einen Namen geben und eine Beschreibung ergänzen.

Sie können außerdem festlegen, wer auf das Album zugreifen darf. Wählen Sie, ob es sich um ein *öffentliches Album* handelt, das jeder ansehen darf (auch wenn er kein Benutzerkonto für die DiskStation hat), ob es sich um ein *privates Album* handelt, das nur für Sie selbst bestimmt ist, oder ob Sie ein besonders schützenswertes Album erstellen, das Sie mit einem Passwort vor unzulässiger Nutzung schützen wollen. Beachten Sie: Auf ein normales privates Album und die enthaltenen Bilder haben die Nutzer der DiskStation über die File Station und den gemeinsamen Ordner *photo* so lange Zugriff, bis Sie ihnen in den Albumoptionen in der Photo Station das Recht zum Durchsuchen entziehen. Auf ein passwortgeschütztes Album können die Nutzer generell nicht zugreifen. Beachten Sie aber auch, dass private Alben den übrigen Nutzern nicht angezeigt werden, während passwortgeschützte Alben sehr wohl in der Liste auftauchen, sie verlangen zum Öffnen und Anzeigen jedoch die Eingabe eines Passwortes.

Erstellen Sie Ihr erstes Fotoalbum!

Über die Schaltfläche **Privilegien** können Sie auf Nutzerebene festlegen, welche Aktionen für welche Nutzer erlaubt sind, Sie haben die Wahl zwischen **Durchsuchen**, **Hochladen** und **Verwalten**. Zum Schluss können Sie die **Dateikonvertierung abschalten**, die normalerweise dafür sorgt, dass Fotos in Sonderformaten in allgemein lesbare Varianten konvertiert werden. Achtung: Nur der Administrator hat die Wahl dieser Optionen beim Anlegen von Alben. Normale Benutzer können zwar auch Alben anlegen, diese werden jedoch automatisch als privates Album erstellt, auf das allerdings auch die übrigen Nutzer Zugriff haben. Sollen die Berechtigungen verändert werden (um andere Nutzer vom Zugriff auszuschließen), muss dies der Administrator vornehmen. Erstellen Sie einfach ein paar Testalben, und probieren Sie ein bisschen was aus.

Wenn Sie das Album erstellt haben, finden Sie in der linken Spalte der Photo Station einen neuen Eintrag. Klicken Sie das Album an, um Fotos hochzuladen. Dafür können Sie entweder in der Meldung in der Bildschirmmitte auf **hochladen** klicken oder in der Symbolleiste den Eintrag **Hinzufügen • Dateien hochladen** verwenden.

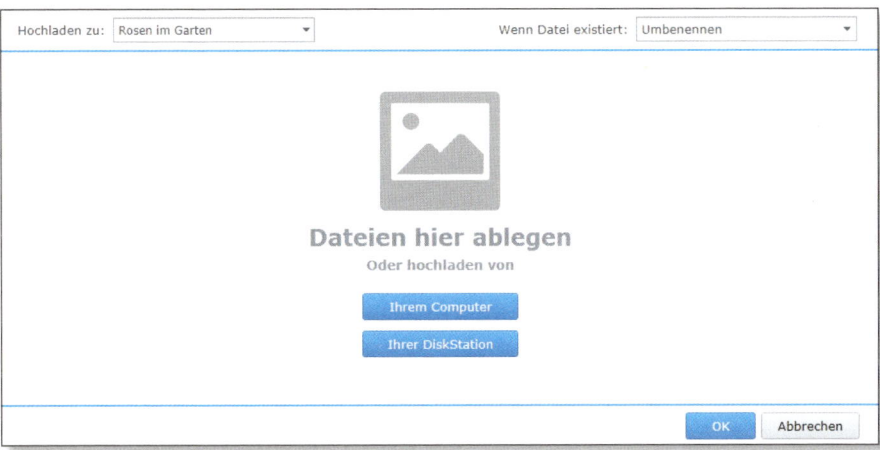

Fotos können Sie auf verschiedene Arten hochladen – am einfachsten gelingt dies per Drag & Drop direkt im Browserfenster.

Es öffnet sich ein neues Fenster, in das Sie Fotos direkt vom aktuellen Computer per Drag & Drop ablegen können. Alternativ können Sie über die Schaltfläche **Ihrem Computer** nach den Dateien suchen. Außerdem können Sie über den Eintrag **Ihrer DiskStation** direkt Fotos importieren, die sich schon auf Ihrer DiskStation, zum Beispiel in Ihrem persönlichen *home*-Ordner, befinden. Wenn Sie alle Bilder hinzugefügt haben, klicken Sie auf **OK**. Die Fotos werden automatisch übertragen, indiziert und mit Vorschaubildern versehen. Wenn der Vorgang abgeschlossen ist, werden Ihnen alle Fotos angezeigt.

Neben dieser Methode gibt es noch weitere Varianten zum Hochladen von Fotos. Als Administrator und als entsprechend berechtigter Nutzer können Sie direkt in der File Station weitere Ordner im gemeinsamen Ordner *photo* erstellen und dort direkt Bilder hochladen.

Als dritte Variante gibt es zusätzliche Programme, die von Synology vor allem zum Hochladen einer größeren Anzahl von Fotos bereitgehalten werden. Unter der Webadresse *https://www.synology.com/de-de/support/download* finden Sie ein Formular, in dem Sie die Modellnummer Ihrer DiskStation eintragen können. Das Formular führt Sie zu einer Liste verfügbarer Software, dort ist das Programm *Photo Station Uploader* enthalten. Das Programm ist für Windows- und Mac-Systeme verfügbar und nach einem Download schnell installiert. Beim ersten Start des Programms müssen Sie sich zunächst an der Photo Station anmelden. Tragen Sie dazu Ihren Benutzernamen und den Hostnamen Ihrer DiskStation ein. Auf der folgenden Seite müssen Sie Ihre Anmeldedaten vervollständigen. Das Programm fügt dem Kontextmenü (also dem Menü der rechten Maustaste) im Datei-Explorer des Betriebssystems einen Eintrag hinzu, mit dem Sie Fotos direkt zur Photo Station auf der DiskStation hochladen können. Klicken Sie einfach ein oder mehrere Bilder oder einen ganzen Ordner mit der rechten Maustaste an, und wählen Sie **Zu Photo Station hochladen**. Wenn Sie die Einstellungen nicht verändern, wird automatisch ein neues Album mit dem Namen des Ursprungsordners erstellt. Auf diese Weise können Sie schnell eine große Anzahl Fotos hochladen.

Der Photo Station Uploader integriert sich direkt in das Betriebssystem Ihres Desktop-Computers.

Fotos mit der Photo Station betrachten

Wenn Sie in der Übersicht der Alben ein Album anklicken, sehen Sie eine Galerie der enthaltenen Bilder. Sie können eines der Bilder anklicken und landen direkt in der vollformatigen Ansicht. Mit den Pfeilen am rechten und linken Bildschirmrand < > können Sie auch die übrigen Fotos des aktuellen Albums der Reihe nach anzeigen.

Zeigt alle Fotos in der Übersicht an: die Galerie-Ansicht der Photo Station.

Ein Foto lässt sich natürlich auch bildschirmfüllend anzeigen.

Mit dem Kreuz oben rechts in der Ecke verlassen Sie die vollformatige Bildanzeige. Wenn Sie die Maus in diese Ecke bewegen, dann leuchtet eine Schaltfläche mit ein paar Textzeilen auf, hierüber können fotografisch interessierte Nutzer die sogenannten Exif-Tags einblenden, die Informationen zu Kameraeinstellungen während der Aufnahme bereithalten. Hier lassen sich auf Wunsch auch Standortinformationen und Personen-/Gesichtserkennungen anzeigen und bearbeiten.

Für Fotografen interessant: Die Exif-Tags, die unter anderem Informationen zur Belichtung des Fotos beinhalten.

In der Vollformatansicht werden automatisch am unteren Bildschirmrand der Dateiname und das Aufnahmedatum angezeigt, diese Anzeige lässt sich ganz unten rechts mit dem kleinen Symbol ⓘ ausschalten. Neben dem i-Symbol befindet sich eine Lupe 🔍. Diese öffnet das Foto seitenfüllend im Browser, ohne Überlagerung von Bedienelementen. So können Sie mit den Werkzeugen des Browsers die Anzeige vergrößern. Ebenfalls unten rechts finden Sie die Schaltfläche **Alle Anzeigen**. Hierüber blenden Sie ein Band mit Vorschaubildern aller Bilder des aktuellen Albums ein.

Die Symbolleiste bietet im Betrachter Zugriff auf diverse Funktionen.

Darüber hinaus gibt es am unteren Bildschirmrand noch eine Symbolleiste mit wichtigen Funktionen. Ganz links finden Sie die Optionen zur **Freigabe**, mit denen Sie das Foto mit anderen Personen teilen können. Hier haben Sie die Wahl, ob Sie das Foto über einen Link mit der Öffentlichkeit teilen oder es auf ein soziales Netzwerk hochladen.

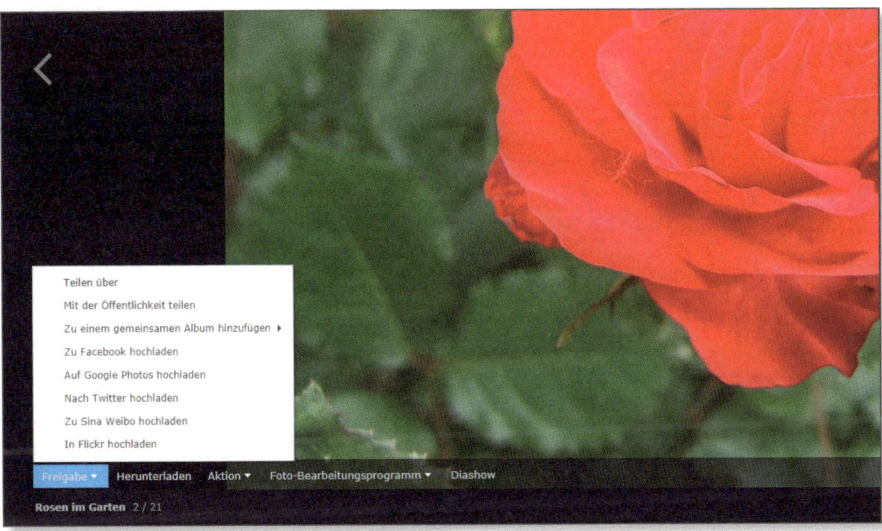

Über die Freigabe-Funktion lässt sich ein Foto auch mit anderen Personen teilen.

Mit der zweiten Schaltfläche (sofern sie nicht durch den Administrator deaktiviert wurde) können Sie das aktuelle Foto **Herunterladen** und es auf dem lokalen Rechner weiterverwenden. Das Menü **Aktionen** bietet Möglichkeiten zum Drehen des Bildes. Außerdem können Sie das Foto mit Sternen bewerten oder es löschen – sofern Sie die Rechte dazu haben. Das Menü **Foto-Bearbeitungsprogramm** ermöglicht die Bildbearbeitung direkt im Browser. Dazu greift die Photo Station auf einen externen Dienstleister zurück. Für die Bearbeitung muss der Adobe Flash Player in Ihrem Browser aktiv sein.

Kapitel 10 – Fotos organisieren mit der Photo Station

Die Photo Station bietet einen Editor an, mit dem Sie eine grundlegende Bildbearbeitung ausführen können.

Mit der letzten Schaltfläche können Sie eine **Diashow** starten, die automatisch alle Fotos des aktuellen Albums nacheinander anzeigt. Sie verlassen die Diashow durch einen Druck auf Esc .

Kapitel 11
Videos verwalten mit der Video Station

Zugegeben, Popcorn kommt aus der Video Station keines heraus. Aber ansonsten bietet sie alles für einen gelungenen Filmabend!

Zu den umfangreichen Multimediafähigkeiten Ihrer DiskStation zählen auch Funktionen zur Wiedergabe und zur Verwaltung von Videodateien. Das Gerät kann Videodateien in verschiedene Kategorien einsortieren, standardmäßig werden Spielfilme, TV-Serien, eigene TV-Aufnahmen und Privatvideos unterschieden – wobei sich auch eigene Kategorien ergänzen lassen. Ihre Videosammlung wird aber nicht nur sortiert, zu den erstgenannten Kategorien werden auch automatisch Informationen aus dem Internet heruntergeladen, zum Beispiel Coverfotos, Listen der Schauspieler und Inhaltsangaben. Auf diese Weise erhalten Sie eine gut sortierte Bibliothek, in der Sie stöbern und sich einen angenehmen Filmabend machen können. Ihre Videos können Sie auf verschiedenen Geräten abspielen, neben der Wiedergabe im Browser zählen hierzu die Wiedergabe auf UPnP-/DLNA-fähigen Mediaplayern und Fernsehern sowie die Möglichkeit zur Darstellung auf Smartphone und Tablet – einfach praktisch!

Für die Verwaltung und die Wiedergabe Ihrer Videosammlung ist die *Video Station* zuständig. Diese müssen Sie zunächst installieren.

Die Installation der Video Station

Loggen Sie sich mit Ihrem Administratorkonto auf der DiskStation ein, und öffnen Sie das **Paket-Zentrum**. Hier finden Sie die **Video Station** entweder gleich in der Kategorie **Empfohlen** oder in der Kategorie **Multimedia**.

Kapitel 11 – Videos verwalten mit der Video Station

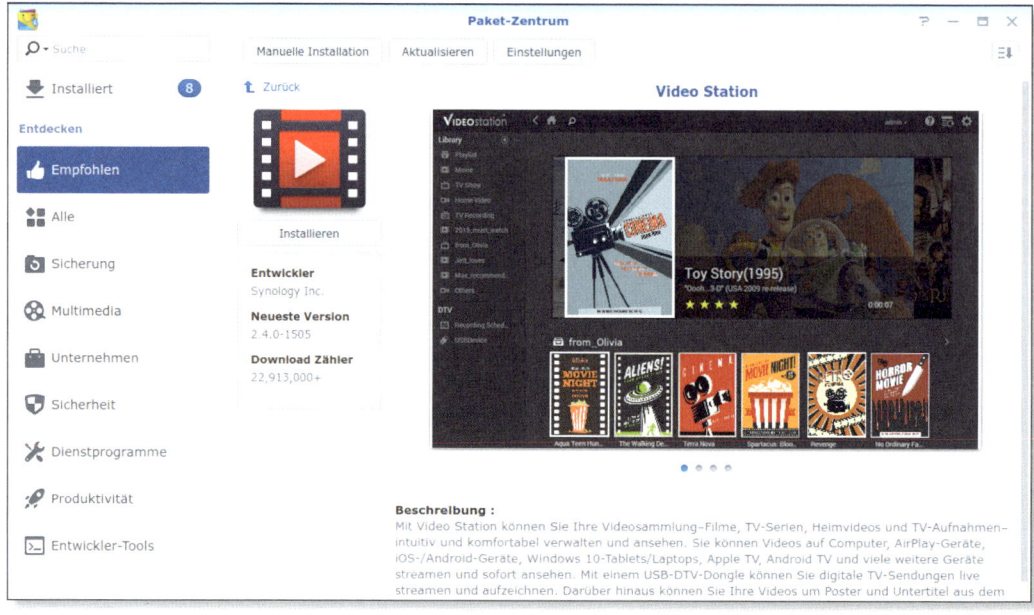

Die Video Station gehört zu den empfohlenen Anwendungen im Paket-Zentrum.

Klicken Sie den Eintrag der Video Station an und dort auf die Schaltfläche **Installieren**. Nach der Installation können Sie die Video Station direkt aufrufen, Sie finden das Programm im Hauptmenü der DiskStation.

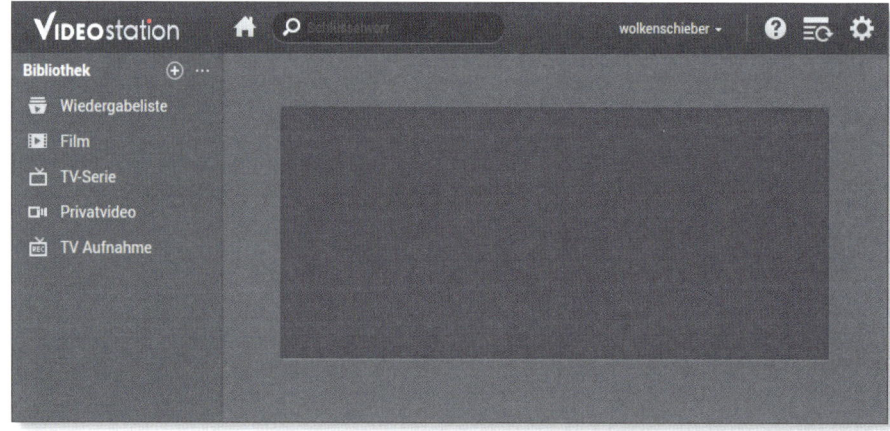

Die Video Station im Grundzustand nach dem ersten Start.

Die Installation der Video Station

Im ersten Schritt sollten Sie sich um die Benutzerberechtigungen kümmern und festlegen, wer das Programm benutzen darf. Dazu klicken Sie mit der Maus oben rechts auf das Zahnradsymbol und dort auf die Registerkarte **Berechtigungen**. Sie sehen eine Tabelle mit den Benutzern der DiskStation. Mit den Kontrollkästchen können Sie die Berechtigungen aktivieren oder deaktivieren. Dabei können Sie verschiedene Berechtigungen setzen: **DTV-Steuerung**, **AirPlay/DLNA-Renderer**, **Öffentliche Freigabe** und **Offline-Transkodierung**. Die erste Option kümmert sich um TV-Funktionen der Video Station – dazu mehr in Kapitel 17. Die Berechtigung **AirPlay/DLNA-Renderer** erlaubt es den Benutzern, die Videoinhalte auf AirPlay-fähige bzw. UPnP-/DLNA-kompatible Wiedergabegeräte (zum Beispiel Mediaplayer und Fernseher) zu übertragen. Die dritte Option ermöglicht es den Nutzern, Videoinhalte über einen Link mit anderen Personen zu teilen, die nicht dem Nutzerkreis der DiskStation angehören müssen. Dies ist auch über das Internet möglich (siehe dazu auch Kapitel 13, »Ab ins Netz – die DiskStation über das Internet erreichen«). Die letzte Option aktiviert die Umwandlung der Videodatei, um sie auf leistungsschwächeren Geräten ansehen zu können. Achtung: Hier geht es nicht um die Umwandlung in Echtzeit, sondern explizit um die Offlinekonversion, die eine dauerhafte Kopie in geringerer Qualität erzeugt und auf das jeweilige Zielgerät herunterlädt. So ist auch die Wiedergabe ohne Datenverbindung zur DiskStation möglich, etwa auf Reisen.

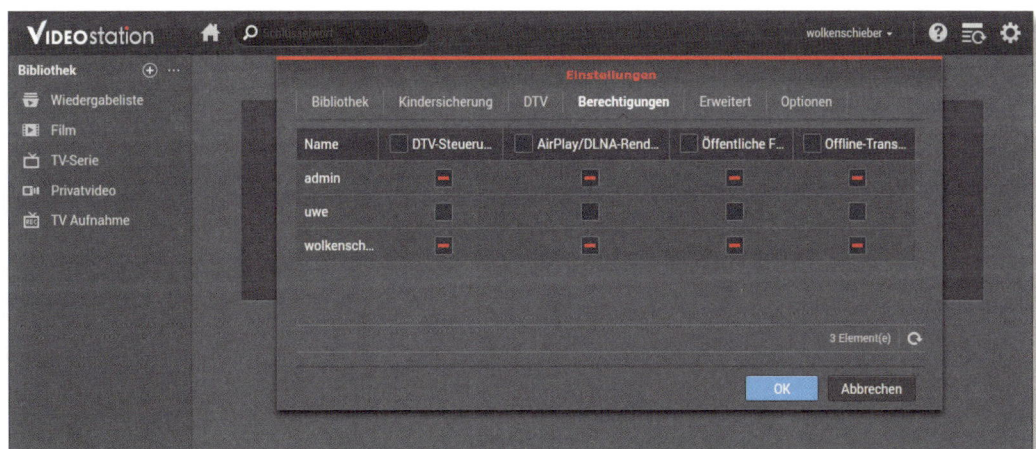

Denken Sie daran, für die Video Station Benutzerrechte zu vergeben.

Sie können den Benutzern Ihrer DiskStation den Zugriff auf die Video Station natürlich auch komplett untersagen. Diese Einstellung nehmen Sie in der **Systemsteuerung** vor. Öffnen Sie dort die Kategorie **Benutzer**, klicken Sie den gewünschten Benutzernamen an und wählen Sie in der Symbolleiste **Bearbeiten**. Auf der Registerkarte **Applikationen** können Sie das Recht zur Nutzung der Video Station entziehen.

Bevor Sie den Filmabend starten, ist noch etwas Handarbeit gefragt, denn Ihre Videosammlung müssen Sie zunächst grob von Hand sortieren.

Die Videosammlung richtig sortieren

Nach der Installation der Video Station gibt es in der File Station einen neuen gemeinsamen Ordner namens *video*. Dies ist der Speicherort für Ihre gemeinsame Videosammlung. Bevor Sie Ihre Videodateien dorthin kopieren, sollten Sie Unterordner anlegen, um die Verwaltung der Videosammlung zu vereinfachen. Erstellen Sie also Order für Ihre Spielfilme, für TV-Serien und/oder für Privatvideos. In diese neuen Ordner kopieren Sie jetzt Ihr Videomaterial.

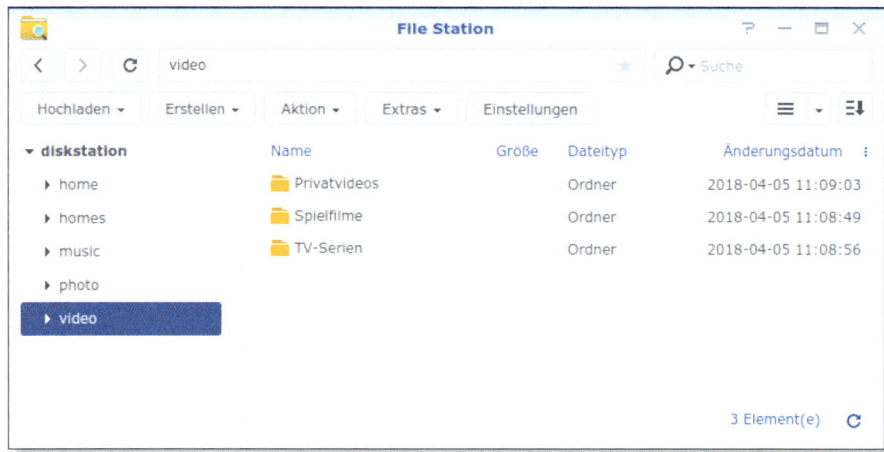

Auf die Videodaten können Sie bequem über die File Station zugreifen. Dort können Sie zur leichteren Verwaltung auch eigene Ordner anlegen.

Damit die Video Station später Filme und TV-Serien auch richtig erkennt, müssen Sie beim Dateinamen ein paar Regeln einhalten:

Spielfilme benennen Sie mit dem korrekten Titel, der zur jeweiligen Sprachfassung passt. Geben Sie zum Schluss vor der Dateiendung noch das Erscheinungsjahr in Klammern an – das vereinfacht die Zuordnung bei Filmen, die in verschiedenen Fassungen erschienen sind. Ein korrekt benannter Film heißt also beispielsweise:

Minions (2015).mp4

Bei TV-Serien müssen Sie neben dem Serientitel noch jeweils die Episodennummer und die Nummer der betreffenden Staffel eingeben. Hängen Sie an den Serientitel *.Sxx.Eyy* an, und ersetzen Sie *xx* durch die Staffel- und *yy* durch die Episodennummer. Also zum Beispiel:

The Orville.S01.E04.mp4

Haben Sie Schwierigkeiten bei der korrekten Benennung, helfen die Seiten *imdb.com* und *thetvdb.com*, die ein Verzeichnis von Spielfilmen und TV-Serien und allen relevanten Daten beinhalten. Für noch mehr Ordnung können Sie weitere Unterordner erstellen und beispielsweise alle Folgen einer Serie zusammenfassen. Für Privatvideos und TV-Aufnahmen ist keine Sortierung erforderlich.

Die Videosammlung der Video Station hinzufügen

Die Ordner, in denen sich Ihre gemeinsame Videosammlung befindet, müssen Sie mit der Video Station verknüpfen. Rufen Sie als Administrator die Video Station auf. Die unterschiedlichen Videokategorien (Filme, Serien, Privatvideos) müssen Sie einzeln der Video Station hinzufügen.

1. Bewegen Sie den Mauszeiger über den Eintrag **Film**. Klicken Sie das rechts erscheinende Pluszeichen an. Es öffnet sich ein Fenster mit dem Titel **Hinzufügen**.

2. Klicken Sie auf **Auswählen**.

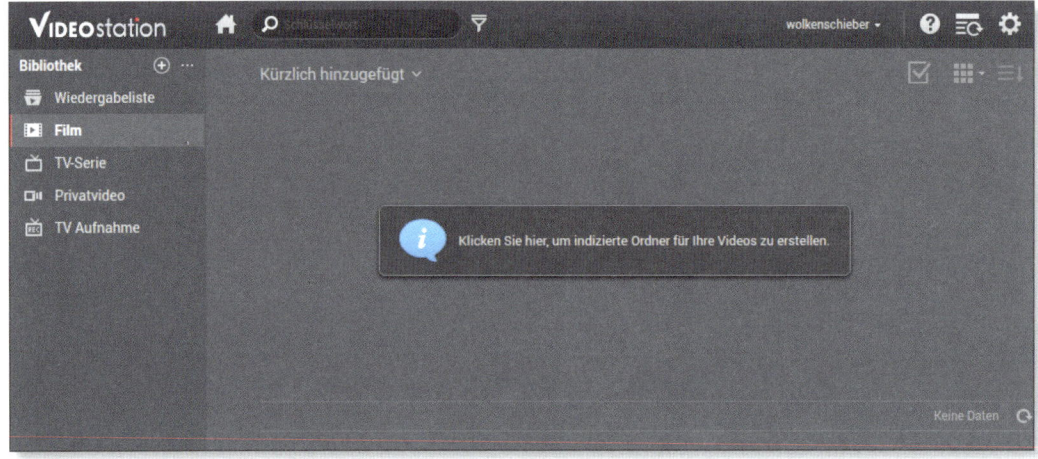

Noch ganz leer: der Filmbereich der Video Station. Höchste Zeit, hier Videomaterial hinzuzufügen.

3. Im neuen Fenster sehen Sie die gemeinsamen Medienordner der DiskStation. Darunter befindet sich auch der Ordner *videos*, den Sie durch einen Klick auf das dreieckige Symbol öffnen.

4. Selektieren Sie anschließend den Ordner mit Ihren Spielfilmen, und bestätigen Sie die Auswahl. In dem Feld **Bibliothek** wählen Sie die Filmkategorie aus, hier ist bereits passend **Film** ausgewählt.

Der letzte Abschnitt befasst sich mit der automatischen Suche. Die Video Station wird den Titel des Spielfilms in einer Datenbank im Internet suchen (und die Jahreszahl zu Hilfe nehmen). Findet sie den passenden Film, werden die nötigen Zusatzinformationen heruntergeladen. Da diese Funktion sehr praktisch ist, sollten Sie die **Suche nach Video-Info aktivieren**. Damit der richtige Film gefunden wird, müssen Sie die **Sprache** richtig einstellen. Die eingestellte Sprache muss mit der Sprache der Filmtitel übereinstimmen. Beachten Sie, dass es hier nur um die Zuordnung zum richtigen Film geht. In welcher Sprachfassung (also in welcher Tonfassung) der Film bei Ihnen tatsächlich vorliegt, ist nicht von Bedeutung. Selbst wenn Ihre Filme alle auf Deutsch sind, können Sie die Filme trotzdem mit dem Originaltitel benennen und sie sich auch so anzeigen lassen. Klicken Sie abschließend auf **OK**.

Die Videosammlung der Video Station hinzufügen

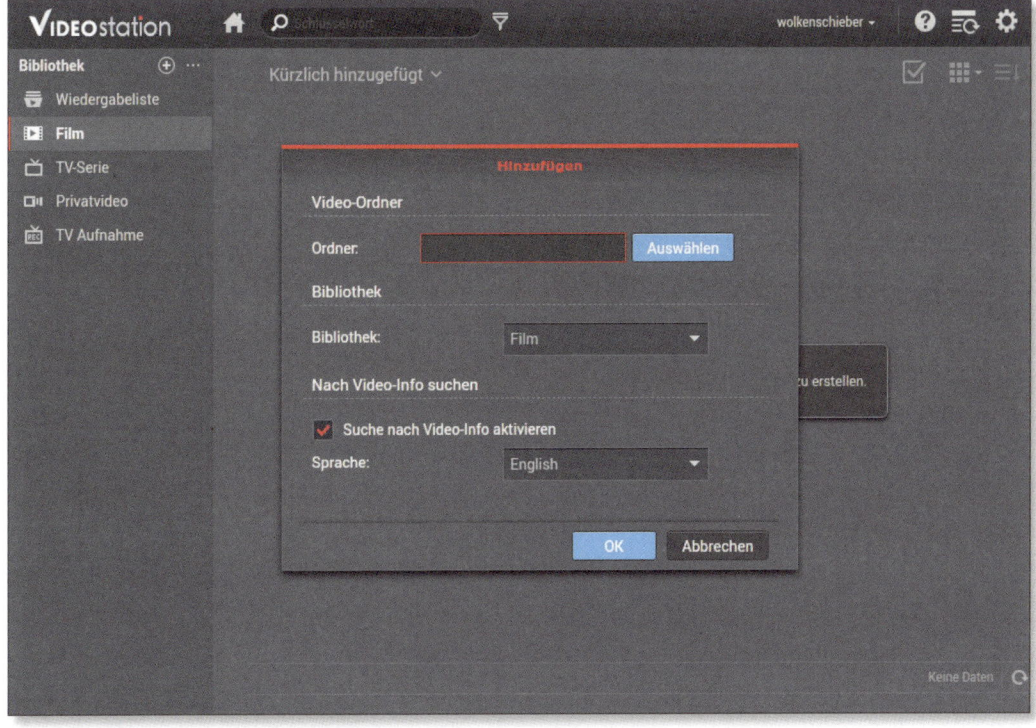

Teilen Sie der Video Station mit, wo sich Ihre Filmsammlung befindet.

Die TV-Serien fügen Sie auf gleiche Weise ein: Klicken Sie beim Eintrag **TV-Serien** auf das Pluszeichen, und tragen Sie die erforderlichen Informationen im neuen Fenster ein. Bei den Privatvideos gibt es einen Unterschied: Da Ihre privaten Filme in keiner Datenbank im Internet verzeichnet sind, ist hier eine Suche nach Inhaltsangaben natürlich sinnlos. Daher bleibt das Kästchen für die Suche nach Informationen deaktiviert. Auch die Einstellung der Sprache hat keine Bedeutung.

Nachdem Sie Ihre Videosammlung auf diese Weise der Video Station hinzugefügt haben, lädt sie die benötigten Medieninformationen aus dem Internet. Je nach Größe Ihrer Sammlung dauert das einige Minuten. Wenn Sie anschließend eine Medienkategorie anklicken, sehen Sie den aktualisierten Inhalt. Sie können sich jetzt wieder mit Ihrem normalen Benutzerkonto anmelden.

Kapitel 11 – Videos verwalten mit der Video Station

Die Video Station hat erste Filme gefunden und sie in Ihre Bibliothek einsortiert.

Klicken Sie beispielsweise einen zugeordneten Spielfilm mit der Maus an, sehen Sie neben dem Coverbild eine Übersicht mit detaillierten Informationen aus dem Internet.

Kommt alles aus dem Internet: Bei der Suche wurden zahlreiche Informationen heruntergeladen und in der Bibliothek hinterlegt.

Die Videosammlung der Video Station hinzufügen

Übrigens: In der Übersicht der Filme können Sie rechts oben mit dem Icon den Ansichtsmodus umschalten. Mit dem Herzsymbol unterhalb des Covers fügen Sie das Video der Favoritenliste hinzu. Diese Liste erreichen Sie über den Eintrag **Wiedergabeliste** in der linken Spalte. Mit dem zweiten Symbol fügen Sie einen Film der Watchlist hinzu. Das ist quasi eine Playlist mit Filmen, die Sie sich demnächst ansehen möchten. Diese Liste erreichen Sie über den Punkt **Wiedergabeliste**. Dort finden Sie übrigens auch alle Wiedergabelisten. Über das dritte Symbol fügen Sie einen Film einer solchen Liste hinzu. Es erscheint ein Ausklappmenü, in dem Sie die gewünschte Liste auswählen bzw. eine neue Liste anlegen können. Mit dem Symbol können Sie Videos mit anderen Personen teilen. In einem neuen Fenster sehen Sie den Link (Sie müssen in diesem Fenster die Freigabe über das Kontrollkästchen zusätzlich aktivieren).

Teilen leichtgemacht: Über einen Link können Sie eine Videodatei mit Freunden und Bekannten teilen, das geht auch über das Internet.

Den Link können Sie an Freunde weiterleiten, zum Beispiel via E-Mail. Beachten Sie, dass diese Funktion für den jeweiligen Benutzer vom Administrator freigeschaltet sein muss, auch muss die DiskStation für die Freigabe über das Internet passend konfiguriert sein, siehe dazu Kapitel 13, »Ab ins Netz – die DiskStation über das Internet erreichen«.

Zu jedem Videoeintrag gibt es oben rechts ein weiteres Ausklappmenü, dargestellt durch ein Symbol mit drei Punkten. Hierüber können Sie das Element als gesehen oder ungesehen markieren, Sie können die Videodatei löschen und eine Offlinetranscodierung starten, um den Film mit angepasster Qualität als Kopie zu speichern.

Hatten Sie bei einem Film oder einer Serienepisode Pech und die Videodatei wurde falsch zugeordnet? Dann klicken Sie die betreffende Videodatei an, und öffnen Sie das soeben besprochene Menü mit den drei Punkten. Dort klicken Sie auf den Eintrag **Videoinformation bearbeiten**. Es öffnet sich ein Fenster, in dem Sie die Informationen direkt bearbeiten können. Sie müssen aber nicht alle Informationen per Hand eintragen, sondern können die Suchmaschine im Internet befragen. Klicken Sie dazu auf **Internet durchsuchen**. Im neuen Fenster tragen Sie den Titel (oder Teile davon) in das Suchfeld ein und legen die Sprache fest – manchmal hilft es auch, den Originaltitel des Films einzutragen. Klicken Sie auf **Suche**. In der Ergebnisliste können Sie den passenden Titel auswählen und auf **OK** klicken. Schon ist die Videodatei korrekt zugeordnet. Übrigens: Über das Fenster **Videoinformation bearbeiten** können Sie auch Privatvideos mit eigenen Informationen und Bildern versehen.

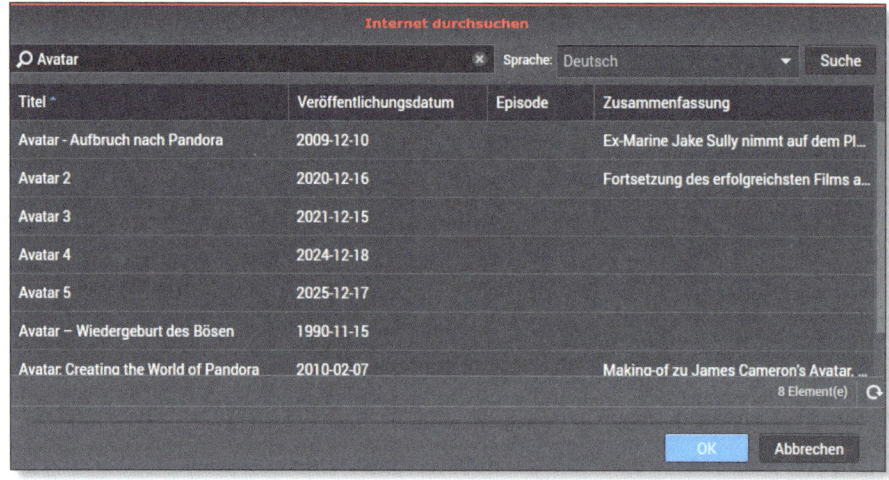

Wählen Sie den richtigen Titel aus der Liste aus – dann klappt's auch mit diesem Film.

Zum Schluss noch ein Tipp: Besagtes Optionsmenü finden Sie auch als Schnellzugriff im unteren Teil eines Thumbnails (gemeint sind die kleinen Vorschaubilder) in der Film- und Serienübersicht.

Videos wiedergeben

Die Wiedergabe einer Videodatei können Sie auf unterschiedlichem Weg starten. Wenn Sie sich ein Video in der Detailansicht ansehen, finden Sie auf der großen Coveransicht einen Play-Button, der die Wiedergabe startet. Alternativ finden Sie in der Übersicht der Filme, Serien und Privatvideos am unteren Rand der kleinen Vorschaubilder (Thumbnails) beim Überfahren mit der Maus einen Play-Button.

Die Wiedergabe eines Videos startet im Browser. Am unteren Bildschirmrand können Sie eine Symbolleiste anzeigen lassen.

Bietet Optionen zur Steuerung der Wiedergabe: die Symbolleiste im unteren Bereich des Players.

Mit den Elementen ❶ und ❸ können Sie zum vorigen bzw. folgenden Videoelement springen. Mit Element ❷ lässt sich die Wiedergabe pausieren. In der Mitte der Symbolleiste sehen Sie einen Fortschrittsbalken ❹, in dem Sie durch Klicken mit der Maus navigieren können. Über Schaltfläche ❺ können Sie die Lautstärke der Wiedergabe regeln. Mit Schaltfläche ❼ aktivieren Sie die Wiedergabe im Vollbildmodus. Besonders interessant ist das Zahnradsymbol ❻. Es öffnet ein Ausklappmenü mit mehreren Einstelloptionen.

Das Ausklappmenü (erreichbar über das Zahnradsymbol) bietet Optionen zur Steuerung der Wiedergabe.

Hier können Sie die **Wiedergabequalität** einstellen. Das Video wird während der Wiedergabe in ein anderes Format konvertiert. Wenn Sie die Qualität verringern, werden niedrigere Anforderungen an das Wiedergabegerät und an die Übertragungsstrecke gestellt – praktisch, wenn das Gerät schon etwas älter ist und mit dem Originalformat nicht zurechtkommt oder wenn Sie unterwegs keine schnelle Datenverbindung haben. Je nach

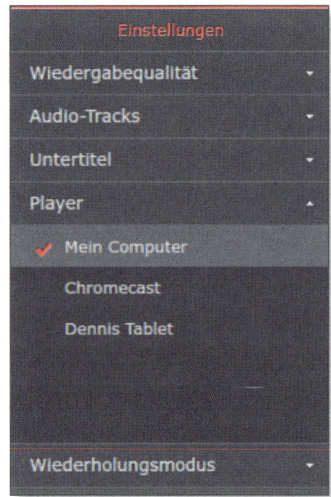

Wo soll das Video wiedergegeben werden? Wählen Sie das gewünschte Zielgerät.

Modell der DiskStation stehen verschiedene Optionen zu Wahl. Mit dem zweiten und dritten Eintrag können Sie zwischen verschiedenen Tonspuren umschalten sowie Untertitel aktivieren. Letztere lassen sich auch aus dem Internet herunterladen. Mit dem Eintrag **Wiederholungsmodus** können Sie Ihre Videodateien in einer Endlosschleife abspielen. Am interessantesten ist der Eintrag **Player**, denn hierüber wählen Sie das Zielgerät für die Wiedergabe. Sie können die Daten auch direkt an ein UPnP-/DLNA- bzw. AirPlay-kompatibles Gerät senden und dort ansehen. Auch der Transfer an ein Chromecast-Gerät ist möglich. So steht dem ungetrübten Filmabend wirklich nichts mehr im Weg.

> **TIPP**
>
> **Die Video Station gibt es auch als App**
>
> Genau wie die Audio Station gibt es auch die Video Station als App für Mobilgeräte. Sie erhalten die App mit dem Namen *DS video* von Synology bei den offiziellen App-Bezugspunkten. Besonders praktisch: Auch in der App können Sie den Wiedergabeplayer einstellen und Ihre Videos per UPnP zum Beispiel an Ihren Fernseher senden – so wird Ihr Tablet oder Smartphone zu einer komfortablen Fernbedienung. Über die App können Sie auch Offlinekonversionen starten und fertig konvertierte Videos direkt auf Ihr Mobilgerät laden.

Kapitel 12
Alles an (s)einem Platz – zentrale Backups erstellen

Versehentlich auf »Löschen« geklickt? Kein Problem: Im Backup ist alles noch da. Einfach Daten wiederherstellen, und es kann weitergehen …

Elektronische Daten sind mitunter wertvoll und sensibel, weil sie durch versehentliches Löschen oder Verändern sowie durch einen Defekt des Datenträgers verloren gehen können. Eine Sicherungskopie von wichtigen Daten – das sogenannte *Backup* – schützt vor einem Datenverlust. Die DiskStation als zentrales Datenspeichergerät in Ihrem Netzwerk eignet sich wunderbar für ein Backup: Wenn Daten auf dem Quellgerät verloren gehen, befindet sich immer noch eine Sicherheitskopie auf der DiskStation. Auf diese Sicherheitskopie haben Sie auch dann Zugriff, wenn der gesamte Quellrechner zerstört oder gestohlen wird. Das ist ein nicht zu verachtender Vorteil gegenüber einem Backup direkt auf dem Quellrechner, zum Beispiel auf einer zweiten Festplatte.

Beim Thema Backups sollten Sie natürlich auch an Ihre DiskStation selbst denken. Zwar sind Sie je nach Konfiguration durch das RAID-System vor dem Datenverlust durch Ausfall einer einzelnen Festplatte geschützt, Sie haben jedoch keinen Schutz vor versehentlichem Löschen oder Veränderung von Daten. Außerdem sind alle Daten verloren, falls alle Festplatten der DiskStation (zum Beispiel durch einen Blitzeinschlag oder eine Überschwemmung) zerstört werden oder Ihre DiskStation gestohlen wird. Der totale Datenverlust ist bei privater Nutzung bereits ärgerlich, kann bei beruflicher Nutzung des Geräts jedoch schnell existenzbedrohlich werden. Deswegen sollten auch Backups der Daten auf der DiskStation angelegt werden. Mehr dazu im Abschnitt »Die Daten der DiskStation auf einer externen Festplatte sichern« auf Seite 210.

Daten anderer Rechner mit Cloud Station Server sichern

In Kapitel 8, »Wie Sie mithilfe der Wolke Ihre Daten überall synchronisieren«, haben Sie den Cloud Station Server kennengelernt, der Ihnen bei der Synchronisation von Daten auf mehreren Zielrechnern behilflich ist. Die Funktion zur Erkennung von neuen Versionen und deren automatische Übertragung zur DiskStation kann natürlich auch für Backup-Aufgaben eingesetzt werden: Veränderte Dateien eines Projekts werden direkt zur DiskStation hochgeladen und frühere Fassungen archiviert.

Genau diese Funktion bietet das Programm *Cloud Station Backup*, das für die Backup-Aufgabe auf die Funktionen des Cloud Station Servers zurückgreift. Der Unterschied zum in Kapitel 8 beschriebenen *Cloud Station Drive* liegt darin, dass die Funktionen zur Synchronisierung mehrerer Computer hier nicht genutzt werden, sondern dass nur ein einzelner Rechner seinen Datenbestand abgleicht. Gleichwohl lassen sich natürlich mehrere Computer jeweils für ein eigenes Backup einrichten. Ein großer Unterschied zu klassischen Lösungen ist, dass hier die Daten auf dem Backup-Gerät (der DiskStation) nicht komprimiert werden und denselben Speicherplatz benötigen wie die Originaldaten. Wenn eine Datei verändert wird (und eine Netzwerkverbindung zur DiskStation besteht), dann lädt Cloud Station Backup die veränderte Datei sofort zur DiskStation hoch, und die vorherige Fassung wird archiviert. Dadurch wird natürlich auch sofort zusätzlicher Speicherplatz auf der DiskStation belegt, allerdings lässt sich im Programm eine Höchstgrenze für die Anzahl früherer Dateiversionen einstellen. Der große Vorteil dieser Art des Backups liegt darin, dass Veränderungen direkt gesichert werden.

Die Installation von Cloud Station Backup funktioniert ganz einfach: Öffnen Sie auf der DiskStation die Anwendung **Cloud Station Server** und dort die Registerkarte **Übersicht**. Klicken Sie beim Programm **Cloud Station Backup** auf die Schaltfläche **Installieren**. Die heruntergeladene Datei können Sie wie ein ganz gewöhnliches Programm installieren. Nach der Installation finden Sie im Startmenü bzw. im Programm-Manager eine Verknüpfung zum Programm.

Daten anderer Rechner mit Cloud Station Server sichern

Der erste Start von Cloud Station Backup

Klicken Sie auf **Jetzt starten**. Als Erstes müssen Sie das Programm beim Cloud Station Server auf Ihrer DiskStation anmelden. Geben Sie in die Eingabefelder den Hostnamen Ihrer DiskStation sowie den Benutzernamen und das Passwort Ihres normalen Nutzerkontos an. Nach der Anmeldung müssen Sie die Ordner auswählen, die in das Backup eingeschlossen werden sollen.

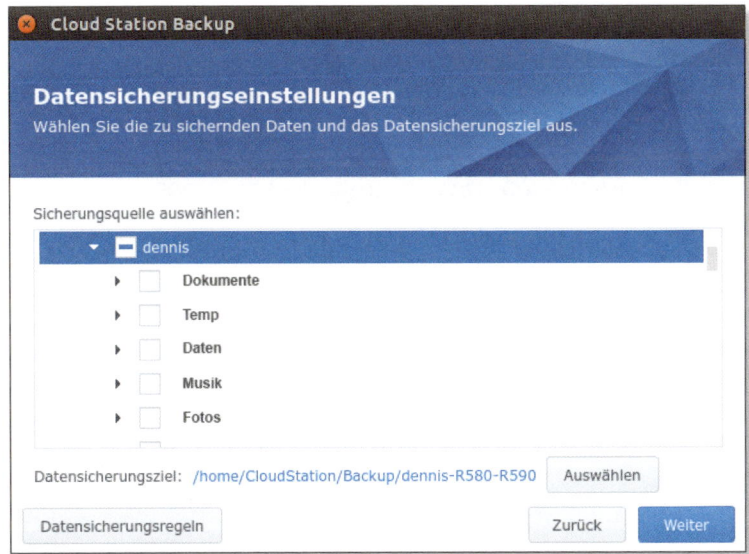

Welche Daten möchten Sie an welchem Ort sichern?

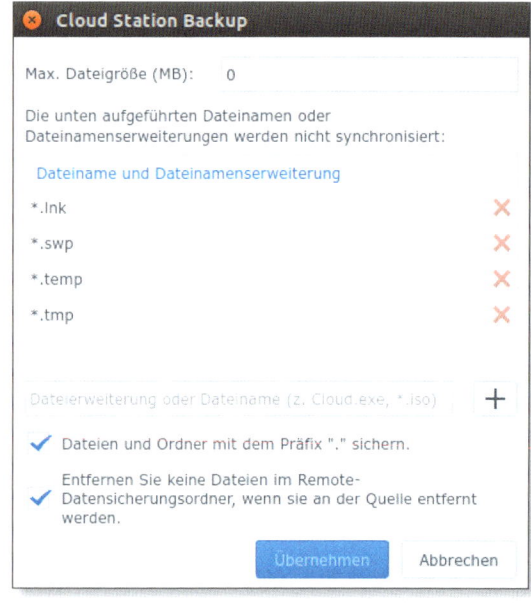

Der Assistent ermöglicht es auch, den Zielpfad für das Backup auf der DiskStation auszuwählen – hier ist normalerweise aber keine Änderung nötig. Backups werden im persönlichen *home*-Ordner unter *CloudStation/ Backup* abgelegt – im Unterschied zu den Dateien von Cloud Station Drive, die sich im Unterordner *Drive* befinden. Auf Wunsch können Sie die **Datensicherungsregeln** bearbeiten und beispielsweise bestimmte Dateitypen vom Backup ausschließen. Für den Alltag und den Einstieg sind jedoch keine Änderungen notwendig, die Voreinstellungen sind bereits gut gewählt. Klicken Sie auf **Weiter**.

In den Einstellungen können Sie bestimmte Dateitypen vom Backup ausschließen.

Im nächsten Schritt gibt es eine Zusammenfassung mit einer Liste der ausgewählten Ordner. Klicken Sie auf **Fertig**.

Der Assistent zeigt Ihnen eine Zusammenfassung Ihrer Einstellungen.

Jetzt werden Sie gefragt, ob das Ziel als schreibgeschützt eingestellt werden soll – damit kann es von anderen Computern nicht mehr verändert werden. Für ein sicheres Backup von kritischen Daten ist dies empfehlenswert, für mehr Flexibilität kann diese Option auch ausgeschaltet werden.

Ihr Backup wird automatisch erstellt, alle Daten werden auf die DiskStation kopiert. Je nach Umfang Ihres Backups dauert der Vorgang einige Minuten. Wenn das Backup komplett ist, können Sie das Fenster schließen.

Das Backup läuft, Ihre Daten werden gesichert.

Von nun an werden alle Änderungen der eingeschlossenen Dateien fortlaufend auf die DiskStation geschrieben. Von allen Änderungen einer Datei werden Sicherheitskopien verwahrt.

Den Inhalt der Backups verwalten und Daten wiederherstellen

Den Inhalt eines mit Cloud Station Backup erstellten Backups können Sie sich in der File Station ansehen. Öffnen Sie in der **File Station** den Ordner *CloudStation* und den Unterordner *Backup*. Hier finden Sie, nach verbundenen Rechnern sortiert, die jeweiligen Backups und können sich alle Dateien ansehen.

Das Backup ist übrigens so konfiguriert, dass gelöschte Dateien zunächst auf der DiskStation verbleiben. Wundern Sie sich also nicht, wenn Sie in der Dateiliste bereits gelöschte Dateien wiederfinden. Alle Dateien können

Sie aus der FileStation herunterladen und am Zielrechner verwenden. Über die File Station haben Sie auch direkt Zugriff auf frühere Dateifassungen. Klicken Sie eine Datei, von der es mehrere Fassungen gibt, einfach mit der rechten Maustaste an, und wählen Sie im Menü den Eintrag **Cloud Station Server • Frühere Versionen durchsuchen**. In einem neuen Fenster werden Ihnen alle verfügbaren Versionen angezeigt. Über die Schaltflächen in der Symbolleiste können Sie die Datei herunterladen oder sie am ursprünglichen Speicherort wiederherstellen. Dabei wird natürlich die derzeit aktuelle Version überschrieben. Natürlich wird aber auch von dieser aktuellen Fassung eine Sicherheitskopie angelegt, sodass keine Daten verloren gehen. Auf diese Weise können Sie auch gelöschte Dateien direkt am Ursprungsort wiederherstellen.

ID	Erstellungsdatum	Änderungsdatum	Computername
1	2018-04-04 11:13:51	2018-04-04 11:13:51	
2	2018-04-04 11:13:44	2018-04-04 11:13:44	
3	2018-04-04 11:13:35	2018-04-04 11:13:34	
4	2018-04-04 11:13:29	2018-04-04 11:13:25	

Mit Cloud Station Backup haben Sie Zugriff auf frühere Versionen einer Datei.

Neben dem direkten Zugriff gibt es noch den *Versionsexplorer*, der die Historie einer Datei grafisch darstellt. Den Versionsexplorer erreichen Sie direkt aus der File Station. Klicken Sie eine Datei mit der rechten Maustaste an, und wählen Sie aus dem Menü den Eintrag **Cloud Station Server • Versionsexplorer**. Im Versionsexplorer zeigt der Zeitstrahl im unteren Bereich die verschiedenen Fassungen einer Datei an. Über die Schaltflächen in der Symbolleiste können Sie die Datei wie in der File Station wiederherstellen, herunterladen oder kopieren. Praktisch ist auch die Schaltfläche **Aktion**, die es ermöglicht, gelöschte Dateien aus der aktuellen Ansicht auszublenden – das sorgt in umfangreichen Projekten mit vielen gelöschten Dateien für eine bessere Übersicht.

Übrigens: Um den Versionsexplorer anzuzeigen, müssen Sie nicht jedes Mal extra die File Station bemühen. Den Versionsexplorer erreichen Sie auch direkt aus dem Programm Cloud Station Backup, das im Hintergrund in der Taskleiste arbeitet. Klicken Sie das Symbol einfach doppelt an, und wählen Sie im Fenster des Programms den Versionsexplorer.

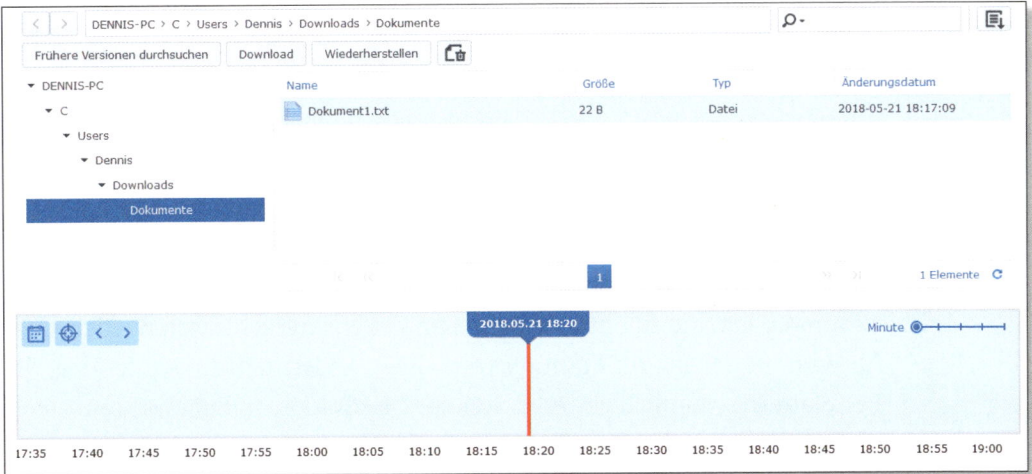

Informiert ausführlich über die Geschichte einer Datei: der Versionsexplorer.

> **TIPP**
>
> **Die DiskStation als Zielgerät für Backups**
>
> Sie können Ihre DiskStation auch direkt als Zielgerät für externe Backup-Programme benutzen. Dazu richten Sie einen freigegebenen Ordner ein, auf den über das Netzwerk zugegriffen werden kann. Das Backup-Programm kopiert die Daten vom Quellrechner in diesen freigegebenen Ordner und verwaltet dort den Datenbestand; es kümmert sich also darum, ältere Backup-Versionen zu löschen. Zusätzlich können Sie (wie in Kapitel 6, »Netzwerkfreigaben im Heimnetz verwalten«, beschrieben) die maximale Größe des freigegebenen Ordners einstellen, damit nur ein begrenzter Teil der Gesamtkapazität Ihrer DiskStation für Backups verwendet wird. Auf diese Weise können Sie Ihre DiskStation mit jedem beliebigen Backup-Programm verwenden.

Die Daten der DiskStation auf einer externen Festplatte sichern

Beim Thema Backups sollten Sie natürlich auch an Sicherheitskopien der Daten denken, die auf der DiskStation abgespeichert sind. Dafür sollten Sie eine externe Festplatte per USB mit der DiskStation verbinden. Die Sicherheit der Daten ist dann unabhängig von der Integrität der eingebauten Festplatten. Die externe Festplatte sollte aber nur während der Erstellung des Backups mit der DiskStation verbunden bleiben und danach an einem sicheren Ort verwahrt werden. Bleibt die externe Festplatte ständig mit der DiskStation verbunden, kann auch sie zerstört, entwendet oder gelöscht werden. Sind die Daten auf der DiskStation besonders schützenswert, können Sie darüber nachdenken, mehrere externe Festplatten für das Backup zu verwenden, die zu unterschiedlichen Zeiten angeschlossen werden – dafür wird oft der Begriff *Rotation* verwendet. Es ist auch eine gute Idee, die Festplatte(n) räumlich getrennt von der DiskStation aufzubewahren.

An die Eigenschaften der Backup-Festplatte(n) werden keine großen Anforderungen gestellt. Natürlich muss die Speicherkapazität ausreichend sein, wobei sie keinesfalls der Speicherkapazität der DiskStation entsprechen muss. Die Speicherkapazität sollten Sie so wählen, dass Sie alle wichtigen Daten speichern können. Hier müssen Sie selbst entscheiden, welche Daten Sie als besonders schützenswert betrachten und die Kapazität des Backup-Geräts entsprechend wählen. An die Geschwindigkeit werden keine großen Ansprüche gestellt, zwar kann ein Backup je nach Größe sehr lange dauern, aber auch im Hintergrund ausgeführt werden. Sogenannte inkrementelle Backups sichern darüber hinaus nur veränderte Daten seit dem letzten Backup und sind damit schnell erledigt. Aus diesem Grund bieten sich für Backup-Zwecke die bereits in Kapitel 2, »So finden Sie die richtige Festplatte«, beschriebenen Archive-Festplatten an. Diese nutzen eine besondere Form der Datenspeicherung, durch die sie zwar nicht die höchste Performance bieten, dafür aber recht günstig und mit sehr großer Speicherkapazität erhältlich sind.

Eine externe Festplatte können Sie an einen der USB-Anschlüsse Ihrer DiskStation anschließen. 2,5-Zoll-Festplatten werden direkt über den USB-

Anschluss mit Strom versorgt. Bei 3,5 Zoll großen Desktop-Festplatten muss ein externes Netzteil angeschlossen werden. Ansonsten gilt: USB-3-Anschlüsse (gekennzeichnet durch einen blauen Steg in der Buchse) bieten eine höhere Datenübertragungsgeschwindigkeit als USB 2. Für eine kleine Datensicherung können Sie auch einen USB-Stick anschließen.

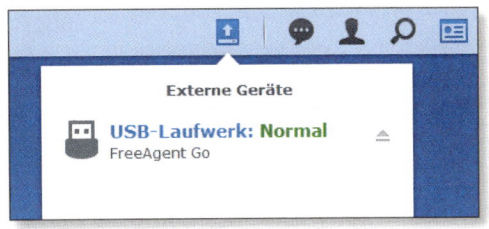

Der Benachrichtigungsbereich zeigt an, dass ein externes USB-Laufwerk angeschlossen wurde.

Nach dem Anschluss eines Speichergeräts sehen Sie oben rechts im Benachrichtigungsbereich ein neues Symbol. Wenn Sie das Symbol anklicken, haben Sie über das Symbol ▲ die Möglichkeit, das Speichergerät wieder von der DiskStation abzumelden. Zur Sicherheit sollten Sie diesen Vorgang stets ausführen, bevor Sie das Speichergerät von der DiskStation abstecken.

Hyper Backup installieren und einrichten

Jetzt geht es an die Einrichtung Ihrer DiskStation für das Backup. Hierfür gibt es die komfortable Anwendung *Hyper Backup*, die die Daten sichert. In Hyper Backup definieren Sie sogenannte *Sicherungsaufgaben*, die ausgewählte (oder auch alle) Daten Ihrer DiskStation als Backup sichern. Es lassen sich Sicherungsaufgaben erstellen, die jeweils unterschiedliche Daten sichern. Damit Sie auf alle Daten der DiskStation Zugriff haben, sollten Sie Backups als Administrator durchführen. Wenn Sie Hyper Backup im Hauptmenü des Administrators nicht finden, können Sie das Programm nachinstallieren. Geben Sie im Suchfeld des Paket-Zentrums den Begriff »Hyper« ein, und drücken Sie ⏎. Klicken Sie den Eintrag an, und installieren Sie das Programm. Hyper Backup können Sie anschließend über das Hauptmenü der DiskStation öffnen.

Beim ersten Start des Programms öffnet sich auch gleich der **Datensicherungs-Assistent**, mit dem Sie eine neue Sicherungsaufgabe erstellen können – weitere Aufgaben lassen sich später jederzeit über die Schaltfläche mit dem Plussymbol unten links im Programm hinzufügen.

Kapitel 12 – Alles an (s)einem Platz – zentrale Backups erstellen

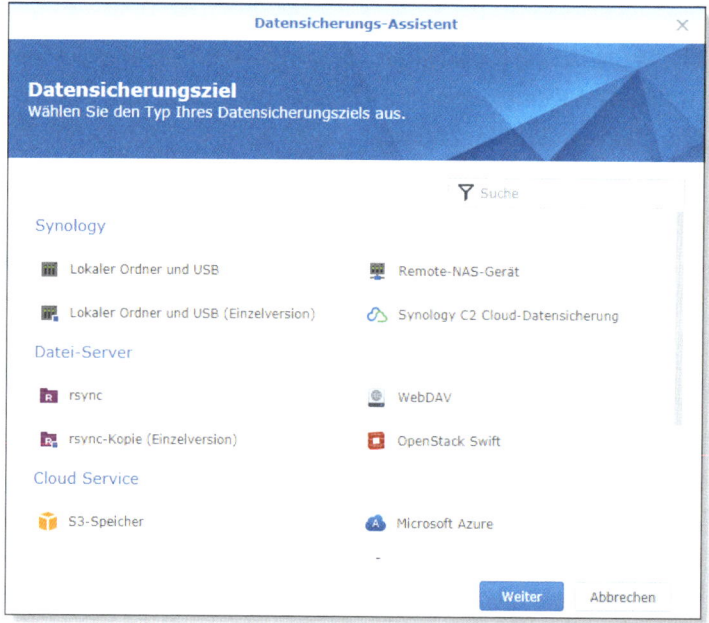

Beim ersten Start von Hyper Backup werden Sie vom Datensicherungs-Assistenten begrüßt.

Die erste Seite des Assistenten befasst sich mit der Wahl des Ziels für das Backup. Wählen Sie in der Kategorie **Synology** den Eintrag **Lokaler Ordner und USB**, denn hierüber kann die USB-Festplatte als Ziel ausgewählt werden. Klicken Sie auf **Weiter**.

> **INFO**
>
> **Hyper Backup unterstützt weitere Zielgeräte**
>
> Hyper Backup bietet viele Möglichkeiten. So kann das Programm Backups auch auf Onlinespeichern und Cloud-Diensten erstellen. Synology bietet eine eigene Lösung mit dem Namen *Synology C2 Cloud-Datensicherung* an, bei der Sie Onlinespeicher (im Internet) für ein Backup erwerben können. Das Programm kann aber auch mit Speicherdiensten beispielsweise von Amazon, Google, Microsoft oder Dropbox umgehen, auch ist die Sicherung auf einen rsync-Server möglich. Ferner besteht die Möglichkeit, ein Backup auf eine weitere DiskStation, zum Beispiel bei Freunden oder Verwandten, durchzuführen.

Hyper Backup installieren und einrichten

Auf der zweiten Seite des Assistenten spezifizieren Sie den Zielort des Backups. Klicken Sie auf **Gemeinsamer Ordner**. Dort finden Sie den Eintrag **usbshare1** (eine höhere Ziffer ist bei mehreren externen Datenträgern möglich). Dieser kennzeichnet die externe Festplatte, wählen Sie diesen Eintrag aus. Im Feld **Verzeichnis** können Sie den Namen für den Backup-Ordner eingeben. Klicken Sie auf **Weiter**.

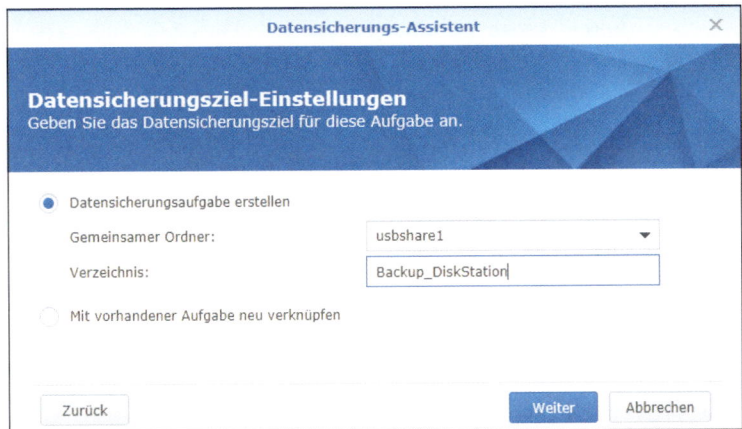

An welchem Ort möchten Sie das Backup abspeichern?

Nun wählen Sie die Dateien aus, die Sie sichern möchten. Sie sehen die Ordnerstruktur der DiskStation und können Verzeichnisse auswählen. Dazu zählen nicht nur die *home*-Ordner der einzelnen Benutzer, sondern auch alle gemeinsamen Ordner. Klicken Sie anschließend auf **Weiter**.

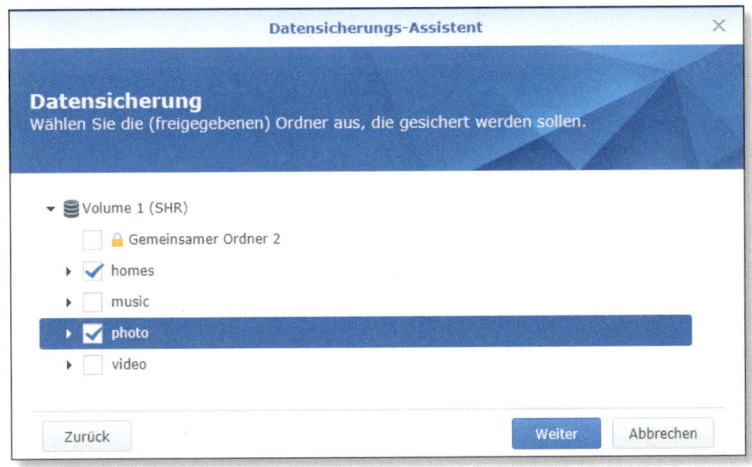

Wählen Sie die Daten, die Sie sichern möchten.

213

Als Nächstes können Sie Daten und Einstellungen der Stations auf der DiskStation sichern. Dies umfasst beispielsweise die Einträge im Kalender. Mit dieser Funktion können Sie auch Daten sichern, die nicht sichtbar als Datei abgespeichert sind, und können diese Daten im Fehlerfall einfach wiederherstellen. Wählen Sie die Anwendungen aus, deren Daten Sie in das Backup mit einschließen möchten, und betätigen Sie **Weiter**.

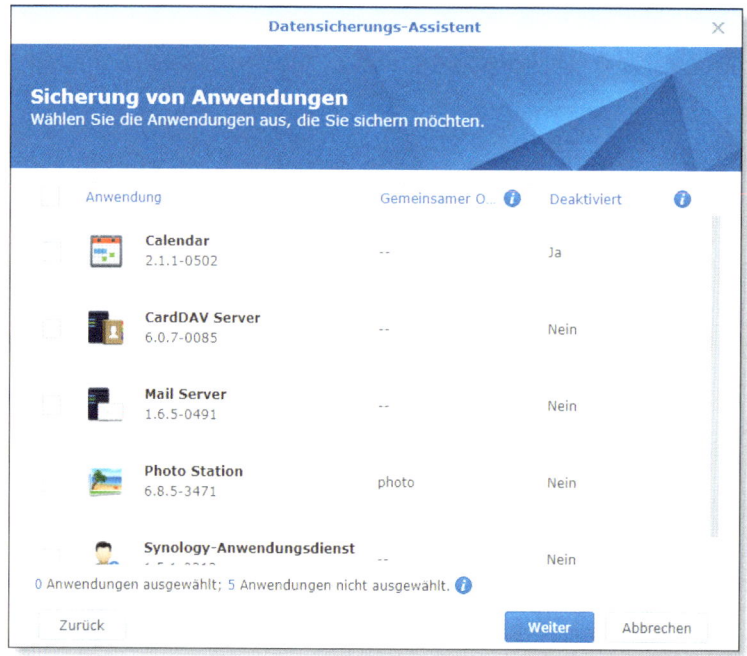

Zusätzlich können Sie Einstellungen und Daten von Anwendungen sichern.

Weiter geht es mit den **Datensicherungseinstellungen**. Zunächst können Sie Ihrem Backup im Feld **Vorgang** einen Namen geben, was insbesondere bei mehreren Backup-Aufgaben der Übersicht dient. Wenn Sie die **Aufgabenbenachrichtigung aktivieren**, erhalten Sie eine Benachrichtigung (per E-Mail), sobald das Backup durchgeführt wurde oder wenn bei der Ausführung ein Fehler aufgetreten ist – diese Funktion ist praktisch für unbeaufsichtigte Sicherungen.

Bei einem Backup werden grundsätzlich die Einstellungen und Konfigurationen der DiskStation (zum Beispiel die Benutzerkonten und deren Rechte) mit gesichert, daher lässt sich die folgende Einstellung auch nicht deaktivieren. Mit dem dritten Kontrollkästchen können Sie die externe USB-Festplatte nach Fertigstellung des Backups automatisch vom System abmelden. Nachdem die Festplatte vom Betriebssystem abgemeldet wurde, kann darauf (bis sie erneut am USB-Anschluss angeschlossen wird) weder lesend noch schreibend zugegriffen werden. Damit bietet diese Funktion einen Schutz vor *Verschlüsselungstrojanern*. Diese Schadsoftware, die auch NAS-Systeme angreifen kann, verschlüsselt den gesamten Datenbestand von allen verbundenen Datenträgern und versucht anschließend, den Nutzer zur Geldzahlung zu erpressen. Wird die externe Festplatte nach einem Backup (eines uninfizierten Systems) automatisch ausgehängt, dann hat der Verschlüsselungstrojaner keine Chance, die Daten zu verschlüsseln. Das System kann im Fall einer Infektion komplett neu aufgesetzt werden. Im zweiten Schritt kann das Backup gefahrlos zurückgespielt werden. Wenn die Festplatte nur für Backups verwendet wird, schadet es nicht, diese Funktion zu aktivieren.

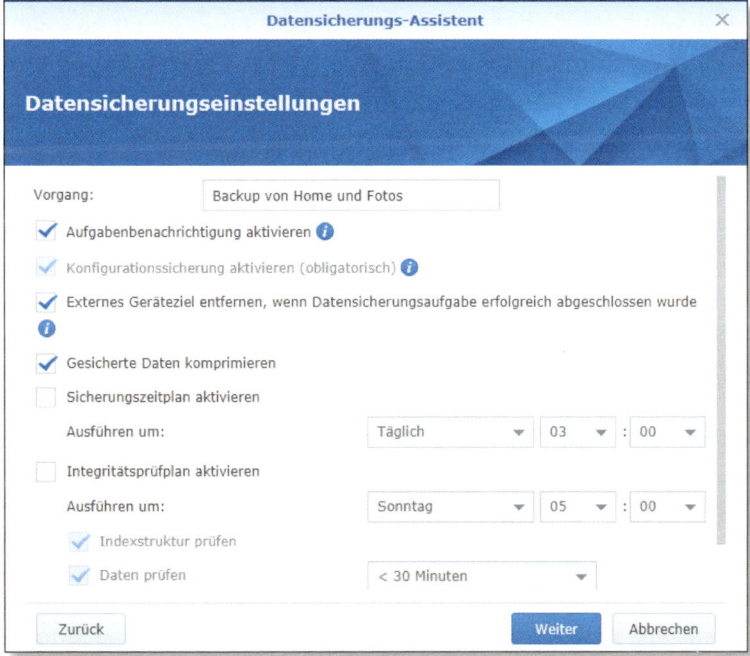

Wählen Sie die Einstellungen für Ihre Datensicherung.

Mit der Option **Gesicherte Daten komprimieren** können Sie die Größe des Backups durch einen Kompressionsvorgang verringern, um Speicherplatz auf dem Zielgerät zu sparen. Komprimierte Dateien sind Ihnen bestimmt von ZIP-Archiven her bekannt. Wie viel Speicherplatz eingespart werden kann, hängt von der Art der Daten ab. Normale Office-Dokumente lassen sich sehr gut komprimieren, bei Videodateien gelingt dies im Regelfall nicht sonderlich gut.

Als Nächstes können Sie einen Zeitplan für die Sicherung aktivieren und das Backup automatisch zu festgelegten Zeiten durchführen lassen. Diese Funktion erscheint recht praktisch: Ihre Backups werden automatisch zu wiederkehrenden Zeitpunkten erstellt und auf dem Zielgerät gelagert, bis der Speicherplatz voll ist. Allerdings kollidiert sie mit der Idee, die Festplatte aus Gründen der Datensicherheit nur für den unmittelbaren Sicherungsvorgang mit der DiskStation zu verbinden. Und wenn Sie die Festplatte ohnehin erst an das Gerät anschließen müssen, dann können Sie auch gleich den Backup-Vorgang per Hand starten.

Es gibt allerdings eine Möglichkeit, wie Sie sich zumindest den manuellen Start des Backups ersparen können: Wählen Sie einen Zeitpunkt, an dem Sie mit hoher Wahrscheinlichkeit Zugang zu DiskStation haben, zum Beispiel sonntags nach dem Frühstück. Erstellen Sie sich gegebenenfalls im Kalender Ihres Smartphones eine Erinnerung. Schließen Sie die Festplatte an, und lassen Sie das Backup etwa 20 bis 30 Minuten später beginnen. Wenn Sie das Backup so konfigurieren, dass die Festplatte nach Fertigstellung automatisch ausgehängt wird, sind Sie auf der sicheren Seite. Die zeitliche Planung des Backups eignet sich auch, wenn Sie einen Onlinespeicher als Backup-Ziel verwenden, denn dieser steht rund um die Uhr zur Verfügung.

Wie oft Sie ein Backup ausführen, hängt davon ab, wie häufig sich Ihre zu sichernden Daten verändern und wie wichtig es ist, Zugriff auf die neuesten Veränderungen zu haben. Arbeitsprojekte, an denen täglich gearbeitet wird, sollten täglich gesichert werden, damit im Schadensfall möglichst wenig Arbeit umsonst war. Allerdings werden Arbeitsprojekte nicht auf der DiskStation realisiert, sondern am Arbeitsrechner, sodass die Daten auf der

DiskStation bereits ein Backup darstellen und ein weiteres Backup unter Umständen nicht so häufig erfolgen muss. Ein weiteres Beispiel ist die Musiksammlung, die vielleicht nur alle zwei Wochen um neue Titel ergänzt wird und die folglich auch nur in größeren Zeitabständen gesichert werden muss.

Mit dem nächsten Menüpunkt können Sie eine *Integritätsprüfung* der Backup-Daten aktivieren. Hierbei wird überprüft, ob das Backup korrekt erstellt wurde und sich bei Bedarf auch vollständig mit korrekten Daten wiederherstellen lässt. Diese Option sollte für besonders kritische Daten aktiviert werden, die keinesfalls verloren gehen dürfen.

Der letzte Punkt kümmert sich um die *Verschlüsselung* der Backup-Daten. Normalerweise werden die Backup-Daten auf dem Zielgerät nicht verschlüsselt. Wenn die Backup-Festplatte in falsche Hände gelangt, besteht also uneingeschränkter Zugriff auf alle Informationen, unabhängig davon, welche Zugriffsbeschränkungen möglicherweise auf der DiskStation aktiviert wurden. Gleiches gilt, wenn unverschlüsselte Festplatten der DiskStation gestohlen werden. Sie sollten daher die Verschlüsselung der Daten in Erwägung ziehen. Wenn Sie die Verschlüsselung aktivieren, müssen Sie ein Kennwort vergeben, das Sie zur Entschlüsselung eingeben müssen. Klicken Sie zum Abschluss auf **Weiter**.

> **INFO** **Passwort vergessen? Der Verschlüsselungsschlüssel hilft!**
>
> Sie können auf ein verschlüsseltes Backup nicht nur über das Passwort, sondern auch über den Verschlüsselungsschlüssel zugreifen. Bei der Erstellung eines verschlüsselten Backups wird dieser Schlüssel als Datei automatisch heruntergeladen, Sie können ihn aber auch später jederzeit im Einstellungsdialog der Aufgabe herunterladen. Wie Sie dorthin gelangen, zeigt der Textkasten »Eine Sicherungsaufgabe verändern« auf Seite 222. Den Verschlüsselungsschlüssel müssen Sie sehr gut verwahren, denn mit ihm besteht Zugriff auf alle Daten.

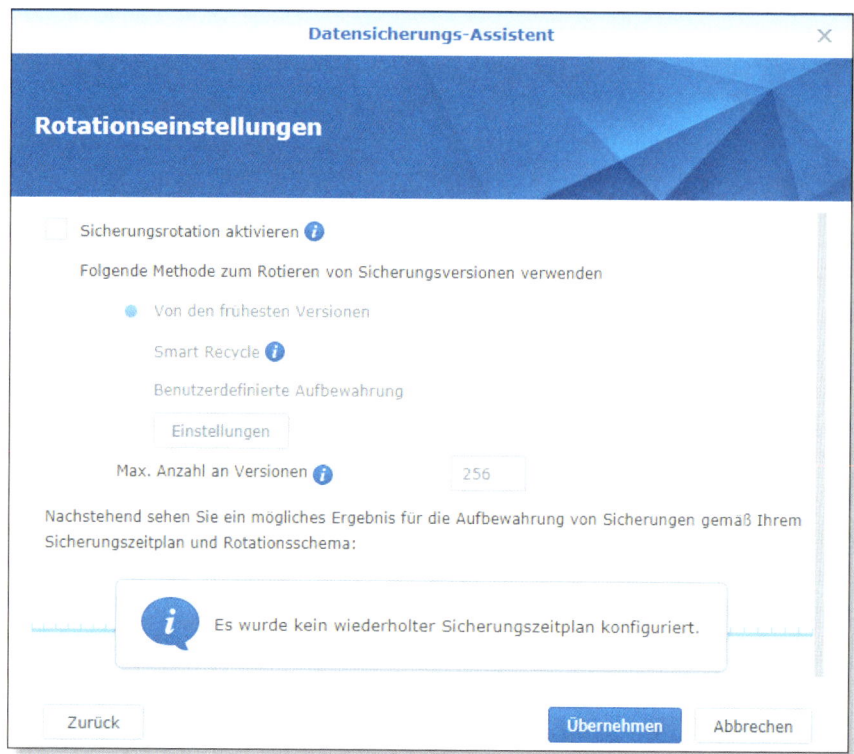

Mit den Rotationseinstellungen legen Sie fest, wie viele Backup-Versionen Sie aufbewahren möchten.

Im nächsten Schritt geht es um die *Rotation*. Wenn Sie wiederholt Backups von Ihrem Datenbestand erstellen, dann wird früher oder später die Backup-Festplatte vollständig beschrieben sein, und es können keine weiteren Backups erstellt werden. Damit das nicht passiert, können nicht mehr benötigte Backups gelöscht werden, das bezeichnet man als Rotation. Hierfür gibt es mehrere Möglichkeiten: Sie können automatisch jeweils das älteste Backup löschen lassen, hierfür aktivieren Sie die Option **Von den frühesten Versionen**. Eine Alternative bietet **Smart Recycle**. Hierbei wird die Anzahl an verbleibenden Backups mit fortschreitendem Alter reduziert. Während von den neuesten Backups alle Fassungen vorhanden bleiben, sind es von zurückliegenden Wochen weniger und von zurückliegenden Monaten nur noch einzelne Fassungen. Wenn Sie den Mauszeiger auf das i-Symbol bewegen, sehen Sie den genauen Plan. Diese Methode ist sehr praktisch und eignet sich gut für die Nutzung im Alltag. Sie können außerdem eine Maximalanzahl an Backups festlegen. Klicken Sie abschließend auf **Übernehmen**.

> **INFO**
>
> **Inkrementelle Backups sparen Speicherplatz**
>
> Hyper Backup unterstützt automatisch sogenannte *inkrementelle Backups*. Hierbei werden nur solche Daten gesichert, die sich seit dem letzten Backup verändert haben. Auch wenn das älteste Backup gelöscht wird, gehen keine Daten verloren, die sich seit dessen Erstellungsdatum nicht mehr verändert haben. Wenn Sie für das Backup einen Zeitplan aktiviert haben, sehen Sie im Zeitstrahl unten im Fenster eine Übersicht, wie viele Versionen in welchem Zeitraum gespeichert bleiben.

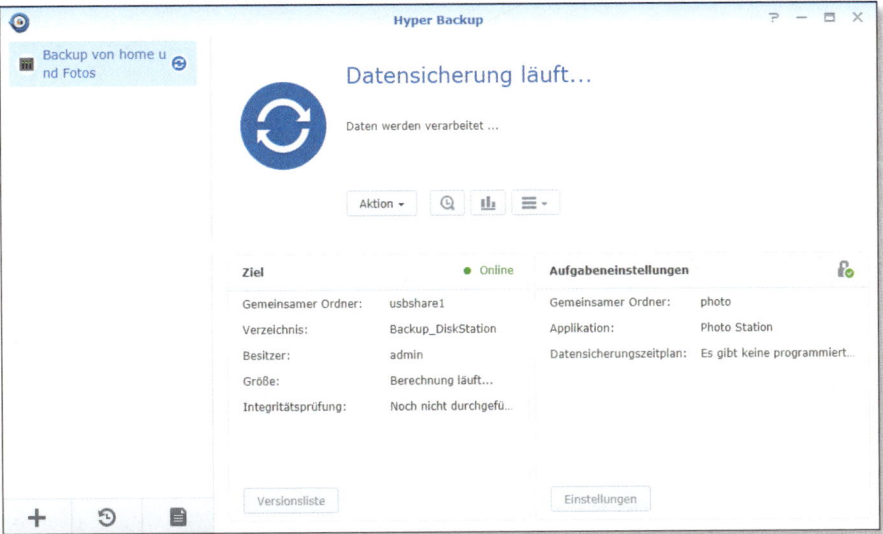

Das Backup wird erstellt.

Während das Backup läuft, zeigt Ihnen das Fenster von Hyper Backup den Fortschritt an. Sie erhalten eine Information, wenn der Vorgang abgeschlossen ist. Bei aktivierter Benachrichtigung werden Sie auch per E-Mail informiert. Wenn Sie einen Zeitplan erstellt haben, wird Ihr Backup zukünftig automatisch ausgeführt.

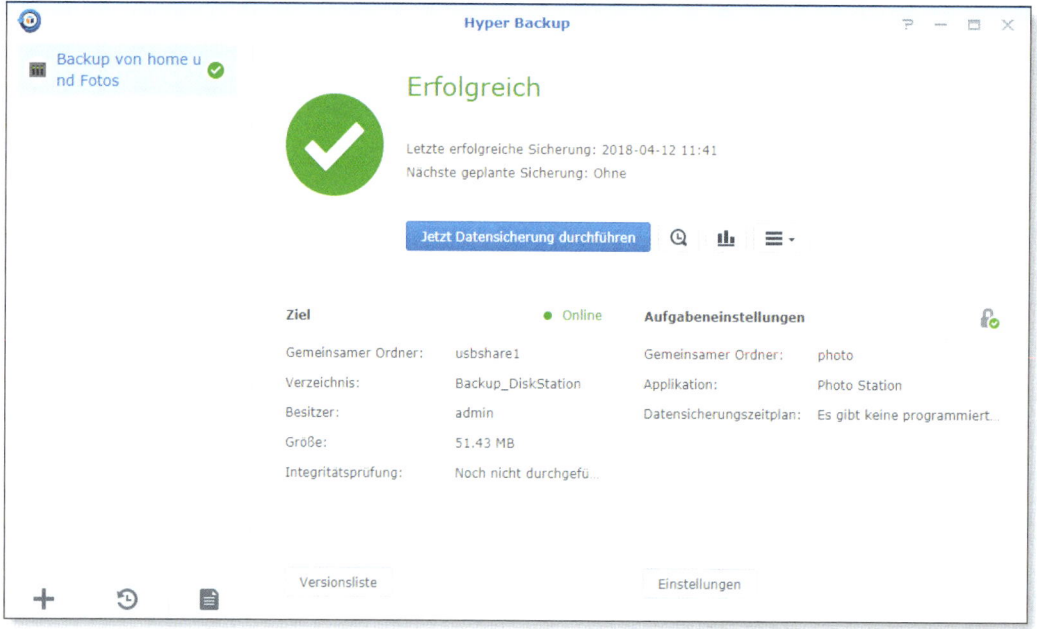

Das Backup wurde erfolgreich erstellt.

Sie können in Hyper Backup jederzeit manuell einen Backup-Vorgang starten. Wählen Sie dazu links in der Liste das gewünschte Backup aus, und klicken Sie dann rechts auf **Jetzt Datensicherung ausführen**. Wie zuvor erwähnt, können Sie über die Plus-Schaltfläche unten links jederzeit weitere Backup-Aufgaben (beispielsweise mit anderen Quelldateien oder einem anderen Zielmedium oder mit einem andern Zeitplan) erstellen.

Den Inhalt eines Backups betrachten und Daten wiederherstellen

Wenn Sie in der linken Spalte in Hyper Backup eine Backup-Aufgabe anklicken, dann können Sie im rechten Teil des Fensters unten auf die Schaltfläche **Versionsliste** klicken. Es öffnet sich ein Fenster mit allen bereits vorhandenen Backup-Fassungen. Klicken Sie einen Eintrag doppelt an.

Sie können sich ansehen, welche Backup-Versionen verfügbar sind.

Sie sehen jetzt den **Dateisicherungs-Explorer**. Er zeigt Ihnen alle im jeweiligen Backup enthaltenen Ordner und Dateien an. Möchten Sie aus dem Backup etwas wiederherstellen, wählen Sie entweder einen Ordner oder eine Datei aus (die Backup-Festplatte muss zur Wiederherstellung natürlich an die DiskStation angeschlossen sein). Der Dateisicherungs-Explorer bietet verschiedene Optionen an: Mit der ersten Schaltfläche in der Symbolleiste oberhalb der Dateiliste können Sie Ordner und Dateien in ein beliebiges Verzeichnis auf der DiskStation kopieren. Mit der zweiten Schaltfläche stellen Sie die Daten am ursprünglichen Speicherort wieder her. Versehentlich gelöschte Daten befinden sich danach wieder an Ort und Stelle, zwischenzeitlich geänderte Daten werden durch die Version im Backup ersetzt. Haben Sie nur eine einzelne Datei ausgewählt, dann steht Ihnen die dritte Schaltfläche zur Verfügung, mit der Sie die Datei auf den aktuellen Computer herunterladen können. Im Dateisicherungs-Explorer gibt Ihnen der Zeitstrahl im unteren Bereich einen Überblick über die vorhandenen Versionen. Durch die Liste können Sie mit den Pfeilschaltflächen blättern.

Der Dateisicherungs-Explorer erfordert anfangs vielleicht etwas Eingewöhnung. Er ist jedoch insbesondere dann praktisch, wenn Sie die Smart-Recycle-Funktion einsetzen. Machen Sie sich am besten mit den Funktionen vertraut und üben Sie das Wiederherstellen von einigen Testdateien.

Kapitel 12 – Alles an (s)einem Platz – zentrale Backups erstellen

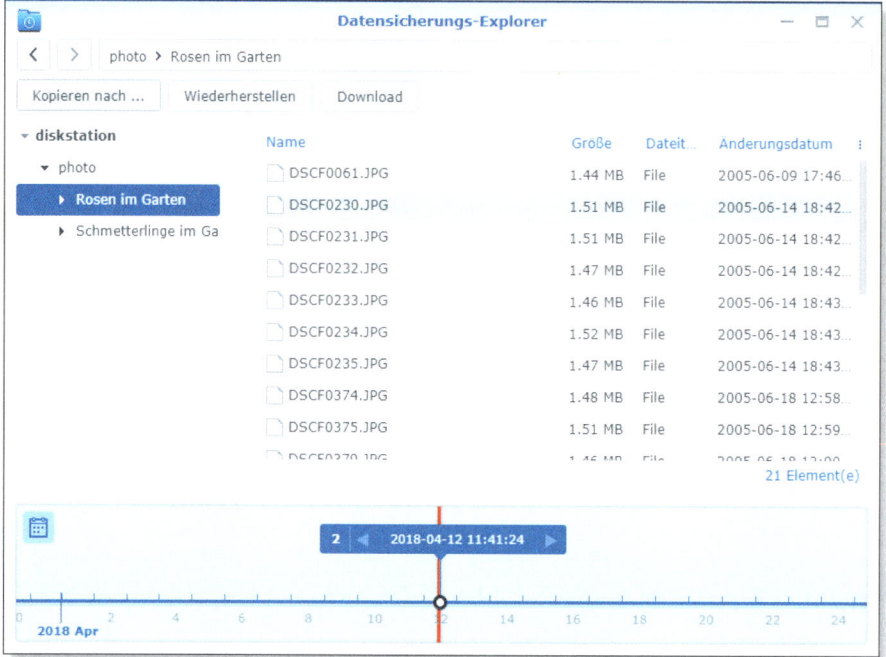

Der Dateisicherungs-Explorer zeigt den Inhalt des Backups an und bietet Optionen zur Wiederherstellung von Daten.

> **INFO**
>
> **Eine Sicherungsaufgabe verändern**
>
> Eine bereits erstellte Sicherungsaufgabe können Sie auch nachträglich verändern. Wählen Sie dazu in Hyper Backup in der linken Liste die Aufgabe aus. Rechts unten können Sie die Aufgabe über die Schaltfläche **Einstellungen** verändern und beispielsweise neue Daten aufnehmen oder einen anderen Zeitplan festlegen.

Kapitel 13
Ab ins Netz – die DiskStation über das Internet erreichen

Von unterwegs sicher auf die Daten zu Hause zugreifen? Kein Problem, wenn die DiskStation über das Internet erreichbar ist.

Bisher haben Sie Ihre DiskStation nur daheim oder im Büronetzwerk betrieben. Auch die Funktion zum Teilen von Inhalten konnten Sie bisher nur mit einem begrenzten Nutzerkreis einsetzen. Damit Sie selbst und andere auch über das Internet auf die Dienste des Geräts zugreifen können, muss die DiskStation online gehen.

Es gibt eine Fülle von Anwendungsfällen, vom schnellen Eintragen von Terminen unterwegs bis zum Videoabend im Hotelzimmer mit der eigenen Videosammlung. Dank der Verbindung über das Internet haben Sie von überall aus Zugriff auf die DiskStation.

Los geht es mit einer kleinen Einführung in Domain(namen) und IP-Adressen – schließlich muss die DiskStation ja auch angesprochen werden können.

> **ACHTUNG**
>
> **Das Internet ist praktisch – aber auch gefährlich**
>
> Computersysteme über das Internet erreichbar zu machen, stellt immer ein gewisses Sicherheitsrisiko dar. Ihre DiskStation wird von jedem Ort der Welt aus ansprechbar sein. Damit ist sie potenziellen Angreifern ausgesetzt. Wenn zum Beispiel Ihre Firmen-DiskStation gehackt wird, können Daten gestohlen oder gelöscht werden. Daher gilt: Wenn Sie die Nutzung über das Internet nicht zwingend benötigen, kann es besser sein, darauf zu verzichten. Alternativ können Sie die Port-Weiterleitungen deaktivieren und damit den Zugang über das Internet nur dann aktivieren, wenn Sie ihn benötigen.

IP-Adressen und Domainnamen – die Hausnummern im Internet

Alle Geräte, die an das Internet angeschlossen sind, müssen identifizier- und ansprechbar sein, damit Sie mit dem gewünschten Gerät kommunizieren können. Man nutzt dafür *IP-Adressen*. Jedem Gerät wird eine IP-Adresse zugewiesen, die weltweit einmalig ist. Auf diese Weise hat jedes Gerät quasi seine eigene Hausnummer. Da es im Internetprotokoll nach Norm *IPv4* nicht genügend IP-Adressen für alle Endgeräte der Welt gibt, teilen sich die Geräte von vielen Netzwerken, vor allem Heimnetzwerken, eine gemeinsame IP-Adresse im Internet. Der Router (als zentrale Instanz im Heimnetzwerk) leitet die Kommunikation an das jeweils passende Gerät weiter, dabei kommt ein Verfahren namens *Network Address Translation* (*NAT*) zum Einsatz. Um die Adressknappheit weiter zu entschärfen, werden IP-Adressen im Internet dynamisch vergeben: Meldet sich ein Gerät ab, wird seine IP-Adresse frei und kann von einem anderen Gerät (oder Netzwerk) verwendet werden. Hierdurch kann ein Gerät zu unterschiedlichen Zeitpunkten verschiedene IP-Adressen haben. Möchten Sie ein Gerät im Internet korrekt erreichen, müssen Sie also die *aktuelle* IP-Adresse kennen. Da sich IP-Adressen schlecht merken lassen, gibt es das *Domain Name System* (*DNS*). Hier werden Klartextnamen (*Domains*) mit festen IP-Adressen verknüpft. Das DNS ist so etwas wie ein Telefonbuch. Der Nutzer gibt www.rheinwerk-verlag.de ein und landet automatisch bei der IP-Adresse 46.235.24.168. Wenn sich – was vor allem für Heimnetzwerke zutrifft – die gemeinsame IP-Adresse der verbundenen Geräte (die jeweils NAT nutzen) verändert, kommt das *dynamische DNS* (*DDNS*) zum Einsatz. Auch hier gibt es einen festen Namen (bzw. eine Domain), die jedoch mit wechselnden Adressen verbunden ist. Die angeschlossenen Geräte kennen ihre momentane IP-Adresse und teilen sie dem DDNS-Anbieter mit, der wiederum das »Telefonbuch« aktualisiert.

Sie können Ihre DiskStation also direkt über ihre IP-Adresse erreichen – falls Sie die aktuell gültige Adresse kennen. Im Normalfall hilft Ihnen stattdessen ein DDNS-Dienst weiter. Synology bietet einen solchen Dienst an, den Sie als Besitzer einer DiskStation kostenlos nutzen können. Bevor Sie Ihre

DiskStation also sinnvoll über das Internet nutzen können, sollten Sie sich dort ein Nutzerkonto anlegen.

Ihre DiskStation bekommt ihre eigene Domain

Zur Einrichtung des dynamischen DNS-Dienstes loggen Sie sich als Administrator auf Ihrer DiskStation ein.

1. Öffnen Sie die **Systemsteuerung** und darin das Modul **Externer Zugriff**.

2. Hier klicken Sie auf die Registerkarte **DDNS** und in der Symbolleiste auf die Schaltfläche **Hinzufügen**.

3. Im neuen Fenster mit dem Titel **DDNS** stehen im Feld **Serviceanbieter** verschiedene Dienste zu Wahl. Sollten Sie bereits ein Konto bei einem DDNS-Anbieter besitzen, können Sie es hier eintragen. Ansonsten wählen Sie **Synology** aus der Liste aus. (Wenn Sie einen anderen Dienst verwenden möchten, können Sie das natürlich auch tun.)

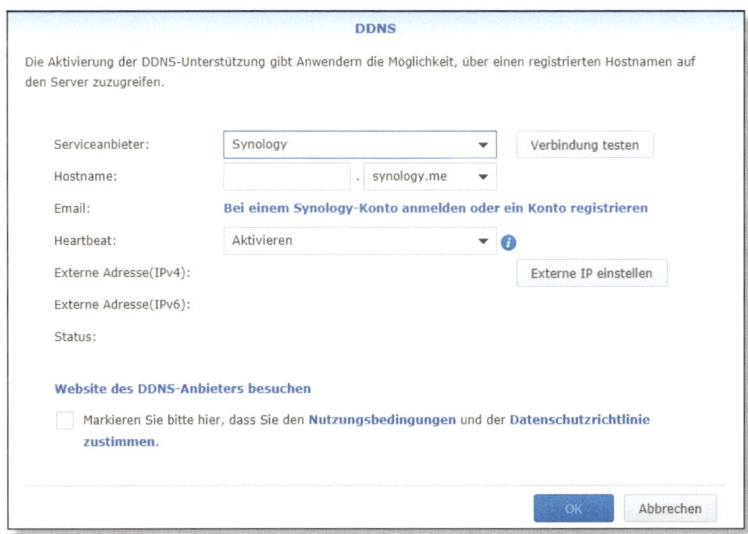

Im Fenster DDNS richten Sie ein, unter welcher Domain Sie zukünftig erreichbar sein möchten.

Für die Nutzung des DDNS-Dienstes von Synology ist ein Synology-Konto erforderlich. Wenn Sie bisher noch keines haben, klicken Sie den Link an. In einem neuen Fenster können Sie die Zugangsdaten für ein bereits bestehendes Synology-Konto eingeben, andernfalls klicken Sie zur Erstellung eines neuen Kontos auf **Create an account**.

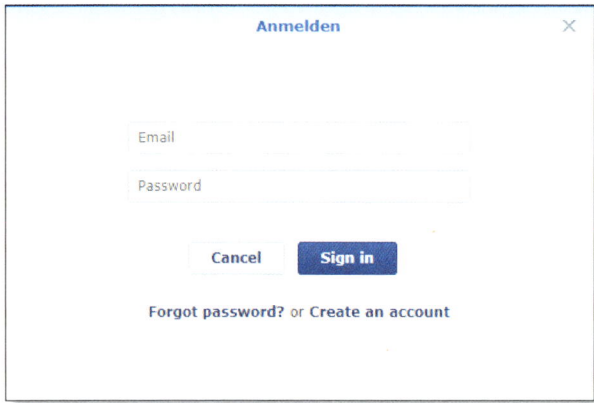

Wenn Sie das DDNS-Angebot von Synology nutzen möchten, benötigen Sie einen Synology Account.

Im Browser öffnet sich eine Seite zum Anlegen eines Synology-Kontos. Wählen Sie zuerst aus, ob Sie Ihre DiskStation privat oder geschäftlich nutzen.

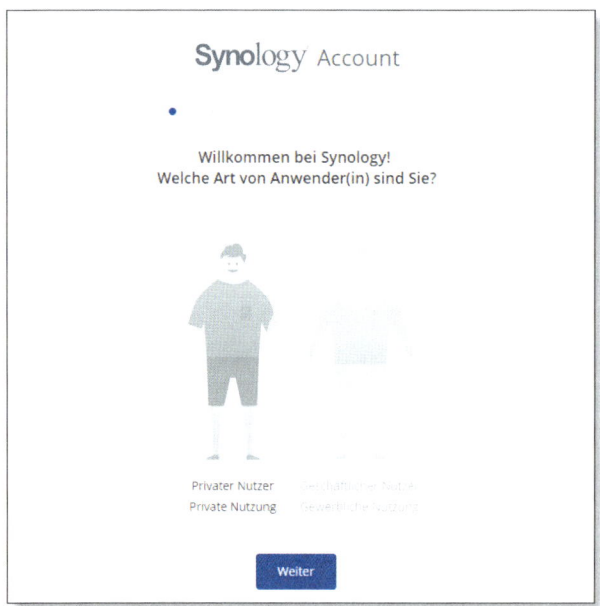

Wenn Sie noch keinen Synology Account eingerichtet haben, müssen Sie das jetzt nachholen – der Assistent hilft.

Im nächsten Schritt geben Sie an, wo Sie sich befinden. Bei der Option **Europa** wird auch dafür gesorgt, dass Ihre Daten in Europa gespeichert werden, was aus Datenschutzsicht begrüßenswert ist. Klicken Sie auf **Weiter**, und bestätigen Sie die Nutzungsbedingungen und die Datenschutzerklärung. Auf der nächsten Seite geben Sie Ihren Namen, Ihre Sprache, Ihre E-Mail-Adresse und ein neues Kennwort ein. Klicken Sie auf **Weiter**.

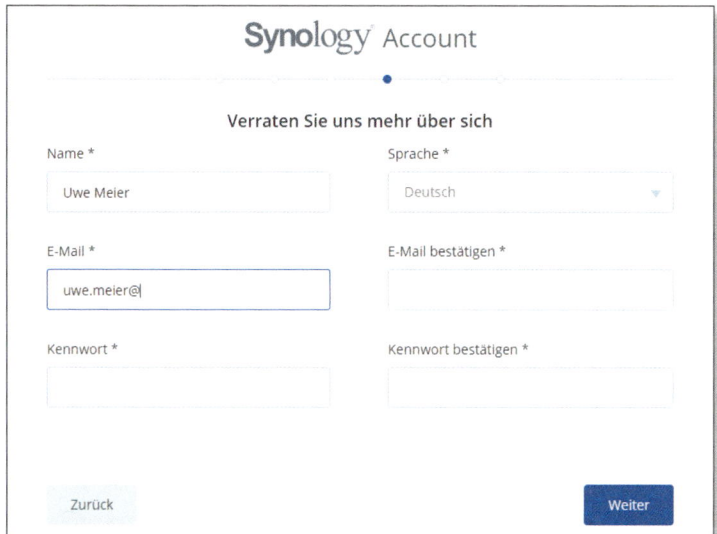

Dem Assistenten müssen Sie einige Angaben machen – unter anderem E-Mail-Adresse und das gewünschte Passwort.

Man bittet Sie nun um einige Angaben zur Erreichbarkeit, wobei nur wenige Felder Pflichtangaben sind (mit Sternchen gekennzeichnet). Klicken Sie auf **Weiter**. Nachdem Sie ein *Captcha* (ein kleiner Test, mit dem sichergestellt wird, dass Sie ein Mensch und kein Computer sind) gelöst haben und die Daten übertragen wurden, sind Sie am Ziel. Eventuell erhalten Sie eine E-Mail, die Sie zur Aktivierung Ihres Kontos bestätigen müssen.

Kehren Sie zur Webseite Ihrer DiskStation zurück, auf der das Fenster **DDNS** noch geöffnet ist. Im Feld **Email** ist bereits Ihre E-Mail-Adresse eingetragen, und die Verbindung zu Ihrem Synology-Konto ist hergestellt. Jetzt geht es um die Wahl Ihrer Domain. Beim DDNS ist diese immer mehrgliedrig und besteht aus einem festen Domainteil, der vom Anbieter vorgegeben wird, und aus einem frei wählbaren Subdomain-Teil. Wählen Sie aus der Dropdown-Liste die gewünschte Domain aus. Es stehen mehrere zur Wahl, zum

Beispiel *synology.me*, *DiskStation.me* oder *myDS.me*. Geben Sie ins linke Feld die gewünschte Subdomain ein. Diese ist wie gesagt frei wählbar, verzichten Sie jedoch aus Kompatibilitätsgründen auf Sonderzeichen. Wählen Sie eine Subdomain, die Sie sich gut merken können. Ihre endgültige Adresse hat dann beispielsweise die Form *meier.diskstation.local* (Groß- und Kleinschreibung haben keine Bedeutung, und die Domain *.local* gibt es im Internet nicht, sie dient lediglich als Beispiel). Unter dieser Adresse wird Ihre DiskStation zukünftig aus dem Internet zu erreichen sein.

> **INFO**
>
> **Gehört da kein www davor?**
>
> Wundern Sie sich nicht, wenn dieser »Internetadresse« kein *www* vorangeht. Der Vorsatz *www* ist kein fester Bestandteil einer Internetadresse, wie man sie aus dem Alltag kennt. Wenn Sie Ihre DiskStation erreichen möchten, benötigen Sie den Vorsatz *www* also nicht.

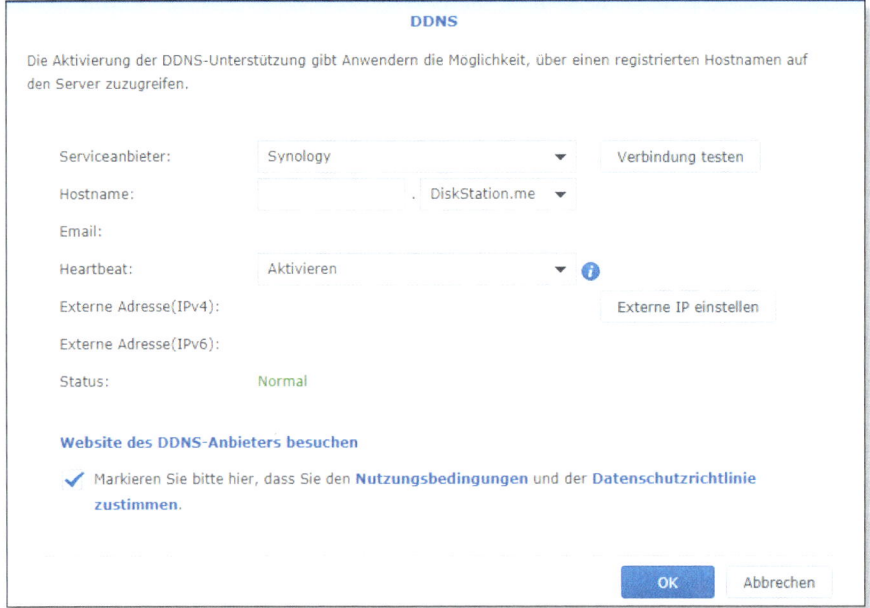

Jetzt können Sie sich die gewünschte Adresse aussuchen und prüfen, ob sie einwandfrei genutzt werden kann.

Klicken Sie auf die Schaltfläche **Verbindung testen**, und beobachten Sie den Eintrag unter **Status**. Wenn hier **Normal** steht, ist alles in Ordnung. Falls Ihre gewünschte Subdomain bereits vergeben ist, müssen Sie Ihre Eingabe anpassen. Klicken Sie danach auf **OK**. Sie kehren wieder zurück zum vorigen Fenster, das jetzt um Ihren neuen DDNS-Eintrag reicher ist. Achten Sie auch hier auf den Status **Normal**. Gibt es einen Fehler, kehren Sie zur vorigen Seite zurück und überprüfen Ihre Eingaben.

Jetzt hat Ihre DiskStation ihre eigene Domain, über die sie aus dem Internet zu erreichen sein wird. Als Nächstes richten Sie eine sichere Datenübertragung ein.

Fit für die verschlüsselte Datenübertragung

Datenübertragungen im Internet können an verschiedenen Stellen mitgeschnitten und mitgelesen werden. Wird der Datentransfer nicht verschlüsselt, liegen alle Informationen (auch Passwörter) im Klartext vor. Das mag bei der Übertragung der eigenen Kochrezeptesammlung harmlos sein, kann aber bei behördlichen Dokumenten oder Arbeits- und Projektdaten zu Problemen führen. Deswegen sollten Sie den Datentransfer stets verschlüsseln. Selbst wenn jemand den verschlüsselten Verkehr mitschneidet, kann er mit den Daten nichts anfangen. Ihre DiskStation bietet Ihnen an, HTTP-Verbindungen (die über den Browser laufen) automatisch zu verschlüsseln und keine unverschlüsselten Verbindungen mehr zuzulassen. Es ist sehr empfehlenswert, diese Option zu nutzen. Die DiskStation unterscheidet dann nicht zwischen Verkehr aus dem Heimnetz und aus dem Internet. Sie schützt damit auch Verbindungen im Heimnetz vor neugierigen Blicken. Die Verschlüsselung kostet kaum Rechenleistung, und Einbußen in der Geschwindigkeit sind nicht zu befürchten. Außerdem sind hiervon nur die HTTP-Dienste, die im Browser ablaufen, betroffen – Dateifreigaben über das SMB-Protokoll (die ohnehin niemals über das Internet erreichbar sind), fallen nicht darunter.

Öffnen Sie zum Einrichten in der **Systemsteuerung** das Modul **Netzwerk** und dort die Registerkarte **DSM-Einstellungen**. Aktivieren Sie die Option **HTTP-**

Verbindungen automatisch zu HTTPS umleiten, und klicken Sie auf **Übernehmen**. Ihre DiskStation wird den Webserver neu starten – dieser ist für die HTTP-Dienste verantwortlich. Danach ist der gesamte Datenverkehr über HTTPS verschlüsselt und kann nicht mehr mitgelesen werden.

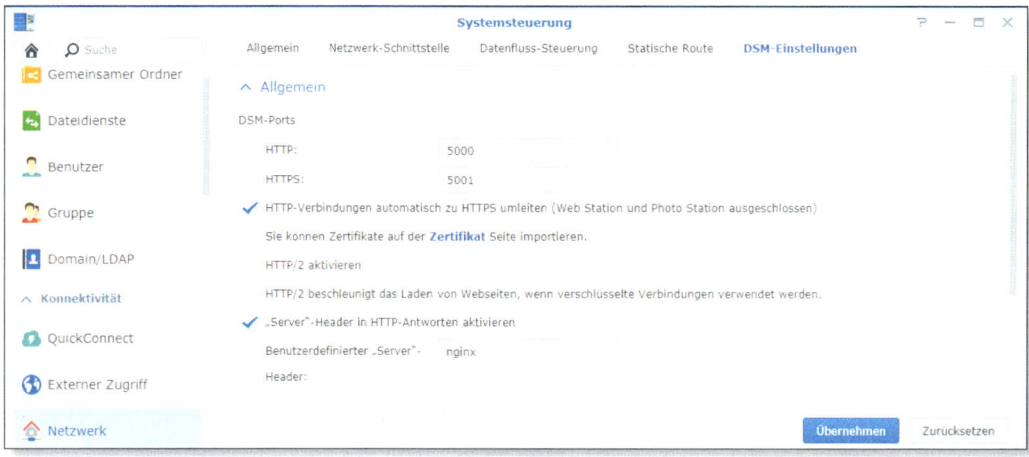

Im Modul »Netzwerk« der Systemsteuerung richten Sie die Verschlüsselung ein.

Ihr Browser wird Ihnen nun eine Warnung, eine sogenannte *Zertifikatswarnung*, ausgeben. Das ist an dieser Stelle unvermeidlich, auch wenn derzeit überhaupt kein Risiko besteht. Bei einer verschlüsselten HTTPS-Verbindung wird nicht nur der Datenverkehr verschlüsselt, sondern die Verbindungspartner authentifizieren sich auch gegenseitig. Damit wird sichergestellt, dass Sie wirklich mit dem gewünschten Partner (in diesem Fall Ihrer DiskStation) verbunden sind. Dadurch können Sie absolut sicher sein, dass Sie Ihre Nutzerdaten und Ihr Passwort wirklich zu *Ihrer* DiskStation senden und nicht zu einem Angreifer, dessen Computer so tut, als sei er Ihre DiskStation.

Damit dies funktioniert, werden *Zertifikate* eingesetzt. In einem Zertifikat stehen Angaben zum verbundenen Computer. Es ist eine kleine Textdatei, in der im Prinzip steht: »Ich bin Ihre DiskStation und niemand anders« – so ein Zertifikat besitzt Ihre DiskStation bereits. So eine Datei kann sich aber jeder einfach erstellen, sie ist keineswegs sicher und auch nicht vertrauenswürdig. Die Datei muss beglaubigt werden, damit man sie ernst nimmt.

Vergleichen Sie das Ganze mit Ihrem Personalausweis. Damit Sie ihn ernst nehmen, muss er offiziell ausgestellt sein und mit Sicherheitsmerkmalen der Bundesdruckerei versehen werden. Zertifikate im Internet werden von vertrauenswürdigen Organisationen beglaubigt. Die Beglaubigung erfolgt fälschungssicher über lange, komplexe Prüfwerte, die sich nicht (oder nur extrem schwer) fälschen und knacken lassen. Durch diese Beglaubigung steht also im Zertifikat: »Ich bin Ihre DiskStation und niemand anders. Diese Angaben stimmen gemäß Prüfung durch die vertrauenswürdige Stelle XYZ.«

Diese vertrauenswürdige Stelle ist bei Ihnen noch nicht involviert. Beim Zertifikat Ihrer DiskStation fehlt die Beglaubigung, Sie besitzen nur ein *selbst erstelltes Zertifikat* – daher schlägt der Browser Alarm. In diesem speziellen Fall können Sie sie übergehen. Die Vorgehensweise ist je nach Browser unterschiedlich. Oftmals müssen Sie auf **Erweitert** klicken und eine **Ausnahmeregel** erstellen, oder es gibt eine Option im Sinne von »Ja, ich kenne das Risiko, ich möchte diese Seite trotzdem aufrufen«. Fahren Sie also fort.

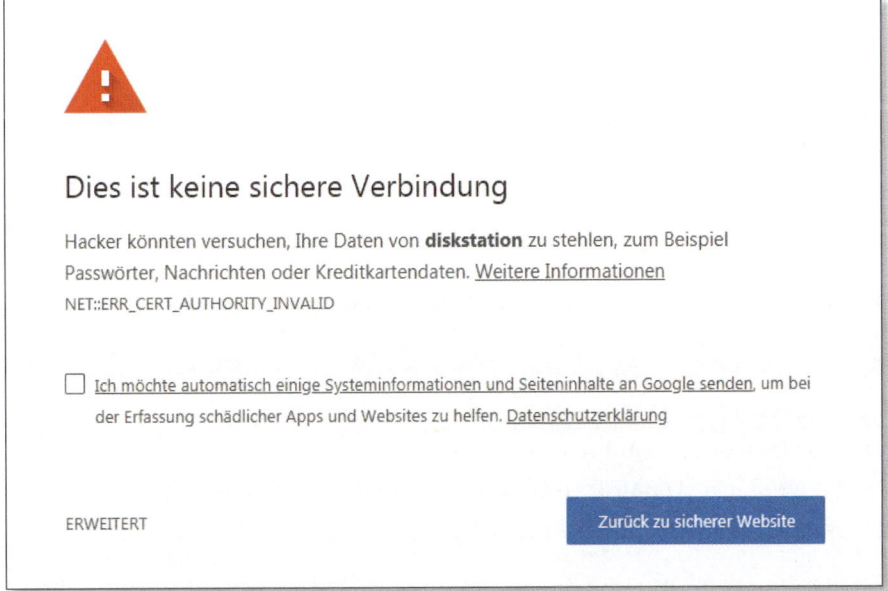

Der Browser warnt Sie vor einer unsicheren Verbindung – hat in diesem Fall aber nicht recht, die Warnung ist unbegründet.

Sie landen wieder auf der Login-Seite Ihrer DiskStation. Niemand kann Ihren Datenverkehr mehr belauschen. Trotzdem sagt Ihr Browser, dass die Verbindung nicht sicher sei – eben weil die korrekte Authentifizierung ja noch fehlt.

Gilt in diesem speziellen Fall nicht: Die Verbindung zu Ihrer eigenen DiskStation ist schon sicher, genügt nur noch nicht allen Kriterien.

Die Warnung im Browser erhalten Sie nun jedes Mal, wenn Sie Kontakt zur DiskStation aufnehmen, unabhängig davon, ob Sie sich zu Hause befinden oder über das Internet zugreifen. Sie können im Browser einfach eine permanente Ausnahme definieren und dem selbst erstellten Zertifikat Ihrer DiskStation vertrauen. Die Warnung gehört damit der Vergangenheit an, allerdings müssen Sie diese Ausnahme dann auf allen Geräten einstellen. Die Warnung erscheint aber auch bei Gästen, denen Sie eine Datei freigeben. Damit es hier nicht zu Irritationen kommt, können Sie einfach (und kostenlos) eine vertrauenswürdige Stelle einschalten und sich ein »richtiges« Zertifikat installieren. Vorher müssen Sie Ihre DiskStation jedoch über das Internet erreichbar machen. Momentan ist das Gerät nur über das Heimnetz ansprechbar. Dafür müssen Sie in Ihrem Router eine Freigabe für Ihre DiskStation einrichten.

Ihre DiskStation wird über das Internet erreichbar

Ein normaler Router ist in einem Heimnetzwerk so konfiguriert, dass er alle eingehenden Anfragen aus dem Internet ablehnt. Wenn Sie also Ihre eigene Domain aufrufen, kommt Ihre (Daten-)Anfrage bis zum Router und wird dort abgeblockt. Damit Ihre DiskStation über das Internet erreichbar wird, muss der Router sie zur DiskStation weiterleiten.

Zu diesem Zweck müssen Sie im Router eine Port-Weiterleitung einrichten. Der Datentransfer im Internet läuft über sogenannte *Ports* (das gilt übrigens auch für das Heimnetz). Es gibt sehr viele davon, und einige wenige (genau festgelegte) verwendet Ihre DiskStation. Die verwendeten Ports müssen Sie im Router weiterleiten, damit externe Anfragen aus dem Internet Ihre DiskStation erreichen.

Die Port-Weiterleitung im Router ist kein Hexenwerk und mit wenigen Handgriffen erledigt. Der genaue Ablauf ist leider von Router zu Router verschieden. Ich zeige Ihnen die Einrichtung einmal an der weit verbreiteten *Fritz!Box* von AVM. Das Grundprinzip ist aber für alle Router gleich. Für den genauen Ablauf ziehen Sie die Gebrauchsanweisung Ihres Routers zurate. Eventuell hilft Ihnen auch eine Suche im Internet, dort werden vielfach Anleitungen für praktisch alle Router gezeigt. Nicht immer heißt die Funktion Port-Weiterleitung, sehr häufig (so auch bei der Fritz!Box) wird sie Port-Freigabe genannt, manchmal wird sie auch als Port-Öffnung oder Firewall-Ausnahme bezeichnet.

1. Zuerst müssen Sie sich am Gerät anmelden. Die Konfiguration der Fritz!Box erreichen Sie im Browser über die Adresse *fritz.box*.

2. Klicken Sie nach der Anmeldung in der Auswahlliste auf den Menüeintrag **Internet** und auf **Freigaben**.

3. Klicken Sie oben auf dem Bildschirm auf die Registerkarte **Portfreigaben** und dann auf die Schaltfläche **Neue Portfreigabe**.

4. Wählen Sie auf der nächsten Seite im Auswahlfeld **Portfreigabe aktiv für** die Option **Andere Anwendungen** aus.

5. Tragen Sie in das Feld **Bezeichnung** den Text »DiskStation http« ein. Die Port-Weiterleitung soll für das Protokoll *TCP* und von Port 80 bis Port 80 gelten.

6. Jetzt müssen Sie festlegen, für welchen Computer die Regel angewendet werden soll. Hier müssen Sie Ihre DiskStation auswählen. Öffnen Sie die Dropdown-Liste, und suchen Sie nach dem Hostnamen Ihrer DiskStation. Im Feld **an Port** tragen Sie ebenfalls »80« ein.

7. Achten Sie darauf, dass das Kontrollkästchen ganz zu Beginn aktiv ist, damit die Regel auch greift. Klicken Sie auf **OK**.

Damit ist die Port-Freigabe erstellt. Damit die DiskStation korrekt erreicht werden kann, müssen Sie insgesamt vier Ports weiterleiten. Sie müssen also weitere Port-Freigaben einrichten. Erstellen Sie insgesamt folgende Port-Freigaben:

Bezeichnung	Protokoll	Von Port	Bis Port	Für Computer	An Port
DiskStation http	TCP	80	80	(DiskStation)	80
DiskStation https	TCP	443	443	(DiskStation)	443
DiskStation DSM	TCP	5000	5001	(DiskStation)	5000 (bis 5001)

Je nach Router-Modell müssen für den letzten Eintrag eventuell zwei Regeln, getrennt für Port 5000 und Port 5001 erstellt werden.

Hier gezeigt am Beispiel der Fritz!Box: An Ihrem Router müssen Sie Port-Freigaben einstellen – sonst bleibt Ihre DiskStation unerreichbar.

Ihre DiskStation wird über das Internet erreichbar

Nachdem Sie alle Regeln erstellt haben, klicken Sie auf **Übernehmen**. Sie können sich jetzt wieder von Ihrem Router abmelden. Von nun an ist Ihre DiskStation über das Internet erreichbar.

> **ACHTUNG**
>
> **Alle Freigaben gelten nun!**
>
> Öffentliche Freigaben, die Sie in den Stations erstellt haben, sind nun »scharf geschaltet« und möglicherweise bereits über das Internet erreichbar. Während bei vielen Diensten für den Zugriff der genaue Link erforderlich ist, präsentiert die Photo Station, die direkt über *subdomain.domain.xyz/photo* erreicht werden kann, direkt die öffentlichen Alben und alle enthaltenen Fotos. Ob eine Freigabe über das Internet erreicht werden kann, hängt auch davon ab, welchen Port eine bestimmte Anwendung verwendet. Sie sollten zur Sicherheit alle Freigaben und öffentlichen Alben kontrollieren.

Jetzt können Sie sich im nächsten Abschnitt daran machen, ein »richtiges« Zertifikat zu installieren.

> **TIPP**
>
> **Kein Glück im Router? Vielleicht fehlt eine feste IP-Adresse!**
>
> Mit einer Fritz!Box benötigen die Geräte im Heimnetzwerk für eine Port-Weiterleitung keine festen IP-Adressen, was ziemlich praktisch ist. Im Regelfall haben Geräte im Heimnetzwerk nämlich ebenfalls dynamische IP-Adressen, die sich öfter ändern. Leider sind nicht alle Router so unkompliziert. Bei manchen Modellen müssen Sie nicht den Hostnamen, sondern die feste IP-Adresse des Zielgeräts bei der Port-Weiterleitung angeben. In diesem Fall benötigt Ihre DiskStation eine feste IP-Adresse. Wie Sie diese einrichten, zeigt Ihnen Kapitel 19, »Weitere Einstellungen und Komfortfunktionen«, auf Seite 348.

Die DiskStation bekommt ihr eigenes Zertifikat

Nachdem Ihre DiskStation nun über das Internet erreichbar ist, können Sie ein eigenes Zertifikat in Auftrag geben, womit die Warnmeldung im Browser der Vergangenheit angehören wird. Dieser Schritt ist optional – aber dennoch anzuraten.

Öffnen Sie die **Systemsteuerung** und dort das Modul **Sicherheit**. Klicken Sie auf die Registerkarte **Zertifikat**. Betätigen Sie die Schaltfläche **Hinzufügen**, und wählen Sie die Option **Vorhandenes Zertifikat ersetzen (synology.com)**. Das vorhandene Zertifikat ist das selbst erstellte Zertifikat, das zur Warnung im Browser führte. Es wird nun durch ein beglaubigtes Zertifikat ersetzt. Klicken Sie auf **Weiter**.

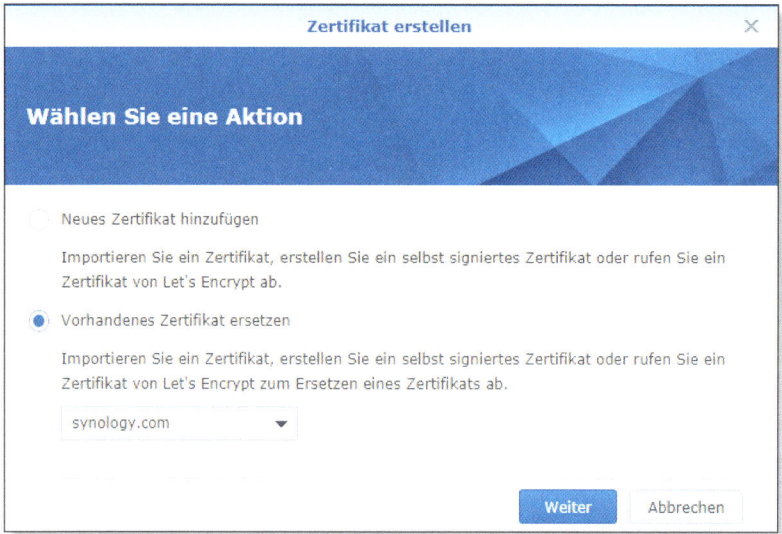

Das vorhandene Zertifikat hat keine Sicherheitsfunktion und sollte daher ersetzt werden.

Im neuen Fenster mit dem Titel **Zertifikat erstellen** müssen Sie zuerst das Feld **Beschreibung** füllen. Tragen Sie hier Ihre vollständige Domain ein, zum Beispiel *meier.diskstation.local*. Selektieren Sie die Option **Zertifikat von Let's Encrypt abrufen**, und aktivieren Sie das Kontrollkästchen **Als Standardzertifikat festlegen**. Bei Let's Encrypt handelt es sich um eine Initiative, die sichere

Die DiskStation bekommt ihr eigenes Zertifikat

Kommunikation über das Internet fördern möchte. Sie betreibt eine eigene *Zertifizierungsstelle* (sprich vertrauenswürdige Instanz), die über automatisierte Methoden und vor allen Dingen kostenlos die Identität der Antragsteller überprüft und entsprechende Zertifikate ausstellt. Klicken Sie auf **Weiter**.

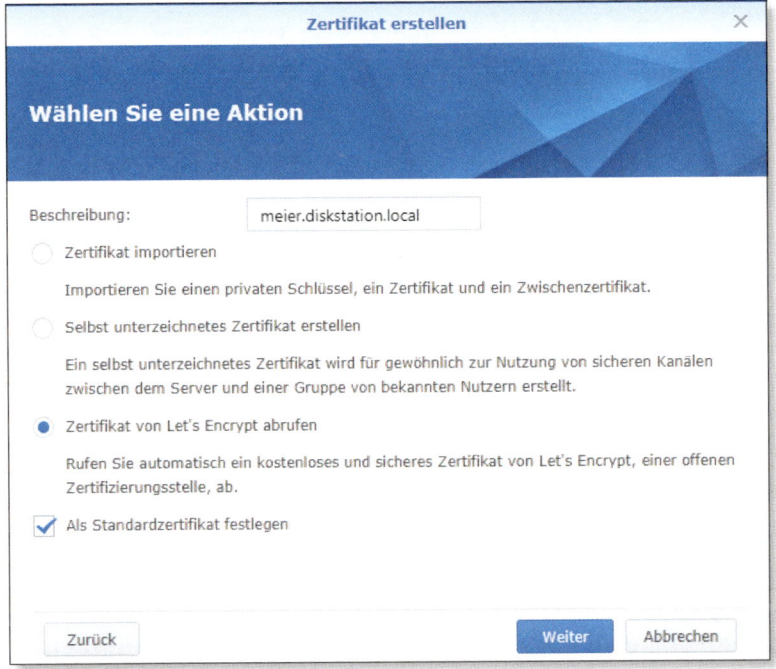

Kostenlos und vertrauenswürdig: Zertifikate von Let's Encrypt bestätigen, dass Ihre DiskStation an Ihrem Internetanschluss vertrauenswürdig ist.

Auf der neuen Seite müssen Sie einige Daten eingeben. Füllen Sie das Feld **Domainname** mit Ihrer vollständigen Domain. Tragen Sie im entsprechenden Feld Ihre E-Mail-Adresse ein. Das dritte Feld kann für private Anwendungen und kleinere Unternehmen frei bleiben. Klicken Sie auf **Übernehmen**. Jetzt wird durch Let's Encrypt Ihre Identität überprüft (es wird sichergestellt, dass Sie wirklich unter der angegebenen Domain zu erreichen sind). Anschließend wird das Zertifikat erstellt und auf Ihrer DiskStation installiert. Sollte der Vorgang fehlschlagen, kontrollieren Sie Ihre Eingaben auf Tippfehler. Überprüfen Sie außerdem, ob wirklich alle vier benötigten Ports in Ihrem Router weitergeleitet werden.

Auch wenn der Vorgang erfolgreich abläuft, erhalten Sie erneut die bekannte Zertifikatswarnung. Auch diese ist unvermeidlich: Das Zertifikat gilt nur für Ihre eigene Domain, nicht aber für den Hostnamen oder die interne IP-Adresse Ihrer DiskStation – über einen der beiden Werte greifen Sie momentan auf das Gerät zu. Die aktuelle Seite können Sie im Browser schließen. Öffnen Sie einfach eine neue Seite, und geben Sie als Adresse Ihre vollständige Domain sein. Sie landen – sicher verschlüsselt und korrekt authentifiziert – auf der Login-Seite Ihrer DiskStation.

Es hat geklappt! Ohne Warnung haben Sie nun eine sichere Verbindung zu Ihrer DiskStation.

Von nun an sollten Sie sich stets mit Ihrer Domain an Ihrer DiskStation und an den DiskStation-Apps anmelden. Auch wenn das quasi Ihre »externe Adresse über das Internet ist« erkennt Ihr Router trotzdem, dass sich alle Kommunikationspartner im selben (Heim-)Netzwerk befinden. Ihre Verbindung wird nicht über das Internet geleitet und läuft mit voller Heimnetzgeschwindigkeit. Die Nutzung der Domain hat einen entscheidenden Vorteil: Sie funktioniert nämlich immer, egal, ob Sie zu Hause sind oder nicht. Sie können in allen Anwendungen und Lesezeichen Ihre Domain eintragen und erhalten immer eine Verbindung zur DiskStation. Es ist nicht erforderlich, mit getrennten Profilen für die Nutzung zu Hause und über das Internet zu arbeiten – praktisch, oder?

Der Zugriff über den Hostnamen und die interne IP-Adresse im Heimnetz funktioniert natürlich nach wie vor. Allerdings erhalten Sie für solche Anmeldungen im Browser nun eine Zertifikatswarnung. Beachten Sie, dass hier explizit von HTTP-Diensten (einschließlich der zugehörigen Apps) die Rede ist. Dateifreigaben im Heimnetz, etwa über das SMB-Protokoll, funktionieren auch weiterhin nur (!) über den Hostnamen oder die interne IP-Adresse. Sie sind nicht über die Domain zu erreichen und auch nicht über das Internet.

Machen Sie eine letzte Überprüfung: Melden Sie sich noch einmal als Administrator bei Ihrer DiskStation an. Öffnen Sie die **Systemsteuerung**, das Modul **Sicherheit** und die Registerkarte **Zertifikat**. Hier ist nun Ihr neues Zertifikat eingetragen. Zertifikate von Let's Encrypt haben eine beschränkte

Gültigkeit von drei Monaten. Sie werden jedoch kurz vor Ablauf rechtzeitig, automatisch und kostenlos durch Ihre DiskStation verlängert.

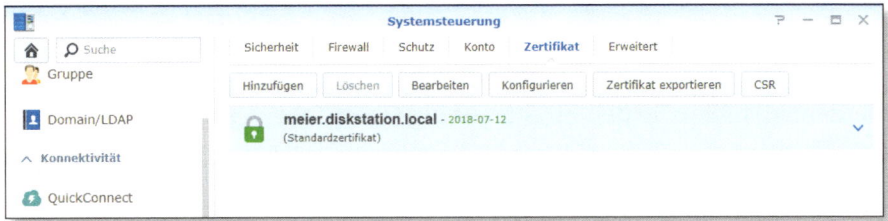

Das Zertifikat von Let's Encrypt wird in der Systemsteuerung angezeigt. Es hat nur eine begrenzte Gültigkeit, wird aber automatisch verlängert – Sie brauchen sich um nichts zu kümmern.

Von nun an ist Ihre DiskStation über das Internet zu erreichen, und Sie können bequem auf viele, aber noch nicht auf alle Dienste zugreifen. Zeit, das zu ändern.

> **TIPP**
>
> **Keinen echten IPv4-Anschluss mehr? QuickConnect kann helfen!**
>
> Gelegentlich bieten Internetzugänge im Privatbereich (allen voran Kabelzugänge) keinen klassischen IPv4-Zugang mehr an, sondern setzen komplett auf das moderne IPv6. Das führt dazu, dass eigene Serverdienste über viele Internetzugänge nicht erreicht werden können. Wenn Ihr Internetzugang zu den sogenannten DS-Lite-Zugängen gehört und damit keine echte IPv4-Adresse hat, kann es passieren, dass Sie von außerhalb keine Verbindung zur DiskStation aufbauen können. Sollte das bei Ihnen passieren, kann die in Kapitel 4, »Das Gerät erstmalig einrichten und in Betrieb nehmen«, genannte QuickConnect-Funktion helfen, die über das gleichnamige Modul in der Systemsteuerung auch nachträglich eingerichtet werden kann. Wenn Sie QuickConnect aktivieren, stellt der Hersteller Synology ein Zwischensystem bereit. Die DiskStation steht ihrerseits auch mit dem Zwischensystem in Kontakt, sodass sie über das Internet erreicht werden kann.

Alle Dienste über das Internet erreichbar machen

Momentan können Sie über das Internet noch nicht auf alle Dienste der DiskStation zugreifen. Das liegt daran, dass Sie lediglich vier Ports weitergeleitet haben. Diese Ports sind für die Erstellung der Zertifikate nötig. Außerdem erlauben Sie den Zugriff auf die Oberfläche des DSM-Systems und auf alle Dienste, die hierüber zu erreichen sind. Nicht alle Anwendungen der DiskStation nutzen allerdings genau einen dieser vier Ports, sondern einen anderen. Damit auch diese Anwendungen korrekt erreicht werden können, müssen Sie weitere Ports weiterleiten. In der Tabelle finden Sie eine Übersicht über verschiedene Anwendungen der DiskStation und ihre Ports. Möchten Sie eine Anwendung über das Internet nutzen, müssen Sie für die entsprechenden Ports Weiterleitungen einrichten. Aus Sicherheitsgründen empfehle ich Ihnen, nur Anwendungen erreichbar machen, die Sie auch wirklich über das Internet benutzen möchten.

Anwendung	Port-Nummer	Protokoll
Adressbuch	8443 (verschlüsselt)	TCP
Cloud Station	6690	TCP
Surveillance Station	9901 (verschlüsselt)	TCP

Übrigens: Es gibt Funktionen, die explizit nur für die Nutzung im Heimnetzwerk gedacht sind und die sich nicht für die Nutzung über das Internet einrichten lassen – hierzu zählen (wie bereits erwähnt) beispielsweise Dateifreigaben über das SMB-Protokoll.

Kapitel 14
Alles unter dem eigenen Dach – Ihre eigene E-Mail

ich@meine-adresse, du@meine-adresse, sie@meine-adresse… Moment, Sie benötigen noch mehr E-Mail-Adressen? Für einen eigenen Mail-Server überhaupt kein Problem!

Einen eigenen E-Mail-Server zu betreiben, erscheint zunächst sehr vorteilhaft und die Möglichkeit, beliebig viele E-Mail-Adressen unter der eigenen Domain betreiben zu können, sehr verlockend. Den vielen Vorteilen stehen allerdings auch gravierende Nachteile gegenüber. Daher zeigt Ihnen dieses Kapitel zunächst einmal genau, welche Vor- und Nachteile ein eigener E-Mail-Server mit sich bringt. Danach können Sie in Ruhe entscheiden, ob solch ein Dienst für Sie geeignet ist.

Vorteile und Nachteile eines eigenen E-Mail-Servers

Einen eigenen E-Mail-Server zu betreiben, hat viele Vorteile. Besonders angenehm ist, dass sämtliche eingehenden E-Mails auf der eigenen Festplatte gespeichert werden und kein Provider zwischengeschaltet ist. Weiterhin kann man für die Speicherung von E-Mails beliebig viel Speicherplatz bereitstellen und hat dafür nur die Anschaffungskosten der Festplatten sowie den Stromverbrauch zu tragen. Durch die Verwendung Ihrer DiskStation entstehen praktisch keine Zusatzkosten. Zudem ist das eigene Postfach (abgesehen vom unvermeidbaren Spam) werbefrei. Nicht vergessen sollte man, dass man sich auf seinem eigenen E-Mail-Server beliebig viele E-Mail-Adressen anlegen kann. So kann jedes Familienmitglied eine persönliche

Adresse erhalten, und es lassen sich gemeinsame Adressen für Sonderaufgaben verwalten.

Den Vorteilen stehen allerdings auch Nachteile gegenüber: Damit man selbst E-Mails empfangen kann, muss der E-Mail-Server in Betrieb sein. Dazu zählt nicht nur, dass er eingeschaltet ist, er muss auch über eine Internetverbindung verfügen. Wenn der Internetanschluss gestört ist oder es zu einem Stromausfall kommt, können keine E-Mails angenommen werden. Was dann passiert, hängt vom Absender und dessen Mail-Server ab: Entsprechend konfiguriert, unternimmt der sendende Server mehrere Zustellversuche. Nimmt der eigene E-Mail-Server den Betrieb nach kurzer Unterbrechung wieder auf, erhält man die E-Mail also möglicherweise trotzdem. Hat der sendende Server jedoch nur wenig Geduld oder fällt der eigene Server länger aus, erhält man die E-Mail nicht. Der Absender bekommt die Nachricht, dass die E-Mail nicht zugestellt werden konnte. Das ist insbesondere bei beruflicher Korrespondenz keine schöne Situation. Auch an einen zweiten Punkt muss man denken: Zwar liegt die empfangene Post auf dem eignen Server und bleibt vor neugierigen Blicken geschützt, das gilt allerdings nicht unbedingt für den sendenden Part.

Trotz der Nachteile gilt: Wie oft im Leben hilft Ausprobieren. Das Aufsetzen eines eigenen E-Mail-Servers macht Spaß und ist lehrreich – ist also prinzipiell keine schlechte Idee. Auch wenn Sie sich nach einer Testphase gegen einen Regelbetrieb entscheiden.

Wenn Sie an Ihrem privaten Internetzugang einen eigenen E-Mail-Server betreiben möchten, dann werden Sie allerdings mit hoher Wahrscheinlichkeit zunächst Schiffbruch erleiden: Denn auch Spam-Versender können sich einen eigenen E-Mail-Server aufsetzen und dabei einen normalen, privaten Internetzugang verwenden, so wie Sie ihn verwenden. Das hat dazu geführt, dass große E-Mail-Provider dazu übergegangen sind, E-Mails von Servern, die an privaten Internetzugängen betrieben werden, nicht mehr anzunehmen, sondern direkt auszusortieren. Einen privaten Internetzugang erkennen die großen Provider unter anderem an der verwendeten IP-Adresse oder daran, dass die IP-Adresse nach 24 Stunden wechselt. Es kann also sein, dass große Provider E-Mails, die Sie mit Ihrer DiskStation direkt (also ohne einen anderen zwischengeschalteten E-Mail-Provider) versenden, gar nicht annehmen. Wenn das bei Ihnen der Fall ist, können Sie nur über Umwege zum Ziel kommen – dazu später mehr. Um ohne Tricks in den Genuss des eigenen, voll funktionsfähigen E-Mail-Sendeservers zu kommen, müssen Sie von einem E-Mail-Anbieter eine entsprechende Lösung erwerben, die Ihnen neben einer eigenen Domain auch geeignete Server anbietet oder einen (kostspieligen) Internetzugang mieten, der eine feste IP-Adresse mitbringt.

Ihre DiskStation bietet geeignete Softwarekomponenten, mit denen sie zu Ihrem persönlichen E-Mail-Server wird. Zwei verschiedene Dienste müssen unterschieden werden: Der *Mail-Server* kümmert sich um den Empfang und den Versand von E-Mails. Er bietet selbst jedoch keine Möglichkeit, E-Mails zu verfassen oder zu lesen. Diese Aufgaben übernimmt die *Mail Station*. Sie bietet ein Webinterface, in dem E-Mails verfasst und gelesen werden können. Natürlich kommuniziert der Mail-Server auf Wunsch auch mit externen E-Mail-Programmen, wie etwa *Mozilla Thunderbird*, und kann sich so nahtlos in Ihre bestehende Softwareumgebung integrieren. Zur Einrichtung eines eigenen E-Mail-Servers müssen Sie zunächst die Softwarekomponenten einrichten.

Die Installation und Einrichtung des E-Mail-Servers

Wenn das Programm Mail-Server bei Ihnen noch nicht installiert ist (also nicht im Hauptmenü aufgeführt wird), dann können Sie es – als Administrator eingeloggt – nachinstallieren. Sie finden das Programm im Paket-Zentrum in der Rubrik **Dienstprogramme**. Auch wenn das Programm **Mail-Server** heißt, wird es nach der Installation im Hauptmenü als **E-Mail-Server** gelistet.

Beim ersten Start kommt das Programm direkt zur Sache: Auf der linken Seite sehen Sie Registerkarten. Zur Einrichtung des Mail-Servers werden Sie diese Registerkarten der Reihe nach abarbeiten.

Der E-Mail-Server (hier direkt nach der Installation) zeigt auf der Registerkarte »Überblick« stets an, wie viele E-Mails er derzeit verarbeitet.

Los geht es mit der Registerkarte **SMTP**. Die Abkürzung steht für *Simple Mail Transfer Protocol*. SMTP kümmert sich sowohl um den Versand als auch um den Empfang von E-Mails. Dank des Mail-Servers wird die DiskStation zu einem SMTP-Server. Dieser kommuniziert mit anderen SMTP-Servern und stellt dort E-Mails zu. Jeder E-Mail-Provider betreibt einen eigenen SMTP-Server. Im umgekehrten Fall sendet Ihnen jemand über seinen SMTP-Server eine E-Mail, die der SMTP-Server der eigenen DiskStation annimmt.

Als Erstes aktivieren Sie auf der Registerkarte **SMTP** das Kontrollkästchen **SMTP aktivieren**, um die Funktion einzuschalten. Für den Kontotyp ist die Option **Lokale Benutzer** für den privaten Einsatz sowie die Nutzung im kleineren Büro die richtige Wahl. Die Einstellung **Lokale Benutzer** erfordert, dass jede Person, die E-Mail-Funktionen nutzen möchte, ein normales Nutzerkonto auf der DiskStation hat. Weitere Nutzerkonten können Sie – wie bei der Ersteinrichtung auf Seite 79 gezeigt – jederzeit der DiskStation hinzufügen.

Die Installation und Einrichtung des E-Mail-Servers

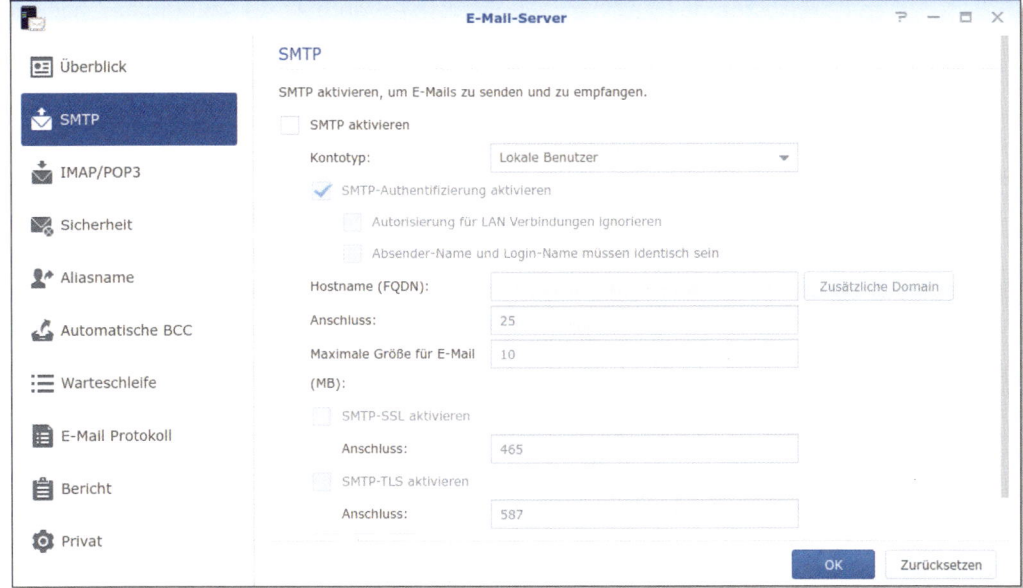

Auf der Registerkarte »SMTP« steuern Sie die grundlegenden Einstellungen des Mail-Servers, unter anderem, unter welcher Adresse er zu erreichen ist.

Aktivieren Sie auf jeden Fall die Option **SMTP-Authentifizierung aktivieren**. Jeder Nutzer, der eine E-Mail versenden möchte, muss sich zuvor beim SMTP-Server anmelden. Personen ohne gültige Zugangsberechtigung bleibt der E-Mail-Versand verwehrt. Spam-Versender können Ihren Server also nicht zum Versand unerwünschter Nachrichten missbrauchen. Wird die Option nicht eingeschaltet, könnte jedermann Ihren Server jederzeit zum Versand von Nachrichten verwenden.

Lassen Sie das Kontrollkästchen **Autorisierung für LAN-Verbindungen ignorieren** abgeschaltet – diese Komfortfunktion reduziert die Sicherheit und ist im Alltag auch nicht erforderlich. Aktivieren Sie stattdessen die Option **Absender-Name und Login-Name müssen identisch sein**. Diese Einstellung ist wichtig und stellt sicher, dass der Absendername nur von der jeweils berechtigten Person genutzt werden kann. Ist die Option deaktiviert, dann könnten zum Beispiel die Kinder E-Mails mit der Absenderadresse der Eltern versenden. Bei aktivierter Option muss der Absendername zum eigenen Konto passen.

Kapitel 14 – Alles unter dem eigenen Dach – Ihre eigene E-Mail

Im Feld **Hostname (FQDN)** tragen Sie Ihre (dynamische) Domain ein, wie sie in Kapitel 13, »Ab ins Netz – die DiskStation über das Internet erreichen«, angelegt wurde. *FQDN* steht für *Full Qualified Domain Name*. Die Domain muss für die Nutzung von E-Mail-Funktionen den sogenannten *mx-Eintrag* korrekt verarbeiten. Wenn Sie sich für eine dynamische Domain von Synology entschieden haben, ist dies aber bereits gegeben. Tragen Sie nur die reine Domain-Bezeichnung ein, ohne Vorsatz wie etwa *www*. Das Kästchen **Zusätzliche Domain** kann genutzt werden, wenn man mit mehreren Domains umgehen möchte, das ist für den Einstieg jedoch nicht erforderlich. SMTP arbeitet standardmäßig mit Portnummer 25, belassen Sie das Feld **Anschluss** also auf diesem Wert.

Möchten Sie auch E-Mails mit einem (Datei-)Anhang versenden, dann ist das Feld **Maximale Größe für E-Mail** von Relevanz: Hier tragen Sie ein, wie groß eine E-Mail inklusive Anhang sein darf. Die Voreinstellung **10 MB** ist etwas knapp bemessen und kann erhöht werden. Werte jenseits 30 MB können jedoch problematisch sein, weil der SMTP-Server des Empfängers möglicherweise bei so großen E-Mails die Annahme verweigert – hier hilft es, einfach auszuprobieren. Die beiden Optionen **SMTP-TLS** und **SMTP-SSL** kümmern sich um die Verschlüsselung des Datenverkehrs vom und zum SMTP-Server. Eine Verschlüsselung dieses Verkehrs sollte vorgenommen werden, insbesondere, wenn der SMTP-Server über das Internet erreichbar ist (was den Regelfall darstellt). Die Option **SMTP-TLS** ist moderner und sicherer als die Option **SMTP-SSL**, es genügt daher, die erstgenannte Möglichkeit zu aktivieren. Klicken Sie danach auf **OK**.

Wenn Sie Ihren E-Mail-Server an einem privaten Internetanschluss betreiben, dann werden von Ihnen gesendete E-Mails höchstwahrscheinlich vom Eingangsserver des Empfängers abgewiesen. Ihre DiskStation bietet jedoch eine Lösung, die dieses Problem umgehen kann, die Rede ist vom *SMTP-Relay* (auch *SMTP-Relais* genannt). Hier sendet Ihre DiskStation ausgehende E-Mails nicht direkt an den SMTP-Server des Adressaten, sondern schaltet einen SMTP-Server eines anderen (in der E-Mail-Welt etablierten) E-Mail-Providers dazwischen. Dabei nutzt die DiskStation ein bestehendes E-Mail-Konto bei diesem Provider. Der SMTP-Server des Adressaten erhält die E-Mail jetzt vom SMTP-Server des zwischengeschalteten Providers und nimmt die E-Mail ohne Beanstandungen an. Zwar führt diese Lösung recht zuverlässig zum Ziel, ist in der Praxis aber nicht einfach umzusetzen: Es genügt nämlich nicht, ein bestehendes Konto bei einem großen E-Mail-Provider zu nutzen. Viele Anbieter erlauben es nicht, dass man eine andere Absenderadresse als die zum Konto gehörende verwendet – leider versucht die DiskStation genau das zu tun. Bevor Sie sich ans Werk machen, müssen Sie sich bei Ihrem E-Mail-Anbieter zunächst erkundigen, ob die gewünschte Funktion möglich ist – zur Not hilft auch hier ausprobieren.

Möchten Sie es zunächst mit dem **SMTP-Relais** probieren, dann klicken Sie auf die gleichnamige Schaltfläche. Sie müssen jetzt die Zugangsdaten (Passwort, Nutzername und Servername) des externen E-Mail-Providers bereithalten.

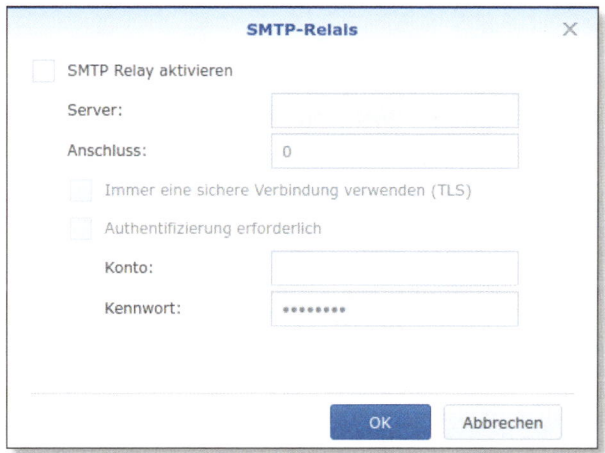

Hilft an privaten Anschlüssen beim E-Mail-Versand: das SMTP-Relais – aber nur, wenn der E-Mail-Provider diese Funktion auch unterstützt.

In einem neuen Fenster nehmen Sie alle Einstellungen des SMTP-Relais vor. Aktivieren Sie das Kontrollkästchen **SMTP Relay aktivieren**. Im Feld **Server** tragen Sie die Adresse des Mail-Servers (der auch *Postausgangsserver* genannt wird) ein. Die Port-Nummer des Mail-Servers müssen Sie im Feld **Anschluss** eingeben. Häufig wird für verschlüsselte Verbindungen Port 587 genutzt. Moderne Mail-Server arbeiten mit gesicherten Verbindungen. Um diese empfehlenswerte Option zu nutzen, aktivieren Sie das Kontrollkästchen **Immer eine gesicherte Verbindung verwenden**. Zur Identifikation und zum Schutz vor Spam erwarten externe E-Mail-Server im Regelfall eine Authentifizierung. Aktivieren Sie also das Kästchen **Authentifizierung erforderlich**, und geben Sie in die Felder den Benutzernamen und das Passwort vom Konto des externen Anbieters ein. Klicken Sie zum Abschluss auf **OK**. Die Funktion ist damit aktiviert.

Wenn auch diese Möglichkeit bei Ihnen nicht funktioniert, dann gibt es noch einen Trick: Sie können Ihr E-Mail-Programm so einrichten, dass es den Postausgangsserver eines anderen E-Mail-Kontos unter dessen Absenderadresse zum Versand von E-Mails verwendet. Ihre DiskStation wird nun also gar nicht zum Versand von E-Mails genutzt. Der Adressat erhält Ihre E-Mails von der Absenderadresse Ihres bestehenden E-Mail-Kontos. Die E-Mail lässt sich jedoch um ein Feld erweitern, das eine Antwortadresse enthält. Diese nutzt das E-Mail-Programm, wenn man auf die Schaltfläche **Beantworten** drückt. Das ist zwar nicht schön, aber besser als nichts. Auf diese Weise können Sie zwar keine E-Mails unter Ihrer eigenen Adresse versenden, erhalten jedoch Antworten direkt dorthin. Das E-Mail-Programm Thunderbird bietet beispielsweise die nötige Konfiguration. Mehr zur Einrichtung finden Sie im Abschnitt »Ein externes E-Mail-Programm konfigurieren« auf Seite 256.

Weiter geht es auf der Registerkarte **IMAP/POP3**. Diese Einstellungen kümmern sich um den Abruf eingegangener E-Mails durch ein E-Mail-Programm, wie etwa Mozilla Thunderbird. Für den Abruf stehen die Protokolle *IMAP* und *POP3* jeweils in einer verschlüsselten und unverschlüsselten Variante zur Wahl. Beide Protokolle unterscheiden sich vor allem dann, wenn jemand mit mehreren Endgeräten (zum Beispiel Desktop-PC und Smartphone) seine E-Mails abrufen möchte. POP3 ist das ältere Protokoll. Hierbei werden die Nachrichten vom Server abgerufen und auf dem lokalen Rechner gespeichert. E-Mails können auf dem Server verbleiben oder dort gelöscht werden. Jedes E-Mail-Programm verwaltet seinen eigenen Datenbestand. Werden E-Mails in einem Programm gelöscht oder als gelesen markiert, ist dies in einem anderen Programm nicht ersichtlich, denn es findet keine Synchronisation statt. POP3 sollte daher für moderne Anwendungen (insbesondere, wenn mehrere Endgeräte genutzt werden), nicht mehr verwendet werden.

Bei der modernen Variante IMAP verbleiben alle Nachrichten auf dem Server. Endgeräte übertragen den Status einer E-Mail direkt zum Server und löschen dort auch Nachrichten direkt. Auf weiteren Geräten existiert automatisch derselbe Datenbestand: Sie sehen, welche E-Mails Sie schon gelesen und beantwortet haben, gelöschte E-Mails werden bei allen Geräten nicht mehr angezeigt. Wenn Sie IMAP nutzen, können Sie zur Verwaltung Ihrer E-Mails auch mehrere Ordner anlegen und die Nachrichten getrennt nach Kategorien sortieren. Damit die Übertragung sicher ist, sollten Sie verschlüsselte Verbindungen nutzen. Aktivieren Sie also (sofern alle eingesetzten Programme diese Option unterstützten) das Kontrollkästchen **IMAP SSL/TLS aktivieren**. Klicken Sie zum Abschluss auf **OK**.

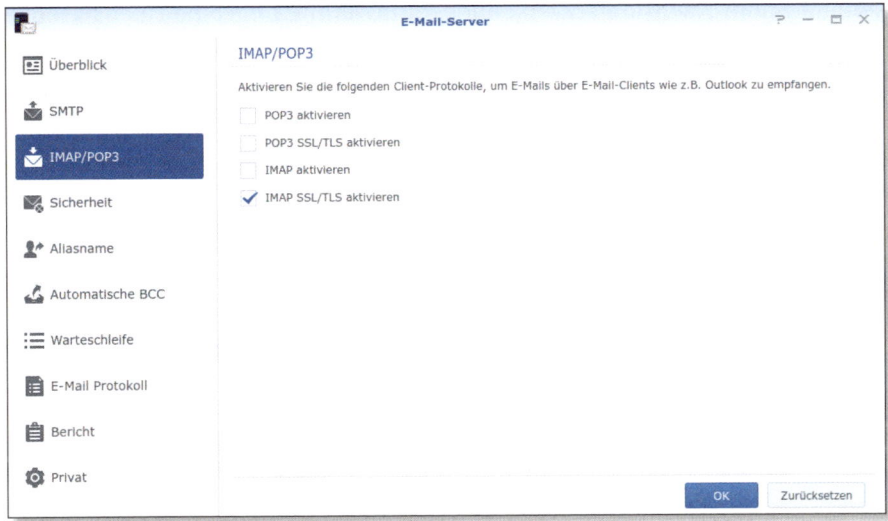

Zuständig für den E-Mail-Empfang: die Protokolle POP3 und IMAP

Auf der Registerkarte **Sicherheit** können Sie Funktionen aktivieren, die unerwünschte und schädliche Inhalte in empfangenen E-Mails blockieren und löschen. Auf der Registerkarte **SPAM** können Sie einen Spam-Filter aktivieren, der E-Mails untersucht und so automatisch Spam-Nachrichten erkennen und blockieren kann. Wichtig sind auch die Funktionen des automatischen Antivirenprogramms: Es untersucht den Inhalt von E-Mails auf potenziellen Schadcode hin. Sie sollten das Antivirenprogramm auf jeden Fall aktivieren. Die Optionen der Registerkarte **Black- und Whitelist** dienen ebenfalls der Bekämpfung von Spam und anderen unerwünschten Nachrichten. Sind Ihnen Absender bekannt, von denen Sie keine E-Mails empfangen möchten, dann können Sie diese in die **Blacklist** eintragen. Nachrichten von diesen

Absendern werden automatisch gelöscht. Genau umgekehrt arbeitet die **Whitelist**. Sind in der Whitelist Absender eingetragen, dann empfängt Ihre DiskStation nur noch E-Mails von diesen Absenden und löscht alle anderen eingehenden E-Mails – dies macht deutlich, dass die Whitelist nur für Sonderfälle sinnvoll ist.

Die **Tagesquote** bietet einen weiteren Schutz für den Fall, dass Ihr Mail-Server durch einen Computerangriff gekapert wird (zum Beispiel, weil ein Angreifer Zugangsdaten entwendet hat). Damit der Angreifer nun nicht massenhaft Spam-Nachrichten versenden kann, können Sie eine Höchstgrenze für versendete Nachrichten pro Tag setzen. Im Privatbereich genügen meistens 100 Nachrichten. Sollte einmal eine größere Menge an Nachrichten erforderlich werden (zum Beispiel bei Einladungen für größere Feiern), kann der Administrator die Funktion vorübergehend ausschalten.

Mit einem Anhangfilter können Sie bekannte Dateitypen, die oft Viren und Schadprogramme enthalten, vom Versand ausschließen. Im eigenen Interesse sollten Sie die Funktion **Inhalt scannen** aktivieren, denn sie durchsucht E-Mails nach schädlichen Inhalten. Die **Authentifizierung** bietet Funktionen für fortgeschrittene Nutzer, die im privaten Bereich nicht notwendig sind. Klicken Sie zum Abschluss auf **OK**, damit Ihre Eingaben übernommen werden.

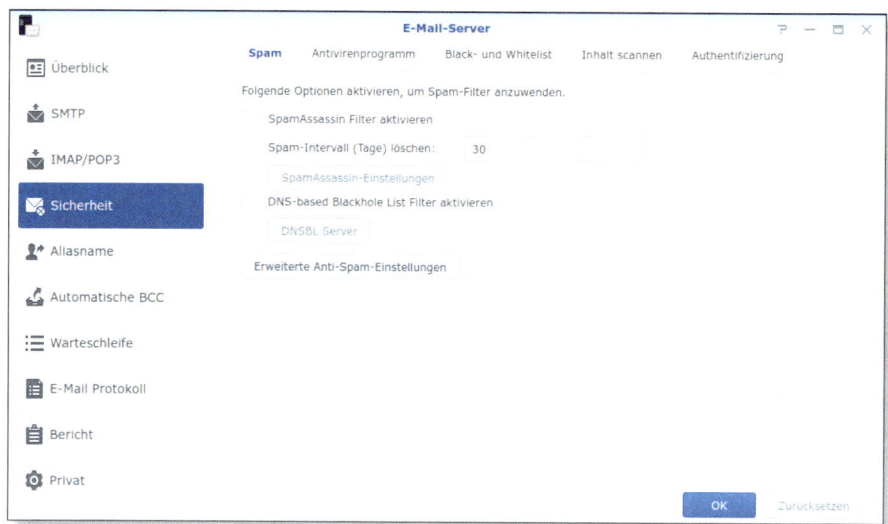

Hilft dabei, unerwünschte Nachrichten auszusortieren: der Spam-Filter.

Die Installation und Einrichtung des E-Mail-Servers

Weiter geht es auf der Registerkarte **Aliasname**. Auf dieser Karte legen Sie die gewünschten E-Mail-Adressen an und verknüpfen sie mit den Nutzerkonten Ihrer DiskStation. Sie können beliebig viele Adressen erstellen und sie mit beliebig vielen Nutzerkonten verknüpfen. Solange Sie gültige Adressen erstellen, sind Sie bei der Wahl der Adressen nicht eingeschränkt. Gültige Adressen bestehen aus Buchstaben, Binde- und Unterstrichen sowie Ziffern. Sonderzeichen sollten Sie vermeiden. Adressen können genauso lauten wie der Nutzername, Sie können aber auch Adressen erstellen, die nur aus dem Vornamen oder dem Spitznamen bestehen. Möglich ist auch gemeinsam genutzte Adressen zu erstellen, beispielsweise *info@meier.diskstation.local* oder auch *ehepaar_meier@meier.diskstation.local*.

Geben Sie zum Erstellen im Feld **Aliasname** den gewünschten Namen ein, also den Vorsatz, der vor dem @-Zeichen in der E-Mail-Adresse stehen soll, zum Beispiel *uwe*. Das Feld **Externe Mailbox** ist für den fortgeschrittenen Anwender bestimmt, im Privatbereich kann es leer bleiben. Im unteren Bereich des Fensters sehen Sie alle Benutzerkonten der DiskStation. Aktivieren Sie diejenigen Benutzer, die eingehende E-Mails an die gerade selektierte Adresse erhalten sollen. Sie können beliebig viele Nutzerkonten aktivieren. Klicken Sie danach auf **OK**.

Erstellen Sie die benötigten E-Mail-Adressen über die Aliasnamen.

Im Bereich »Aliasname« sehen Sie alle Adressen, die der E-Mail-Server verwaltet.

Die Registerkarte **Automatische BCC** ist nur für Sonderfälle gedacht und im Alltag meist nicht nötig. Mit ihrer Hilfe können Sie beim Eingang bestimmter Nachrichten eine Kopie der Nachricht an einen weiteren Empfänger senden. Weder der Absender der E-Mail, noch der direkte Adressat werden über diese E-Mail informiert. Möchten Sie die Funktion nutzen, dann erstellen Sie eine Regel zum Erkennen der gewünschten eingehenden Nachricht – wählen Sie einen bestimmten Absender oder einen bestimmten Empfänger aus. Geben Sie dann den gewünschten Empfänger an, dessen Adresse eine beliebige (auch externe) E-Mail-Adresse sein kann.

Auf der Registerkarte **Warteschleife** werden alle ausgehenden E-Mails gelistet, deren Versand noch nicht erfolgreich abgeschlossen ist. Beim Versand einer E-Mail kann es zu Problemen kommen, etwa wenn der SMTP-Server des Adressaten nicht erreichbar ist oder das Postfach des Empfängers voll ist, sodass für weitere E-Mails kein Platz ist. In diesem Fall befinden sich E-Mails in der Warteschlange, und Ihre DiskStation versucht, während des eingestellten Zeitraumes wiederholt, die Nachricht zuzustellen. Auch die Registerkarte **E-Mail-Protokoll** ist für Diagnosezwecke in Problemsituationen hilfreich, denn sie zeigt den gesamten E-Mail-Verkehr an. Sie ist für den Alltag nicht notwendig.

Wenn Sie auf einen robusten Mail-Server Wert legen, der möglichst ohne Störungen arbeitet, dann können Sie sich über die Registerkarte **Bericht** Statusdaten zusenden lassen. Der Administrator erhält dann eine Vielzahl an Informationen rund um die E-Mail-Funktion.

Zum Abschluss ist die Registerkarte **Privat** für die alltägliche Nutzung interessant. Dies ist auch die einzige Registerkarte, die normalen Nutzern, abgesehen vom Administrator, beim Aufruf des Mail-Servers angezeigt wird. Auf dieser Karte kann man seine E-Mails an ein anderes Konto weiterleiten. Das ist praktisch, wenn man mehrere E-Mail-Konten hat und seine Nachrichten bei einem Konto zentral sammeln möchte. Außerdem kann man auf dieser Karte eine automatische Abwesenheitsnotiz einstellen. Eingehende Nachrichten werden mit dem angegebenen Text automatisch beantwortet – so weiß der Absender, dass er auf eine Antwort etwas warten muss.

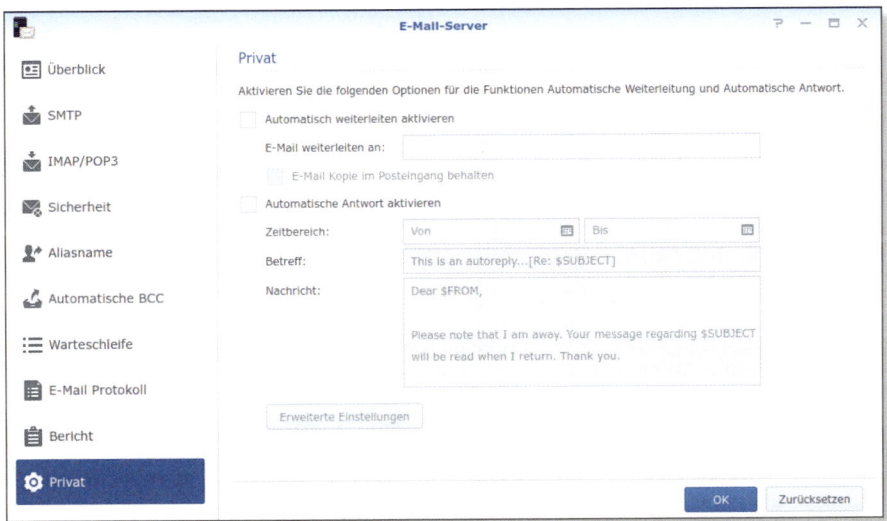

Auf der Registerkarte »Privat« können Sie eine automatische Abwesenheitsnotiz einstellen.

Damit ist Ihr eigener E-Mail-Server fertig eingerichtet und betriebsbereit. Klicken Sie auf **OK**, und schließen Sie dann das Fenster mit den Konfigurationsoptionen. Bevor Sie Ihren E-Mail-Server nutzen können, müssen Sie ihn noch über das Internet erreichbar machen.

Den Router für den eigenen Mail-Server einrichten

Ihr E-Mail-Server ist nach der Einrichtung zwar betriebsbereit, aber noch nicht aus dem Internet zu erreichen. Derzeit könnten Sie zwar schon E-Mails versenden, aber noch keine empfangen. Wie in Kapitel 13, »Ab ins Netz – die DiskStation über das Internet erreichen«, zur Nutzung über das Internet beschrieben, müssen Sie dem Router über die sogenannten Port-Öffnungen (bzw. Port-Weiterleitungen) mitteilen, dass er bestimmte eingehende Verbindungen akzeptieren und zur DiskStation weiterleiten soll.

Die E-Mail-Funktion verwendet eine ganze Reihe von Ports. Sie müssen sich an dieser Stelle also zunächst am Konfigurationsinterface Ihres Routers anmelden und weitere Port-Öffnungen bzw. Port-Weiterleitungen einrichten. Welche Ports davon betroffen sind, hängt davon ab, welche E-Mail-Protokolle Sie verwenden möchten.

Wenn Sie die Anleitung in diesem Kapitel befolgt haben, dann verwenden Sie für den Versand und den Empfang das SMTP-Protkoll in der abgesicherten Form über eine TLS-Verbindung. In diesem Fall müssen Sie die Ports **25** und **587** (beide **TCP**) öffnen. Der erste Port dient der Einleitung der Verbindung, der Datenfluss erfolgt über den zweiten Port. Zum Abrufen Ihrer E-Mails habe ich Ihnen IMAP in der verschlüsselten SSL-Variante empfohlen. Hierfür müssen Sie Port **993** (**TCP**) öffnen.

E-Mail-Protokoll	Genutzter Port
SMTP (unverschlüsselt)	25 (TCP)
SMTP (SSL)	465 (TCP)
SMTP (TLS)	587 (TCP)
IMAP (unverschlüsselt)	143 (TCP)
IMAP (SSL/TLS)	993 (TCP)
POP3 (unverschlüsselt)	110 (TCP)
POP3 (SSL/TLS)	995 (TCP)

Sollten Sie abweichende Protokollvarianten einsetzen, dann zeigt Ihnen die nebenstehende Tabelle die jeweils zuständigen Ports.

Wenn Sie alle benötigten Ports freigeschaltet haben, ist Ihr E-Mail-Server über das Internet zu erreichen. Sie können E-Mails empfangen und versenden. Im nächsten Schritt richten Sie ein E-Mail-Programm ein, damit Sie E-Mails verfassen und lesen können.

Die Mail Station auf der DiskStation einrichten

Ihre DiskStation bietet eine eigene E-Mail-Lösung, die Sie zum Verfassen und Lesen und E-Mails verwenden können. Die Bedienung geschieht im Browser. Auf der DiskStation werden diese Aufgaben von der Mail Station übernommen. Dieses Programm installieren Sie auf dem üblichen Weg über das **Paket-Zentrum**. Nutzen Sie einfach die Suchfunktion, geben Sie den Suchbegriff »Mail Station« ein, und klicken Sie in der Ergebnisliste beim entsprechenden Programm auf **Installieren**.

Die Mail Station ist im Umgang äußerst angenehm, denn im Regelfall ist nach der Installation keinerlei Einrichtung nötig. Sie können das Programm direkt aufrufen – Sie finden einen passenden Eintrag im Hauptmenü. Jeder Nutzer erhält automatisch Zugriff auf sein E-Mail-Postfach, so wie es im Mail-Server konfiguriert wurde. Das Gute: Der Zugriff funktioniert – sofern die DiskStation gemäß Kapitel 13 passend konfiguriert ist – sogar direkt über das Internet. Rufen Sie einfach die Domain Ihrer DiskStation auf, und hängen Sie */mail* an die Adresse an. Achten Sie darauf, dass Sie die Verbindung mit einem *https://* einleiten, damit Ihre Kommunikation sicher verschlüsselt erfolgt.

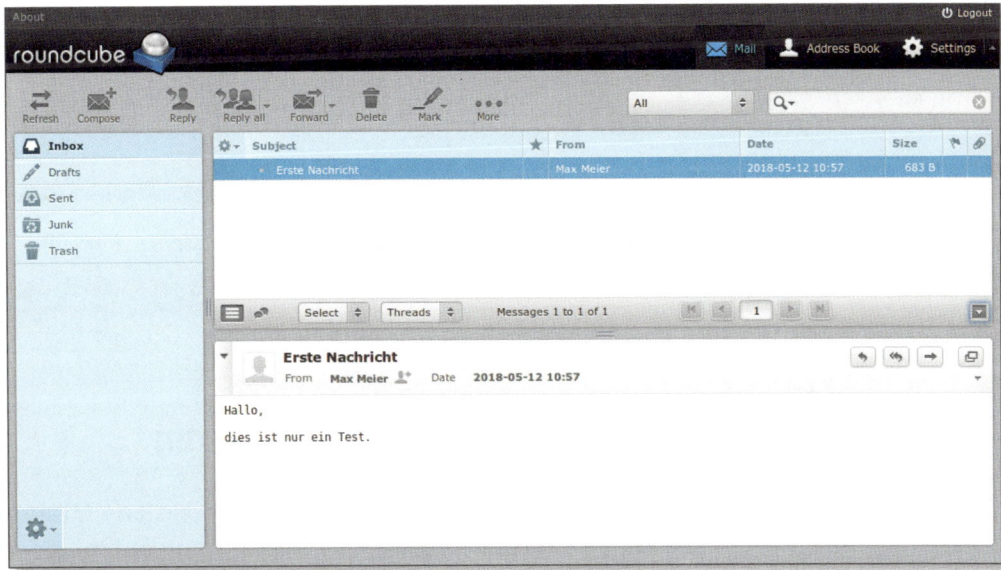

Direkt nach der Installation betriebsbereit: die Mail Station

Kapitel 14 – Alles unter dem eigenen Dach – Ihre eigene E-Mail

Die Bedienung der Mail Station ist sehr einfach und schnell gelernt. Wenn Sie sich als Administrator an der Mail Station (die übrigens mit dem Programmnamen **roundcube** in Erscheinung tritt) anmelden, haben Sie Zugriff auf das Einstellungsmenü des Administrators mit dem Namen **Admin Settings**. Hier gibt es nicht viel einzustellen, und alle Werte werden bereits bei der Installation korrekt gesetzt. Sollte es bei der Kommunikation ausnahmsweise zu Problemen kommen, dann achten Sie darauf, dass auf der Registerkarte **Default SMTP Server Settings** im Feld **SMTP server** der Wert **localhost** steht, denn der Mail-Server arbeitet ja auf der DiskStation selbst. Für den **SMTP port** wird der Wert **25** verwendet. Achten Sie außerdem darauf, dass im Feld **Mail domain** Ihre persönliche Domain eingetragen ist.

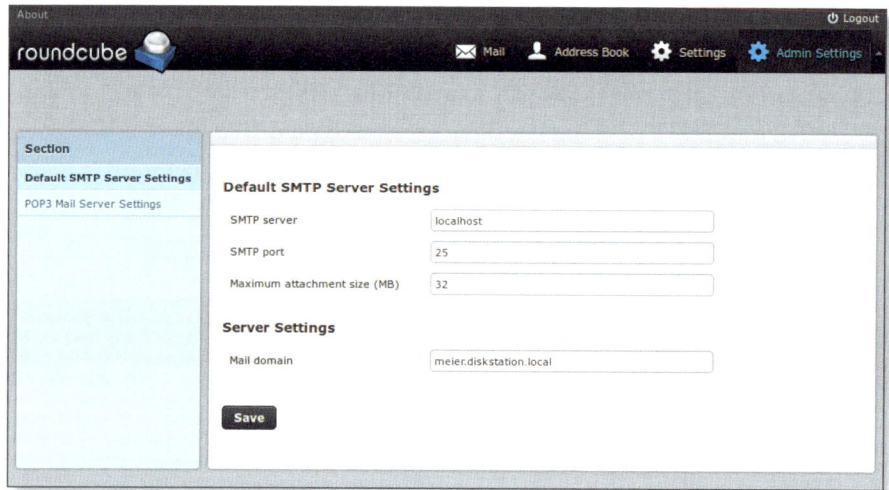

Das Einstellungsmenü wird bei der Installation passend eingestellt – Eingriffe sind hier im Regelfall nicht nötig.

Ein externes E-Mail-Programm konfigurieren

Natürlich müssen Sie nicht zwangsweise auf eine browserbasierte Lösung zurückgreifen, um Ihr E-Mail-Postfach auf der DiskStation benutzen zu können. Der Mail-Server bietet alle Komponenten an, um auch mit externen

Ein externes E-Mail-Programm konfigurieren

Programmen verwendet werden zu können. Sie können dazu ein beliebiges E-Mail-Programm verwenden. In diesem Absatz zeige ich Ihnen beispielhaft die Einrichtung in Mozilla Thunderbird. Die nötigen Einstellungen können Sie jedoch auf jedes beliebige E-Mail-Programm übertragen.

Um in Thunderbird ein neues E-Mail-Konto hinzuzufügen, klicken Sie zunächst im Hauptfenster mit der rechten Maustaste in der linken Ordnerliste auf den Menüeintrag **Lokale Ordner** und wählen im Ausklappmenü den Menüeintrag **Einstellungen**.

Klicken Sie links unten auf die Schaltfläche **Konten-Aktionen**, und wählen Sie die Funktion **E-Mail-Konto hinzufügen**.

Im ersten Schritt teilen Sie Thunderbird die grundlegenden Zugangsdaten zu Ihrem Konto mit.

Tragen Sie im nächsten Fenster zunächst Ihren Namen, Ihre **E-Mail-Adresse** von Ihrem Konto auf der DiskStation und das zugehörige **Passwort** ein (das ist das Passwort Ihres Nutzerkontos auf der DiskStation). Klicken Sie anschließend auf **Weiter**.

Thunderbird sucht nun nach den passenden Daten der E-Mail-Server in seiner Datenbank, wird dabei aber nicht fündig, da dort keine privaten E-Mail-Server geführt werden. Daher erscheint als Nächstes ein Fenster, in dem die nötigen Serverdaten per Hand eingetragen werden müssen. Betrachten Sie die Zeilen **Posteingangs-Server** und **Postausgangs-Server**. Beim Posteingangsserver müssen Sie zunächst den Typ auswählen, hier haben Sie die Wahl zwischen **POP3** und **IMAP**. Sie müssen dieselben Einstellungen wählen, die

Sie auch im Mail-Server konfiguriert haben – im Beispiel also IMAP. Beim Postausgangsserver gibt es nur die Option SMTP. Im Feld **Server-Adresse** tragen Sie für beide Server Ihre Domain ein, achten Sie darauf, dass kein vorangestellter Punkt eingetragen ist.

Nun müssen Sie die Spalte **Port** ausfüllen: Beim Posteingangsserver wählen Sie Port 993 (falls Sie IMAP verwenden, andernfalls 995 für POP3, beides für gesicherte Verbindungen). Beim Postausgangsserver wählen Sie 587. Klicken Sie nun ganz unten im Fenster auf **Erneut testen** – Thunderbird wird Ihre Einstellungen nun finden. Klicken Sie auf **Fertig**.

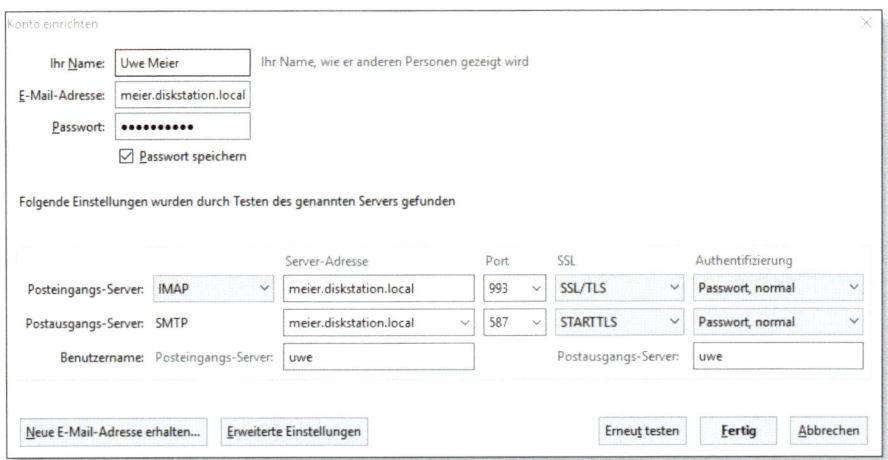

Im zweiten Schritt nehmen Sie die Konfiguration im Detail vor.

Damit ist die Einrichtung abgeschlossen. Jetzt ist eine gute Gelegenheit, Ihr neues Konto gleich zu testen. Senden Sie sich dazu zunächst von einem anderen, bereits bestehenden E-Mail-Konto eine E-Mail an Ihr neues Konto auf der DiskStation. Die Nachricht sollte nach kurzer Zeit in Thunderbird ankommen.

Wenn Sie nun probieren, von Ihrem neuen Konto auf der DiskStation aus eine E-Mail zu versenden, werden Sie vermutlich keinen Erfolg haben – solange Sie Ihr Gerät an einem privaten E-Mail-Anschluss betreiben. Führen Sie einen Test aus, und versenden Sie eine E-Mail an ein anderes Konto (das nicht zur DiskStation gehört). Sollte die E-Mail dort nicht ankommen, dann wurde sie vom zuständigen Empfangsserver des externen Kontos blockiert. Das ist auf die bereits beschriebene Problematik der wechselnden IP-Adressen zurückzuführen.

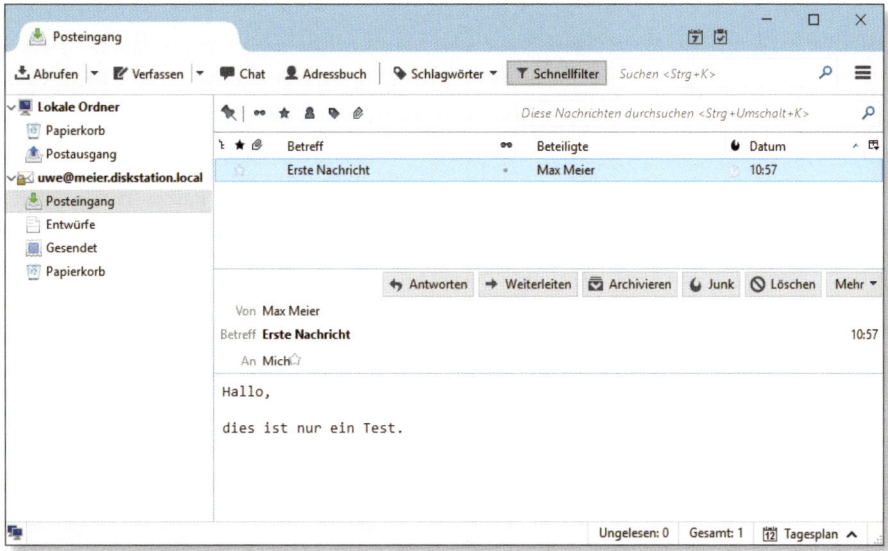

Es hat geklappt: Die erste E-Mail ist angekommen.

Wenn Sie mit der im Abschnitt »Die Installation und Einrichtung des E-Mail-Servers« auf Seite 243 vorgestellten Möglichkeit der Nutzung des SMTP-Relais ebenfalls keinen Erfolg haben, dann können Sie jetzt einen Trick anwenden und Thunderbird so konfigurieren, dass es ausgehende E-Mails über einen anderen Postausgansserver versendet. Hierzu benötigen Sie ein E-Mail-Konto bei einem etablierten Anbieter und die nötigen Zugangsdaten. Natürlich können Sie hierfür auch Ihre ganz normale externe E-Mail-Adresse verwenden. Haben Sie das existierende Konto bereits in Thunderbird eingetragen, so können Sie direkt mit der Konfiguration Ihres Kontos der DiskStation beginnen. Ansonsten müssen Sie das externe Konto erst Thunderbird hinzufügen, damit dessen Postausgangsserver in Thunderbird hinterlegt wird. Das können Sie auf dieselbe Weise durchführen, wie ich es zuvor mit Ihrem DiskStation-Konto beschrieben habe. Bei einem etablierten Anbieter wird Thunderbird vermutlich sogar direkt die richtigen Einstellungen finden.

Klicken Sie danach in der linken Spalte die erste Zeile von Ihrem E-Mail-Konto auf der DiskStation mit der rechten Maustaste an, und wählen Sie **Einstellungen**. Sie sehen nun ein Fenster mit dem Titel **Konten-Einstellungen**. Dort finden Sie rechts unten den Eintrag **Postausgangs-Server (SMTP)**, der noch auf den SMTP-Server der DiskStation eingestellt ist. Diesen Eintrag ändern Sie nun auf den SMTP-Server des externen Anbieters. Anschließend tragen Sie weiter oben im Feld **Antwortadresse** die E-Mail-Adresse auf Ihrer DiskStation ein. Als Letztes müssen Sie noch im Feld **E-Mail-Adresse** die Adresse des externen Kontos eintragen und klicken anschließend auf **OK**. Damit ist Ihr E-Mail-Konto korrekt eingestellt. Sie versenden E-Mails nun über den E-Mail-Server Ihres bestehenden externen Kontos, der Empfänger antwortet Ihnen jedoch direkt an Ihr Konto auf der DiskStation.

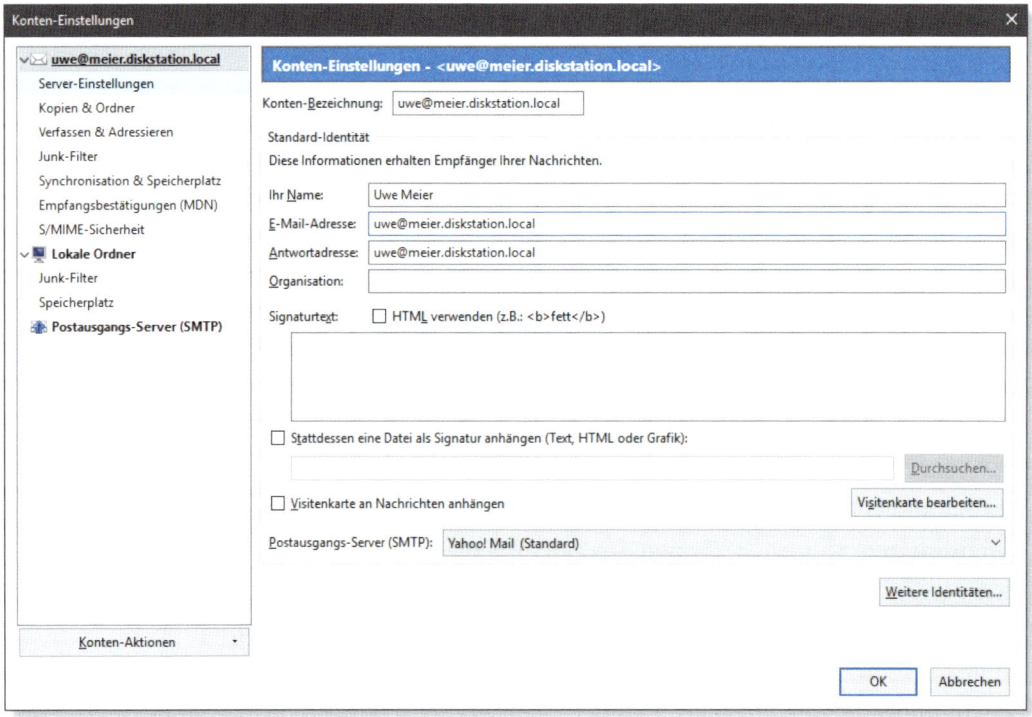

Stellen Sie die Konten-Einstellungen passend ein, um einen externen Server eines bestehenden E-Mail-Kontos verwenden zu können.

Kapitel 15
Ein zentrales Download-Gerät mit der Download Station

Für Jäger und Sammler: Organisieren Sie bequem Ihre Downloads und richten Sie Zeitpläne ein.

Heute fast schon in Vergessenheit geraten sind die Download-Manager. Das sind Programme mit Anbindung an das Internet, die sich um Ihre Datei-Downloads kümmern. Mit ihrer Hilfe ist es möglich, Downloads zu verwalten, sie zentral zu sammeln und durchzuführen. Downloads können auch pausiert und zu einem späteren Zeitpunkt fortgesetzt werden.

Heutzutage sind diese Funktionen vielfach bereits im Webbrowser integriert, und dank der schnellen Internetverbindung muss man nicht mehr stundenlang auf die Fertigstellung eines Downloads warten. In bestimmten Situationen erweisen sich Download-Manager aber nach wie vor als praktisch. Sie helfen zum Beispiel, wenn eine große Zahl von Downloads anstehen. So ein Programm ist auch hilfreich, wenn die Verbindung zum Zielserver sehr langsam ist oder abreißt, denn sie überwachen das Herunterladen und bauen eine abgebrochene Verbindung selbstständig wieder auf.

Ihre DiskStation bietet Ihnen die Funktion eines Download-Managers. Dabei bietet die Integration in das zentrale NAS-Gerät besondere Vorteile: Wenn sehr viele oder sehr langsame Downloads anstehen, kann die DiskStation sie in Eigenregie ausführen, ohne dass dazu ein weiterer Computer eingeschaltet sein muss. Auf diese Weise können Sie Datei-Downloads in die Nachtstunden verschieben, also in einer Zeit ausführen (lassen), zu der Ihre Internetverbindung nur wenig ausgelastet ist.

Der Download-Manager der DiskStation heißt *Download Station* und unterstützt nicht nur das Herunterladen von Dateien über übliche Browserlinks im HTTP-Format. Das Programm versteht sich mit einer Vielzahl von Protokollen und kann automatisch mit FTP-Servern, Tauschbörsen und File Hostern umgehen. Gerade bei File Hostern kann das das Programm seine Stärken ausspielen. Heruntergeladene Dateien werden in einem Ordner auf der DiskStation gespeichert, auf den Sie zum Beispiel über eine Dateifreigabe schnellen Zugriff haben. Liegen die geladenen Dateien zum Beispiel als ZIP-Datei vor, kann sie das Programm automatisch entpacken. Sie können also direkt die entpackten Dateien auf den Zielrechner kopieren und ersparen sich den Einsatz von Packprogrammen.

Die Download Station installieren und einrichten

Die Download Station erreichen Sie über das Hauptmenü. Wenn das Programm noch nicht installiert ist, können Sie das auf dem bekannten Weg nachholen: Loggen Sie sich als Administrator auf Ihrer DiskStation ein, und öffnen Sie das **Paket-Zentrum**. Geben Sie in das Suchfeld den Begriff »download« ein. Suchen Sie das Programm in den Ergebnissen, und installieren Sie es.

> **INFO**
>
> **Denken Sie an die Benutzerrechte**
>
> Vergessen Sie nicht, dass Sie als Administrator über die Kategorie **Benutzer** in der **Systemsteuerung** Rechte zur Nutzung der Stations vergeben und entziehen können. Das gilt auch für die Download Station, deren Nutzung Sie auf Wunsch ausgewählten Benutzern verweigern oder erlauben können.

Den ersten Start des Programms sollten Sie als Administrator ausführen, da nur dieser Nutzer vollständigen Zugriff auf alle Einstellungen hat. Sie werden gebeten, ein Zielverzeichnis für die Downloads anzugeben. Hierbei handelt es sich um den Ordner, in dem das Programm die heruntergeladenen Dateien ablegt.

Die Download Station installieren und einrichten

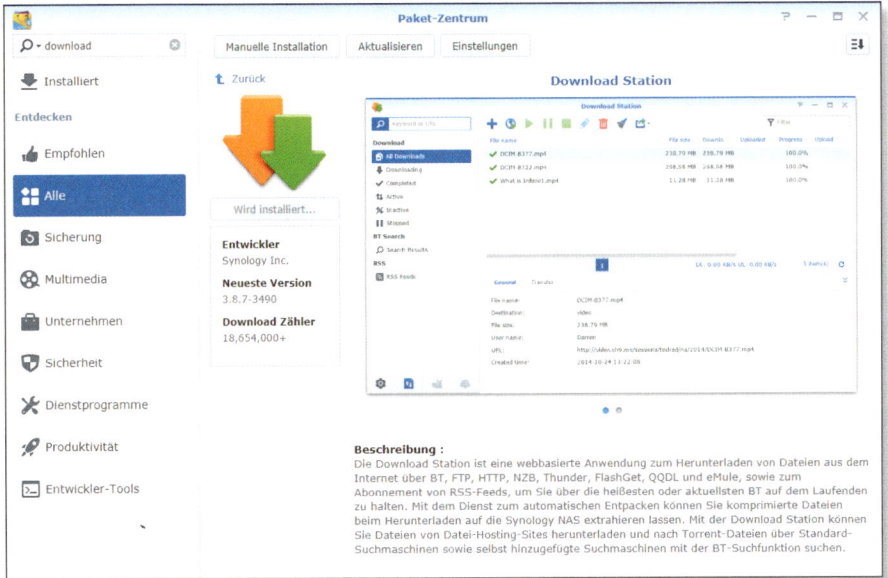

Die Download Station ist über das Paket-Zentrum schnell installiert.

Das Zielverzeichnis stellen Sie für jeden Nutzer (beim jeweiligen ersten Programmstart) getrennt ein, sodass jeder seine eigene Download-Liste verwalten kann und die einzelnen Downloads privat bleiben. Es bietet sich an, unterhalb des persönlichen *home*-Ordners einen Download-Ordner zu erstellen.

Nach der Ordnerwahl sollten Sie die Einstellungen des Programms festlegen. Klicken Sie auf das Zahnradsymbol links unten im Programm ❶.

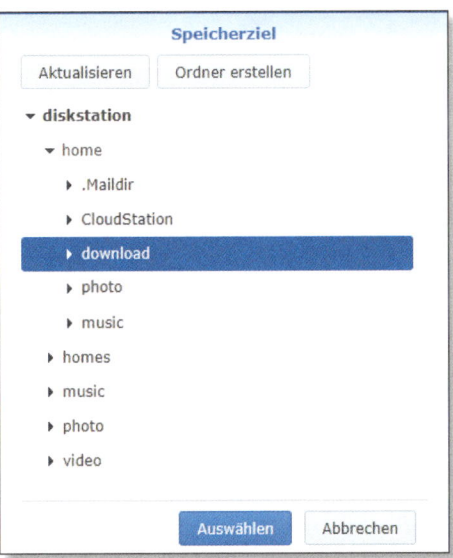

Beim ersten Start muss der Zielordner für Downloads gewählt werden.

Kapitel 15 – Ein zentrales Download-Gerät mit der Download Station

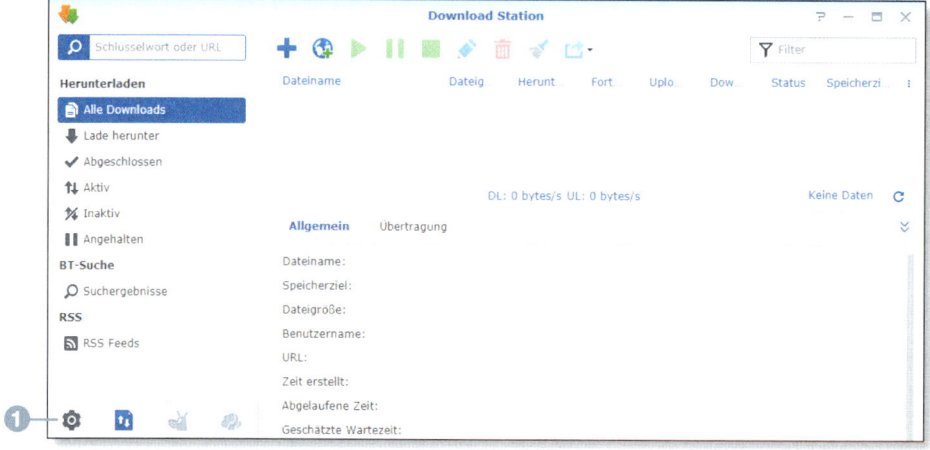

Die Download Station im Grundzustand

Oben finden Sie innerhalb der Sektion **Download Station** die Registerkarte **Allgemein**. Hier können Sie optional zusätzliche Tauschbörsen aktivieren. In der Vergangenheit sind Tauschbörsen aufgrund Rechtsverletzungen etwas in Verruf geraten und im Programm daher zunächst deaktiviert.

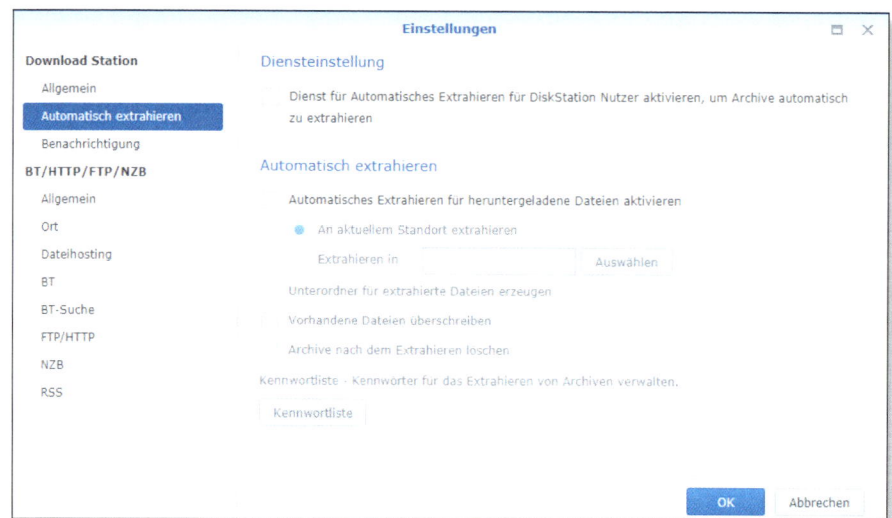

Praktisch: In den Einstellungen kann die Funktion zum automatischen Extrahieren aktiviert werden.

Auf der Registerkarte **Automatisch extrahieren** können Sie die Funktion aktivieren, die komprimierte Dateien nach dem Herunterladen automatisch entpackt. Dafür müssen Sie das erste Kontrollkästchen aktivieren. In den weiteren Optionen können Sie aktivieren, dass die Dateien jeweils in einen eigenen, neuen Ordner entpackt werden sollen – diese praktische Funktion verhindert, dass Archive, in denen sich direkt viele Einzeldateien befinden, für Unordnung im Download-Ordner sorgen. Aktivieren Sie also das Kontrollkästchen **Unterordner für extrahierte Dateien erzeugen**. Auf Wunsch können Sie die ursprünglichen Archive nach dem Extrahieren löschen, sodass diese nicht unnötig Speicherplatz belegen.

Die weiteren Optionen sind für die Alltagsnutzung nur von geringer Bedeutung. Möchten Sie bei vollendeten oder fehlgeschlagenen Downloads eine Benachrichtigung empfangen, können Sie diese auf der gleichnamigen Registerkarte aktivieren. Die Benachrichtigungen erfolgen entweder im Benachrichtigungsbereich auf dem Desktop der DiskStation oder per E-Mail. Für die letztgenannte Option müssen Sie die Benachrichtigungen zuerst gesondert aktivieren und einen Absender sowie einen Empfänger eintragen. Diese Einstellungen können später auch die einzelnen Nutzer individuell vornehmen. Auf der Registerkarte **Erweitert** können Sie die Art der Benachrichtigungen einstellen, die Sie erhalten möchten.

Unter der Sektion **BT/HTTP/FTP/NZB** gibt es eine weitere Registerkarte **Allgemein**. Hier lässt sich ein Zeitplan zum Herunterladen einstellen. Downloads können entweder sofort oder zu einer bestimmten Zeit (etwa nachts) durchgeführt werden. Wenn Sie einen Zeitplan wünschen, aktivieren Sie die Option, und klicken Sie dann auf **Zeitplaner**. In einem neuen Fenster sehen Sie eine tabellarische Übersicht über die Wochentage und die Stunden des Tages. Ganz oben im Fenster können Sie drei Werkzeuge auswählen: Downloads lassen sich mit Standardgeschwindigkeit durchführen, komplett pausieren oder speziell für das BitTorrent-Protokoll einschränken. Dafür tragen Sie die Werte in die beiden Textfelder ein. Das ausgewählte Werkzeug können Sie anschließend auf ein Feld in der Zeitübersicht anwenden.

Kapitel 15 – Ein zentrales Download-Gerät mit der Download Station

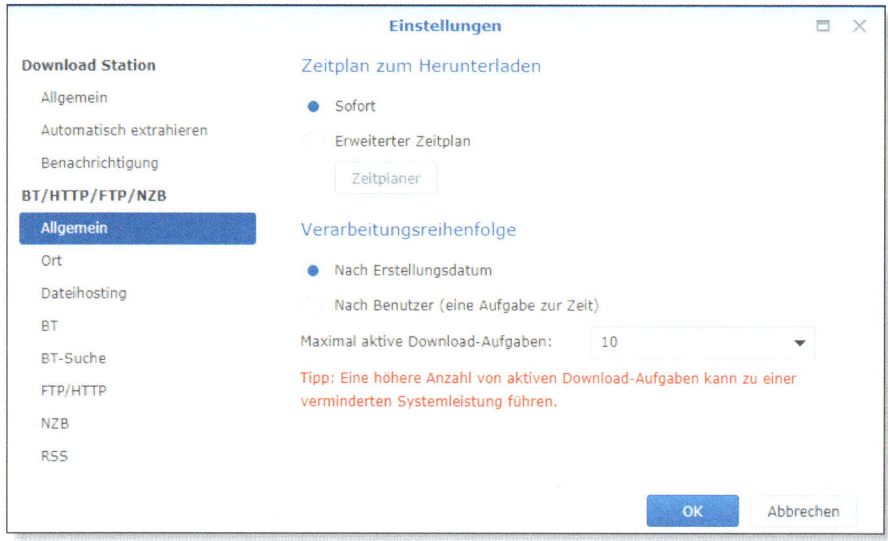

Die allgemeinen Einstellungen für normale Downloads

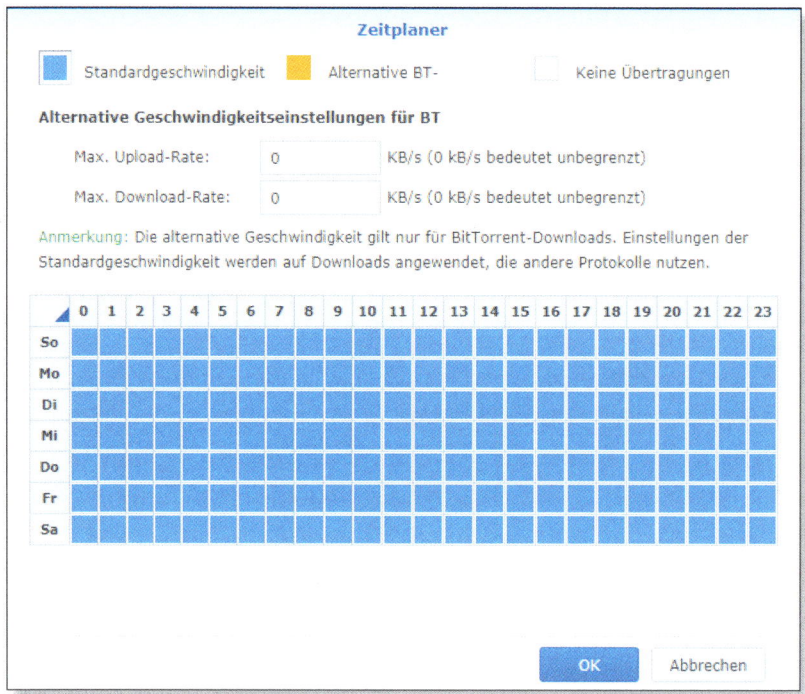

Auf Wunsch können Sie Ihre Downloads zeitlich planen.

Auf der Registerkarte **Ort** können Sie das Speicherziel ändern. Sie können außerdem einen überwachten Ordner anlegen, der vor allem für Downloads über das BitTorrent-Netzwerk geeignet ist. Hierbei handelt es sich um eine Art von Tauschbörse, die häufig im Linux-Bereich für den offiziellen Download von Distributionen und deren Images verwendet wird. Für Torrent-Downloads ist zunächst eine Startdatei nötig. Wenn diese Startdatei im überwachten Ordner abgelegt wird, startet der Download automatisch. Beachten Sie, dass auch das Torrent-Netzwerk nicht nur für legale Zwecke verwendet wird und daher mit Vorsicht zu genießen ist. Einschränkungen der Nutzung (zum Beispiel hinsichtlich der Geschwindigkeit) können Sie auf der Registerkarte **BT** vornehmen. Über die Registerkarte **BT-Suche** lassen sich Suchmaschinen für dieses Netzwerk verwalten.

Auf der Registerkarte **Dateihosting** lässt sich die Unterstützung für One-Click-Hoster aktivieren oder deaktivieren. Diese Dienste bieten im Internet Speicherplatz für das Ablegen und Herunterladen von Dateien an. Häufig ist die Download-Geschwindigkeit recht langsam, sodass ein Download-Manager empfehlenswert ist. Auch bei diesen Anbietern tummeln sich viele schwarze Schafe, Sie sollten also nicht davon ausgehen, dass alle Dateien dort legal angeboten werden. Abschließend sollten Sie noch einen Blick auf die Registerkarte **FTP/HTTP** werfen. Dort können Sie die maximale Anzahl an gleichzeitigen Verbindungen für FTP-Server einstellen, außerdem lässt sich die maximale Download-Geschwindigkeit für FTP- und HTTP-Downloads begrenzen, damit diese die Internetverbindung nicht komplett auslasten. Sie können das Fenster jetzt mit **OK** schließen und die Download Station unter Ihrem normalen Benutzerkonto öffnen.

Download-Aufgaben hinzufügen und ausführen

Sie haben zwei Möglichkeiten, um Downloads der Download Station hinzuzufügen: Sie können die Quelle entweder über einen Link angeben, oder eine Datei zur Nutzung des BitTorrent-Netzwerkes auswählen.

Im ersten Fall klicken Sie in der Symbolleiste der Download Station auf das Symbol mit der Weltkugel . Sie haben die Wahl, das voreingestellte Speicherziel zu ändern. Am wichtigsten ist in diesem Fenster das Feld **URL eingeben**, hier fügen Sie den Link zur gewünschten Datei ein. Im Internetbrowser suchen Sie nach der Datei, die Sie herunterladen möchten. Dabei werden Sie auf einen Link stoßen, den Sie normalerweise anklicken, worauf der Download im Browser startet. Zur Nutzung der Download Station klicken Sie den Link mit der rechten Maustaste an. Im Kontextmenü kopieren Sie den Link nun in die Zwischenablage – je nach Browser heißt die Option anders, beispielsweise *Link-Adresse kopieren* oder *Adresse des Links kopieren*. Diesen Link fügen Sie in das Feld **URL eingeben** der Download Station ein, dazu können Sie die Tastenkombination [Strg] + [V] oder das Menü der rechten Maustaste benutzen. Abschließend klicken Sie auf **OK**. Bei einfachen Download-Aufgaben startet der Vorgang nun automatisch. Bei einigen Links öffnet sich zunächst ein Fenster, in dem Sie die genaue Datei auswählen können – etwa, wenn über den Link mehrere Optionen erreichbar sind. Sobald der Download abgeschlossen ist, erhalten Sie eine Benachrichtigung und finden die Datei (optional bereits entpackt) im angegebenen Zielordner.

Über dieses Fenster fügen Sie einen normalen Download hinzu.

Download-Aufgaben hinzufügen und ausführen

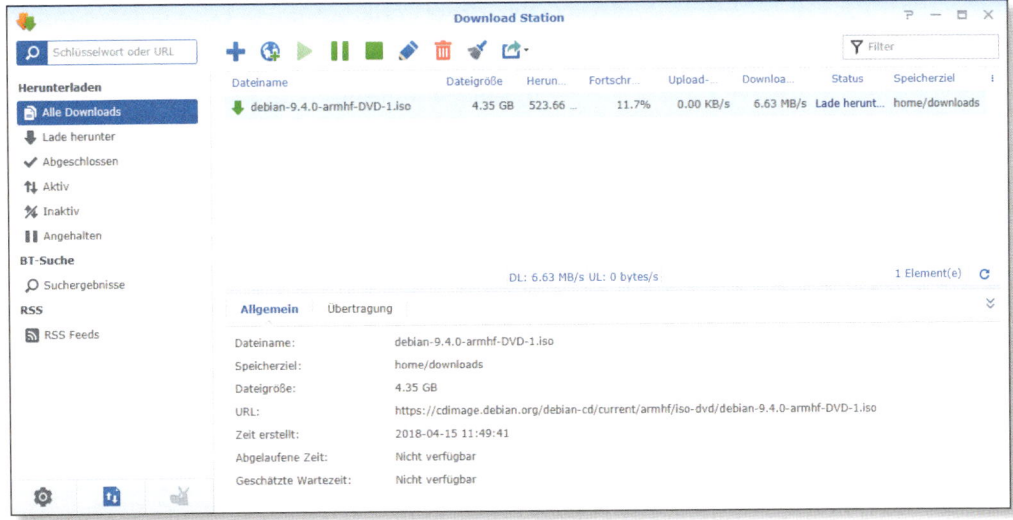

Ihr Download wurde gestartet – alles Weitere erledigt die DiskStation für Sie.

Wenn Sie einen BitTorrent-Download starten möchten, klicken Sie auf das Pluszeichen in der Symbolleiste. Hier ist das Feld **Eine Datei öffnen** relevant. Darüber geben Sie die Startdatei an, die für Downloads im Torrent-Netzwerk erforderlich ist. Wenn Sie auf **OK** klicken, wird der Download ausgeführt. Die Download Station bietet die Möglichkeit, die in den Einstellungen aktivierten Suchmaschinen zu befragen, dazu dient das Suchfeld oben links im Programmfenster. In der Ergebnisliste können Sie eine Datei direkt über die Schaltfläche mit dem grünen Pfeil links in der Symbolleiste herunterladen.

Hier können Sie eine Startdatei für BitTorrent Downloads eintragen.

269

Kapitel 15 – Ein zentrales Download-Gerät mit der Download Station

Die Download Station katalogisiert Ihre Downloads übersichtlich.

Den Rest erledigt die Download Station für Sie. Auf Wunsch können Sie jederzeit manuell eingreifen. In der Symbolleiste finden Sie Schaltflächen zum Pausieren des Downloads, zum Abbrechen und zum Löschen.

In der linken Spalte werden die Downloads nach Kategorien sortiert. Sie können sich beispielsweise die gerade aktiven, die abgeschlossenen oder die angehaltenen Downloads anzeigen lassen.

Kapitel 16
Kameraüberwachung mit der Surveillance Station

Möchten Sie wissen, was so alles in Ihrer Abwesenheit vor sich geht? Eine handelsübliche Netzwerkkamera und die Surveillance Station genügen schon...

Überwachungskameras mit Netzwerkschnittstelle sind bereits zu niedrigen Preisen verfügbar. Daher verwundert es nicht, dass sich diese Geräte großer Beliebtheit erfreuen. Mit ihrer Hilfe lassen sich die heimische Umgebung (Innenräumen als auch Außenbereiche) und die Büroumgebung wirkungsvoll überwachen. Mit einer entsprechenden Software lässt sich jederzeit – auch über das Internet – ein Livebild von der Kamera anzeigen. Verfügt das Gerät über eine Bewegungserkennung, kann der Nutzer benachrichtigt werden und schnell nach dem Rechten schauen. Der schnelle Blick zwischendurch liefert die beruhigende Gewissheit, dass daheim oder im Büro bei Abwesenheit alles in Ordnung ist.

In Sachen Überwachung, Erkennung und Benachrichtigung kann Ihre DiskStation einen wertvollen Beitrag leisten, denn sie hat eine leistungsfähige Überwachungslösung integriert: die *Surveillance Station*. Diese Softwarelösung versteht sich mit einer Vielzahl von Netzwerkkameras. Die DiskStation überwacht das Kamerabild fortlaufend (alternativ auch nur zu bestimmten Zeiten) und erkennt, wenn im Kamerabild eine Bewegung stattfindet. In diesem Fall startet das Gerät eine Videoaufnahme (die je nach Kamera auch Ton beinhaltet) und alarmiert die Nutzer auf Wunsch mit einer Benachrichtigung. An die Kamera stellt die DiskStation kaum Anforderungen, denn die notwendigen Routinen zur Bewegungserkennung bringt die Surveillance Station mit – somit ist teure Kamerahardware nicht erforderlich. Gleichwohl arbeitet die Surveillance Station auch mit komplexen Kameras zusammen und kann auch Motorsteuerungen zum Zoomen, Schwenken und Neigen des Bildausschnitts ansprechen. Wenn Sie bereits eine Netzwerkkamera besitzen, können Sie diese mit der Surveillance Station verbinden und die Überwachungslösung ausprobieren.

Wenn Sie sich fragen, mit welchen Kameras die DiskStation nun genau zusammenarbeitet, hilft ein Blick auf die Website von Synology. Unter der Adresse *https://www.synology.com/de-de/compatibility/camera* finden Sie eine umfangreiche Liste mit allen unterstützten Geräten, auch Angebote von Discountketten finden sich darin. Es gibt nur eine Einschränkung: Die Surveillance Station kann nur mit Netzwerkkameras umgehen, die ihr Bild über eine Kabel- oder WLAN-Verbindung im Netzwerk anbieten. Normale Webcams mit USB-Anschluss werden nicht unterstützt.

Bevor Sie sich an die Installation und die Nutzung der Surveillance Station machen, richten Sie zunächst Ihre Netzwerkkamera ein. Diese muss für die DiskStation einwandfrei zu erreichen sein. Kontrollieren Sie mit den Softwarelösungen des Kameraherstellers im Vorfeld die Funktion der Kamera und halten Sie eventuelle Zugangsdaten für die Live-Ansicht bereit.

> **ACHTUNG**
>
> **Vor dem Überwachen die rechtliche Lage klären**
>
> Videoüberwachung kann Persönlichkeitsrechte verletzen. Man darf also nicht einfach alles und jeden filmen. Vor dem Aufstellen von Überwachungskameras sollten Sie sich über Gesetze und Regeln informieren, beispielsweise welche Bereiche überwacht werden dürfen, wie lange Aufnahmen archiviert werden können und an welchen Stellen auf die Videoüberwachung hingewiesen werden muss – das gilt sowohl im gewerblichen als auch im privaten Umfeld.

Die Installation der Surveillance Station

Die Surveillance Station ist in der Grundkonfiguration der DiskStation noch nicht installiert. Die Anwendung wird im Paket-Zentrum installiert: Öffnen Sie als Administrator das **Paket-Zentrum**. Sie finden die **Surveillance Station**

Die Installation der Surveillance Station

entweder über das Suchfeld oder in der Kategorie **Sicherheit**. Ein Klick auf **Installieren** startet den Installationsvorgang.

Die Surveillance Station kann in der Kategorie »Sicherheit« des Paket-Zentrums installiert werden.

Die Installation der Surveillance Station ist etwas umfangreicher. Zunächst erhalten Sie eine Frage zu den Installationseinstellungen. Die Surveillance Station ist (wie auch die Photo Station) eine eigenständige Anwendung, die im Browser in einem eigenen Tab geöffnet wird. Sie lässt sich auf Wunsch auch unabhängig vom DiskStation Manager aufrufen. Dies ist besonders praktisch, wenn Sie die Anwendung häufig benutzen oder über das Internet aufrufen. Sie sehen einen Dialog, in dem Sie eigene Ports oder einen Aliasnamen eingeben können – insbesondere die letzte Option ist für den Einsteiger praktisch. Wenn Sie sie nutzen, ist die Surveillance Station auch über den Alias, der an den Hostnamen oder die Domain angehängt wird, zu erreichen. So lässt sich die Surveillance Station im Heimnetzwerk über *diskstation/cam* oder in unserem Beispiel über die Domain *www.meier.diskstation.local/cam* ansprechen.

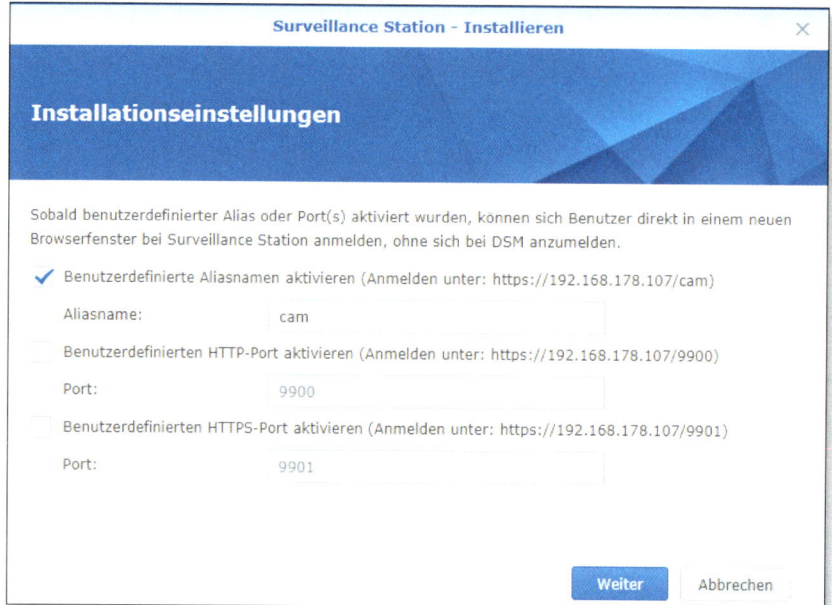

Bei der Installation haben Sie die Wahl, einen Aliasnamen als Schnellzugriff einzurichten.

Bevor die eigentliche Installation beginnt, wird eine Zusammenfassung angezeigt, die Sie bestätigen müssen. Daraufhin startet die Installation, aufgrund der Größe dauert das einige Minuten.

Während der Installation werden Sie darüber informiert, dass der *NTP-Dienst* aktiviert wurde. Hierbei handelt es sich um einen Zeitserver, der über das *Network Time Protocol (NTP)* anderen Geräten im Netzwerk die aktuelle Uhrzeit mitteilt. Für eine Überwachungslösung mit automatischer Aufnahmefunktion ist dies sehr praktisch.

Die Surveillance Station einrichten

Die Einrichtung der Surveillance Station ist etwas komplexer, denn es wird eine Vielzahl von Optionen geboten. Planen Sie ausreichend Zeit ein (mindestens eine Stunde).

Die Surveillance Station einrichten

Zur Einrichtung können Sie das Programm (als Administrator angemeldet) über das Hauptmenü der DiskStation erreichen, alternativ ist auch der direkte Aufruf über den Alias möglich. In diesem Fall sehen Sie die Login-Maske der Surveillance Station, hier melden Sie sich mit Ihrem Administratorzugang an. Die Surveillance Station startet als eigenständige Anwendung in einem neuen Tab im Browser.

Die Surveillance Station (hier direkt nach der Installation) bringt ihren eigenen Desktop mit.

Als Erstes müssen Sie Ihre Netzwerkkamera der Surveillance Station hinzufügen. Klicken Sie dazu auf dem Desktop auf das Icon **IP-Kamera**. Sie erhalten ein neues Fenster. Klicken Sie auf den Eintrag **Hinzufügen**, alternativ nutzen Sie die Schaltfläche oben links in der Symbolleiste. Jetzt erscheint der **Assistent zum Hinzufügen von Kameras**. Er lässt Ihnen die Wahl zwischen einem schnellen oder einem kompletten Setup. Da einige Einstellungen des kompletten Setups sehr wichtig sind, sollten Sie sich gleich für den kompletten Weg entscheiden. Klicken Sie auf **Weiter**.

Auf der nächsten Seite tragen Sie das Kameramodell ein. Viele Kameras können über die Suche gefunden werden. Wenn Ihr Gerät gefunden wurde, können Sie es direkt anklicken. Die Daten werden automatisch übernommen. War die Suche erfolglos, tragen Sie die Daten von Hand ein. Wählen

Sie in der Dropdown-Liste **Marke** den Hersteller und in der Dropdown-Liste **Kameramodell** das Modell aus. Geben Sie die **IP-Adresse** ein, unter der die Kamera zu erreichen ist. Je nach Gerät ist eventuell ein **Port** oder ein Adresszusatz erforderlich – auch diese Informationen müssen Sie eintragen. Geben Sie anschließend (auch bei automatischer Suche) die Zugangsdaten ein (sofern diese erforderlich sind). Abschließend können Sie im Feld **Name** eine Bezeichnung eintragen, damit Sie die Kamera später zuordnen können. Gute Bezeichnungen sind zum Beispiel *Eingangstür* oder *Hinterhof*.

Dem Assistenten müssen Sie den Hersteller und die Modellbezeichnung Ihrer Kamera mitteilen.

Wenn die Kamera nicht gefunden werden kann und Sie in den Hersteller- und Modelllisten keine Entsprechung finden, können Sie die Kamera manuell einrichten. Wählen Sie dazu bei der **Marke Benutzerdefiniert**. Tragen Sie alle übrigen Werte wie beschrieben ein. Wichtig bei der Einstellung **Benutzerdefiniert**: Sie müssen angeben, welches Videoformat und welches Audioformat die Kamera verwendet – hier hilft die Anleitung der Kamera oder eine Suche im Internet weiter. Gute Kameras bieten oft das Videoformat *H.264*, einfache Geräte verwenden *MJPEG*. Je nach Modell ist auch die Angabe von einem **Quellpfad** erforderlich, zum Beispiel in der Form */stream/video.mjpeg*.

Die Surveillance Station einrichten

Klicken Sie abschließend auf **Verbindung testen**. Wenn der Test erfolgreich ist, sehen Sie das Livebild der Kamera. Klicken Sie auf **Weiter**.

So soll es sein: Die Verbindung wurde hergestellt, ein Vorschaubild wird angezeigt.

Die folgenden Seiten des Assistenten unterscheiden sich je nach verwendetem Kameramodell. Auf der zweiten Seite stellen Sie die Grundeinstellungen zum Videoformat ein.

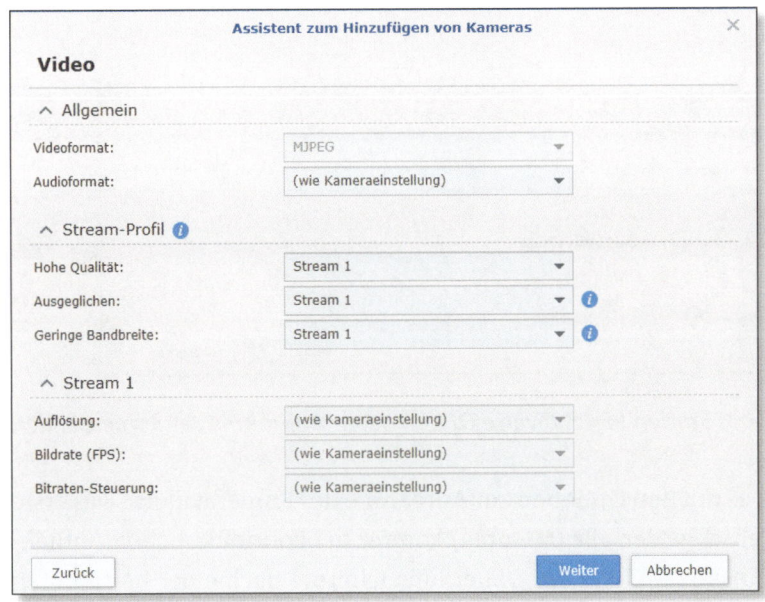

Sie können diverse Einstellungen rund um das Videoformat vornehmen.

Unter **Allgemein** können Sie noch einmal das Video- und gegebenenfalls das Audioformat einstellen. Je nach Modell (und insbesondere bei der benutzerdefinierten Einrichtung) lässt sich die Audiofunktion deaktivieren, wenn die Kamera diese Funktion nicht bietet. Falls die Kamera unterschiedliche Videoübertragungen bietet (zum Beispiel in verschiedenen Qualitätsstufen), können Sie diese bei den Stream-Profilen auswählen und einstellen. Wenn die Kamera mehrere Streams anbietet, können diese im folgenden Fensterteil eingestellt werden. Hier lassen sich die Auflösung sowie die Bildrate einstellen. Höhere Werte führen zu einem besseren Bild, aber auch zu einem größeren Datenvolumen, sowohl bei der Übertragung als auch bei der Speicherung des Videos bei der Aufnahme. Je nach Modell lässt sich auch die Bitrate einstellen. Auch hier gilt: Je mehr Daten verwendet werden, desto besser wird das Bild. Klicken Sie anschließend auf **Weiter**.

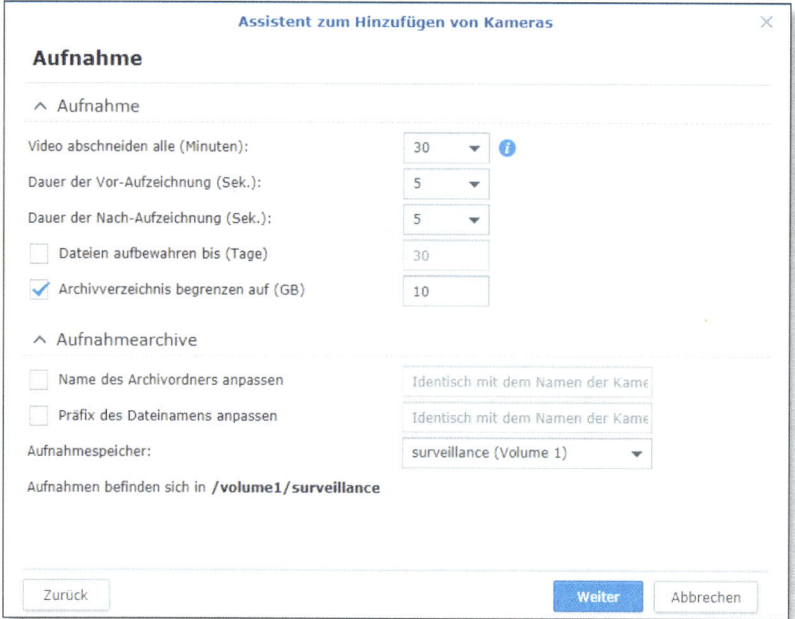

Die Surveillance Station bietet diverse Optionen zur Aufnahme des Kamerabildes.

Weiter geht es mit den Optionen zur Aufnahme des Kameravideos. Das erste Feld **Video abschneiden alle (Minuten)** kommt bei kontinuierlichen Aufnahmen zum Einsatz: Soll bei der Daueraufzeichnung nach einer bestimmten

Zeit automatisch eine neue Datei angefangen werden? Dabei wird die Aufnahme auf mehrere Dateien verteilt. Der Vorteil liegt darin, dass man später bei einer längeren Aufnahme nicht mit einer einzelnen, riesigen Datei arbeiten muss. Die **Dauer der Vor-Aufzeichnung** und die **Dauer der Nach-Aufzeichnung** kontrollieren die Aufnahme bei der Nutzung der automatischen Bewegungserkennung. Soll die Aufnahme Daten bereits vor und nach der eigentlichen Bewegung beinhalten? In den Eingabefeldern können Sie die zusätzlichen Zeitwerte eintragen.

Die nächsten Optionen kontrollieren die Nutzung des Speicherplatzes. Die Option **Dateien aufbewahren bis** legt fest, nach wie vielen Tagen alte Aufnahmen automatisch gelöscht werden sollen. Die Option **Archivverzeichnis begrenzen auf** begrenzt den Speicherplatz, den die Aufnahmen maximal belegen dürfen. Im unteren Feld können Sie den Dateinamen bestimmen, den die Aufnahmen erhalten sollen. Einsteiger müssen hier keine Einstellungen vornehmen, die Aufnahmen werden in der Grundkonfiguration automatisch in einem Ordner mit dem Namen des Kameramodells abgelegt. Klicken Sie auf **Weiter**.

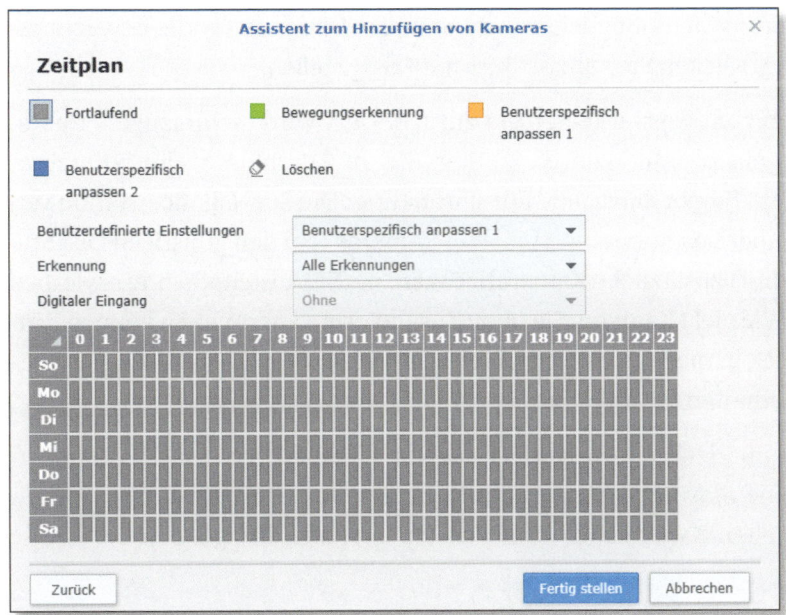

Für die automatische Aufnahme können Sie einen Zeitplan erstellen.

Kapitel 16 – Kameraüberwachung mit der Surveillance Station

Damit sind Sie auf der letzten Seite des Assistenten angelangt und können einen **Zeitplan** erstellen. Hiermit legen Sie den Betriebsmodus der Aufnahme fest. Sie haben die Wahl, ob die Aufzeichnung des Kamerabildes im Dauerbetrieb oder nur bei einer erkannten Bewegung erfolgen soll. Alternativ können Sie die Aufnahme auch komplett ausschalten. Überlegen Sie sich den Einsatzplan für Ihre Kamera: Zu welchem Zeitpunkt ist welcher Betriebsmodus gewünscht? Anschließend können Sie die Tabelle im unteren Teil des Fensters ausfüllen. Die Tabelle zeigt Zeilen für die Wochentage und Spalten für die Stunden des Tages. Um die automatische Bewegungserkennung und die Aufnahme bei erkannter Bewegung zu aktivieren, klicken Sie im oberen Bereich auf das grüne Quadrat und dann auf die Felder der gewünschten Zeiten. Wenn ein Feld dunkelgrau gefüllt ist, wird eine fortlaufende Aufnahme durchgeführt. Wünschen Sie, dass im entsprechenden Zeitraum keine Aufnahme durchgeführt wird, wählen Sie im oberen Teil des Fensters die Option **Löschen** und klicken die gewünschten Zellen in der Tabelle an. Sie werden dann hellgrau. Möchten Sie die gesamte Tabelle mit einer bestimmten Funktion füllen, klicken Sie auf das Dreiecksymbol oben links in der Tabelle, dieses selektiert alle Eingabefelder. Bei hochwertigen Kameras gibt es möglicherweise mehrere Optionen für die Bewegungserkennung. Klicken Sie zum Schluss auf **Fertig stellen**.

Sie kehren zum Fenster **IP-Kamera** zurück. Dort wird die hinzugefügte Kamera aufgelistet. Auf Wunsch können Sie im Anschluss weitere Kameras hinzufügen. Es gibt dabei eine Einschränkung: Die Surveillance Station verlangt ab einer bestimmten Anzahl von Kameras (bei den günstigen DiskStations oft drei) zusätzliche Kameralizenzen, die Sie kostenpflichtig erwerben müssen. Wie viele Kameras Sie ohne Zusatzkosten anschließen können, verrät ein Blick in die technischen Daten der DiskStation. Zusätzliche Kameralizenzen erhalten Sie direkt bei Synology unter *www.synology.com*.

Wenn Sie mit dem Mauszeiger auf das Vorschaubild der Kamera gehen, erscheint eine Play-Schaltfläche. Ein Klick darauf startet eine Vorschau mit dem aktuellen Kamerabild – das Fenster lässt sich übrigens in der Größe verändern.

Die Surveillance Station einrichten

Das Vorschaubild der Kamera lässt sich am Fensterrand in der Größe verändern.

Nach einer Mausbewegung über das Vorschaubild zeigt sich eine Symbolleiste am unteren Bildrand. Mit dem Symbol 📷 kann ein Standbild als »Schnappschuss« erstellt werden. Das Standbild erscheint in einem zusätzlichen Rahmen oben rechts im Videobild. Auch dort gibt es eine eigene Symbolleiste. Mit den Schaltflächen ⬇ und 🗑 kann das Bild heruntergeladen bzw. gelöscht werden. Das Symbol ✏ öffnet einen Editor zum Bearbeiten des Bildes. Dort gibt es Funktionen zum Unkenntlichmachen bestimmter Bereiche. Für Standbilder gibt es auch eine eigene Anwendung im Hauptmenü der Surveillance Station. Dort werden alle Schnappschüsse aufgelistet, auch die, die nicht heruntergeladen wurden. Standbilder lassen sich dort verwalten, herunterladen und löschen.

Über das Symbol 🔍 lässt sich in der Vorschau mit der Maus ein Bereich aufziehen, der vergrößert dargestellt wird – so können im Bild auch feine Details erkannt werden. Mit der Schaltfläche ▶|| lässt sich die Live-Vorschau pausieren und fortsetzen. Ein Klick auf ⬌ legt das Seitenverhältnis des Bildes fest, sodass das Bild auch bei Größenänderungen mit richtigen Proportionen angezeigt wird. Das Symbol ⏺ startet eine manuelle Aufnahme, die durch einen weiteren Klick wieder beendet wird. Mit 🎥 lassen sich Einstellungen am Stream vornehmen; sofern die Kamera dies unterstützt, stehen hier beispielsweise verschiedene Qualitätseinstellungen zur Verfügung.

Eine weitere Möglichkeit zum Anzeigen des Live-Bildes ist ein eigenes Programmmodul, das über das Symbol **Live-Ansicht** direkt vom Desktop aus (alternativ über das Hauptmenü) aufgerufen werden kann. Die Live-Ansicht ist besonders praktisch, wenn mehrere Kameras angeschlossen sind. Die linke Spalte des Fensters bietet einen Überblick über die Steuermöglichkeiten der jeweiligen Kamera. Eine Kamera wählen Sie durch Anklicken des Live-Bildes aus, es wird mit einem gelben Rahmen hervorgehoben. Wenn die Kamera Zoomen oder Schwenken und Neigen unterstützt, ermöglicht das Steuerkreuz oben links die Veränderung des Bildausschnitts.

Das Menü im linken Fensterbereich bietet Einstellmöglichkeiten, die weit über die Bedürfnisse des Einsteigers hinausgehen und sich eher an einer professionellen Überwachungslösung mit vielen Kameras orientieren. So lässt sich im Bereich **Layout** die Anordnung der Live-Bilder anpassen. Über die Schaltfläche **Verwaltung** lässt sich das Layout anpassen, was aber nur bei mehreren Kameras sinnvoll ist. Man kann das Layout beispielsweise so gestalten, dass eine Hauptkamera besonders groß angezeigt wird, während die anderen Kameras kleiner dargestellt werden.

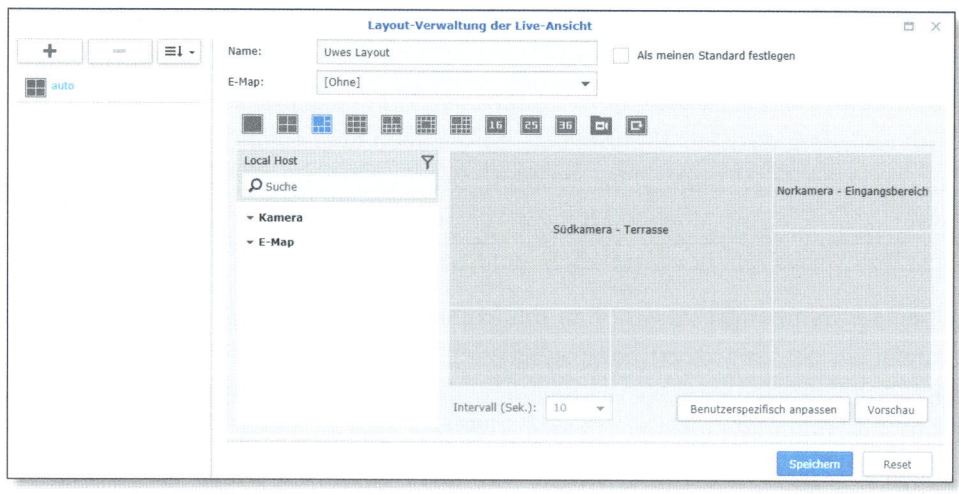

Besonders sinnvoll, wenn mehrere Kameras im Einsatz sind: die Layout-Verwaltung, mit der sich die Vorschaubilder anordnen lassen.

In der Symbolleiste unter der Schaltfläche **Verwaltung** blendet ⓘ die Namen der Kameras ein, ⬌ stellt das richtige Seitenverhältnis ein, was praktisch ist, wenn die Kamera im 4:3-Format überträgt. ⛶ zeigt schließlich die Live-Ansicht ganzflächig auf dem Monitor, was sich insbesondere für eine kontinuierliche Anzeige anbietet.

Im Bereich **Warnungen** kann man Ereignisse, zum Beispiel erkannte Bewegungen, anzeigen lassen. Dazu müssen Sie zunächst auf **Verwaltung** klicken. Dort werden die verfügbaren Kameras mit Ereignissen bzw. Warnungen aufgelistet. Sie können beispielsweise die Bewegungserkennung aktivieren und anschließend auf **Speichern** klicken. Optional gibt es in diesem Fenster noch die Registerkarte **Erweitert**. Hier lassen sich Warnungserinnerungen setzen. So kann im Ereignisfall etwa ein Signalton ertönen, ein blinkendes Warnsymbol erscheinen oder ein roter Rahmen um das Kamerabild angezeigt werden, in dem gerade eine Bewegung stattfindet.

Nach Festlegung der Warnungen kann in der Live-Ansicht das Warnungsfenster geöffnet werden, das über alle gewählten Ereignisse informiert. Überfahren Sie ein aufgezeichnetes Video mit der Maus, zeigt sich ein Play-Button, mit dem Sie es direkt wiedergeben können. Die übrigen Bereiche in der Live-Ansicht werden für den privaten Gebrauch nur selten benötigt. Man kann hier etwa zwischen verschiedenen Stream-Profilen wechseln, falls die Kamera das unterstützt. Ferner lässt sich die Audioschnittstelle der Kamera öffnen. Für eine Überwachungslösung nicht ganz unwichtig: Unten links zeigt das Fenster immer das aktuelle Datum und die Uhrzeit.

Zugriff auf alle Aufnahmen (sowohl automatisch als auch manuell gestartete) erhalten Sie auch über das Programmmodul **Aufnahmen**, das Sie direkt über den Desktop aufrufen können. Die Art der Aufnahme verdeutlicht eine farbige Markierung in der unteren Ecke des Vorschaubildes: Manuelle Aufnahmen sind blau, automatische fortlaufende Aufnahmen tragen eine graue Markierung und Aufnahmen über die automatische Bewegungserkennung sind grün.

Kapitel 16 – Kameraüberwachung mit der Surveillance Station

Alle Kameraaufnahmen werden übersichtlich in einer Liste dargestellt.

Wenn Sie mit der Maus über ein Vorschaubild fahren, sehen Sie das Play-Symbol, mit dem Sie sich die Aufzeichnung direkt ansehen können.

Im Aufnahmeplayer können alle Aufnahmen betrachtet werden.

Das Wiedergabefenster zeigt oben rechts das Datum und die Uhrzeit der Aufnahme an. Es gibt im unteren Bereich eine Symbolleiste: Mit ❶ können Sie zur vorigen Aufnahme springen, ❷ spult die Aufnahme zurück, ❸ hält die Wiedergabe an und setzt sie wieder fort, ❹ dient dem Vorspulen, ❺ springt zur folgenden Aufnahme. Mit Schaltfläche ❻ können Sie (sofern verfügbar) die Lautstärke einstellen. ❼ zeigt eine Zeitanzeige. Rechts gibt es vier weitere Schaltflächen: Mittels ❽ können Sie die Datei auf Ihren lokalen Rechner herunterladen. Sie haben Sie Wahl, ob Sie die komplette Datei oder nur einen Teil davon herunterladen möchten. In den Einstellungen ❾ lässt sich ein festes Seitenverhältnis setzen, und Sie können grundlegende Bildeinstellungen vornehmen und Helligkeit, Kontrast, Sättigung und Schärfe während der Wiedergabe einstellen, um Details besser erkennen zu können. ❿ ermöglicht die Endloswiedergabe, und ⓫ öffnet eine Wiedergabeliste mit allen verfügbaren Videos. Führen Sie den Mauszeiger über das Bild, so zeigen sich zwei zusätzliche Schaltflächen: 📷 erstellt einen Schnappschuss, und 🔍 ermöglicht eine Ausschnittvergrößerung.

Die Chronik verwenden

Das Aufnahmesymbol zeigt eine Liste der verfügbaren Aufnahmen an. Wenn Sie ein bestimmtes Ereignis suchen, bietet Ihnen die Chronik eine bessere Übersicht mit einem Zeitstrahl und einem Kalender. Die Chronik erreichen Sie über das gleichnamige Symbol auf dem Desktop oder über das Hauptmenü.

In der Chronik gibt es einen Kalender, Sie können direkt einen Tag anklicken. Rechts daneben zeigt ein Zeitstrahl an, wann Aufnahmen gemacht wurden. Aufnahmen über die Bewegungserkennung sind zum Beispiel grün gekennzeichnet. Einzelne Bereiche lassen sich direkt mit der Maus anklicken, dabei wird automatisch das zugehörige Video abgespielt. Über das Feld **Suchen** können Sie direkt zu einer bestimmten Uhrzeit springen. Beim Überfahren mit der Maus lassen sich über Schaltflächen Schnappschüsse erstellen und das Video herunterladen. Sie sehen für jede angeschlossene

Kamera eine eigene Zeitleiste. Auf Wunsch können Sie – wie auch in der Live-Vorschau – das Layout der Chronik anpassen.

In der Zeitleiste der Chronik wird genau angezeigt, wann Aufnahmen erstellt wurden.

> **TIPP**
>
> **Eine Kamera vorübergehend deaktivieren**
>
> Möchten Sie eine Kamera deaktivieren, können Sie das über das Symbol **IP-Kamera** (über den Desktop oder das Hauptmenü) erledigen. Klicken Sie die Kamera mit der rechten Maustaste an und wählen Sie die Option **Deaktivieren**. Über diesen Weg kann die Kamera auch jederzeit wieder aktiviert werden.

Die Bewegungserkennung einstellen

Nicht immer arbeitet die Bewegungserkennung von Anfang an zufriedenstellend. Es ist möglich, dass Ereignisse nicht erkannt werden oder Fehlalarme auftreten, weil sich etwa Bäume im Wind bewegen oder Vögel durch das Kamerabild fliegen. In diesem Fall ist ein Feintuning der Einstellungen angesagt.

Die Bewegungserkennung einstellen

Klicken Sie auf dem Desktop oder im Hauptmenü auf das Icon **IP-Kamera**. Wählen Sie in der Liste eine Kamera aus – die Bewegungserkennung lässt sich für jede Kamera individuell einstellen. Klicken Sie unten auf das Icon **Ereigniserkennung**.

Das Feintuning der automatischen Bewegungserkennung hilft dabei, Fehlalarme zu vermeiden.

Zunächst können Sie die sogenannte **Erfassungsquelle** einstellen. Die Bewegungserkennung kann direkt durch die Surveillance Station mit der Rechenleistung der DiskStation vorgenommen werden. Viele Kameras bieten auch eine eigene Bewegungserkennung an. In diesem Menü können Sie auswählen, welches Gerät diesen Part übernehmen soll. Die Erkennung durch die Kamera hat unter Umständen Vorteile: Für die DiskStation fällt nicht so viel Rechenlast an, und manche Kameras lassen sich deutlich flexibler einstellen als die Surveillance Station. Wenn es im Kamerabild bestimmte Bereiche gibt, die von der Bewegungserkennung ausgenommen werden sollen (etwa sich bewegende Bäume oder ziehende

Mit der Symbolleiste können Sie im Vorschaubild der Kamera Bereiche definieren, die von der Bewegungserkennung überwacht werden.

Wolken im Himmel), klicken Sie auf **Erkennungsbereich bearbeiten**. Im neuen Fenster können Sie über die Schaltflächen Bereiche definieren, die überwacht bzw. ausgenommen werden sollen.

Bei der Einstellung der Bewegungserkennung sind die Parameter **Empfindlichkeit** und **Schwellwert** wichtige Größen. Der Wert Empfindlichkeit achtet auf den Grad der Unterscheidung der Einzelbilder im Videostrom. Der Schwellenwert bewertet die Größe des sich bewegenden Objekts. Je höher der Wert, desto größer muss ein Objekt sein, das sich bewegt. Die richtige Einstellung können Sie nur durch Ausprobieren bestimmen. Die letzte Option **Kurze Bewegung ignorieren** kümmert sich um die Zeitdauer einer Bewegung: Auf Wunsch muss die Bewegung eine bestimmte Zeit andauern, bevor die Ereigniserkennung sie erfasst. Wenn also ein Vogel oder ein Insekt schnell durch das Bild fliegt, lässt sich hier die Bewegungserkennung abschalten. Die Zeit sollte so kurz wie möglich gewählt werden, ansonsten kann es passieren, dass eine Person, die schnell durch das Bild läuft, nicht erfasst wird. Bevor Sie hier eine Einstellung vornehmen, sollten Sie zuerst mit den Parametern Empfindlichkeit und Schwellenwert experimentieren.

Bestens informiert mit Benachrichtigungen

Die Surveillance Station kann auf Wunsch über verschiedene Kanäle informieren, wenn ein Ereignis aufgetreten ist, dazu bietet sie eine eigene Benachrichtigungsfunktion. Sie finden die Optionen für diese Funktion im Hauptmenü der Surveillance Station.

Beim ersten Start des Benachrichtigungsmoduls können Sie auswählen, ob Benachrichtigungen den bereits vorhandenen Benachrichtigungen der DiskStation hinzugefügt werden sollen. Wenn Sie dies aktivieren, werden die für die gesamte DiskStation vorgenommenen Einstellungen auch für die Surveillance Station übernommen, dazu zählen beispielsweise E-Mail-Adressen. Für Einsteiger ist dies eine gute Option. Sie können das Angebot aber auch ablehnen und in der Surveillance Station eigene Benachrichtigungen verwalten und beispielsweise verschiedene Empfänger einstellen.

Bestens informiert mit Benachrichtigungen

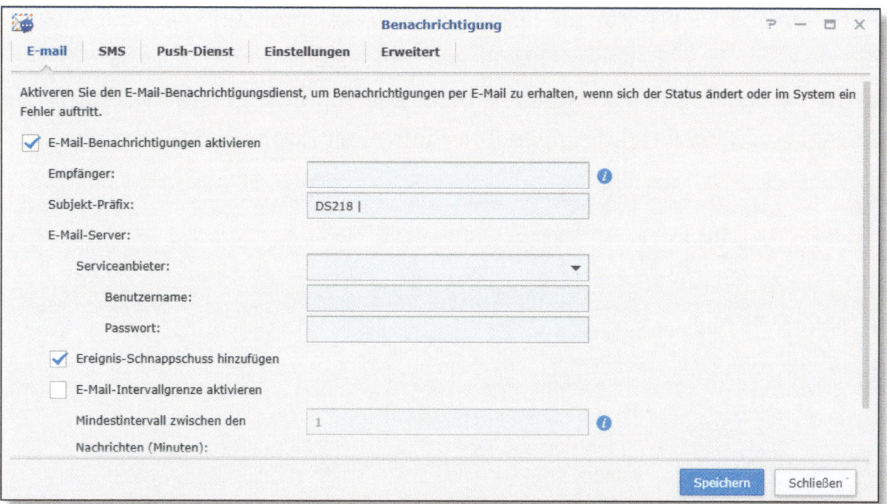

Im Benachrichtigungsmodul können Sie genau einstellen, wie und worüber Sie informiert werden möchten.

Im Benachrichtigungsmodul werden auf den ersten drei Registerkarten die Kanäle (bzw. die Art) der Benachrichtigungen festgelegt. Für die **E-Mail-Benachrichtigung** ist der gewünschte Empfänger anzugeben (auf Wunsch auch zwei Empfänger, durch ein Semikolon getrennt). Sie müssen außerdem den Mail-Server eintragen, der für den Versand einer E-Mail benutzt werden soll. Sie können hier den Mail-Server eines bestehenden E-Mail-Kontos eintragen. Die zweite Registerkarte kümmert sich um **SMS-Benachrichtigungen**. Hierfür muss man bei einem Anbieter für den SMS-Versand registriert sein. Diese Dienstleistung ist im Regelfall gebührenpflichtig. Der Versand erfolgt über das Internet, sodass eine Internetverbindung erforderlich ist; die DiskStation versendet die Nachrichten nicht über eine eigene Mobilfunkverbindung.

Interessant ist der **Push-Dienst**, der auf der dritten Registerkarte konfiguriert wird. Hier kann neben einer E-Mail (gesendet über den E-Mail-Server von Synology), bei der lediglich eine Empfängeradresse einzutragen ist, auch eine Benachrichtigung auf ein Mobilgerät gesendet werden. Dafür muss auf dem Mobilgerät die App *DS cam* installiert und eingerichtet sein – mehr dazu im folgenden Abschnitt. Wenn die Installation erfolgt ist, kann die Option hier aktiviert werden, dazu wird die App mit der Surveillance Station verbunden.

Auf allen drei Registerkarten lässt sich zusätzlich eine Zeitspanne festlegen, die zwischen zwei Benachrichtigungen mindestens vergehen muss. Auf diese Weise lässt sich (insbesondere beim kostenpflichtigen SMS-Dienst) die Anzahl von Benachrichtigungen innerhalb einer Ereigniskette verringern.

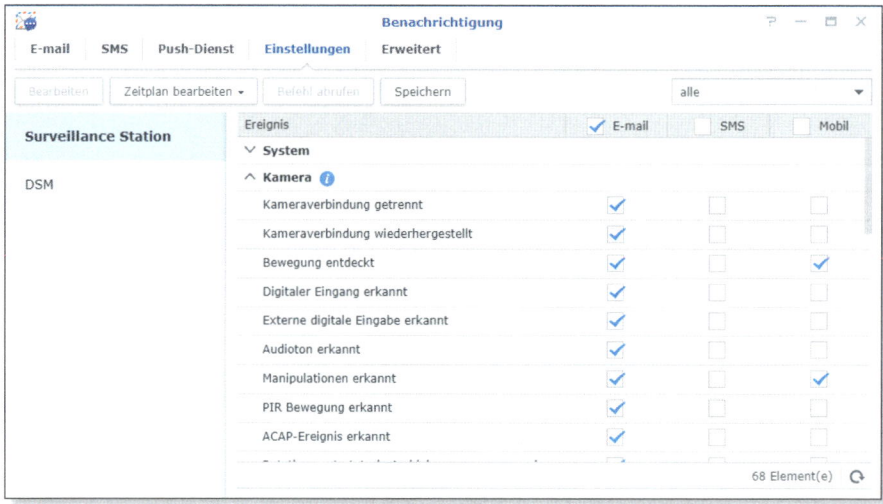

Wählen Sie die Ereignisse aus, über die Sie informiert werden möchten.

Auf der Registerkarte **Einstellungen** können Sie schließlich auswählen, über welche Ereignisse Sie informiert werden möchten. Neben administrativen Nachrichten geht es dort unter der Kategorie **Kamera** ins Detail: Hier können Sie die Benachrichtigung aktivieren, dass eine Bewegung erkannt wurde. Sie können sogar die Benachrichtigung für den digitalen Eingang der Kamera einrichten (der beispielsweise durch eine Lichtschranke oder einen Bewegungsmelder gesteuert wird). Wenn Sie alle Einstellungen vorgenommen haben, klicken Sie auf **Speichern**.

Eine interessante Option gibt es auf der Registerkarte **Erweitert** in Form der Möglichkeit, eine *Benachrichtigungszusammenfassung* vorzunehmen. Benachrichtigungen derselben Kategorie lassen sich sammeln und gemeinsam versenden. Aber Vorsicht: Im Ernstfall dauert es entsprechend länger, bis die Nachricht bei Ihnen eintrifft. Somit ist es eventuell nicht mehr möglich, in Echtzeit zu reagieren. Nutzen Sie diese Funktion mit Bedacht.

Zugriff von unterwegs über die App

Auf die Surveillance Station können Sie nicht nur über den Browser zugreifen. Es gibt weitere Programme und Apps, die Ihnen den Zugriff gestatten. Zur Installation dieser Programme gibt Ihnen die Surveillance Station eine Hilfestellung in Form der *Client-Verwaltung*, die Sie im Hauptmenü der Surveillance Station aufrufen können. Dort gibt es auf der linken Seite die Möglichkeit, Installationsprogramme für die Desktop-Fassungen der Surveillance Station herunterzuladen. Diese Anwendungen bilden die Browseroberfläche des Programms nach und werden genauso bedient. Die Client-Verwaltung bietet Ihnen für den einfachen Download Links an, die Programme sind für verschiedene Betriebssysteme erhältlich und werden wie jede andere Anwendung installiert.

Neben diesen Programmen können über die Client-Verwaltung und die dort dargestellten QR-Codes auch Apps für mobile Geräte bezogen werden. Scannen Sie die dargestellten Codes einfach mit einem QR-Code Scanner ein. Sie werden zum offiziellen App-Bezugspunkt weitergeleitet und können die App DS cam direkt installieren.

Beim ersten Start von DS cam muss man sich zunächst an der Surveillance Station auf der DiskStation mit Nutzernamen und Kennwort anmelden. Wenn Sie sich nicht mit dem Administratorkonto anmelden möchten, denken Sie daran, zuvor für andere Nutzerkonten Zugriffsrechte zu vergeben (siehe Kasten »Benutzerrechte« auf Seite 292). Natürlich lässt sich DS cam auch über das Internet verwenden. Wenn Sie über Ihre Domain (mehr dazu in Kapitel 13) auf DS cam zugreifen möchten, müssen Sie die TCP-Ports 9900 (für unverschlüsselte HTTP-Verbindungen) und/oder 9901 (für verschlüsselte HTTPS-Verbindungen) im Router weiterleiten, denn die Kommunikation mit der Surveillance Station geschieht über eigene Ports. Mehr zur Port-Weiterleitung finden Sie in Kapitel 13, »Ab ins Netz – die DiskStation über das Internet erreichen«.

DS cam bietet ähnliche Funktionen wie das Desktop-Pendant und die Browserfassung. Über das Hauptmenü können Sie die Live-Ansicht der Kameras aufrufen, alle Kameras können einzeln im Vollbild betrachtet werden.

Sie können alle Aufnahmen inklusive der Schnappschüsse betrachten und auswerten. DS cam unterstützt auch den Empfang von Push-Benachrichtigungen. Dafür muss die App mit dem Modul für Benachrichtigungen der Surveillance Station gekoppelt sein. In der gegenwärtigen Version von DS cam gibt es hier jedoch eine Besonderheit: Der Empfang von Push-Benachrichtigungen bleibt dem Administrator vorbehalten. Nur Nutzer, die auf der DiskStation selbst Administratorrechte besitzen, erhalten in DS cam die Option zum Empfang von Push-Nachrichten. Wenn Sie diese auf dem Mobilgerät empfangen möchten und der E-Mail-Versand bzw. -Empfang (der allen Benutzertypen möglich ist) keine Option darstellt, müssen Sie sich mit den Kontodaten des Administrators an DS cam anmelden.

> **INFO**
>
> **Benutzerrechte**
>
> Denken Sie daran, dass Sie in der DiskStation für die einzelnen Benutzer Rechte zur Nutzung der Stations vergeben müssen, das gilt auch für die Surveillance Station – ansonsten ist die Nutzung nur durch Administratoren möglich. Die Rechtevergabe erfolgt stets nach dem gleichen Schema: Öffnen Sie in der **Systemsteuerung** der DiskStation das Modul **Benutzer**. Wählen Sie den Nutzer aus, und klicken Sie in der Symbolleiste auf **Bearbeiten**. Auf der Registerkarte **Applikationen** können Sie die Rechte für die **Surveillance Station** gewähren. Übrigens: Zusätzlich zu dieser Verwaltung bringt die Surveillance Station eine eigene, noch etwas feinere Rechteverwaltung mit. Sie finden sie im Hauptmenü der Surveillance Station.

Die Überwachung automatisch schalten – der Home Mode

Mit den Möglichkeiten, die Sie bisher kennengelernt haben, können Sie die Kameraüberwachung durch ein Zeitprofil steuern und etwa die Bewegungserkennung nur zu bestimmten Zeiten »scharf schalten«. Darüber hinaus gibt es noch eine weitere interessante Option: den *Home Mode*. Die Surveillance

Die Überwachung automatisch schalten – der Home Mode

Station kann sich nämlich anders verhalten, wenn jemand zu Hause ist, als wenn niemand anwesend ist. Wenn jemand anwesend ist, wird der Home Mode aktiv, wodurch beispielsweise die Bewegungserkennung und der Nachrichtenversand abgeschaltet werden. Der Home Mode lässt sich manuell aktivieren, per Zeitschaltuhr steuern oder, was sehr bequem ist, durch *Geofencing* über das Smartphone steuern: Das Smartphone erkennt, wenn es in der Nähe der eigenen Wohnung ist und steuert den Home Mode entsprechend. Die Steueroptionen für den Home Mode erreichen Sie über den Eintrag im Hauptmenü der Surveillance Station.

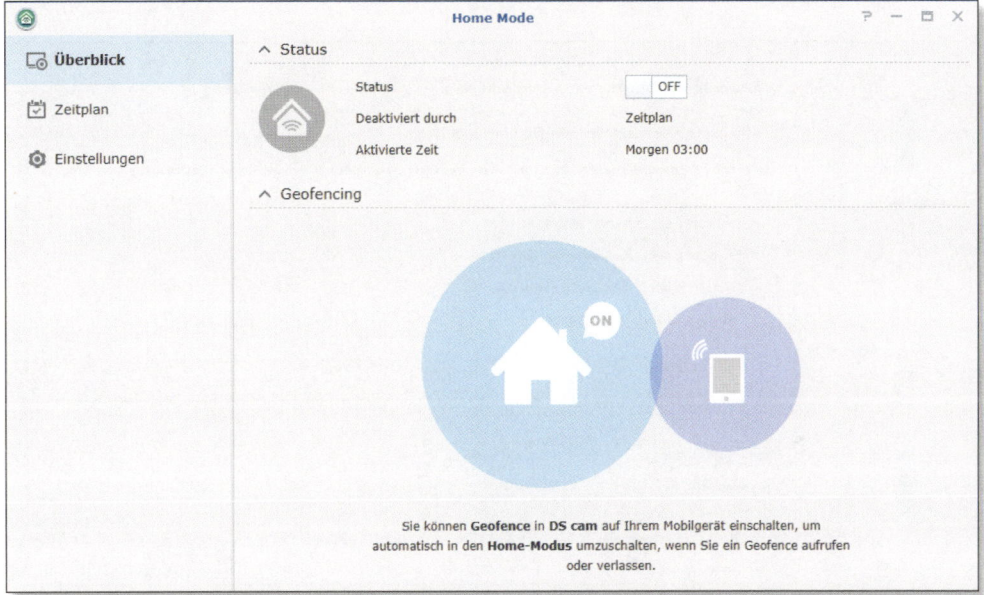

Der Home Mode ist deaktiviert – es gelten die ganz normalen Einstellungen.

Auf der ersten Seite können Sie den Home Mode über den Schalter manuell einstellen und abschalten. Diese Lösung ist jedoch für die Dauernutzung nicht sonderlich komfortabel.

Auf der Registerkarte **Zeitplan** lässt sich der Home Mode abhängig von Tageszeit und Wochentag steuern. Klicken Sie auf **Home-Modus öffnen** und wählen mit der Maus die Tage und Stunden an, an denen jemand zu Hause ist und der Home Mode aktiv sein soll. Klicken Sie dann auf **Speichern**.

Auf der Registerkarte **Einstellungen** legen Sie fest, was genau im Home Mode anders sein soll als im Regelbetrieb. Dort gibt es zunächst die Kategorie **Allgemein**: Im Bereich **Aktivierte benutzerspezifische Einstellungen** können Sie festlegen, ob die Aufnahmeregeln, die Benachrichtigungsregeln, die Stream-Profile zur Steuerung der Aufnahmequalität und die Aktionsregeln im Home Mode vom Regelbetrieb abweichen sollen. Wenn Sie eine Option wünschen, aktivieren Sie das entsprechende Kontrollkästchen. Andernfalls gelten auch im Home Mode die Einstellungen des Regelbetriebs. Im Bereich **Gültige Geräte** können Sie einzelne Kameras in den Home Mode integrieren oder davon ausschließen.

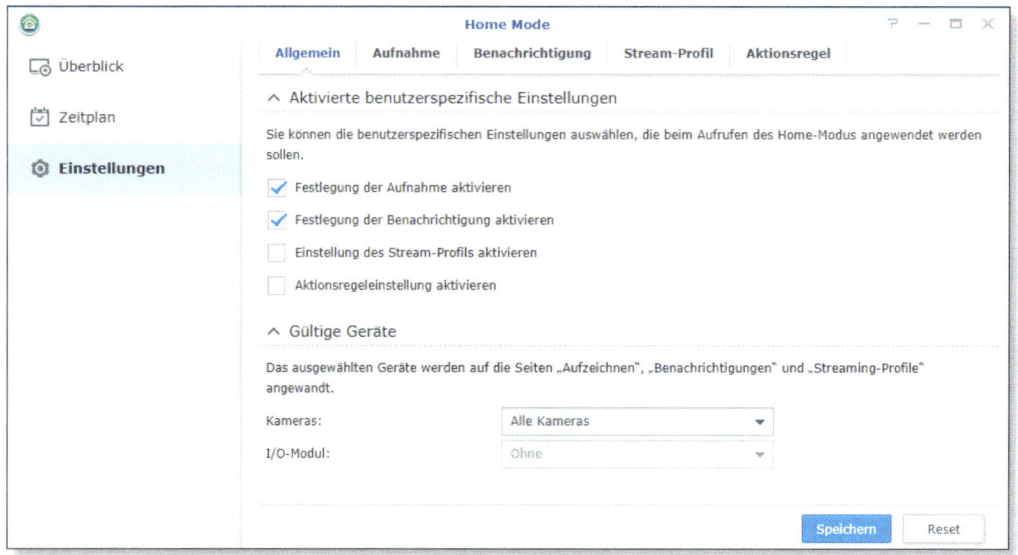

Für den Home Mode gibt es diverse Einstellungen – unter anderem können Sie festlegen, was genau in diesem Modus geschehen soll.

Für die vier verschiedenen Regeltypen können Sie auf den Registerkarten individuelle Einstellungen vornehmen. Die Registerkarte **Aufnahme** kümmert sich um Aufnahmeeinstellungen, zum Beispiel Zeitpläne für die Bewegungsüberwachung – die Einstellungen sind Ihnen schon von den Grundeinstellungen der Surveillance Station her bekannt. Auf der Registerkarte **Benachrichtigung** können Sie gesonderte Nachrichtenregeln erstellen – die Bedienung erfolgt genauso wie bei den normalen Nachrichtenregeln. Analog werden die Registerkarten **Stream-Profil** (für die Qualitätseinstellungen) und **Aktionsregel** verwendet.

Auch die Steuerung per Zeitschaltuhr ist nicht besonders praktisch, denn nur selten folgt das Alltagsleben strengen Zeitregeln. Als komfortable Lösung bietet sich das Geofencing an, bei dem das Smartphone über die App DS cam den Home Mode steuert. Das Smartphone weiß über die GPS-Position oder über das WLAN, wann es »zu Hause« ist, und sendet seine Anwesenheit über die mobile Internetverbindung an die Surveillance Station. Um das Geofencing zu aktivieren, klicken Sie in der App DS cam auf dem Smartphone im Menü auf den **Home Mode**. Dort befindet sich der manuelle Schalter, mit dem der Home Mode jederzeit ein- und ausgeschaltet werden kann.

> **TIPP**
>
> **Probleme bei der Einrichtung**
>
> Wenn Sie mit der Aktivierung des Geofencing-Modus Probleme haben, dann prüfen Sie zunächst die Benutzerrechte direkt in der Surveillance Station. Loggen Sie sich als Administrator ein, und öffnen Sie über das Hauptmenü die Komponente **Benutzer**. Wählen Sie den Benutzer aus, und klicken Sie auf die Schaltfläche **Privileg**. Stellen Sie das Profil von **Betrachter** auf **Manager** um. Wenn Ihnen die Rechte des Managers zu weitgehend sind, können Sie auf der Registerkarte **Privilegienprofil** ein eigenes Profil definieren. Wenn auch diese Einstellung nicht zum Erfolg führt, probieren Sie testweise die Anmeldung und Einrichtung in DS cam temporär mit Ihrem Administratorkonto. Spätestens jetzt sollte die Einrichtung problemlos klappen.

Zusätzlich gibt es die Kategorie **Geofencing**. Klicken Sie darin auf **Ort**. Ihnen wird der aktuelle Standort angezeigt. Wenn Sie nicht zu Hause sind, nutzen Sie die Suchfunktion am oberen Bildschirmrand und stellen Sie Ihren Heimatstandort ein. Mit den Optionen **Radius** und **Verzögerung auslösen** können Sie den Ort etwas unschärfer stellen und eine zeitliche Verzögerung einbauen. Wenn die angezeigten Informationen korrekt sind, klicken Sie im Menü der App neben Ihrem Nutzernamen auf das Zahnradsymbol für die Einstellungen. Aktivieren Sie die Option **Geofencing**. Danach kehren Sie

Kapitel 16 – Kameraüberwachung mit der Surveillance Station

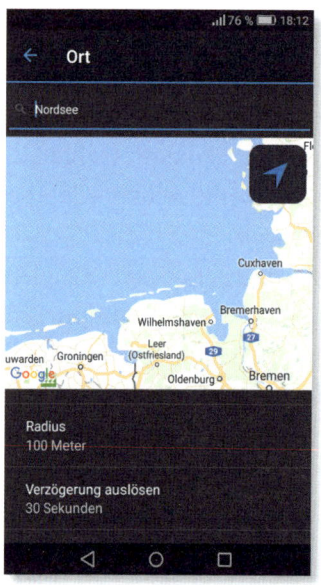

zurück zum Menüpunkt **Home Mode**. Dort können Sie über die nun sichtbare Option **Erweiterte Verbesserung** die Steuerung über GPS-Informationen oder das WLAN aktivieren. Die korrekte Funktion der Geofencing-Methode können Sie jederzeit direkt in der Surveillance Station überprüfen: Die Softwarekomponente Home Mode zeigt Ihnen an, wenn sie durch das Smartphone und das Geofencing aktiviert oder deaktiviert wurde.

In der App am Smartphone stellen Sie ein, wo Sie zu Hause sind, also an welchem Aufenthaltsort der Home Mode aktiviert werden soll.

Kapitel 17
Fernsehen auf allen Geräten mit der Video Station

Mit der Video Station und einem kleinen TV-Stick wird jeder Computer im Netzwerk zum Fernsehgerät!

Ihre DiskStation versteht sich auch auf den TV-Empfang und die Aufnahme von TV-Sendungen. Das Fernsehprogramm lässt sich in Echtzeit ins Netzwerk streamen und auf mehreren Geräten gleichzeitig ansehen. Einzelne Sendungen können aufgenommen werden und stehen auf dem zentralen NAS-Speicher zur Verfügung. Sie lassen sich komfortabel mit verschiedenen Geräten wiedergeben – vorbei sind die Zeiten, in denen Sie eine Sendung nur dort wiedergeben konnten, wo Sie sie auch aufgenommen haben. Dank dieser Funktionen kann die DiskStation einen TV-Receiver überflüssig machen oder ihn um die praktischen Netzwerkfunktionen ergänzen.

Voraussetzungen für den Fernsehempfang

Für den Empfang von Fernsehsignalen ist ein Empfangsmodul, ein sogenannter Tuner, erforderlich. In der DiskStation ist ab Werk ein solches Gerät nicht eingebaut. Aber keine Sorge, die DiskStation kann mit handelsüblichen USB-Tunern umgehen, die Sie vielleicht schon vom TV-Empfang am Notebook kennen. Es handelt sich um sogenannte *USB-Dongles*, die etwas größer sind als übliche USB-Speichersticks und die die zum TV-Empfang nötige Hardware beinhalten. Diese USB-Dongles sind von verschiedenen Herstellern erhältlich, gute Geräte kosten im Regelfall zwischen 50 und 100 €. Das Gerät muss für Ihren Empfangsweg ausgelegt sein, es gibt sowohl USB-Dongles für den Satellitenempfang über DVB-S(2) als auch für

Antennenfernsehen über DVB-T2. Ihre DiskStation unterstützt beide Empfangswege und kann mit vielen verschiedenen USB-Dongles umgehen. Zum Anschluss ist keine Treiberinstallation erforderlich, die nötigen Treiber sind bereits im Betriebssystem integriert. Sie müssen den USB-Dongle nur an einen USB-Steckplatz der DiskStation anschließen. Dabei spielt es keine Rolle, ob Sie USB 3.0 oder USB 2.0 verwenden, auch die langsamere Variante ist für den TV-Empfang ausreichend schnell.

Beim TV-Empfang mit USB-Dongles gibt es nur eine Einschränkung, die allerdings für jedes TV-Empfangsgerät gilt: Pro Tuner kann nur ein einzelnes TV-Programm angesehen oder aufgenommen werden. In einem USB-Dongle ist meist ein einzelner Tuner integriert, hochwertige Modelle beinhalten auch zwei Tuner. Sie können allerdings problemlos mehrere USB-Dongles gleichzeitig an die DiskStation anschließen, das Gerät unterstützt bis zu neun gleichzeitig angeschlossene Tuner.

Synology bietet im Internet eine Liste mit USB-Dongles an, die von der DiskStation unterstützt werden. Diese Liste finden Sie unter der Adresse *https://www.synology.com/de-de/compatibility*. Klicken Sie auf den Eintrag **Suche nach Kategorie** – dort können Sie explizit nach USB-Dongles für den TV-Empfang suchen. Wählen Sie im Dropdown-Feld den Eintrag **DTV-Dongle** aus, und klicken Sie auf **Geräte finden**. Nun sehen Sie die Liste der USB-Dongles, die mit Ihrer DiskStation kompatibel sind.

Den USB-Dongle können Sie jederzeit mit einem USB-Anschluss Ihrer DiskStation verbinden. Denken Sie daran, den Anschluss an die Antennen- bzw. Satellitendose vorzunehmen. Hierfür benötigen Sie ein handelsübliches Antennenkabel, wie Sie es vom Fernseher oder Receiver her kennen. Als Erstes sollten Sie überprüfen, ob die DiskStation das USB-Gerät korrekt erkannt hat. Melden Sie sich dazu als Administrator an, und öffnen Sie in der **Systemsteuerung** das **Info-Center**. Klicken Sie auf die Registerkarte **Allgemein**, und scrollen Sie im Fenster bis ganz nach unten. Dort sehen Sie den Eintrag **Externe Gerät**e. Hier sollte Ihr USB-Dongle aufgeführt sein. Ist dem nicht so, stecken Sie das Gerät von der DiskStation ab und wieder an. Starten Sie gegebenenfalls die DiskStation neu, dann sollte das Gerät im Info-Center aufgeführt sein. Beachten Sie, dass USB-DTV-Dongles nur im Info-Center gelistet werden, nicht direkt in der Systemsteuerung.

Voraussetzungen für den Fernsehempfang

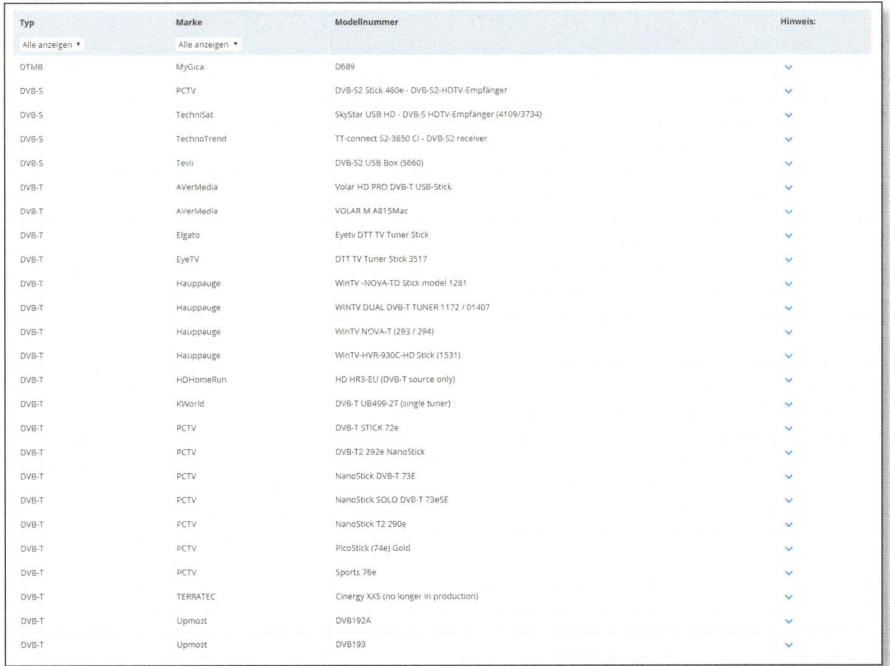

Ihre DiskStation unterstützt eine Vielzahl an DVB-Empfängern, ohne dass dafür Treiber installiert werden müssen.

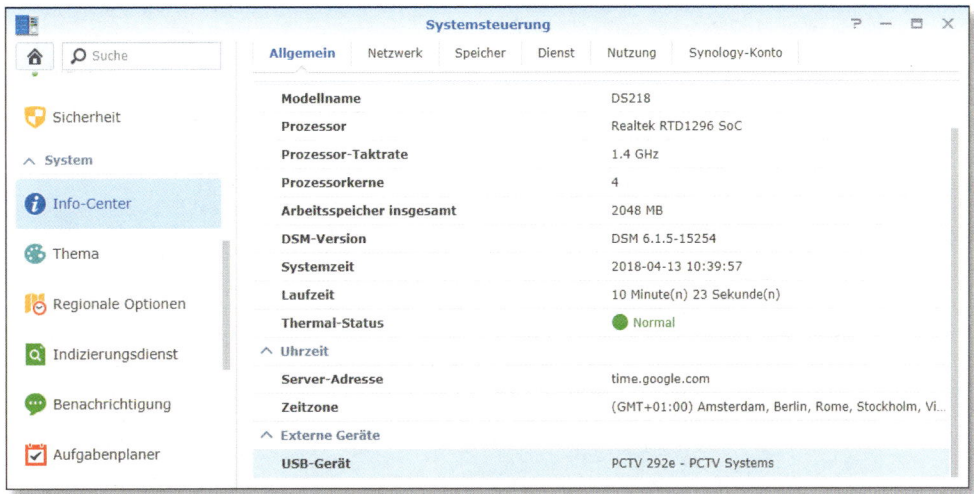

Der DVB-Empfänger ist als externes Gerät ganz unten im Info-Center der Systemsteuerung gelistet.

Die Video Station auf den Fernsehempfang vorbereiten

Als Nächstes müssen Sie einen Ordner anlegen, in dem Ihre TV-Aufnahmen gespeichert werden. Öffnen Sie die **File Station** und darin den Ordner *video*. Hier können Sie einen neuen Ordner anlegen, zum Beispiel *TV-Aufnahmen*.

Nun können Sie den TV-Empfänger in Betrieb nehmen. Für den TV-Empfang ist die *Video Station* zuständig, die Sie aus Kapitel 11 kennen. Haben Sie die Video Station auf Ihrem System noch nicht installiert, dann holen Sie dies jetzt nach – die Anleitung dafür finden Sie auf Seite 191.

Öffnen Sie die **Video Station**, für die Einrichtung der TV-Funktion müssen Sie immer noch als Administrator eingeloggt sein. Öffnen Sie dann das Einstellungsmenü über das Zahnradsymbol oben rechts und in diesem Menü die Registerkarte **DTV**.

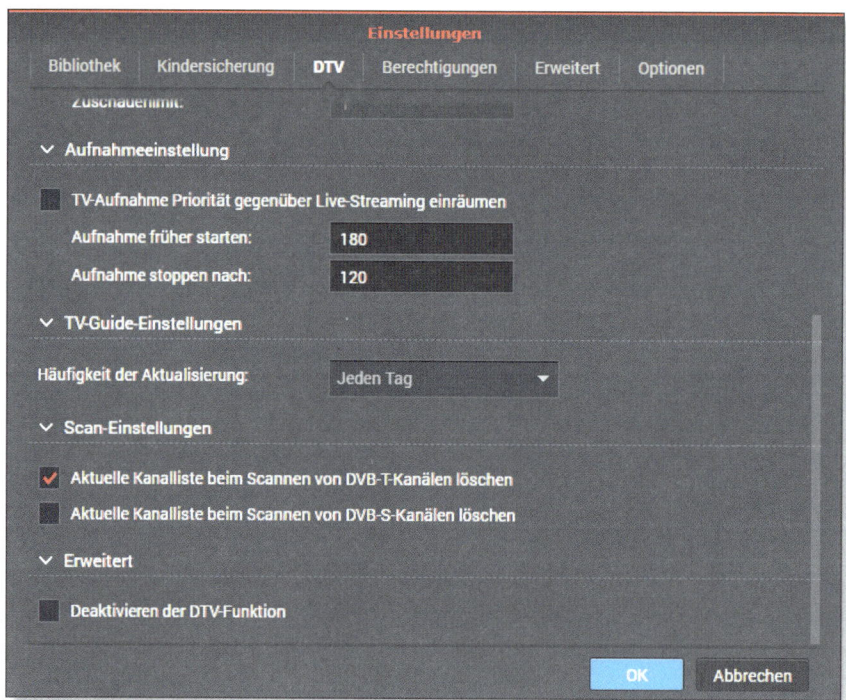

Um »auf Empfang zu gehen«, müssen ein paar Einstellungen getätigt werden.

Auf dieser Registerkarte müssen Sie im Feld **Deaktivieren der DTV-Funktion** das Häkchen (sofern es gesetzt ist) entfernen, damit die TV-Funktion aktiviert wird. Gehen Sie dann oben auf der Karte zur ersten Option mit dem Namen **TV-Aufnahmeordner**. Tragen Sie hier im Feld **Speicherziel** den eben erstellten Ordner für die TV-Aufnahmen ein.

Die übrigen Optionen sind für den Alltag bereits passend gewählt. Eventuell ist die Option zur Priorität von Aufnahmen interessant, hier können Sie einstellen, ob eine Aufnahme gegenüber dem Live-Empfang Vorrang haben soll. In diesem Fall wird der Tuner mit Präferenz für die Aufnahme verwendet, und eine gleichzeitige Wiedergabe eines anderen Programms wird beendet. Sie können auch einstellen, dass TV-Aufnahmen einige Zeit vor der eigentlichen Sendezeit beginnen und etwas später enden, für den Fall, dass die Zeitangaben der Sender nicht exakt sind. Für den Kinderschutz ist es möglich, den TV-Empfang mit einem Passwort zu schützen. Diese Option können Sie auch später noch aktivieren, falls sie erwünscht ist. Sie können auch festlegen, wie viele Personen gleichzeitig fernsehen dürfen – hier sind im Regelfall keine Einstellungen erforderlich. Wechseln Sie zur Registerkarte **Berechtigungen**. Dort können Sie den Nutzern der DiskStation die Erlaubnis zur Nutzung der TV-Funktion geben. Aktivieren Sie dazu die Berechtigung für die **DTV-Steuerung**. Klicken Sie zum Abschluss auf **OK**.

Einen Sendersuchlauf durchführen

Links in der Video Station sehen Sie den neuen Eintrag **DTV** (eventuell müssen Sie die Video Station zunächst schließen und neu öffnen). Unterhalb dieses Eintrags finden Sie Ihren USB-Dongle mit seinem Gerätenamen, zum Beispiel *PCTV 292e*. Klicken Sie den Eintrag an.

Um fernsehen zu können, ist eine Sendersuche erforderlich. Klicken Sie auf die Meldung in der Bildschirmmitte. Füllen Sie im sich öffnenden Fenster alle Felder aus. Beim DVB-T2-Empfang über eine Antenne wählen Sie das Land aus, also zum Beispiel **Germany**. Sie müssen außerdem die Region eintragen, wählen Sie also zum Beispiel **DVB-T2-HD-Baden-Wuerttemberg**.

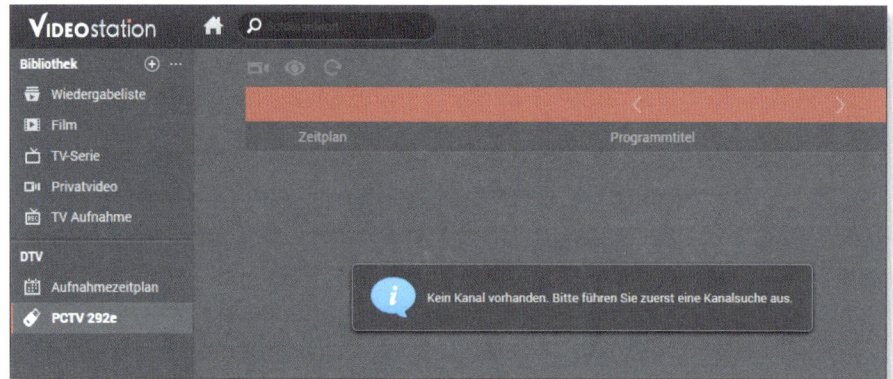

Der DVB-Empfänger wird in der Geräteliste DTV geführt. Aber noch ist die Programmliste leer. Das ändern Sie ...

Für den Satellitenempfang über DVB-S(2) müssen Sie den gewünschten Satelliten auswählen, auf den Ihre Satellitenschüssel ausgerichtet ist. In Deutschland wird oft der Satellit *Astra* auf der Position *19,2° Ost* empfangen. Klicken Sie dann auf **Scannen**.

... mit einer automatischen Sendersuche. Dafür teilen Sie der Video Station mit, welchen Empfangsweg und -ort sie berücksichtigen soll.

Nun wird der Sendersuchlauf ausgeführt. Dieser kann einige Zeit in Anspruch nehmen, beim Satellitenempfang sind durchaus 20 bis 30 Minuten möglich. Warten Sie, bis der Suchlauf vollständig ist. Während der Suche werden Sie über bereits gefundene Sender informiert. Ist der Scan abgeschlossen, klicken Sie auf **Schließen**.

Das Live-Programm ansehen und Aufnahmen planen

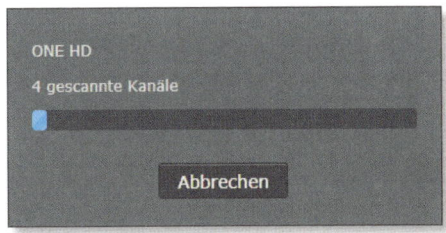

Vier Programme wurden schon gefunden – aber noch ist etwas Geduld gefragt, bis der Vorgang abgeschlossen ist.

Sie sehen nun die Kanalliste mit den verfügbaren Sendern bzw. Kanälen. Eventuell gibt es aber noch keinen Programmführer, also noch keine elektronische Fernsehzeitschrift. In diesem Fall bestätigen Sie die angezeigte Meldung und klicken dann oberhalb der Kanalliste auf das Pfeilsymbol ![icon], mit dem Sie den Programmführer aktualisieren können. Nach einem kurzen Moment ist die Programmübersicht verfügbar.

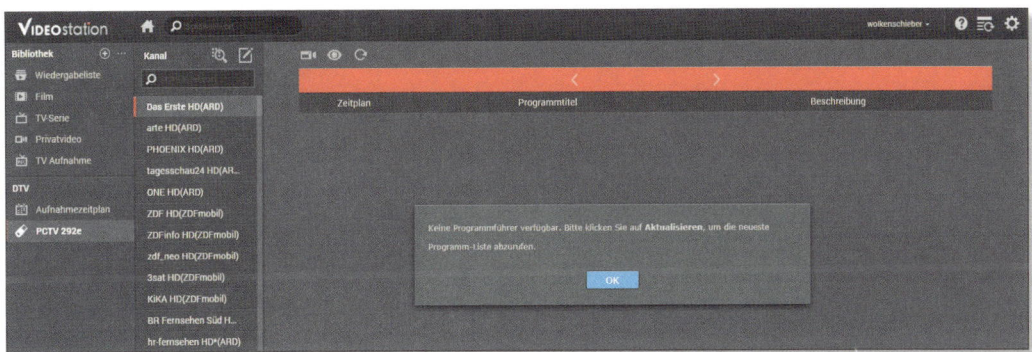

Der Sendersuchlauf ist abgeschlossen, und Sie sehen nun die elektronische Programmzeitschrift. Wenn sie noch leer ist, müssen Sie sie kurz aktualisieren.

Jetzt können Sie das Live-Programm verfolgen und TV-Aufnahmen programmieren.

Das Live-Programm ansehen und Aufnahmen planen

Oberhalb der Programmübersicht sehen Sie eine Symbolleiste mit drei Einträgen. Mit dem Symbol ![icon] können Sie das Live-Programm schauen. Wenn Sie die Schaltfläche anklicken, öffnet sich ein neues Fenster, das Sie darüber informiert, dass der Live-Stream zur Verfügung steht. Klicken Sie auf **Wiedergeben**.

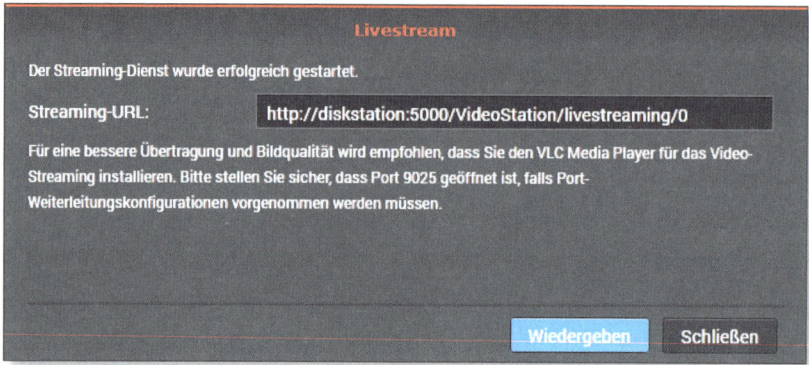

Der Livestream steht zur Verfügung und kann mit einem Klick auf »Wiedergeben« angesehen werden.

Eventuell werden Sie dazu aufgefordert, den *VLC media player* zu installieren. Hierbei handelt es sich um einen bekannten Mediaplayer, der viele Mediaformate wiedergeben kann. Falls Ihr Browser mit dem Fernsehsignal selbst nicht zurechtkommt, empfiehlt es sich, den diesen Player zu installieren. Sie erhalten ihn kostenlos auf der Seite *www.videolan.org/vlc*. Achten Sie darauf, während der Installation auch das *Mozilla-Plug-in* zu installieren. Über dieses Plug-in wird VLC direkt im Firefox-Browser integriert, was den Fernsehgenuss stark vereinfacht.

Zur Wiedergabe im Browser ist der VLC media player erforderlich.

Das Live-Programm ansehen und Aufnahmen planen

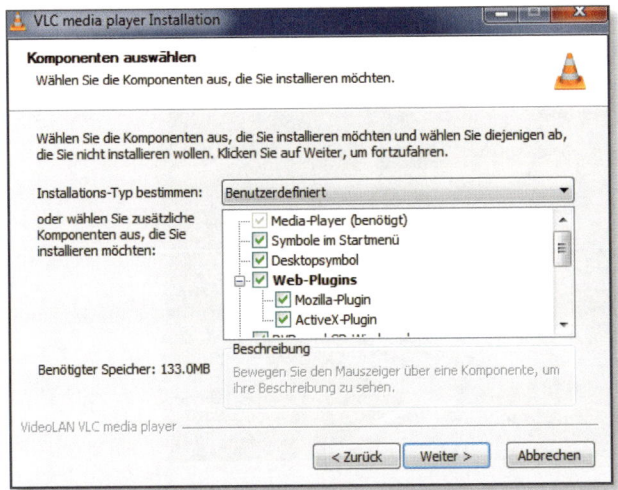

Achten Sie bei der Installation von VLC darauf, auch die Web-Plug-ins zu installieren.

Wenn Sie einen anderen Browser verwenden oder das Plug-in nicht richtig funktioniert, gibt es noch einen zweiten Weg: Klicken Sie beim gewünschten Programm noch einmal auf das Symbol 👁. Im neuen Fenster sehen Sie die Adresse des Livestreams. Kopieren Sie diese Adresse in die Zwischenablage. Öffnen Sie den VLC media player manuell. Klicken Sie dort auf **Medien • Netzwerkstream öffnen**, oder nutzen Sie alternativ die Tastenkombination [Strg] + [N]. Fügen Sie die Adresse des Livestreams in das Fenster ein, indem Sie [Strg] + [V] drücken. Klicken Sie anschließend auf **Wiedergabe**.

Wenn es im Browser nicht klappt: VLC kann den Livestream auch direkt abspielen – als Netzwerkstream. Geben Sie dazu den Link in das Eingabefeld ein.

Nach einer kurzen Wartezeit sehen Sie das Live-Bild im VLC media player.

VLC spielt das Live-Programm direkt ab – ein Doppelklick auf das Bild zeigt das Fernsehprogramm im Vollbildmodus.

Natürlich müssen Sie nicht jedes Mal umständlich die Video Station am Computer bemühen, um fernzusehen. Stattdessen können Sie – wie in Kapitel 11, »Videos verwalten mit der Video Station«, gezeigt – auch die Mobilversion *DS video* auf dem Smartphone oder Tablet verwenden. Dort gibt es bei eingerichteter TV-Funktion eine neue Rubrik mit dem Namen **DTV**. Hier sehen Sie die Senderliste, den Programmführer und können das Live-Programm direkt ansehen oder Aufnahmen programmieren.

Möchten Sie eine Aufnahme hinzufügen, wählen Sie in der Desktop-Fassung der Video Station die gewünschte Sendung im Programmführer aus, und klicken Sie anschließend auf die Schaltfläche ▭ in der Symbolleiste. Die Sendung wird der Aufnahmeliste zugefügt. Auch in der Mobilfassung können Sie eine Aufnahme hinzufügen. Klicken Sie in der Programmübersicht die gewünschte Sendung an, um eine Aufnahmeaufgabe zu definieren. Wenn die Aufnahme abgeschlossen ist, erscheint sie in der Liste mit der Übersicht der Aufnahmen und kann direkt wiedergegeben werden.

Auf diese Weise haben Sie mit der Video Station einen vollwertigen Videorekorder, mit dem Sie sowohl Live-TV verfolgen als auch Sendungen aufnehmen können.

Kapitel 18
Schritt für Schritt zu mehr Sicherheit im Heimnetz

Ihre Daten gehören Ihnen, richtig? Dieses Kapitel hilft Ihnen dabei, dass das auch so bleibt.

Dieses Kapitel zeigt Ihnen, wie Sie Ihre DiskStation vor unerwünschten Angriffen sowohl aus dem Internet als auch aus dem Heimnetzwerk absichern können. Zwar besteht immer ein Restrisiko, doch schon mit wenigen Handgriffen und Einstellungen lässt sich dieses Risiko auf ein Minimum reduzieren.

Grundlegende Sicherheitseinstellungen

Bevor dieses Kapitel »ans Eingemachte« geht, gibt es einige Einstellungen im Betriebssystem DSM, die sicherheitsrelevant sind und die Sie aktivieren sollte, da sie kaum Nachteile bringen.

Zur Steuerung grundlegender Sicherheitseinstellungen gibt es in der Systemsteuerung das Modul *Sicherheit*. Dort sind bereits im Auslieferungszustand einige Funktionen aktiv, in einem üblichen Anwendungsfeld (privat oder im kleinen Büro) können jedoch ohne Komforteinbußen weitere Funktionen aktiviert werden, die die Sicherheit des Systems, weiter erhöhen.

Öffnen Sie, als Administrator angemeldet, in der **Systemsteuerung** das Modul **Sicherheit** und dort die gleichnamige Registerkarte.

Dort können Sie einen automatischen **Timer zum Abmelden** setzen: Wenn Sie einmal vergessen sollten, nach Ende Ihrer Arbeit die Schaltfläche zum Abmelden zu betätigen, werden Sie (solange es keine Benutzeraktivität gibt) nach Ablauf der hier angegebenen Zeitspanne automatisch vom System abgemeldet. Eine ähnliche Funktion kennen Sie vielleicht schon vom Online-Banking, dort gibt es auch häufig einen Countdown. Wählen Sie eine Zeitdauer, die für Sie vernünftig ist. Eine Viertelstunde ist ein guter Wert, er kann jedoch auch länger gewählt werden.

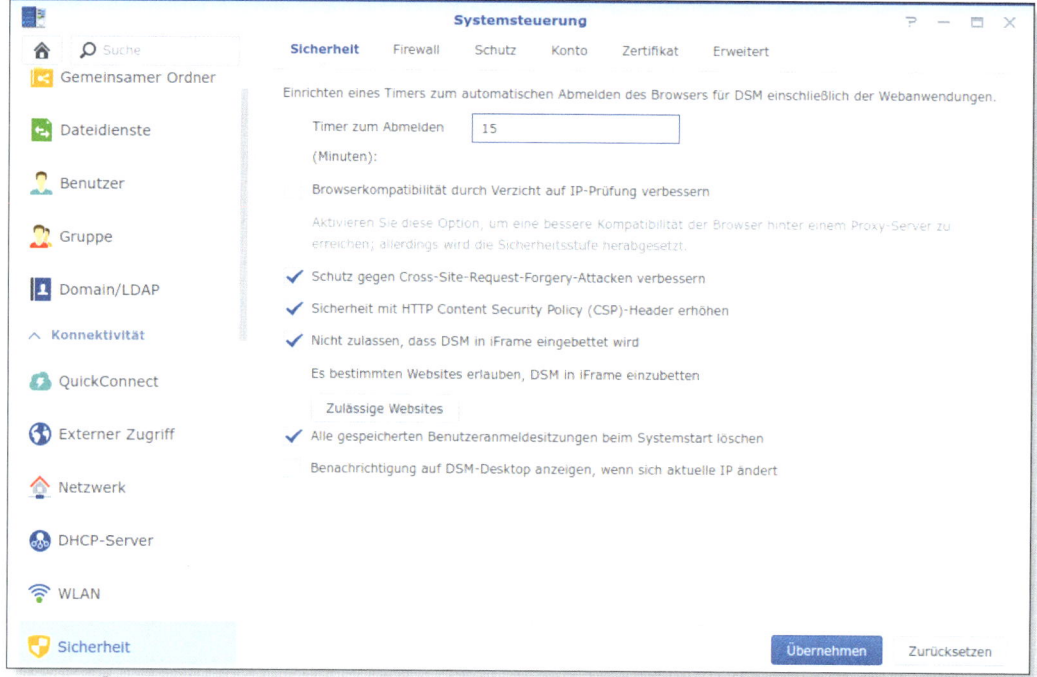

Steuert sicherheitsrelevante Funktionen der DiskStation: das Modul »Sicherheit« in der Systemsteuerung

Aktivieren Sie außerdem die Option **Schutz gegen Cross-Site-Request-Forgery-Attacken verbessern**. Der Schutz bringt praktisch keine Nachteile und kann bedenkenlos aktiviert werden, das Gleiche gilt für die Option **Sicherheit mit HTTP Content Security Policy-Header erhöhen**.

Sie sollten außerdem (durch Aktivierung der Funktion) **Nicht zulassen, dass DSM in iFrame eingebettet wird**. Somit ist es nicht mehr möglich, dass Teile der Bedienoberfläche Ihrer DiskStation in eine fremde Webseite eingebunden werden. Auch die Option **Alle gespeicherten Benutzeranmeldesitzungen**

beim Systemstart löschen kann zur Erhöhung der Systemsicherheit aktiviert werden.

Ihre DiskStation bietet Ihnen auch eine eingebaute Firewall, die auf der Registerkarte **Firewall** aktiviert werden kann. Dies ist jedoch im Privathaushalt und auch im kleinen Büro normalerweise nicht nötig: Vor unerwünschten Eindringlingen aus dem Internet sind Sie bereits durch die Firewall Ihres Routers gut geschützt. Die Firewall der DiskStation kann in einem normalen Heimnetz auch nichts zur Erhöhung der Sicherheit beitragen, denn die Reglementierung von bestimmten IP-Adressen ist kaum wirksam. Stattdessen sollten die allgemeinen Benutzerrechte sorgfältig gesetzt werden. Die Nutzung der Firewall der DiskStation ist daher eher für Nutzer mit besonderen Anforderungen interessant. Sie können hier einzelne IP-Adressen, IP-Adressbereiche oder sogar Länderkennungen sperren.

Auf der Registerkarte **Schutz** gibt es die Möglichkeit, einen *DoS-Schutz* zu aktivieren. Der Begriff steht für *Denial of Service* und steht für ein Angriffsverfahren, bei dem ein Computer mit Anfragen aus dem Internet derart überhäuft wird, dass er mit deren Beantwortung überlastet wird und den eigentlichen Dienst nicht mehr bereitstellen kann. Obwohl die Wahrscheinlichkeit eines DoS-Angriffs für Privatpersonen eher gering ist, bringt der Schutz keine Nachteile und kann bedenkenlos aktiviert werden. Sollte Ihre DiskStation über mehrere LAN-Schnittstellen mit dem Internet verbunden sein, müssen Sie diese Option für alle zutreffenden Schnittstellen aktivieren.

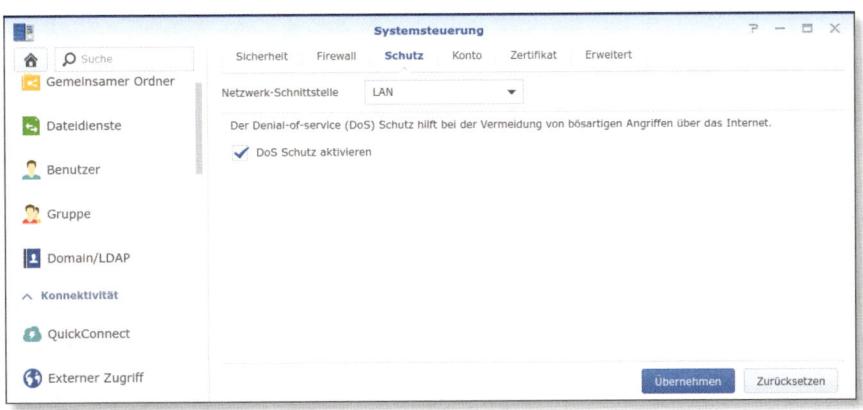

Aktivieren Sie den DoS-Schutz auf der Registerkarte »Schutz«.

Bei den Optionen auf der Registerkarte **Konto** geht es darum, Angreifer auszusperren, die versuchen, Zugangsdaten zu erraten und sich so Zugriff verschaffen wollen. Die intensivste Art dieses Ausprobierens nennt man *Brute-Force-Attacke*: Ein Angreifer probiert alle (!) möglichen Kombinationen aus Nutzername und Passwort aus, kommt auf diese Weise irgendwann definitiv zum Ziel und meldet sich als normaler Benutzer an Ihrem System an. Indem Sie die maximale Anzahl fehlgeschlagener Anmeldeversuche innerhalb einer Zeitspanne festlegen und den Angreifer bei Überschreitung dieser Grenze ignorieren, können Sie diese Angriffe unterbinden.

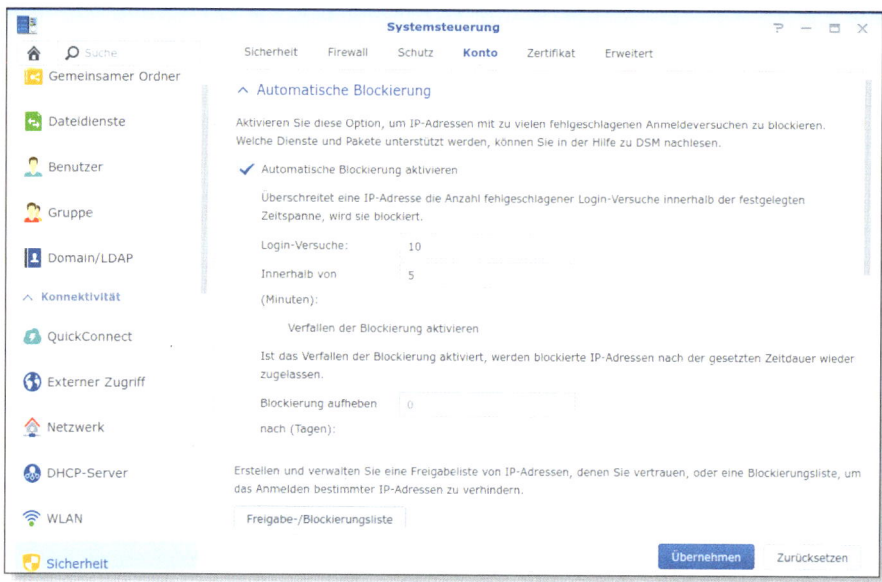

Hilft gegen Brute-Force-Attacken: die automatische Blockierung auf der Registerkarte »Konto«.

Mit den Standardwerten dieser Option (die Sie über das Kontrollkästchen **Automatische Blockierung aktivieren** steuern) darf jeder Anwender innerhalb von fünf Minuten zehn Fehlversuche bei der Anmeldung unternehmen. Wenn er es öfter probiert, wird seine IP-Adresse auf eine Sperrliste gesetzt und die DiskStation sperrt seinen Zugang komplett. Durch Änderung der Werte können Sie die Regel strenger gestalten, damit können aber möglicherweise auch legitime Nutzer ausgesperrt werden, die ihr Passwort vergessen haben

Grundlegende Sicherheitseinstellungen

oder denen ein Tippfehler unterlaufen ist. Die Sperre gilt in der Standardeinstellung nämlich dauerhaft, die IP-Adresse wird also nicht mehr für weitere Anmeldeversuche freigegeben. Sollte sich einmal ein Benutzer versehentlich selbst vom System ausgesperrt haben, kann der Administrator helfen:

1. Melden Sie sich von einem anderen Computer aus als Administrator an der DiskStation an (gegebenenfalls reicht es aus, sich über das Internet oder über den Hostnamen am System anzumelden).

2. Öffnen Sie dann das Modul **Sicherheit** in der **Systemsteuerung** und die Registerkarte **Konto**.

3. Klicken Sie auf die Schaltfläche **Freigabe-/Blockierungsliste** und in dem neuen Fenster auf die Registerkarte **Liste blockierter IPs**.

4. Dort ist die gesperrte IP-Adresse gelistet und kann über die Schaltfläche **Entfernen** wieder aus der Liste gelöscht werden. Danach kann der zuvor gesperrte Nutzer wieder einen Anmeldeversuch unternehmen.

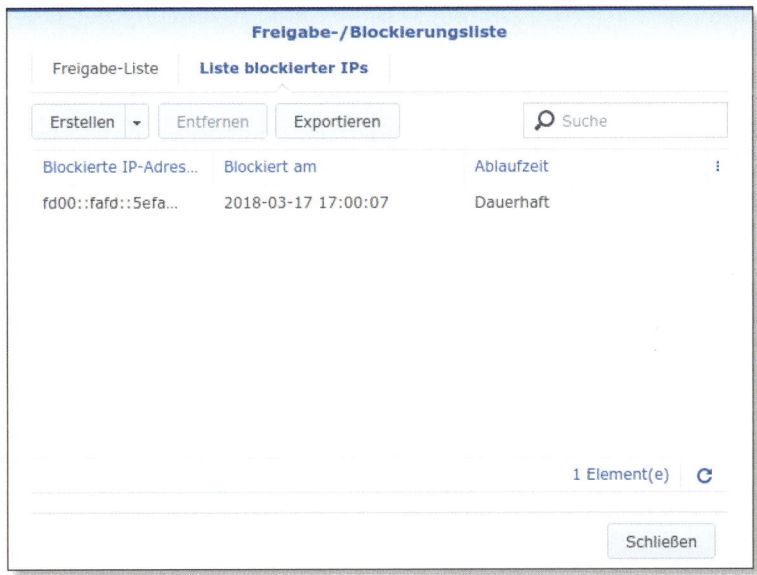

In Quarantäne: Eine IP-Adresse wurde auf die Blockierungsliste gesetzt und wird dauerhaft ignoriert.

Auf Wunsch können Sie die Funktion auch so einrichten, dass die Sperre nur für einen begrenzten Zeitraum gültig ist. Dazu aktivieren Sie die Funktion **Verfallen der Blockierung aktivieren**. Sie können einen Zeitraum festlegen, zum Beispiel zwei Tage, dies öffnet allerdings auch einem echten Angreifer die Möglichkeit, weitere Anmeldeversuche zu unternehmen (falls er nach zwei Tagen daran noch interessiert ist). Mit der bereits genannten **Freigabe-/Blockierungsliste** können Sie auch selbst Regeln erstellen: Wenn eine IP-Adresse auf der Freigabeliste geführt ist, können beliebig viele Anmeldeversuche unternommen werden, ohne dass die automatische Sperre aktiv wird. Das Gegenteil ist bei der Blockierliste der Fall: Von hier aufgeführten Adressen können keinerlei Anmeldeversuche durchgeführt werden. An dieser Stelle wäre es eine schlechte Idee, zur Komfortsteigerung einfach das vermeintlich sichere Heimnetzwerk der Freigabeliste hinzuzufügen. Ein Einbrecher (egal, ob er physischen Zugang hat oder nur »virtuell« über eine Sicherheitslücke von außerhalb eingedrungen ist) hätte damit auch beliebig viele Anmeldeversuche zur Verfügung.

Es gibt die Option, diesen Schutz noch feiner zu konfigurieren. Dafür ist der sogenannte *Kontoschutz* zuständig. Dies ist eine Ergänzung der eben eingerichteten allgemeinen Sperrregel, die dann greift, wenn man beim Anmeldeversuch einen existierenden Benutzernamen eingibt – also nicht wild drauflos rät, sondern explizit einen vorhandenen Benutzer-Account anmelden möchte. Hierbei wird unterschieden, ob man als *vertrauenswürdiger Client* oder als *nicht vertrauenswürdiger Client* betrachtet wird. Ersteres trifft zu, wenn man sich in der Vergangenheit bereits erfolgreich mit einer bestimmten Anwendung oder einem bestimmten Browser am System angemeldet hat. Die DiskStation führt über erfolgreiche Anmeldungen Protokoll und kann dieselbe Anwendung oder denselben Browser über bestimmte Daten wiedererkennen. Hat man sich mit einer (neuen) Anwendung oder einem Browser auf einem neuen Rechner noch nie angemeldet, gilt man als nicht vertrauenswürdiger Client. In den Einstellungen dieser beiden Kategorien kann man dieselben Werte eingeben wie bei der allgemeinen Regel ganz oben im Fenster. Der vertrauenswürdige Client darf in der Grundkonfiguration eine höhere Anzahl an Anmeldeversuchen unternehmen – schließlich ist hier die Wahrscheinlichkeit höher, dass der Anmeldewunsch legitim ist. Beim Kontoschutz wird die Sperre automatisch nach 30 Minuten wieder aufgehoben – das ist für legitime Nutzer praktisch, da diese nicht für einen längeren Zeitraum vom System ausgesperrt bleiben.

Den Abschluss des Moduls **Sicherheit** bildet die Registerkarte **Erweitert**: Hier kann man optional die **HTTP Komprimierung aktivieren**. Sie versucht, den Datentransfer durch Kompression der Inhalte zu beschleunigen. Diese Option ist jedoch im Allgemeinen nicht nötig und nur bei langsamen Verbindungen vorteilhaft.

Wenn die Surveillance Station nicht (oder nur im Heimnetz) genutzt wird und Ihre mobilen Android-Geräte eine aktuellere Fassung des Betriebssystems verwenden als Version 5.0, dann kann in der Sektion **TLS/SSL-Verschlüsselungssammlungen** die *Moderne Kompatibilität* aktiviert werden. Durch ihre Aktivierung werden nur die neuesten Verschlüsselungsprotokolle akzeptiert, die einen noch höheren Schutz vor Angriffen bieten. Für den Alltag ist allerdings auch die Stufe *Zwischenkompatibilität* vollkommen ausreichend. Hierbei werden auch Verschlüsselungsverfahren akzeptiert, die (theoretisch) mit einem geringeren Rechenaufwand zu überlisten sind als die modernen Verfahren.

Rat vom Sicherheits-Berater einholen

Ihre DiskStation bietet ein integriertes Programm, das bestimmte sicherheitskritische Einstellungen überprüft und Sie informiert, wenn es bei bestimmten Optionen Einstellungsvarianten gibt, die unter Sicherheitsaspekten günstiger sind als die derzeit gewählten. Dieses Programm nennt sich *Sicherheits-Berater*. Sie finden es im Hauptmenü des Administratorkontos.

Beim ersten Start zeigt der Sicherheits-Berater Ihnen eventuell bereits ein Ergebnis an, dennoch sollten Sie zuerst die Registerkarte **Erweitert** öffnen. Dort können Sie einstellen, was der Sicherhcits-Berater überprüfen soll. Neben einer benutzerdefinierten Einstellvariante bietet das Programm zwei Profile an: Sie können einstellen, ob Sie Ihre DiskStation nur für den privaten und persönlichen Gebrauch verwenden oder ob Sie das Gerät beruflich und in einem Unternehmen einsetzen. Falls Sie die letztgenannte Option auswählen, ist die Prüfung deutlich strenger. Bei privater Nutzung wird ein nicht so strenges Regelwerk verwendet. Der Grund für diese Unterscheidung liegt darin, dass Unternehmen häufiger das Ziel von Angriffen sind, weil dort – schlicht gesagt – meist »mehr zu holen ist« als in einem Privathaushalt. Daher setzen Angreifer eher umfangreiche und kostenintensivere Angriffsmethoden ein. Wenn Sie allerdings ein großes Sicherheitsbedürfnis haben, weil Sie vielleicht auch bei privater Nutzung mit sensiblen Daten hantieren, ist es natürlich möglich, das etwas strengere Regelwerk der beruflichen Nutzung zu aktivieren.

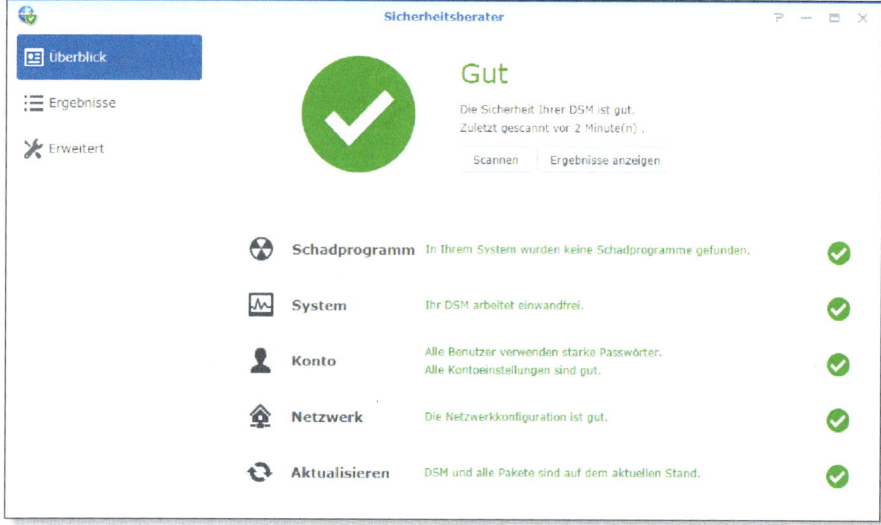

Alles in Ordnung: Der Sicherheits-Berater hat an den Einstellungen der DiskStation nichts auszusetzen.

Wechseln Sie auf die Registerkarte **Überblick**, und klicken Sie auf den Button **Scannen**, der die Prüfung Ihrer DiskStation startet. Der Vorgang dauert je nach Gerät einige Minuten. Sie sehen einen grünen Haken, wenn nach Ansicht des Prüfprogramms mit Ihrem System alles in Ordnung ist. Andernfalls erhalten Sie eine orangefarbene Warnmeldung. In diesem Fall klicken Sie auf den Reiter **Ergebnisse**. Dort sind in Rot die Prüfungen aufgelistet, die Ihre DiskStation nicht bestanden hat. Klicken Sie eine der Prüfungen an,

Rat vom Sicherheits-Berater einholen

erhalten Sie einen erklärenden Text und einen Ratschlag, was zu tun ist. Im Regelfall gibt Ihnen das Programm eine genaue Anleitung und sogar einen Link, der Sie zum relevanten Einstellungsmenü führt.

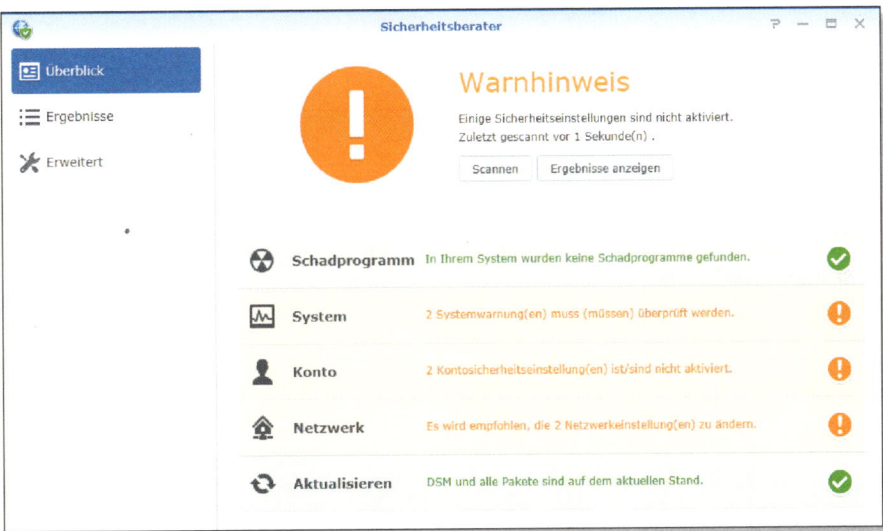

Hier könnte es besser sein: Einige Warnhinweise warten darauf, bearbeitet zu werden.

Auch wenn die Vorschläge dieses Assistenzprogramms allesamt sachdienlich sind, sollten Sie als Nutzer die Ratschläge nicht blind umsetzen, erst recht nicht, wenn Ihnen die Auswirkung der Änderung nicht klar ist. Unter Umständen ist für Ihre persönliche Situation eine bestimmte Einstellung nötig und Ihre DiskStation wird nach einer Änderung nicht mehr wie gewünscht funktionieren. Notieren Sie sich vor einer Änderung daher genau, was Sie verändern wollen und wie die Einstellungen zuvor waren, damit Sie im Notfall wieder zum vorigen Stand zurückkehren können. Es schadet auch nicht, wenn Sie eine Sicherheitskopie der Systemeinstellungen gemäß Kapitel 12, »Alles an (s)einem Platz – zentrale Backups erstellen«, vornehmen. Beachten Sie, dass für den Betrieb in einem Privathaushalt tatsächlich nicht alle Ratschläge aus dem Unternehmensbereich des Programms unbedingt nötig sind.

Im Bericht zu einer Warnung zeigt der Sicherheits-Berater genau an, wie man eine bestimmte Einstellung verändern kann.

Einen Virenscanner installieren

Wenn Sie öfter Dateien aus dem Internet herunterladen oder mit Freunden und Bekannten austauschen, schadet es nicht, wenn ein Virenscanner nach dem Rechten schaut. Im Paket-Zentrum gibt es einen Virenscanner, der von Synology bereitgestellt wird und der fortlaufend Aktualisierungen für die Virensignaturen erhält. Selbst wenn Sie ausschließlich mit Linux- und Mac-Geräten arbeiten (für die es nur relativ wenige Schadprogramme gibt), ist der Einsatz eines Virenscanners keine schlechte Idee.

Zur Installation öffnen Sie (wie immer als Administrator angemeldet) im **Paket-Zentrum** die Kategorie **Sicherheit**. Dort finden Sie das Programm **Antivirus Essential**, das Sie mit einem Klick auf **Installieren** einrichten können.

Nach der Installation können Sie das Programm über das Hauptmenü starten. Bei der ersten Nutzung sollten Sie zunächst die Virensignaturen aktualisieren, damit der Virenscanner auf dem aktuellen Stand ist. Klicken Sie auf die Schaltfläche **Aktualisieren**. Höchstwahrscheinlich wird Ihnen das Programm nach der Installation mitteilen, dass die derzeitigen Signaturen veraltet sind, klicken Sie also auf **Jetzt aktualisieren**. Die Aktualisierung ist nach wenigen Minuten abgeschlossen.

Anschließend können Sie einen manuellen Virenscan durchführen. Gehen Sie dazu zurück auf die Registerkarte **Überblick**. Dort finden Sie die Option **Vollständiger Scan**. Wenn Sie diese anklicken, führt das Programm einen Scan durch, der sowohl alle Benutzerdaten als auch das Betriebssystem DSM einschließt.

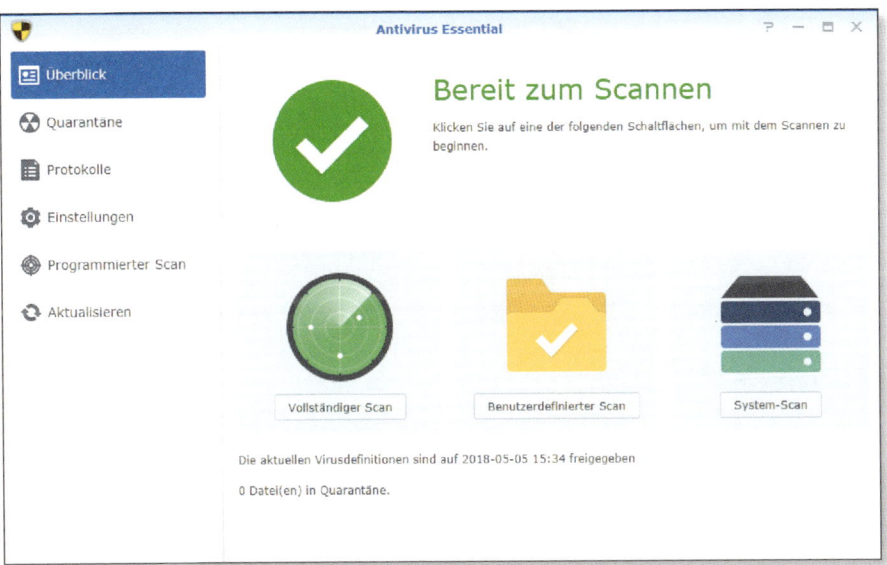

Der Virenscanner ist bereit zum Scannen – es stehen drei verschiedene Modi zur Wahl.

Da ein **Vollständiger Scan** den gesamten Datenbestand prüft, dauert der Vorgang entsprechend lange – bei sehr vielen Daten durchaus mehrere Stunden. Wenn Sie nur das Betriebssystem der DiskStation auf Virenbefall prüfen möchten (das sollten Sie immer zwischendurch einmal tun), dann haben Sie die Option, nur einen **System-Scan** durchzuführen, der wesentlich schneller ausgeführt ist. Sie können auch einen **Benutzerdefinierten Scan** einrichten und genau auswählen, welche Daten geprüft werden. So lässt sich zum Beispiel eine Regel erstellen, dass die Daten des Nachwuchses, der viele Daten aus dem Internet lädt, häufiger geprüft werden. Wenn der erste Scan abgeschlossen ist und keine Viren gefunden hat, können Sie beruhigt sein.

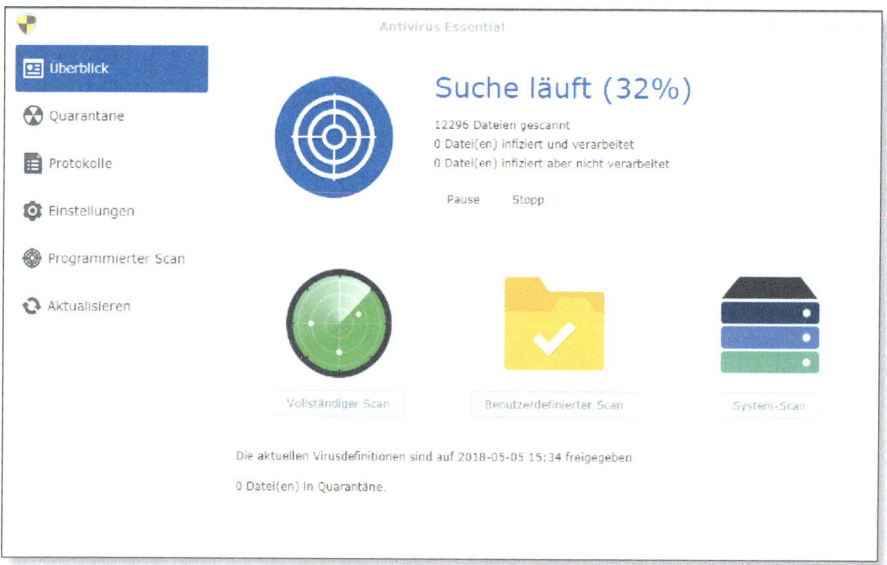

Der Virenscan läuft und hat noch nichts gefunden.

Falls ein Virus gefunden wurde, wird die betreffende Datei automatisch in ein Quarantäne-Verzeichnis verschoben. Klicken Sie auf die Schaltfläche **Quarantäne**. Dort werden alle infizierten Dateien aufgelistet. Wenn eine Datei mit einem Virus infiziert ist, sollte sie am besten gelöscht werden. Klicken Sie dazu die Datei an, und wählen Sie in der Symbolleiste die Option **Löschen** – dies ist der sicherste Weg. Nur wenn Sie sich sicher sind, dass es sich um einen Fehlalarm handelt (so etwas kann durchaus vorkommen), können Sie die Datei über die entsprechende Schaltfläche am ursprünglichen Speicherort wiederherstellen. Sie sollten diese anschließend über die Registerkarte **Einstellungen** auf die *weiße Liste* setzen. Dateien, die dort aufgeführt sind, werden vom Virenscan ausgeschlossen und führen zukünftig

Einen Virenscanner installieren

nicht mehr zu Fehlalarmen. Auf der Registerkarte **Protokolle** können Sie sämtliche Aktionen und Ereignisse des Virenscanners nachvollziehen.

Nachdem Sie den ersten Scan erfolgreich absolviert haben, ist es eine gute Idee, einen Zeitplan zu erstellen, sodass der Virenscan automatisch zu einer festgelegten Zeit durchgeführt wird. Den Zeitpunkt können Sie selbst bestimmten, dabei bietet es sich an, den Scan-Vorgang nachts auszuführen, wenn die Systemauslastung sehr gering ist – dann stört der Scan-Vorgang den Alltagsbetrieb nicht.

1. Klicken Sie auf die Registerkarte, die für den **Zeitplan** zuständig ist.

2. Als Nächstes betätigen Sie die Schaltfläche **Erstellen**. In einem neuen Fenster können Sie den **Scan-Typ** auswählen und haben die Wahl zwischen den bekannten drei Optionen (**Vollständiger Scan**, **System-Scan** und **Benutzerdefinierter Scan**).

3. Ein Klick auf das Feld **Datum** öffnet das zugehörige Listenfeld. Sie können auswählen, wie oft und an welchen Tagen Sie den automatischen Scan durchführen möchten. Bei großem Sicherheitsbedürfnis lässt sich der Scan jeden Tag durchführen, wenn sich Ihr Datenbestand nur selten verändert und Sie nicht häufig Dateien aus dem Internet herunterladen oder von anderen Personen erhalten, können Sie den Scan seltener einplanen.

4. Klicken Sie auf das Feld **Uhrzeit**, und geben Sie die gewünschte Startzeit ein. Klicken Sie abschließend auf **OK**.

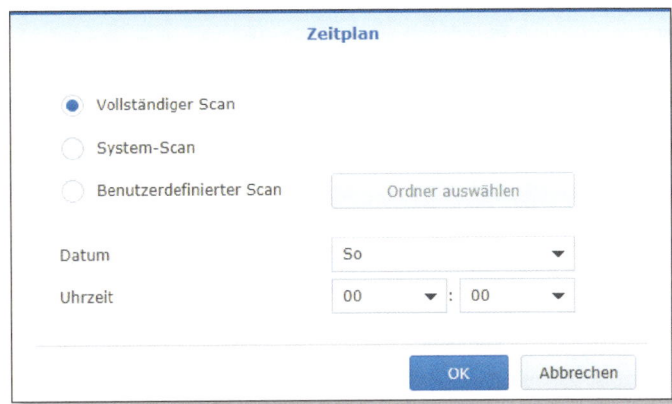

Damit ist die Planung abgeschlossen. Der Virenscanner wird zur geplanten Zeit einen Scan-Vorgang durchführen.

Legen Sie einen Zeitplan fest, wann der Virenscanner aktiv werden soll.

Den Netzwerkverkehr zur DiskStation automatisch verschlüsseln

Normalerweise ist der Datenverkehr zum DSM-System der DiskStation (hierzu zählen nicht unbedingt die Stations) nicht verschlüsselt. Wenn Sie Ihr Gerät nicht für den Internetzugang eingerichtet haben (siehe Kapitel 13, »Ab ins Netz – die DiskStation über das Internet erreichen«), ist dies nicht weiter schlimm, denn im Heimnetzwerk sind im Regelfall keine Angreifer zu erwarten. Nutzen Sie das Gerät beruflich und wünschen Sie eine Verschlüsselung des Datenverkehrs, dann können Sie sie im Modul **Netzwerk** der **Systemsteuerung** einrichten. Öffnen Sie die Registerkarte **DSM-Einstellungen**, und aktivieren Sie die Option **HTTP-Verbindungen automatisch zu HTTPS-Verbindungen umleiten** – hiermit werden alle unverschlüsselten Verbindungen automatisch zu verschlüsselten Verbindungen umgestellt. Normalerweise werden Sie im Browser jetzt eine Zertifikatswarnung erhalten; warum das so ist und wie Sie diese verhindern, lesen Sie in Kapitel 13. Wenn Sie Ihr Gerät für den Internetzugang eingerichtet haben, ist die Verschlüsselung bereits aktiviert.

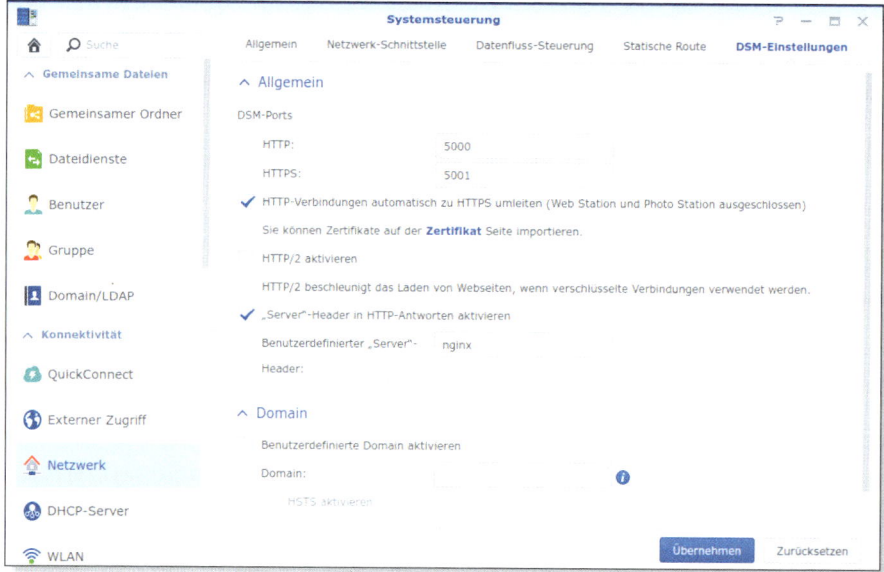

Auf Wunsch können Sie den gesamten HTTP-Verkehr verschlüsseln.

Die Netzwerk-Ports des DSM-Systems ändern

Im Bereich der Computersicherheit ist der Ausdruck »security through obscurity« geläufig. Hierbei wird versucht, einen Angreifer dadurch abzuwehren, dass bestimmte Einstellungen oder Eingangstore auf unübliche Werte gelegt werden, die der Angreifer zunächst nicht kennt. Zielgerichtete Angriffe werden durch dieses Verfahren im Allgemeinen nicht verhindert. Aber es bietet einen Schutz gegen breit gestreute Angriffe. Ein Beispiel für diese Technik ist das Ändern der Zugangs-Ports des DSM-Systems. Das ist normalerweise über die (Netzwerk-)Ports 5000 und 5001 erreichbar. Auch ein Angreifer kann das DSM über diese Ports ansprechen und einen Anmeldeversuch unternehmen. Ändern Sie die Ports beispielsweise auf 5005 und 5006, dann laufen Anmeldeversuche auf die bekannten Ports ins Leere, und ein Angreifer kann nicht erkennen, dass am entsprechenden Internetanschluss eine DiskStation aktiv ist. Wenn der Angreifer aber weiß, dass es ein solches Gerät gibt, kann er – wenn er den gesamten Datenverkehr analysiert – sehen, dass die DiskStation auf Port 5005 und Port 5006 aktiv ist. Der Schutz greift also nur bei automatischen Angriffen, die sich bei einem fehlgeschlagenen Test der Standard-Ports nicht die Mühe machen, intensiver zu forschen.

Trotzdem bringt die Änderung der Ports einen gewissen Sicherheitsgewinn, der aber hauptsächlich für den geschäftlichen Einsatz interessant ist. Hier gibt es oft eine Firmenadresse, die bekannt ist und daher häufig Ziel von Angriffen wird. Wenn Sie diese Art von Schutz einrichten möchten, öffnen Sie in der **Systemsteuerung** das Modul **Netzwerk** und dort die Registerkarte **DSM-Einstellungen**. In der Kategorie **Allgemein** können Sie die Ports für das DSM-System ändern. Sie können sich einen beliebigen Port im Bereich von 1024 bis 65000 aussuchen. Aber Vorsicht: Nach der Änderung müssen Sie für den Zugriff auf die DiskStation stets die neuen Ports verwenden. Das gilt auch für die Port-Weiterleitungen im Router, wenn Sie diesen für den Internetzugriff eingerichtet haben. Haben Sie also bisher nur über *diskstation/* oder über *www.meier.diskstation.local* auf Ihr System zugegriffen, dann müssen Sie nun beispielsweise *diskstation:5005* oder *www.meier.diskstation.local:5005* eingeben.

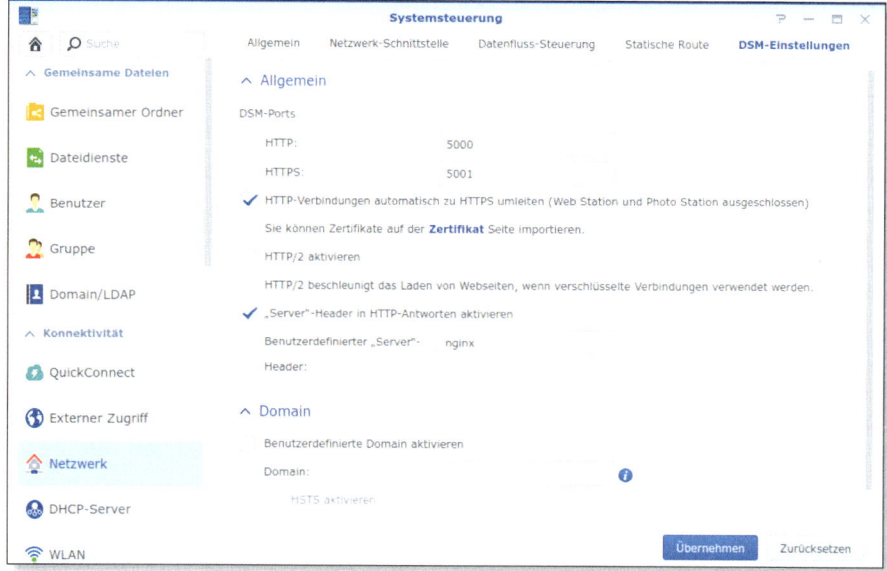

In den DSM-Einstellungen des Moduls »Netzwerk« lassen sich in der Systemsteuerung die Ports des DSM-Systems verändern.

Verschlüsselung gemeinsamer Ordner

In Kapitel 6, »Netzwerkfreigaben im Heimnetz verwalten«, haben Sie bereits die gemeinsamen Ordner kennengelernt, die von mehreren Benutzern zur Verwaltung des Datenbestands genutzt werden können. Gemeinsame Ordner lassen sich auch verschlüsseln und somit vor fremdem Zugriff schützen: Auf der Festplatte der DiskStation liegt der Inhalt dann nur in verschlüsselter Form vor, und ohne Kenntnis des Schlüssels lässt sich der Inhalt nicht lesen.

Zur Erstellung eines verschlüsselten gemeinsamen Ordners gehen Sie zunächst genauso vor wie bei einem normalen gemeinsamen Ordner (siehe Kapitel 6). Wenn Sie im Assistenten in der Sektion **Verschlüsselung** angelangt sind, dann aktivieren Sie die Option **Diesen gemeinsamen Ordner verschlüsseln**. Geben Sie in die beiden Felder den gewünschten Schlüssel ein, achten Sie wie bei einem Passwort auf hohe Komplexität. Der Assistent bietet an, den Schlüssel dem Schlüssel-Manager hinzuzufügen, dieses Angebot sollten Sie jedoch nicht annehmen. Aus Sicherheitsgründen ist es besser, wenn der Schlüssel nicht auf der DiskStation selbst gespeichert wird, ansonsten kann es passieren, dass ein Angreifer ihn doch auslesen kann. Klicken Sie anschließend auf **Weiter**.

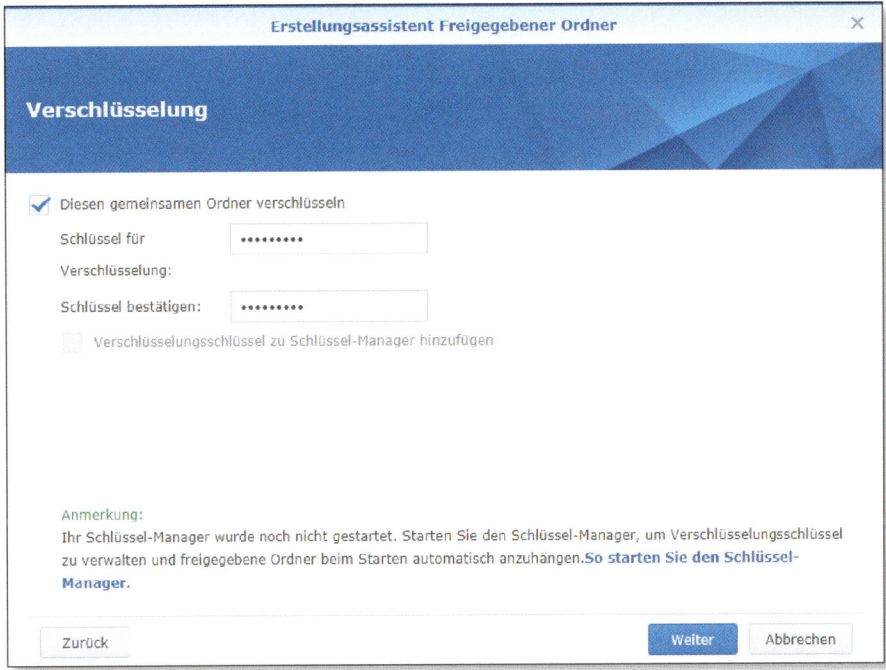

Bei der Erstellung eines verschlüsselten Ordners müssen Sie einen Schlüssel vergeben.

Auf verschlüsselte Ordner kann nicht mit der gleichen Geschwindigkeit zugegriffen werden wie auf einen normalen Ordner – schließlich kostet die Verschlüsselung auch etwas Rechenleistung. Außerdem dürfen die Dateinamen in einem verschlüsselten Ordner nicht ganz so lang sein wie üblich. Am wichtigsten ist jedoch, dass Sie sich den Schlüssel merken oder an einem sicheren Ort aufbewahren – denn ohne den Schlüssel können Sie die Dateien nicht entschlüsseln. Es gibt jedoch eine Hilfsfunktion: Wenn Sie den nun angezeigten Warnhinweis bestätigen, lädt der Browser eine Datei mit der Endung *.key* herunter. Hierbei handelt es sich um einen Notfallschlüssel, mit dem Sie die Dateien entschlüsseln können, falls Sie den eigentlichen Schlüssel vergessen. Die Datei enthält quasi den Schlüssel in Datenform. Heben Sie diese Datei besonders gut auf, und schützen Sie diese vor fremdem Zugriff. Eine Alternative besteht in der Nutzung eines Passwort-Managers, der auch zusätzliche Dateien mit aufnehmen kann – die Schlüsseldatei ist nur wenige Byte groß. Wenn Sie sich absolut sicher sind, dass Sie den eigentlichen Schlüssel niemals vergessen werden, können Sie diese Datei auch einfach löschen. Schließlich stellt der Notfallschlüssel auch ein Sicherheitsrisiko dar. Die restlichen Schritte des Assistenten unterscheiden sich nicht von denen bei der Erstellung eines gewöhnlichen gemeinsamen Ordners.

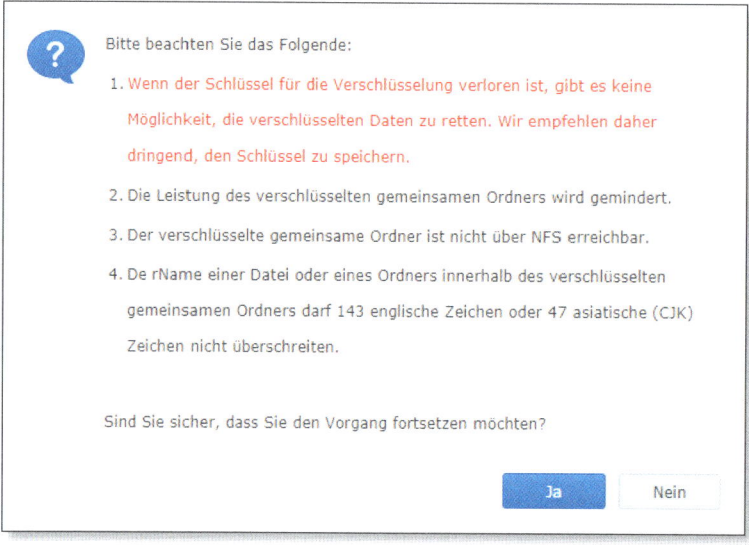

Ein verschlüsselter Ordner weist einige Besonderheiten auf – darauf weist Sie der Assistent gesondert hin.

Nach der Erstellung ist der verschlüsselte Ordner zunächst wie ein normaler gemeinsamer Ordner nutzbar. Nutzer mit Lese- oder Schreibberechtigung können Dateien lesen und schreiben, auf den Ordner kann auch über die die Netzwerkfreigabe zugegriffen werden.

Verschlüsselung gemeinsamer Ordner

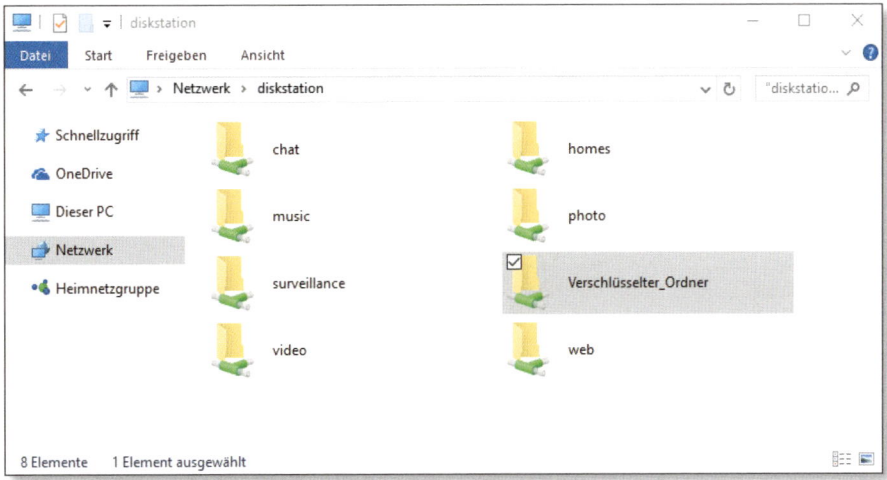

Der verschlüsselte Ordner kann wie jeder andere Ordner verwendet werden.

In diesem Zustand bietet der verschlüsselte Ordner nur wenig Schutz, denn ein Angreifer kann schnell Zugriff auf die Daten nehmen. Um von der Verschlüsselung zu profitieren, muss der Ordner vom System *getrennt* (oder *ausgehängt*) werden, sodass man nur nach der Eingabe des Schlüssels auf seinen Inhalt zugreifen kann. Der Ordner verschwindet dann aus der File Station und aus der Netzwerkfreigabe – und zwar bei allen Nutzern. In diesem Zustand liegt der Inhalt komplett verschlüsselt auf der Festplatte: Die Daten sind in Sicherheit. Nur ein Administrator kann einen verschlüsselten Ordner trennen.

1. Öffnen Sie in der **Systemsteuerung** das Modul **Gemeinsame Ordner**.

2. Klicken Sie den verschlüsselten Ordner in der Liste an und danach in der Symbolleiste auf **Verschlüsselung • Trennen**. Nach einer Rückfrage wird der Ordner ausgehängt und fortan nicht mehr in der File Station geführt.

Übrigens: In dem genannten Menü haben Sie über den Menüeintrag **Exportschlüssel** immer die Möglichkeit, den Notfallschlüssel als Datei herunterzuladen.

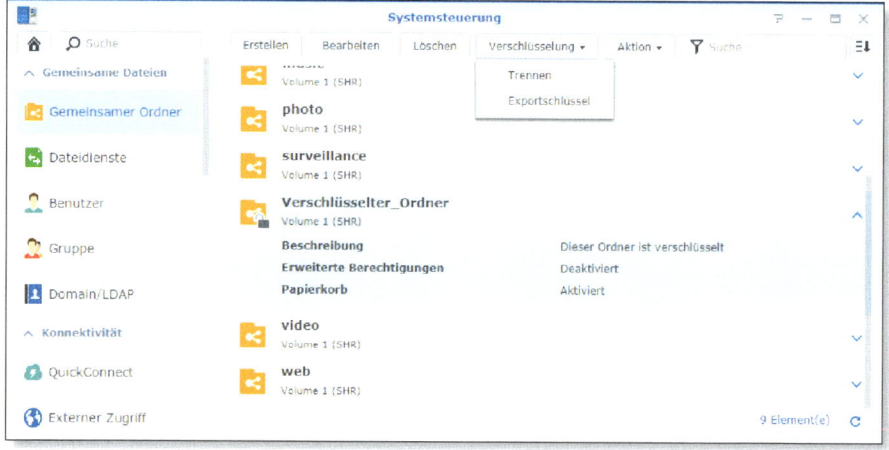

Als Administrator können Sie den verschlüsselten Ordner vom System trennen – er ist dann vor jedem Zugriff geschützt.

Möchten Sie zu einem späteren Zeitpunkt wieder auf den Ordner zugreifen, müssen Sie als Administrator die **Systemsteuerung** und das Modul **Gemeinsame Ordner** öffnen. Klicken Sie den gewünschten Ordner an, und wählen Sie in der Symbolleiste **Verschlüsselung • Anhängen**.

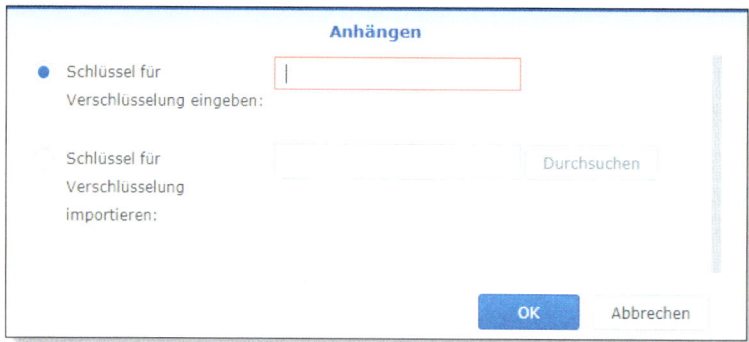

Bevor Sie den Ordner wieder verwenden können, müssen Sie ihn als Administrator anhängen.

In einem neuen Fenster müssen Sie zunächst den Schlüssel eingeben oder alternativ den Pfad zur Notfalldatei nennen. Das Einhängen dauert einen Moment, danach steht der Ordner normal zur Verfügung. Da die Prozedur ein wenig aufwendig ist, eignen sich verschlüsselte Ordner vor allem für sensible Daten, auf die nur selten zugegriffen werden muss.

Zwei-Faktor-Authentifizierung für das Administratorkonto

Einen Benutzer kann man nicht nur über ein Passwort identifizieren, sondern auch über die sogenannte *Zwei-Faktor-Authentifizierung*. Bei dieser Methode muss man neben dem Passwort noch etwas anderes im Besitz haben – häufig ist dies beispielsweise eine Chipkarte. Dieses Verfahren kennen Sie sicherlich von Ihrer Bank. Bei der Komponente, die Sie besitzen müssen, muss es sich nicht unbedingt um einen physischen Gegenstand handeln. Möglich sind auch etwa Tan-Nummern, die nur für einen Anmeldevorgang gültig sind. Tan-Listen (das Wort steht für *Transaktionsnummer*) können auf Papier gedruckt sein oder von einem Generator erstellt werden. Die letztgenannte Option bietet auch die DiskStation zur Erhöhung der Sicherheit beim Anmeldevorgang: Der zu authentifizierende Nutzer gibt sein Passwort und anschließend einen Code ein, der von einem Generator geliefert wird. Dafür kann die kostenlose App *Google Authenticator* verwendet werden, die es für Android, iOS und das BlackBerry-Betriebssystem gibt. Dieses Anmeldeverfahren ist deutlich sicherer als die simple Eingabe eines Passwortes. Da das Verfahren aber auch etwas aufwendiger ist, bietet es sich an, es vorwiegend für das Administratorkonto einzusetzen. Dieses Konto wird nicht oft benötigt, sollte aber auf keinen Fall geknackt werden, denn schließlich hat der Administrator Zugriff auf alle Daten und Einstellungen.

Um die Zwei-Faktor-Authentifizierung einzurichten, öffnen Sie die Systemsteuerung und darin das Modul **Benutzer**. Klicken Sie auf die Registerkarte **Erweitert**, und aktivieren Sie in der Sektion **2-Stufen Verifizierung** das Kontrollkästchen. Wählen Sie darunter die Einstellung **Benutzer der Administratoren-Gruppe**. Nun öffnet sich der **2-Stufen Verifizierung Einrichtungsassistent**, der Sie durch den Einrichtungsvorgang begleiten wird. Klicken Sie auf **Weiter**.

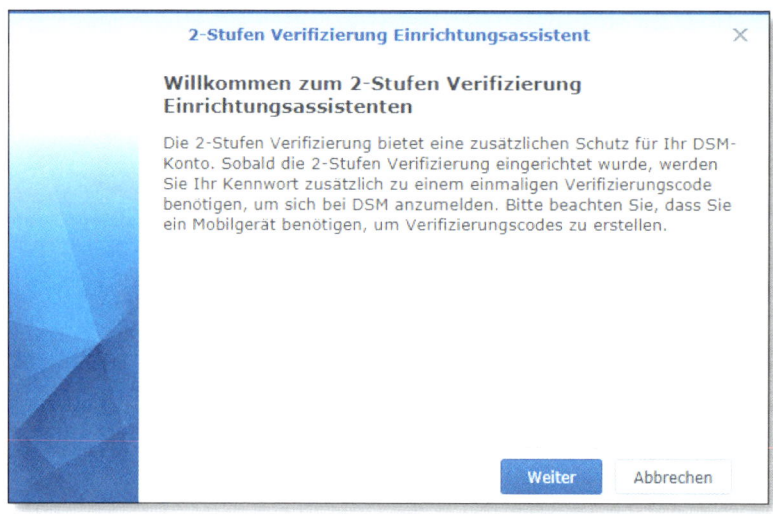

Der Einrichtungsassistent führt Sie durch die Einrichtung.

Der Assistent zeigt Ihnen einen Barcode an. Installieren Sie auf Ihrem Mobilgerät den Google Authenticator, den Sie im jeweiligen App-Bezugspunkt erhalten. Beim ersten Start der App müssen Sie ein Konto hinzufügen, dort gibt es die Option, einen Barcode zu scannen. Wenn Sie die Option aktivieren, öffnet sich ein Barcode-Scanner, mit dem Sie den Code der DiskStation einlesen können. Alternativ können Sie auch den Schlüssel eingeben, den Ihnen der Assistent im Browser auf Wunsch anzeigt.

Die App generiert einen 6-stelligen Code. Klicken Sie im Browser der DiskStation auf **Weiter**, und geben Sie den Code aus der App ein. Klicken Sie erneut auf **Weiter**.

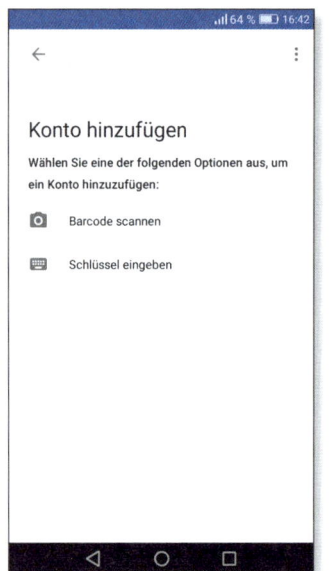

In der App Google Authenticator müssen Sie ein neues Konto hinzufügen und dafür den Barcode scannen, den der Assistent anzeigt.

Zwei-Faktor-Authentifizierung für das Administratorkonto

Der Google Authenticator zeigt Ihnen einen 6-stelligen Verifizierungscode an. Diesen müssen Sie dem Assistenten mitteilen.

Nun müssen Sie lediglich eine E-Mail-Adresse eingeben. An diese kann im Notfall ein Zugangscode gesendet werden, den Sie nutzen können, wenn Sie Ihr Mobilgerät nicht zur Hand haben. Nachdem Sie den Assistenten abgeschlossen haben, ist die Funktion aktiv. Klicken Sie auf **Schließen**.

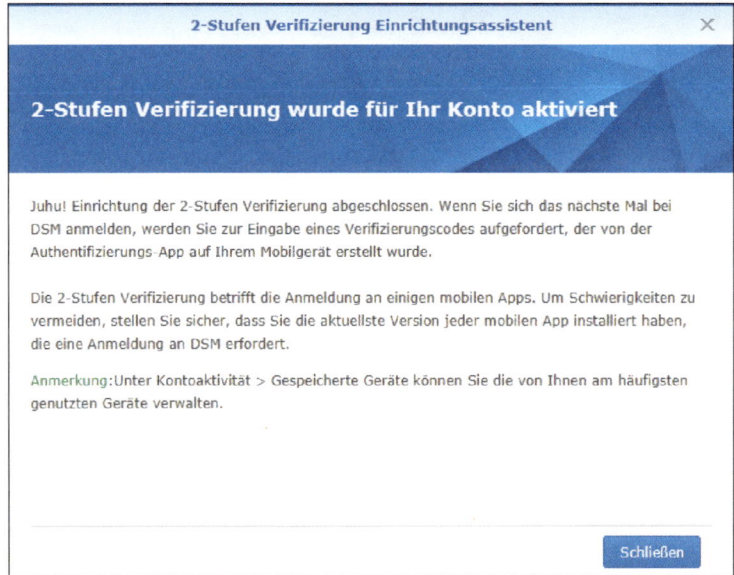

Die 2-Stufen-Verifizierung ist eingerichtet.

Im Modul **Benutzer** in der **Systemsteuerung** klicken Sie abschließend auf **Übernehmen**.

Wenn Sie sich nun von der DiskStation abmelden und sich anschließend als Administrator anmelden möchten, müssen Sie nach der Eingabe Ihres Passwortes einen 6-stelligen Code eingeben. Diesen Code liefert Ihnen der Google Authenticator direkt nach dem Öffnen. Wenn Sie die Funktion nicht mehr nutzen möchten, können Sie sie im Modul **Benutzer**, Registerkarte **Erweitert** deaktivieren.

Nach der Passworteingabe müssen Sie nun beim Anmeldevorgang zusätzlich einen Code vom Google Authenticator eingeben.

Kapitel 19
Weitere Einstellungen und Komfortfunktionen

Extras kosten Aufpreis – aber nicht für die DiskStation! In diesem Kapitel erfahren Sie, was Ihr NAS-Gerät sonst noch so alles kann.

Neben den Möglichkeiten, die Sie bereits im Laufe des Buches kennengelernt haben, bringt Ihre DiskStation noch einige weitere Extras mit. In diesem Kapitel lernen Sie einige dieser praktischen Zusatzfunktionen kennen, vom Aktualisieren der Programme über die Notiz-Verwaltung bis zur Einrichtung einer festen IP-Adresse.

Die Programme der DiskStation aktuell halten

Synology gibt nicht nur regelmäßig Aktualisierungen für das Betriebssystem DSM der DiskStation, sondern auch für die Applikationen und Programme heraus. Wenn für eine oder mehrere Programme Updates verfügbar sind, erhält der Administrator in seinem Info-Bereich eine Mitteilung, die über Art und Anzahl der Updates informiert.

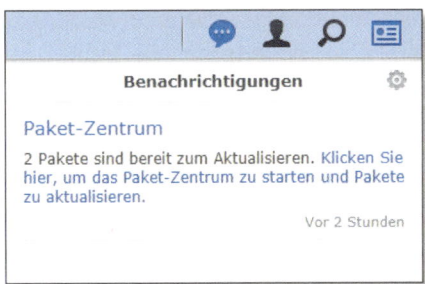

Für zwei Softwarepakete sind Updates verfügbar.

Um die Updates zu installieren, öffnen Sie das Paket-Zentrum, die Mitteilung enthält dazu gleich einen passenden Link. Im Paket-Zentrum sehen Sie eine Liste der Programme, für die Updates bereitstehen. Um sie einzuspielen, klicken Sie auf die Schaltfläche **Alle aktualisieren**. Das Update läuft automatisch ab, ein Neustart ist bei normalen Programmen nicht nötig.

Über die Schaltfläche »Alle aktualisieren« lassen sich alle Updates gemeinsam einspielen.

Der Chat-Service der DiskStation

Wenn Sie Ihre DiskStation beruflich nutzen und viel im Team arbeiten, interessieren Sie sich vielleicht für das integrierte Chat-System, denn der Funktionsumfang geht über gewöhnliche Chat-Apps weit hinaus.

Das Chat-System der DiskStation namens *Chat* finden Sie wie immer im Paket-Zentrum, entweder über die Suchfunktion oder direkt in der Kategorie **Produktivität**. Vor der ersten Nutzung sollten Sie die Zugriffsrechte auf das Programm über die Systemsteuerung und das Modul **Benutzer** passend vergeben. Beim ersten Start von Chat über das Hauptmenü der DiskStation erscheint eine Übersichtsseite, die über die Funktion der Bedienelemente informiert.

Der Chat-Service der DiskStation

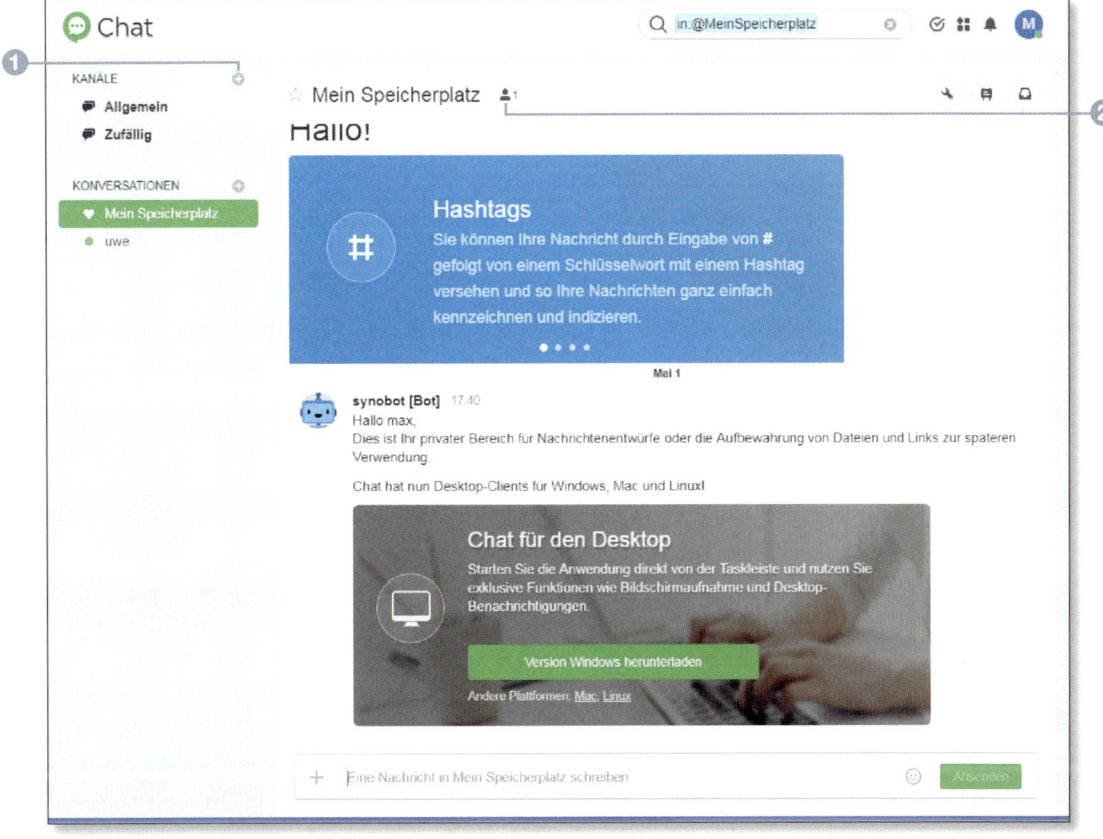

Beim ersten Start des Chats ist noch nicht allzu viel los.

Der Chat selbst ist sehr leicht zu benutzen: Es gibt verschiedene Kanäle, die für unterschiedliche Gesprächsinhalte oder auch Zielgruppen verwendet werden können. Zwei allgemeine Kanäle sind bereits vordefiniert, weitere Kanäle lassen sich mit der Schaltfläche ❶ jederzeit hinzufügen. Wenn Sie sich im Chat-Programm anmelden, finden Sie sich im Kanal **Allgemein** wieder. Die Nachrichten in diesem Kanal können von allen Personen gelesen werden. Nachrichten werden gespeichert, sie können also auch später noch gelesen werden. Wenn Sie auf das Icon ❷ klicken, sehen Sie eine Liste aller anwesenden Personen. Ein Klick auf den Namen einer Person startet einen privaten Chat.

Kapitel 19 – Weitere Einstellungen und Komfortfunktionen

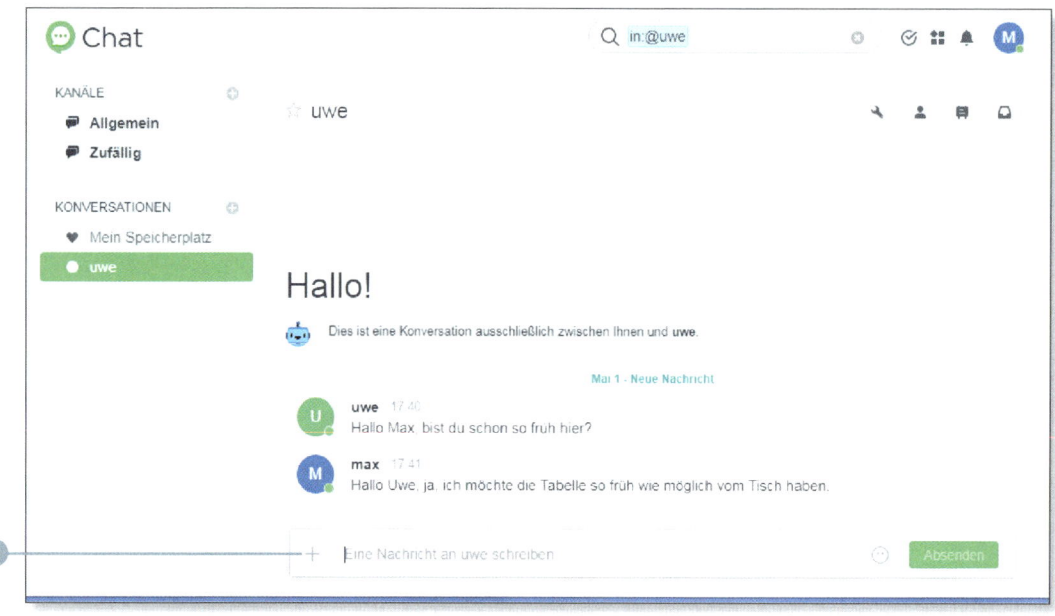

Private Chats eignen sich gut für vertrauliche Gespräche.

In den Chat können Sie auch weitere Inhalte, wie zum Beispiel Bilder, einbinden. Für die mobile Nutzung gibt es eine App mit dem Namen *Chat*, die Sie im App-Bezugspunkt Ihres Mobilgeräts von Synology erhalten können.

Mit dem Chat-System können Sie auch Abstimmungen erstellen. Klicken Sie dazu innerhalb eines Kanals oder in einem privaten Chat unten auf das Plus-Zeichen ❶. Sie können einen beschreibenden Text eingeben und Optionen vorgeben, unter denen die Teilnehmer auswählen können.

Das Chat-System bietet für Mobilgeräte eine eigene App.

Der Chat-Service der DiskStation

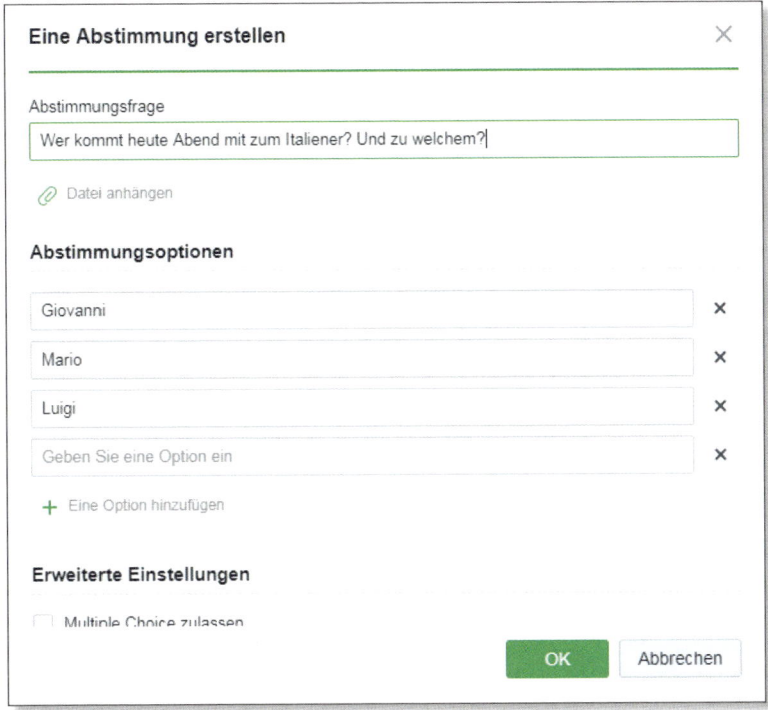

Auch Abstimmungen können Sie im Chat erstellen.

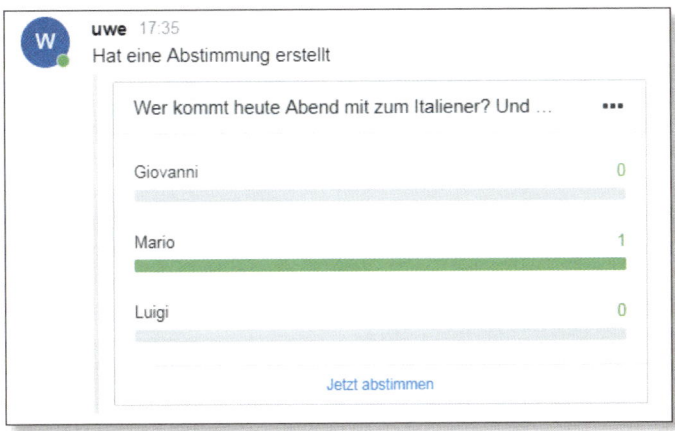

Die Abstimmung ist online – und eine Person hat sie schon genutzt.

Die Notiz-Verwaltung

Wenn Sie zu den Personen gehören, die sich gern etwas notieren und häufig mit Notizbüchern und Notizzetteln hantieren, werden Sie sich vielleicht über die Notizverwaltung Ihrer DiskStation freuen. Dieses System ermöglicht es Ihnen, virtuelle Notizbücher zu führen, die Sie mit Texten, Bildern, Audioaufnahmen und sogar Videos füllen können. Die Notizbücher werden auf alle verbundenen Geräte synchronisiert, sodass Sie auch auf dem Smartphone und dem Desktop-Rechner Zugriff darauf haben. Dabei bleiben Ihre Daten komplett auf der DiskStation.

Das zuständige Programm auf der DiskStation heißt passend *Note Station* und gehört zu den empfohlenen Apps. Sie finden es im **Paket-Zentrum** unter eben dieser Kategorie (alternativ auch in der Sektion **Produktivität**). Als Administrator eingeloggt, ist das Programm schnell installiert. Denken Sie daran, nach der Installation die Benutzerrechte zu setzen.

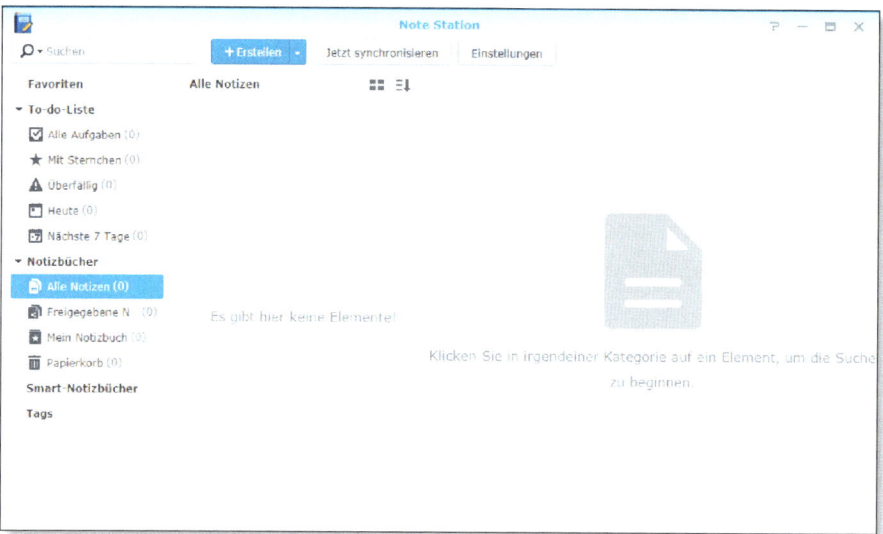

Noch ganz leer: die Note Station nach dem ersten Start

Beim ersten Start der Note Station erhalten Sie die Möglichkeit, auch gleich die Desktop-Version zu installieren. Dank dieses Zusatzprogramms haben Sie immer direkten Zugriff auf Ihre Notizen und müssen nicht erst den

Browser bemühen. Sie finden das Programm auch direkt unter der Adresse *www.synology.com/de-de/support/download*. Dort müssen Sie die Modellnummer Ihrer DiskStation eingeben und anschließend den *Note-Station-Client* installieren. Beim ersten Start müssen Sie sich mit Ihren Nutzerdaten anmelden, das Programm ist ansonsten genauso aufgebaut wie die Version im Browser.

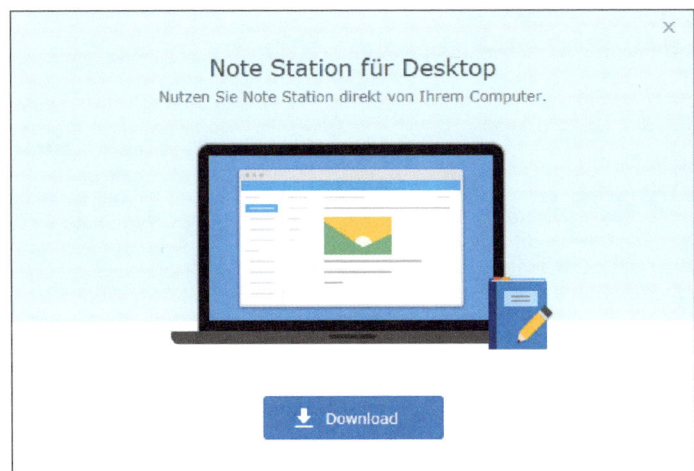

Zur Note Station gibt es auch eine eigene Anwendung für den Desktop-Rechner.

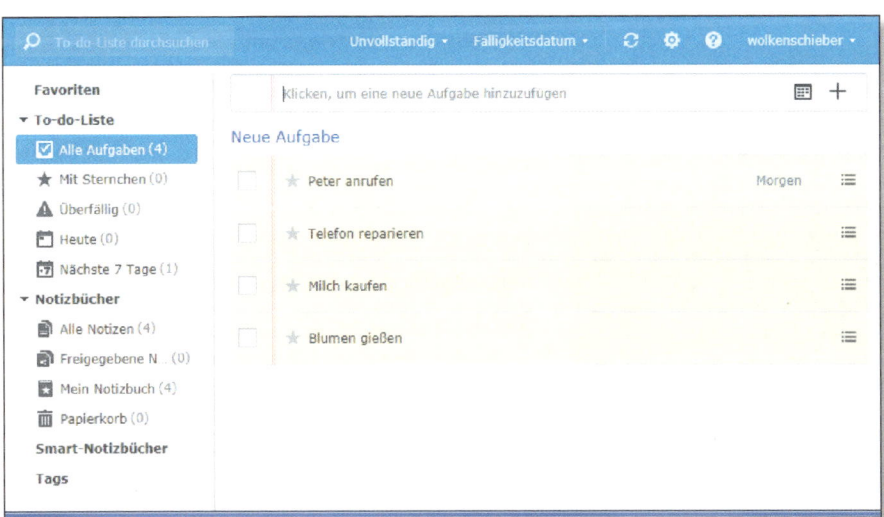

Die Desktop-Anwendung bietet denselben Funktionsumfang wie das Browserpendant.

Die Note Station unterscheidet zwischen der *Notizfunktion* und der *To-do-Liste*. Über die Notizfunktion können Sie Notizbücher anlegen und mit Notizen füllen. Bei einer intensiven Nutzung lassen sich auch Schlagwörter einführen. Die To-do-Liste dient dem Planen von Terminen und Aufgaben und bietet auch die Möglichkeit, an anstehende Termine und Aufgaben zu erinnern.

Notizen werden mit dem Notiz-Editor erstellt – dieser bietet viele Gestaltungsmöglichkeiten, die aber alle optional sind.

Dem Erstellen von Notizen dient die Schaltfläche oben in der Symbolleiste, die sichtbar wird, sobald Sie links im Auswahlmenü unter **Notizbücher**

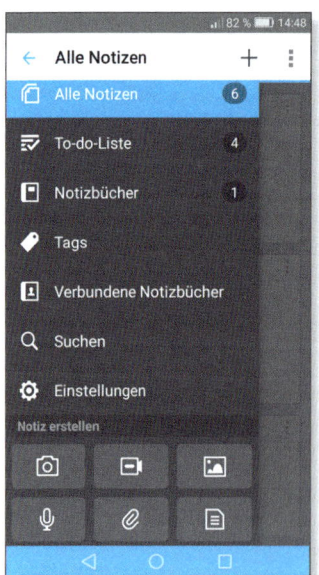

ein Notizbuch angeklickt haben. Über diese Schaltfläche öffnet sich ein Editor, in den Sie einen Text eingeben können. Für einfache, schnelle Notizen genügt dies meist schon völlig. Sie können den Text aber auch formatieren und zum Beispiel die Textgröße einstellen. Dafür gibt es im Editor entsprechende Werkzeuge. Es lassen sich auch Bilder, Tonaufnahmen und andere Dateien einfügen, auch die Erstellung von Tabellen ist möglich.

Wer lieber mobil arbeitet, freut sich über die App für Smartphones und Tablets – auch damit lassen sich Notizen erstellen.

Wenn Sie auf Ihre Notizen auch mit Smartphone oder Tablet zugreifen möchten, finden Sie die entsprechende App unter dem Namen *DS note* (von Synology) im App-Bezugspunkt Ihres Mobilgeräts. Die App bietet den gleichen Funktionsumfang wie die Desktop-Version. Über Schnellzugriffstasten im Menü lassen sich Notizen erstellen, entweder in Textform oder direkt als Bild, Video oder Audioaufnahme.

Persönliche Einstellungen und Komfortmerkmale

Wenn Ihnen die Darstellung der Oberfläche der DiskStation im Browser im Laufe der Zeit etwas langweilig geworden ist, wird es Zeit für einen Tapetenwechsel. Für die Login-Seite können Sie diesen als Administrator in der **Systemsteuerung** vornehmen, klicken Sie dafür auf das Symbol **Thema**. Es gibt mehrere Möglichkeiten, wie Sie das Erscheinungsbild der Login-Seite personalisieren können: Das Modul **Thema** bietet Ihnen im oberen Bereich einige Eingabefelder. Hier können Sie Informationen eingeben, die auf der Anmeldeseite angezeigt werden sollen – so können Sie die Benutzer mit einer persönlichen Nachricht begrüßen. Darunter haben Sie die Wahl, wie die Eingabemaske dargestellt werden soll. Neben der hellen Variante gibt es auch eine dunkle Fassung.

In der nächsten Sektion können Sie das Hintergrundbild anpassen, klicken Sie dazu auf die Vorschau. Es öffnet sich ein neues Fenster, das Ihnen eine Auswahl an Motiven zeigt, die der Hersteller mitliefert. Sie können auch eigene Bilder auswählen, die Sie auf dem Gerät gespeichert haben. Möchten Sie kein Bild verwenden, können Sie die Willkommensseite auch einfarbig gestalten – dafür dienen die Eingabefelder rechts neben der Anzeige des Hintergrundbildes. Mit der letzten Option können Sie auf der Login-Seite ein Logo platzieren – das bietet sich bei der geschäftlichen Nutzung an. Oberhalb der Vorschaubilder gibt es auch die Option, das Logo vom DSM-System anzuzeigen. Das Modul **Thema** bietet noch eine zweite Registerkarte mit dem gleichen Namen. Hier können Sie das Thema der Fensterdarstellung verändern. Ihre Einstellungen schließen Sie mit einem Klick auf **OK** ab.

Kapitel 19 – Weitere Einstellungen und Komfortfunktionen

Im Modul »Thema« der Systemsteuerung können Sie das Aussehen der Login-Seite verändern.

Natürlich können Sie nicht nur das Aussehen der Anmeldeseite bestimmen, sondern auch die Erscheinung des Desktops. Das kann übrigens jeder Benutzer individuell machen. Klicken Sie – als entsprechender Benutzer angemeldet – oben rechts in der »Taskleiste« von DSM auf das Personen-Icon, und wählen Sie die Option **Persönlich**. Wechseln Sie anschließend auf die Registerkarte **Desktop**.

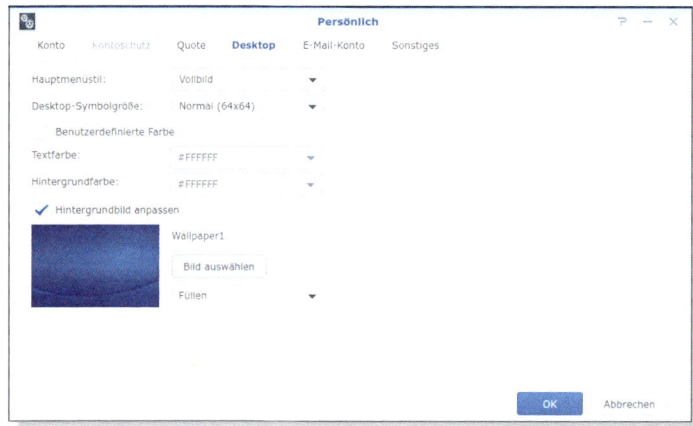

Im persönlichen Bereich lässt sich der eigene Desktop individuell gestalten.

Dort können Sie den Anzeigestil des Hauptmenüs und die Größe der Symbole auf dem Desktop verändern. Für die Farbe von Texten und des Hintergrundes des Desktops können Sie persönliche Werte eingeben. In der dritten Sektion lässt sich das Hintergrundbild des Desktops festlegen. Aktivieren Sie das zugehörige Kontrollkästchen, und klicken Sie dann auf die Schaltfläche **Bild auswählen**. Schließen Sie Ihre Eingaben mit einem Klick auf **OK** ab.

Einen benutzerdefinierten Alias verwenden

Einige Anwendungen, wie zum Beispiel die Photo Station, können Sie direkt über eine eigene Adresse, zum Beispiel *http://diskstation/photo* erreichen. Wenn es Sie bei anderen Anwendungen stört, den etwas aufwendigeren Weg über das Hauptmenü gehen zu müssen, dann interessieren Sie sich vielleicht für einen *benutzerdefinierten Alias*. Dieser bietet verschiedene Möglichkeiten, um schnell auf die Anwendungen zugreifen zu können.

Öffnen Sie als Administrator in der **Systemsteuerung** das Anwendungsportal und dort die Registerkarte **Anwendung**.

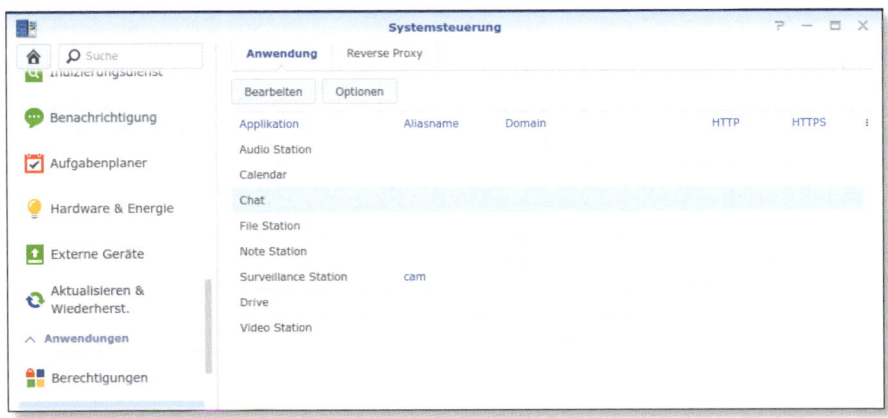

Das Anwendungsportal in der Systemsteuerung

In einer Tabelle sehen Sie in der ersten Spalte Anwendungen, für die Sie einen benutzerdefinierten Alias erzeugen können. Klicken Sie auf den Namen einer Anwendung und anschließend auf die Schaltfläche **Bearbeiten** in der Symbolleiste.

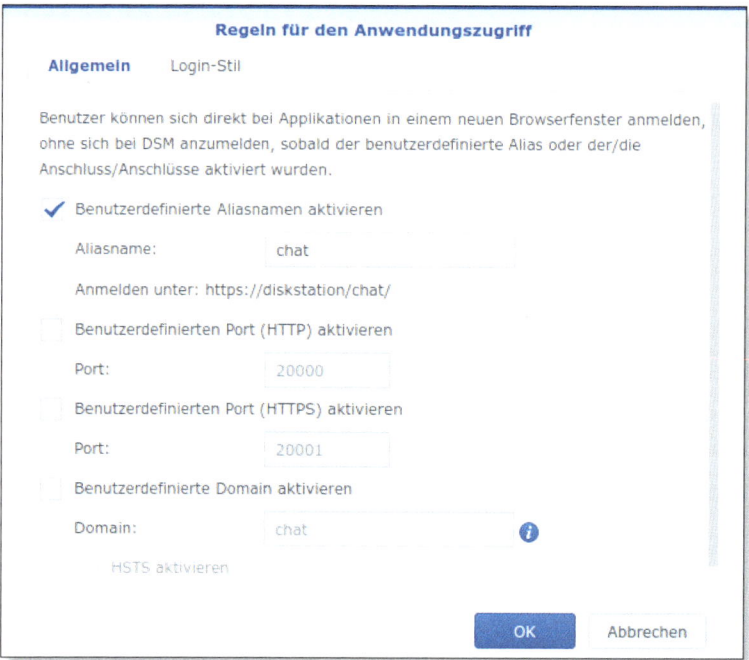

Es gibt mehrere Möglichkeiten, einen Schnellzugriff einzurichten – hier beispielsweise in Form eines Aliasnamens.

Sie sehen das Fenster **Regeln für den Anwendungszugriff** und können einen Schnellzugriff erstellen. Die erste Möglichkeit ist die Nutzung eines Aliasnamens. Dieser wird dem Hostnamen oder (für den Internetzugriff) Ihrer Domain angehängt. Sie können den Alias frei aussuchen. Um ihn sich leichter merken zu können, sollten Sie sich jedoch am Namen oder der Funktion der Anwendung orientieren, zum Beispiel der Alias *chat* für die Chat-Anwendung.

Die zweite und dritte Option kümmert sich um einen benutzerdefinierten Port. Sie können für jede Anwendung einen eigenen Port definieren, zum Beispiel Port 20000. Der Port wird, durch einen Doppelpunkt getrennt, an Hostnamen oder Domain angehängt. Sie können also beispielsweise den

Chat über diese Adresse erreichen: *diskstation:20000*. Es empfiehlt sich, Port-Nummern im Bereich 20000 bis 65000 zu wählen – ansonsten ist die Wahl beliebig (es darf nur keine Doppelbelegungen geben).

Die vierte Möglichkeit besteht darin, eine eigene Domain bereitzustellen, die (im privaten Bereich) hauptsächlich für den Zugriff über das heimische Netzwerk verwendet werden kann. An den Namen, den Sie sich aussuchen können, wird die Top-Level-Domain *.local* angehängt – so können Sie den Chat beispielsweise über *chat.local* erreichen. Es handelt sich also um eine Alternative zur Domain der DiskStation (in diesem Fall etwa *diskstation/ chat*), die jedoch nur im Heimnetzwerk funktioniert und je nach Konfiguration der DiskStation (siehe auch Kapitel 13, »Ab ins Netz – die DiskStation über das Internet erreichen«) zu einer Zertifikatswarnung führt. Übrigens: Im selben Fenster können Sie auf der Registerkarte **Login-Stil** eine eigene Gestaltung für die Anmeldeseite der entsprechenden Anwendung auswählen.

Aktualisieren von DSM und Sichern der Systemkonfiguration

Das Betriebssystem DSM wird fortlaufend aktualisiert und um Funktionen ergänzt, außerdem werden eventuelle Fehler korrigiert. Aus Sicherheitsgründen sollte immer mit der jeweils aktuellen Version gearbeitet werden. Wenn eine neue Version zur Verfügung steht, sollten Sie diese so schnell wie möglich installieren. Für den Einsteiger ist es eine gute Idee, Aktualisierungen automatisch installieren zu lassen. Die Optionen, die Sie bei der Erstinstallation in Kapitel 4, »Das Gerät erstmalig einrichten und in Betrieb nehmen«, vorgenommen haben, können Sie auch nachträglich noch verändern. Rufen Sie dazu als Administrator in der **Systemsteuerung** das Modul **Aktualisieren & Wiederherst.** auf. Die benötigten Optionen finden Sie auf der Registerkarte **DSM-Aktualisierung** unter der Schaltfläche **Update-Einstellungen**. Diese Registerkarte ist auch Ihr erster Anlaufpunkt, wenn Sie ein Update, das von der DiskStation automatisch heruntergeladen wurde, manuell installieren möchten.

Besonders wichtig ist die Registerkarte **Sicherung der Systemkonfiguration**. Dort gibt es zwei Schaltflächen, mit denen Sie die aktuellen Einstellungen und Konfigurationen Ihrer DiskStation sichern können. Die Einstellungen werden per Download auf den aktuellen Rechner übertragen. Falls Sie einmal eine Einstellung versehentlich verstellen oder es zu einem Datenverlust kommt, haben Sie immer einen Sicherungsanker, mit dem Sie die aktuelle Konfiguration wieder herstellen können. Diese Sicherung sollten Sie spätestens dann erstellen, wenn Sie mit allen Einstellungen Ihres Geräts zufrieden sind. Sie können jederzeit weitere Sicherungen erstellen. Mit der Schaltfläche im Fenster lässt sich eine vorhandene Sicherung wieder einspielen.

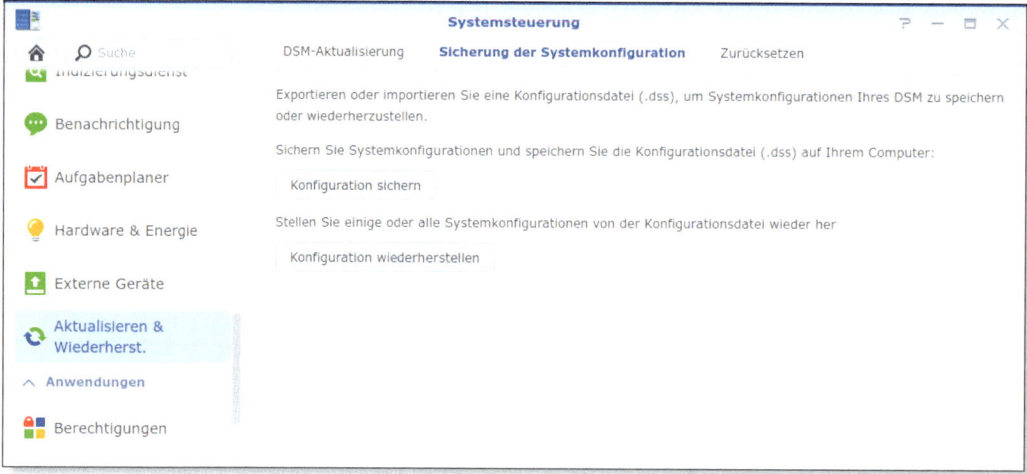

Eine Sicherung der Systemkonfiguration sollte regelmäßig durchgeführt werden.

Das Info-Center

Wenn Sie sich für technische Details Ihrer DiskStation interessieren oder im Fehlerfall von einem Support-Mitarbeiter nach einigen Daten gefragt werden: Sie finden eine Menge an Informationen im *Info-Center*, das Sie als Administrator in der **Systemsteuerung** aufrufen können.

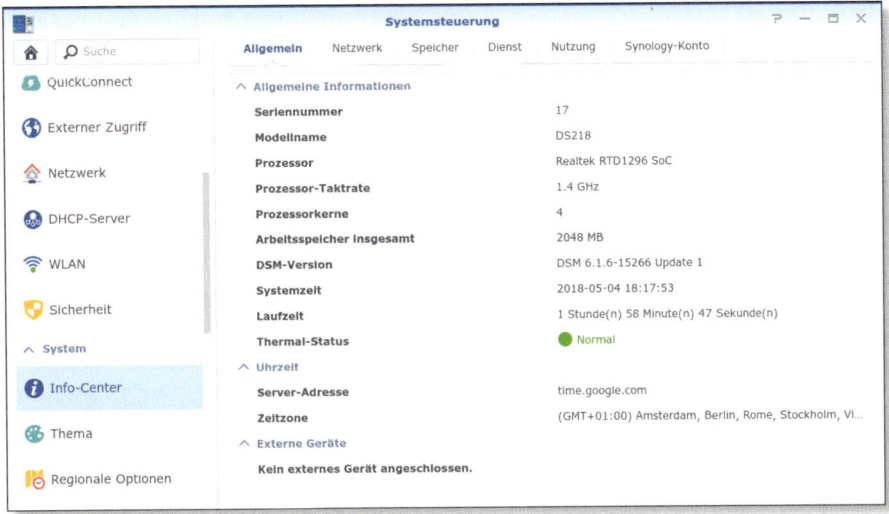

Das Info-Center in der Systemsteuerung

Im Info-Center gibt es mehrere Registerkarten, die über verschiedene Systemfunktionen berichten. Die Registerkarte **Allgemein** informiert über grundlegende Konfigurationen des Systems. Neben der aktuellen Systemtemperatur sehen Sie hier, ob externe Geräte, die am USB-Anschluss eingesteckt sind, korrekt erkannt wurden. Die Registerkarte **Netzwerk** zeigt alle wichtigen Daten der Netzwerkschnittstelle und auch die aktuellen IP-Adressen an. Wenn Sie wissen möchten, wie viel Festplattenplatz belegt ist, finden Sie diese Informationen unter **Speicher**. Dort gibt es auch Angaben zum allgemeinen Zustand der Festplatten, und Sie können sehen, ob eventuell ein Ausfall droht.

Auch wichtig ist die Registerkarte **Dienste**. Hier sehen Sie alle Dienste, die auf der DiskStation verfügbar sind. Neben den Stations mit den Hauptaufgaben finden Sie hier auch alle zusätzlichen Dienste, die im Hintergrund für das Funktionieren des Systems sorgen. Hier können Sie Dienste aktivieren und auch deaktivieren. Interessant ist auch die Schaltfläche **Verbindung testen**. Wenn man einen bestimmten Dienst durch Anklicken auswählt und die Schaltfläche betätigt, prüft die DiskStation, wie der gewählte Dienst erreicht werden kann: nur über das lokale Netzwerk oder auch über das Internet? An dieser Stelle können Sie prüfen, für welchen Nutzerkreis ein Dienst verfügbar ist. Stellen Sie fest, dass ein Dienst nicht wie gewünscht über das Internet angesprochen werden kann, sondern nur im lokalen Netzwerk verfügbar ist, dann mangelt es an der entsprechenden Port-Freigabe bzw. -weiterleitung. Ist hingegen ein Dienst über das Internet erreichbar, der eigentlich nur im lokalen Netzwerk verfügbar sein sollte, ist der umgekehrte Weg zu gehen: Die entsprechende Freigabe muss in der Router-Konfiguration entfernt werden. Welche Dienste welche Ports nutzen, zeigt Ihnen Kapitel 13, »Ab ins Netz – die DiskStation über das Internet erreichen«.

Die beiden letzten Registerkarten regeln die Übermittlung (anonymisierter) Nutzungsdaten an Synology sowie die Einrichtung des Synology-Kontos, das für die Erreichbarkeit über das Internet nützlich ist. Beachten Sie, dass das Gerät auch ohne weitergegebene Daten vollständig nutzbar ist.

Im *Protokoll Center*, das direkt im Hauptmenü aufgerufen werden kann, finden Sie Protokolle zur Fehlerbehebung. Die DiskStation kann auch so eingerichtet werden, dass Sie als Zielgerät für die Aufnahme von Protokollen anderer Geräte dient.

Energie sparen mit der DiskStation

In der Grundeinstellung sind die Festplatten der DiskStation fortlaufend in Betrieb. Wenn Sie das ständige Laufgeräusch der Festplatten stört, oder Sie den Stromverbrauch des Geräts senken möchten, können Sie die Festplatten nach einer Zeit der Inaktivität in den Energiesparmodus schalten. Dabei werden die Speicherscheiben im Inneren angehalten. Sie hören dann nur noch den Lüfter, und die Leistungsaufnahme sinkt um ungefähr 3 bis 5 Watt pro Festplatte. Es gibt verschiedene Meinungen darüber, ob das Abschalten der Festplatte der Lebensdauer der Geräte zu- oder abträglich ist. Der fortwährenden Lagerabnutzung werden Temperaturschwankungen und häufiges Beschleunigen gegenübergestellt.

Die Einstellungen für diese Funktion finden Sie auf der Registerkarte **Ruhezustand der Festplatte** im Modul **Hardware & Energie** in der **Systemsteuerung**. Sie können getrennte Zeiten für die internen und die externen Festplatten vergeben. Nach Ablauf dieser Zeit werden die Festplatten bei Inaktivität abgeschaltet. Sie sollten die Zeitspanne nicht zu kurz wählen, weil die Festplatten sonst zu schnell und zu häufig abgeschaltet werden – ein Wert von mindestens zwanzig Minuten hat sich als praxistauglich erwiesen. Sie können übrigens auch die ganze DiskStation bei Inaktivität in einen Schlafmodus schicken. Sie lässt sich über die sogenannte Wake-on-LAN-Funktion aus dem Heimnetzwerk wieder aufwecken. Dabei sinkt der Stromverbrauch zwar deutlich, die Funktion ist jedoch über das Internet nur schwierig zu nutzen und bisweilen auch störanfällig. Einsteiger sollten zur Vermeidung unnötiger Probleme davon Abstand nehmen.

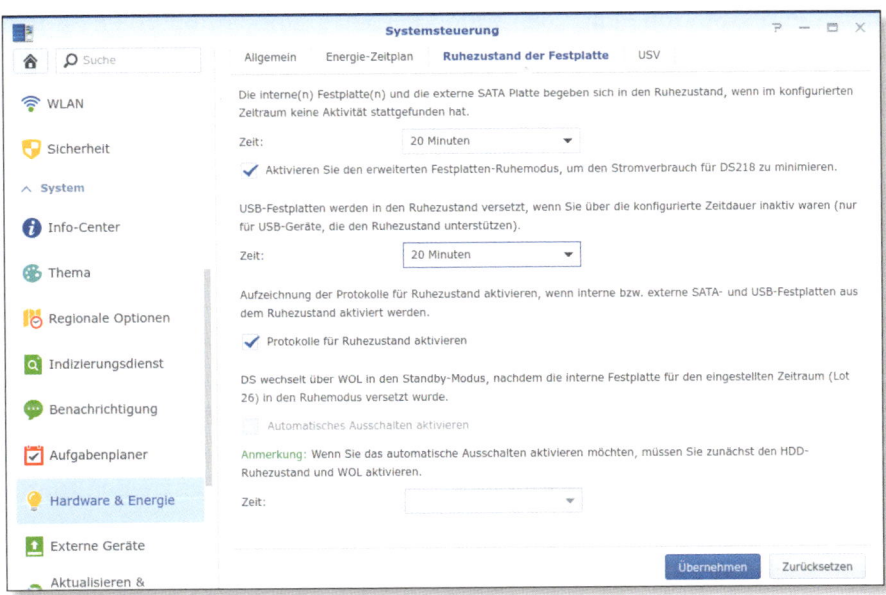

Hilft beim Energiesparen: das Modul Hardware & Energie in der Systemsteuerung

Wenn Sie Energie sparen möchten, sollten Sie sich die Registerkarte **Energie-Zeitplan** ansehen. Die DiskStation hat eine eingebaute Echtzeituhr und kann automatisch zu einer bestimmten Zeit aus- und wieder eingeschaltet werden. Sie können das Gerät also beispielsweise während der Nachtstunden ausschalten und es morgens wieder starten lassen. Vor einer Urlaubsreise mit Zeitverschiebung müssen Sie die Funktion gegebenenfalls anpassen – Gleiches gilt vielleicht für eine Party oder einen ausgedehnten Filmabend.

Im Zusammenhang mit der Urlaubsreise sollten Sie auch einen Blick auf die Registerkarte **Allgemein** werfen: Dort können Sie einstellen, wie sich Ihre DiskStation nach einem Stromausfall verhalten soll: Wenn Sie das wünschen, dann schaltet sich das Gerät wieder automatisch an, sobald der Strom wieder verfügbar ist – sehr praktisch, wenn das Gerät auch während einer Reise verfügbar sein soll. Sie können die DiskStation übrigens auch an eine *unterbrechungsfreie Stromversorgung* (USV) anschließen. Diese stellt für den Fall, dass der Netzstrom ausfällt, eine Akkuversorgung bereit, mit dem die DiskStation einige Zeit weiter betrieben und ordnungsgemäß und ohne Datenverlust ausgeschaltet werden kann. Einstellungen können auf der Registerkarte **USV** vorgenommen werden.

Auf der Registerkarte **Allgemein** können Sie je nach Modell die Helligkeit der Leuchtdioden sowie die Funktion des Warntons einstellen.

Die DiskStation mit einer festen IP-Adresse betreiben

In der Standardeinstellung werden die Geräte in einem Heimnetzwerk mit einer dynamischen IP-Adresse betrieben, die sich im Laufe der Zeit ändern kann. Für einen Server ist dies unpraktisch, denn der Nutzer weiß mitunter nicht unmittelbar, unter welcher Adresse er das Gerät zur gegenwärtigen Zeit ansprechen kann. Zum Glück gilt diese Einschränkung nicht für den Hostnamen. Dieser verknüpft den gleichbleibenden Namen mit der wechselnden IP-Adresse, sodass das betreffende Gerät stets unter dem gleichen Namen angesprochen werden kann. Vielleicht möchten Sie jedoch auch erreichen, dass sich die IP-Adresse eines Servergeräts nicht verändert, sondern fest bleibt. Um dies zu erreichen, gibt es zwei Möglichkeiten: Zum einen kann der Router so eingestellt werden, dass er einem bestimmten Gerät stets dieselbe IP-Adresse zuweist. In diesem Fall muss nur der Router konfiguriert werden, das Servergerät selbst kann weiterhin so eingestellt bleiben, dass es seine IP-Adresse automatisch bezieht. Diese Methode ist vorteilhaft,

Die DiskStation mit einer festen IP-Adresse betreiben

weil man auch in einem größeren Netzwerk nur mit einer Eingabemaske arbeiten muss und im Router leichter den Überblick behält.

Wenn Ihr Router diese elegante Möglichkeit nicht bietet und Sie für die DiskStation eine feste IP-Adresse benötigen, dann gibt es auch die Möglichkeit, diese direkt in der DiskStation einzustellen. Sie sollten diese Einrichtung nur dann vornehmen, wenn Sie Kenntnisse über die Materie besitzen und diese Funktion tatsächlich benötigen.

Öffnen Sie zunächst als Administrator in der **Systemsteuerung** der DiskStation das Modul **Netzwerk**. Klicken Sie auf die Registerkarte **Netzwerk-Schnittstelle**. Wählen Sie die **LAN-Schnittstelle** – das ist die kabelgebundene Schnittstelle, über die Ihre DiskStation mit Ihrem Heimnetzwerk verbunden ist. Klicken Sie in der Symbolleiste auf **Bearbeiten**.

In diesen Feldern legen Sie eine feste IP-Adresse an.

Aktivieren Sie die Option **Manuelle Konfiguration verwenden**. Füllen Sie die vier Felder mit der gewünschten IP-Adresse, der Subnetzmaske sowie dem Gateway und dem DNS-Server. In einem Heimnetzwerk übernimmt üblicherweise der Router sowohl die Aufgaben des Gateways als auch des

DNS-Servers. Tragen Sie hier also dessen Adresse ein. Achten Sie darauf, dass Sie für die DiskStation eine IP-Adresse verwenden, die nicht durch den DHCP-Server des Routers verwaltet wird, damit es nicht zu Adresskollisionen kommen kann. Aktivieren Sie die Option **Als-Standard-Gateway festlegen** – schließlich gibt es im Heimnetzwerk üblicherweise nur ein Gateway in Form des Routers. Die übrigen Werte müssen Sie nicht eingeben, klicken Sie zum Abschluss direkt auf **OK**.

Stichwortverzeichnis

A

Abwesenheitsnotiz 253
Administrator 63
Administratorkonto 64
Adobe Flash Player 189
Adressbuch 127, 138
  Installation 137
  synchronisieren 141
AirPlay 193, 202
Aktualisierung 66
Alias 341
Antivirenprogramm 249
Antivirus Essential 316
  aktualisieren 317
  Installation 316
  Quarantäne 318
  Scan durchführen 317
Arbeitsgeschwindigkeit 49, 50
Arbeitsspeicher erweitern 21
Audio Station 166
  Bibliothek 169
  Installation 166
  Internetzugriff 173
  teilen 173
  Wiedergabegerät festlegen 170
  Zugriff einschränken 167
Audiotitel
  Wiedergabeprobleme 165
Audiotranscodierung 165
Authentifizierung 250
Automatische Blockierung 310

B

Backup 46, 51, 101, 203
  ansehen 207
  einrichten 211
  inkrementelles 210, 219
  Integritätsprüfung 217
  Sicherungsrotation 218
  Verschlüsselung 217
  Verschlüsselungsschlüssel 217
  Versionen 221
  wiederherstellen 221
  Zeitplan 216
  Zielpfad 206
Baugröße 38
Belüftung 59
Benachrichtigung 85, 91
  E-Mail 85
  Ereignisse 86
  SMS 85
Benutzergruppe 81
Benutzerhandbuch 100
Benutzer-Home-Dienst 102, 179
Benutzerkontigenteinstellung 82
Benutzerkonto 63, 79
Berechtigungen 81, 113
  Anwendungen 82
  global zuweisen 147
  effektive Quote 82
Bewegungserkennung 286
Bibliothek 161, 166, 169
Bildbearbeitung 190

Stichwortverzeichnis

BitTorrent 265, 267, 269
Blacklist 249
Brute-Force-Attacke 310
Btrfs 20, 78

C

CalDAV 127, 133
CardBook 138
CardDAV 127, 137, 138
Chat 332
  App 334
  Zugriffsrechte 332
Chromecast 202
Cloud 143
Cloud-Dienst 143
Cloud Station Backup 148, 204, 207
  Datensicherungsregeln 206
  frühere Dateiversionen 204, 208
  Installation 204
  Ordner für Backup auswählen 205
  Versionsexplorer 209
Cloud Station Drive 148, 150, 204
Cloud Station Server 144, 204
  Ausschluss von Nutzern 147
  Berechtigungen global festlegen 147
  Client-Anwendungen 145, 148, 155
  Cloud Station Backup 148
  Cloud Station Drive 148, 150
  DS cloud 148, 155
  frühere Dateiversionen 144, 153
  Installation 145
  Offlinemodus 154
  Ordner synchronisieren 158
  Versioning 159, 160

D

Dateianforderung 124
  erstellen 125
  löschen 126
  verwalten 126
Dateien wiederherstellen 208
Dateifreigabe 115, 240, 262
  als Laufwerk einbinden (Windows) 109
Dateihistorie 208
Dateisystem 78
Datei-Upload 124
Daten
  schützen 45, 115, 203, 307
  sichern 57
  synchronisieren 143, 204
  versehentliches Löschen 203
Datenrate 15
Datensicherheit 17, 18, 19, 45, 49, 50
Datensicherungs-Assistent 211
Datenübertragung verschlüsseln 229
DDNS-Dienst 224
Desktop 89
DHCP-Server 350
Dienst
  Verbindung testen 345
DiskStation 11
  abmelden 93
  als Zielgerät für Backups 209
  Aufstellort 55
  ausschalten 60
  Backup auf externer Festplatte 210
  Backup einrichten 211
  Benutzerrechte 292
  blockierte IP-Adressen entsperren 311
  Chat 332

Stichwortverzeichnis

Cloud-Dienst 143
Dienste 345
DoS-Schutz 309
  einrichten 55
  einschalten 59
  Firewall 309
  herunterfahren 94
  Internetzugriff 173
  IP-Adresse herausfinden 156
  J-Serie 12, 57
  Netzwerkverkehr verschlüsseln 320
  Neustart 94
  personalisieren 339
  Piepton 59, 60, 62
  Play-Serie 14
  Plus-Serie 16, 58
  schützen 307
  Sicherheits-Berater 313
  sichern 307, 308
  Speicherplatz 74
  suchen 61
  TV-Funktionen 297
  TV-Server 297
  Überwachung 271
  Value-Serie 13
  Virenscanner 316
DLNA 161, 191, 193, 202
Domain 224, 238, 241, 291
Domain Name System (DNS) 224
DoS-Schutz 309
Download-Manager 261, 267
Download Station 261
  Benachrichtigungen 265
  Benutzer ausschließen 262
  Benutzerrechte 262
  Dateien automatisch entpacken 265
  Downloads hinzufügen 267
  Installation 262

  Zeitplan 265
  Zielverzeichnisse einstellen 263
DS118 13
DS218 13, 19, 20, 69, 74
DS218+ 16, 19, 21
DS218j 12, 19
DS218play 19, 20
DS418 24, 26
DS418j 12, 24, 25
DS418play 24, 27
DS718+ 19, 23
DS918+ 16, 24, 27
DS audio 173
  Titel downloaden 174
DS cam 289
  Benachrichtigungen 292
  Home Mode 295
  Installation 291
  Live-Ansicht 291
DS cloud 148, 155
DS-Lite-Internetzugang 239
DSM 66, 71, 93, 131, 240, 307, 320, 339
  Aktualisierung 331, 343
  Hilfe 100
  Netzwerk-Ports ändern 321
  Systemdaten 99
DS note 339
DS video 202, 306

E

E-Mail-Adresse
  Aliasname 251
  anlegen 251
E-Mail-Programm
  externes 257

Stichwortverzeichnis

E-Mail-Server 241, 254
  Installation 243
Energiesparmodus 346
Energie-Zeitplan 347
Erweiterungseinheit 23
  DX517 23
eSata-Anschluss 23, 27
Exif-Tags 188
EXT4 78

F

Festplatte 29, 45
  Archive 36, 210
  Ausfall 32, 46, 52, 203
  Backup 34, 36, 210
  Baugröße 38, 52, 59
  Betriebsdauer 34
  Einbau 55, 57
  fehlerhafte Sektoren 67
  Funktion 31
  Funktionsprinzip 31
  Headcrash 32
  Heliumfüllung 40
  Kompatibilitätsliste 41
  Lebensdauer 30
  Modellvarianten 34
  NAS-Festplatte 34, 36
  Platter 31
  Prüfung 78
  Reserveplatte 78
  Rotationsgeschwindigkeit 39
  Ruhezustand 347
  Schreib- und Lesekopf 31
  Shingled Magnetic Recording 36
  SMR 36
  Speicherkapazität 29
  Temperatur 32
  Vibrationen 34

File Hoster 262
File Station 98, 119
  Audioplayer 174
  Backups ansehen 207
  frühere Dateiversionen 208
  TV-Aufnahmeordner anlegen 300
  Versionsexplorer 208
Firewall 309
Firewall-Ausnahme 233
FQDN 246
Freigabe 121
  Datei-Upload 124
  entfernen 346
  geteilte Verknüfungen verwalten 123
  Übersicht 123
  Verknüpfung teilen 122
Fritz!Box 233
FTP-Server 262
Full Qualified Domain Name 246

G

Gastkonto 107
Gemeinsame Ordner 113, 114, 115, 164, 213
  Erstellungsassistent 115
  löschen 118
  photo 186
  synchronisieren 158
  verschlüsseln 322
  Zugriffsrechte 160
Geofencing 293, 295
  Probleme bei der Einrichtung 295
Geschwindigkeit 56
Geschwindigkeitsbeschränkungen 83
Gesichtserkennung 180
Google Authenticator 327
Gruppen
  lokale 118
  Rechte zuweisen 118

Stichwortverzeichnis

H

H.264 276
Handbrake 15
Hauptmenü 73, 90, 97
   Programme 73
   Systemkonfiguration 73
Headcrash 32
HEVC 14
Historie einer Datei 208
home-Ordner 102
Hostname 63
HTTPS 230
HTTP-Verbindungen verschlüsseln 229
Hyper Backup 211, 219, 220
   Dateisicherungs-Explorer 221
   Datensicherungs-Assistent 211
   Sicherungsaufgaben 211
   Zielgeräte 212

I

IMAP 248, 257
   Port 993 254
Info-Center 344
Integritätsprüfung 217
IntelliVersioning 159
Internetradio 165, 172
IP-Adresse 60, 66, 156, 224
   dynamische 348
   feste 348
IPv4 224, 239
IPv6 239

J

J-Serie 12, 57

K

Kalender 127
   Installation 127
   Schnellzugriff Terminerstellung 132
   synchronisieren 136
   teilen 131
   Termin eintragen 131
   weitere erstellen 130
Kamera deaktivieren 286
Kameralizenz 280
Kennwort
   sicheres 65

L

Lesezeichen 109, 112
Let's Encrypt 236
Link Aggregation 24

M

MailPlus-Server 22
Mail-Server 85, 241, 243
   Installation 243
Mail Station 243
   Installation 255
Mediacenter 101
Medienindizierung 164
Mediensammlung
   Ordner hinzufügen 164
   pflegen 166
Medienserver 161
   Ausschluss von Nutzern/Geräten 165
   Bibliothek 161, 166
   finden 163
   Installation 162
   Spracheinstellung 163
MJPEG 276

Stichwortverzeichnis

Modus
  Basic 48
  JBOD 48
  RAID 0 49
  RAID 1 50
  RAID 5 50
  RAID 6 51
  RAID 10 52
  SHR 52
  SHR2 53

N

Network Address Translation (NAT) 224
Network Time Protocol 274
Netzwerkfreigabe 101
  Linux 110
  Mac 110
  Windows 106
Netzwerkkamera 272
Netzwerkspeicher 101
Netzwerkstandort 65
NFS-Protokoll 110
Note Station 336
  Benutzerrechte 336
  Client installieren 337
  DS note 339
  Notiz-Editor 338
  Notizfunktion 338
  To-do-Liste 338
Notiz-Editor 338
NTP-Dienst 274

O

Offlinemodus 154
Offlinetranscodierung 193, 199
One-Click-Hoster 267

P

Paket-Zentrum 97, 127, 145, 211, 316
  Updates installieren 332
Papierkorb 103
  einrichten 104
  Regel zur Leerung 117
Paritätsdaten 50, 51, 53
Passwort
  sicheres 65, 69, 80
Persönlichkeitsrecht 272
Photo Station 69, 177
  Alben 183
  Album 187
  Benutzerkonten 183
  Berechtigungen 185
  Blog 182
  Diashow 190
  Editor 190
  Foto-Bearbeitungsprogramm 189
  Fotos herunterladen 180, 189
  Fotos hochladen 183
  Fotos kommentieren 180
  Fotos teilen 182
  Freigabe 180
  Galerie 187
  Gäste 180
  Gesichtserkennung 180
  Installation 177
  Nutzergruppen 183
  öffentliches Album 184
  persönliche 179
  privates Album 184
  soziale Netzwerke 181
  Uploader 186
  Zugangsrechte 180, 182
  Zugriffsrechte 180
Play-Serie 14
Plus-Serie 16, 58
POP3 248, 257

Stichwortverzeichnis

Port
- *80* 234
- *443* 234
- *ändern* 321
- *Freigabe* 233, 346
- *Weiterleitung* 232, 240, 254, 291, 321, 346

Programmübersicht 303
Protokoll Center 346
Proxy-Server 151
PVR 14

Q

QR-Code 122
QuickConnect 67, 239

R

RAID 45, 203
RAID-Verbund 32, 45, 76
Rechtevergabe 101
Redundant Array of Independent Disks → RAID 45
Redundanz 32, 46
Ressourcen-Monitor 94
Rotationsgeschwindigkeit 39
roundcube 256
Router 55, 232, 254, 291, 321, 348
Router-Port 179
rsync-Server 212

S

Schadprogramme 250
Schlüssel-Manager 323
Schnellzugriffsbereich 91
Sendersuchlauf 302
Servername 63, 66

Serviceanbieter 85
SHR 47, 52, 75, 76
SHR2 53
Sicherheit 64, 69, 249, 307, 313
Sicherheits-Berater 313
Sicherheitskopie 203, 207, 208
Sicherheitsmaßnahmen 64
Sicherungsaufgaben 211
Simple Mail Transfer Protocol → SMTP
Smart-Warnungen 67
SMB-Protokoll 110, 229, 238, 240
SMTP 244, 258
- *Port 25* 246

SMTP-Protokoll 254
SMTP-Relais 246
SMTP-Server 244, 260
- *Verschlüsselung* 246

Spam
- *Filter* 249
- *Spam-Versender aussperren* 245

Speicherkapazität 41, 50, 51, 210
Speicherplatz 204, 241, 267, 279
- *Konfiguration* 74, 75
- *Speicher-Manager* 74

SSD 37
SSL-Verschlüsselung 151
Stations 69
Stromausfall 348
Strombedarf 18
Stromverbrauch 34, 40, 56, 158
Suche 94
Surveillance Station 271, 313
- *Audioformat* 278
- *Benachrichtigung* 288
- *Benutzerrechte* 292, 295
- *Bewegungserkennung* 286
- *Chronik* 285
- *Client-Verwaltung* 291
- *DS cam* 289, 291
- *einrichten* 274

Stichwortverzeichnis

Home Mode 293, 296
Installation 272
Live-Ansicht 282
Netzwerkkamera 275
Schnappschuss 281
unterstützte Kameras 272
Videoformat 277
Warnungen 283
Zeitplan 280
Switch 55
Synology C2 Cloud-Datensicherung 212
Synology Hybrid RAID → SHR 47, 75
Synology-Konto 68, 226, 346
Synology Web Assistant 61
Systemauslastung 94
Systemkonfiguration sichern 344
Systemsteuerung 72, 95
Systemzustand 94

T

Tagesquote 250
Taskleiste 90
Tauschbörse 262, 264
TCP-Protokoll 233
Thunderbird 133, 138, 257
  E-Mail-Konto hinzufügen 257
Totalausfall 32
Transaktionsnummer 327
Transcodierung 12, 14, 16, 19, 20, 165, 193, 199
  Farbauflösung 23
Tuner 297

U

Übertragungsrate 56
Update 67, 331
  Benachrichtigung 331
  installieren 332, 343
UPnP 161, 191, 193, 202
Urheberrecht 173
USB-Anschluss 22
USB-Dongle 297
  unterstützter 298

V

Value-Serie 13
Verbindung testen 345
Verknüpfung 109, 121
Verschlüsselung 217, 229, 320, 322
Verschlüsselungsschlüssel 217
Verschlüsselungstrojaner 215
Versioning 159, 160
Versionsexplorer 208
Videocodec 14
Video Station 70, 191, 300
  App 202
  Berechtigungen 193, 301
  Fernsehsendung aufnehmen 306
  Freigabe 193, 199
  Installation 191
  Konvertierung 201, 202
  Kovertierung 193
  Live-TV-Programm schauen 303
  Odner verknüpfen 195
  Offlinekonversion 193

Offlinetranscodierung 202
Programmübersicht 303
Schnellzugriff 200
Sendersuchlauf 302
Spielfilme sortieren 195
TV-Funktionen 193, 297, 300
TV-Serien sortieren 195
USB-Dongle 301
Videoinformation bearbeiten 200
Videosammlung 194, 195
Videos teilen 193, 199
Wiedergabeliste 199
Wiedergabequalität 201
Zielgerät 202
Zugriffsrechte 194
Videotranscodierung 12, 14, 16, 19, 20, 23, 193, 199
Viren 250
Virenscanner 316
  Zeitplan 319
Virtuelle Maschine 22
VLC media player 304

W

Wartung 66
Whitelist 250
Widgets 94
Wiedergabeliste 170
Wiederherstellung 49, 51, 221

X

XmediaRecode 15

Z

Zertifikat 230
  beglaubigen 236
  installieren 237
  selbst erstelltes 231
Zertifikatswarnung 230, 238, 320, 343
Zertifizierungsstelle 237
ZIP-Datei 262
Zugriffsrechte 63, 81, 129, 160
Zwei-Faktor-Authentifizierung 327

»Mehr als nur eine Bedienungsanleitung – steuern Sie Ihr smartes Eigenheim mit der eigenen Stimme!«

326 Seiten, broschiert, in Farbe
29,90 Euro
ISBN 978-3-8421-0478-5
www.rheinwerk-verlag.de/4673

So erfüllen Sie sich den Traum vom smarten Zuhause

Amazons Echo-Geräte bieten viele Möglichkeiten, Ihren Alltag zu erleichtern. Dieser Ratgeber zeigt Ihnen, wie Sie mit den intelligenten Lautsprechern ein vollwertiges Smart Home einrichten und steuern. Alle wichtigen Anwendungsfelder werden Ihnen dabei Schritt für Schritt erklärt und anhand zahlreicher Bilder praxisnah veranschaulicht. Zudem bietet das Buch eine Kaufberatung für Zubehör und viele nützliche Insidertipps.

Jetzt bei uns im Rheinwerk-Shop: Buch, E-Book und Bundle